西華大學
四川省人民政府文史研究館 蜀學研究中心 編

蜀學

第二十三輯

巴蜀書社

《蜀學》第二十三輯發刊辭

蜀學廣大

以經史為根柢

順世變而日新

劉復生

二〇二四年十一月

目　録

・中華家風家教與三蘇文化研討會專欄・

·蜀學名人研究·

·蜀文獻研究·

·蜀文化研究·

·蜀學研究綜述·

中華家風家教與三蘇文化研討會專欄

中國傳統文化的倫理基礎
——三蘇文化的啓示

陳曉明①

内容提要：中國的政治文化以倫理哲學爲基礎，以人倫健全作爲政治管理的依據。在以家庭倫理作爲社會文化統合基礎的傳統中國，三蘇文化顯現出它的獨特意義和魅力，在三蘇文化中，我們深切感受到的，除了其家教家風的淳樸正道，還有蘇軾、蘇轍兄弟倆一生的手足情深。

關鍵字：倫理基礎；三蘇文化

中國幾千年的文化賡續傳承，文化價值底蕴不變，地方風土民情保存良好，民族的精神和文化凝聚力始終堅定穩固。人們在做中西文化對比時，都習慣説，西方有宗教信仰，而中國没有；但中國文化中的倫理文化構建了文化的根基，以家庭親情爲基礎的倫理文化構成社會穩固的基礎，并且構成政治文化的基礎。這是中國文化獨特的生存方式，也是其立世之根本，直到今天還在起着作用。在馬克思主義思想與中國傳統文化結合的新的文化創新形勢中，梳理清楚中國傳統倫理文化是一個重要課題。而三蘇文化，在這方面提供了一個非常好的案例，給我們諸多啓示。2022 年 6 月 8 日，習近平總書記在三蘇祠考察時諄諄教導我們："家風家教是一個家庭最寶貴的財富，是留給子孫後代最好的遺産。要推動全社會注重家庭家教家風建設，激勵子孫後代增强家國情懷，努力成長爲對國家、對社會有用之才。"總書記的教導指明了年輕一代培養人格要從家風建設做起，家國天下情懷——這是一脉相承的文化體系。三蘇文化既讓我們再次領略中國古人的家風家道、精神品格；也讓我們思考在新的

---

① 陳曉明：中央文史研究館館員，北京大學中文系主任、教授，長江學者特聘教授。

歷史條件下，特别是在今天頗爲嚴峻的社會多元分化的文化情勢下，弘揚三蘇文化，拓展家風和孝道建設，爲中國當下的文化建設，爲傳統文化的創新性發展做出可能的貢獻。蘇家的"家訓"散見于"三蘇"的文章書信之中，有學者概括其家訓要義是"讀書正業、孝慈仁愛、非義不取、爲政清廉"①，我們也可以據此理解中國傳統文化的倫理基礎是"以德爲本，孝慈仁愛"。這可以在中國傳統典籍和文化傳承的歷史實踐中體悟到。

一、中國傳統倫理文化的根基

侯外廬先生《中國思想史綱》把"敬德宗孝"作爲理解中國古代思想文化的基礎。

關于"德"，侯外廬先生指出：

> 什麽是"德"呢？"德"字的原義是事物的屬性，而在西周文獻中是指奴隸主貴族所特有的權利，以及由此而反映出的一種品性。它的内容可以簡括爲下列幾點：第一是敬天，即虔誠地崇奉上帝。第二是孝祖，即繼承先王、先公的功業。第三是保民，即鞏固對人民大衆的統治。合乎這樣的標準的貴族，就是有"德"；相反，就是失"德"。由此可見，"天命"和"德"這兩個觀念是有著宗教的兼倫理的聯繫的。"敬德""畏天威"的天命思想，在《尚書》的《周書》部分所記周公的言辭中，得到集中的表現②。

關于"孝"，侯外廬先生指出：

> "先王"觀念是和"孝"的倫理聯繫在一道的。西周文獻常以"德""孝"并舉，如《詩·大雅·卷阿》説："有孝有德。""德"是對天而言，"孝"是對祖先而言。在青銅器銘文中，作器的奴隸主貴族常頌揚祖先如何"明厥（其）心，哲厥德"，自己則立志"帥型"（效法）祖先的"威儀"，這也就是《尚書·文侯之命》所説的"追孝于前文人"。"德"和"孝"是西周統治階級的道德綱領③。

這本《中國思想史綱》是侯先生1979年完成的對《中國哲學簡史》修訂的成果。據侯先生在該書的序言裏説，其主要思想是依據五卷六册本《中國思想通史》的主要論點編寫的。雖然本書2008年出版，但主要觀點變化不大，還保留有1957年版《中國思想通史》的説法。今天我們重讀侯先生的論述，可以取其論述中國文化源起先秦思想的一些重要見解，其階級分析的觀點可以暫時不加討論。我感興趣所在，是侯先生以"敬德宗孝"爲綱領抓住

① 參見眉紀：《蘇門三父子，情操昭千秋》，載2017年6月19日《中國紀檢監察報》，第8版。
② 侯外廬主編：《中國思想史綱》，第一卷，上海書店出版社2008版，第24—25頁。
③ 侯外廬主編：《中國思想史綱》，第一卷，上海書店出版社2008版，第24—25頁。

中國傳統文化承繼持續之精要。

馮友蘭先生在《儒家哲學之精神》中，把人的境界分爲四個層次（或者説四個維度），其一是自然境界，其二是功利境界，其三是道德境界，其四是天地境界。“自然境界”與“天地境界”一個是率性而行，另一個是“聖人境界”，非常人所能。在功利自然境界是常人，馮先生并不譴責“功利境界”，若無事功，則無人的生存發展。但馮先生是贊賞“道德境界”的，雖然説此一境界是賢人纔能達到，但并非日常生活所不能體悟。禪宗説“擔水砍柴，無非妙道”。道德是人的品性修養，做任何日常小事都可實踐①。

傅斯年先生在其著作《性命古訓辨證》中有一節“諸子天人論導源”，其中談到儒家大體可以理解爲信奉“俟命論”，也就是我們今人所謂“君子以命俟天”。傅斯年指出：“君子惟有敬德以祈天之永命（語見《召誥》），修身以俟天命之至也（語見《孟子》）。此爲儒家思想之核心，亦爲非宗教的道德思想所必趨。”② 引傅斯年的見解，一是爲了進一步佐證“敬德宗孝”爲先秦思想的根基；另一是闡明修身養性爲儒家思想的要義。

《大學・中庸》：“古之欲明明德于天下者，先治其國；欲治其國者，先齊其家；欲齊其家者，先修其身；欲修其身者，先正其心；欲正其心者，先誠其意；欲誠其意者，先致其知，致知在格物。物格而後知至，知至而後意誠，意誠而後心正，心正而後身修，身修而後家齊，家齊而後國治，國治而後天下平。”③

這些經典論述，非常鮮明地揭示了個人的道德修養與家國的關係，其中個人的道德修養和家庭的和睦乃是治國平天下的基礎。其實質也表明，中國的政治文化是以倫理哲學爲基礎，以人倫健全作爲政治管理的依據。古代選拔官員，就是看道德文章。文章被認爲能體現道德修養和對社會歷史的認知及處理能力。道德之倫理是天地之仁，天地之道義。傳統中國的文化强調以個人的道德修養爲本位，構建良好的家風，以此作爲社會和睦團結的基礎，國家也因此可以平順豐足强盛偉大。

二、三蘇文化的精神道義價值

在以家庭倫理作爲社會文化統合基礎的傳統中國，三蘇文化顯現出它的獨特意義和魅力，實際上也爲歷代所傳誦。在今天弘揚傳統文化，發掘傳統文化中的優秀遺産，并且爲構建和諧的社會秩序而努力的時候，宣揚三蘇文化正當其時。因爲三蘇文化的豐富内涵和以情

① 馮友蘭先生有關論述可參見《儒家哲學之精神》，轉引王元化名譽主編《釋中國》，第二卷，上海文藝出版社1998年版，第668—675頁。

② 傅斯年著：《傅斯年文集》第二卷，《性命古訓辨證》，中華書局2017年版，第633頁。

③ 王國軒譯注：《大學・中庸》，中華書局2006年版，第4—5頁。

動人的表述體系，爲我們提供了寶貴的借鑒和啓示。

三蘇文化，即蘇洵、蘇軾和蘇轍父子三人構成的文學成就和家庭文化傳統；他們父子三人爲北宋時期中國文化文學的翹楚。中國古典文學的經典代表唐宋八大家，蘇家就占了三家。三蘇以其才華横溢的詩詞、自由瀟灑的散文和卓越的書畫藝術，成爲後世文人的楷模。他們的作品中有相當一部分叙寫了家庭倫理、兄弟友愛、兒孫孝道的内容，給後世文人和百姓的道德修養樹立了生動的榜樣。

《論語》有言："孝弟也者，其爲人之本與。"蘇洵熟讀經典，當然教子也以經典爲本。古之聖賢推舉的"孝弟（悌）"，亦是蘇家家教的根本。蘇洵雖然早年科舉不順，但寄望于兩位兒子身上，從小教育蘇軾、蘇轍讀經典，領悟聖人之道，把握天下大勢。他既嚴格又自由的教育態度，使兩位兒子成長爲卓越的人才。爲人父他也是竭盡全力。爲讓世人賞識兩個兒子，蘇老泉也是費盡心機，帶上蘇軾、蘇轍上京城，拜謁歐陽修。并且修書數封，讓歐陽修能認識他這個"不幸墮在草野泥塗之中"的鄉下人。蘇老泉有見識，有筆墨，他的信引起歐陽修的重視。他品評歐陽修的文章，不卑不亢，既讓歐陽修受用，又不覺得肉麻。信中寫道："執事之文章，天下之人莫不知之。然竊自以爲洵之知之特深，愈于天下之人。何者？孟子之文，語約而意盡，不爲巉刻斬絶之言，而其鋒不可犯。韓子之文，如長江大河，渾浩流轉，魚黿蛟龍，萬怪惶惑，而抑遏蔽掩，不使自露，而人望見其淵然之光，蒼然之色，亦自畏避，不敢迫視。執事之文，紆餘委備，往復百折，而條達疏暢，無所間斷，氣盡語極，急言竭論，而容與閑易，無艱難勞苦之態。此三者，皆斷然自爲一家之文也。"①

這爲父的蘇老泉不僅教子有方，而且得法。爲了晋謁歐陽修，他寫出一篇好文章，千古傳頌。從蘇老泉品評前人文章和褒獎歐陽公的文章來看，蘇軾和蘇轍兄弟倆，得父親真傳。他們讀書讀得正，做人講品格，處世講正道。在宋神宗年間，王安石變法，大權獨攬，歷史對他評價褒貶不一，據林語堂寫的《蘇東坡傳》的觀點，蘇軾顯然是站在反對王安石一邊。朋黨之争籠罩了蘇東坡一生，蘇東坡一生不受重用，天生我才却生不逢時，但蘇東坡一樣豁達明朗，如大江大河，自由奔流。蘇東坡瞭解民生疾苦，對王安石的諸多做法嚴辭抨擊。他不顧自身的官職低微，甚至將生死置之度外，兩次上書皇帝，毅然寫有《上神宗皇帝萬言書》，當時蘇東坡 32 歲（熙寧三年，1070），任職史官。林語堂評價説：此文"甚爲重要，其中包括他自己的政治哲學，也表示其個人之氣質與風格，其機智學問與大無畏的精神，都顯然可見。憤怒的争論與冷静清晰的推理，交互出現。有時悲傷譏刺，苛酷批評，坦白直率，逾乎尋常；有時論辯是非，引證經史，以暢其義。爲文工巧而真誠，言出足以動人，深情隱憂，因事而現。"②

蘇東坡畢竟以文學大家著稱，他的詩詞千古傳頌，影響後世深遠。他的文章世代相傳，

---

① 沈惠樂編撰：《蘇洵蘇轍散文選集（唐宋八大家散文選集）》，上海古籍出版社 1997 年版，第 95—96 頁。

② 林語堂著，張振玉譯：《蘇東坡傳》，湖南文藝出版社 2018 年版，第 106—107 頁。

爲後世楷模，他的文學觀念承前啓後，守正創新，倡導風骨神氣。他屢上書朝廷進忠言，不懼貶黜，剛直不阿，爲國爲民，死而後已。是故，他始終不失人生豪氣，英雄本色。作文與做人一樣，求風骨正氣，人間正道。北宋元祐七年（1092）三月，時任揚州太守的蘇軾接受了潮州知州王滌的請求，爲潮州重新修建的韓愈廟撰寫碑文，文中寫道：

> 孟子曰："吾善養吾浩然之氣。是氣也，寓於尋常之中，而塞乎天地之間。"卒然遇之，則王公失其貴，晋、楚失其富，良、平失其智，賁、育失其勇，儀、秦失其辯，是孰使之然哉？其必有不依形而立，不恃力而行，不待生而存，不隨死而亡者矣。故在天爲星辰，在地爲河岳，幽則爲鬼神，而明則復爲人。此理之常，無足怪者。
>
> 自東漢以來，道喪文弊，異端并起。歷唐貞觀、開元之盛，輔以房、杜、姚、宋而不能救。獨韓文公起布衣，談笑而麾之，天下靡然從公，復歸於正，蓋三百年於此矣。文起八代之衰，而道濟天下之溺，忠犯人主之怒，而勇奪三軍之帥。豈非參天地，關盛衰，浩然而獨存者乎！①

這一段碑文充分體現了蘇軾對中國文學傳統自覺承擔的道義責任，體現了他對文學寄寓的浩然正氣、精神風骨。他自己作文則是"大略如行雲流水，初無定質，但常行于所當行，常止于所不可不止，文理自然，姿態横生"（《答謝民師書》）。

蘇東坡的文學觀念，父子相傳，兄弟相守，堅持中國傳統文脉，捍衛文人品格尊嚴；爲官一方，造福萬民，憂國憂民，捨身求義。故愈到後世，他的名聲與日月齊輝，大江東去，他依然是千古風流人物。

三、三蘇文化的友愛情懷

三蘇文化彰顯了中國文化的獨特的價值和魅力，這是我們增强文化自信的重要資源，學習三蘇文化能更深刻體認到中國傳統文化的精深和力量所在。這裏我想簡要引入一點西方文化的有關言説，對于我們領悟中國文化精神不無裨益。法國哲學家雅克·德里達（Jacques Derrida）曾經在他的《友愛的政治學》裏討論"友愛"問題。他在序言裏談到，他受到中國傳説中的堯舜禪讓的影響。他的這本著作通篇都貫穿着蒙田的一篇《論友情》的散文發出感嘆："哦，朋友們，根本就没有什麽朋友。"其著作的主題是回應卡爾·施米特在《政治的概念》中提出的政治的首要目的是"認出敵人"。在父權制的政治統治中，男性衹有共同對敵纔結成友誼同盟。我并不想陷入對德里達的政治哲學的討論，倒是他關注中國傳統中堯舜

① 〔宋〕蘇軾撰，孔凡禮點校：《蘇軾文集》卷一七《潮州韓文公廟碑》，中華書局1986年版，第508—509頁。

禪讓的友愛思想啓發我關注中國文化中的這些事迹，如伯夷叔齊兄弟在首陽山上“不食周粟”的故事。

中國傳統文化中因爲有家庭倫理，以家教家風爲國之政治管理的倫理基礎，因而有其獨特的形式。在三蘇文化中，我們深切感受到的，不祇是其家教家風的淳樸正道，還有蘇軾、蘇轍兄弟倆一生的手足情深。兄弟情誼首先是遵從孝道，對家的深愛纔有兄弟情誼。蘇軾、蘇轍兄弟一生相依爲命，雖爲人杰，在王安石當政年代，都不得志，但他們兄弟倆都没有忘記對國家命運的關切，對百姓疾苦的挂念。

在林語堂寫的《蘇東坡傳》中，專有一章“兩兄弟”，叙寫蘇氏兄弟的手足情深。蘇東坡後來在杭州、密州爲官期間，弟弟子由在陳州（淮陽）充任教授，林語堂説子由“淡泊自甘”。蘇東坡常到弟弟家中居住。彼時子由很窮，孩子又多，住的房子又小又矮，這讓身材高大的子由十分困窘。東坡寫詩打趣子由：“常時低頭誦經史，忽然欠伸屋打頭。”就是這樣的居住條件，蘇東坡經常住上一兩個月。林語堂的《蘇東坡傳》中記載一段兄弟情誼，時間大約是熙寧四年（1071）七月，蘇東坡携家眷到杭州上任途中，住在淮陽子由家中，與弟弟子由及家人共度中秋。林語堂寫道：“這次中秋值得記憶，他後來一直思念不止，也是隨後六年中唯一的一次中秋聚會。臨别時，二人難分難捨，子由决定送兄長至潁河下游八十里外的潁州（今阜陽）。到潁州在歐陽修相伴之下，又一同過了半個多月。但是終須分手。在蘇東坡開船出發的前夜，兄弟二人又在潁河的船上共度一夜，吟詩論政，徹夜未眠。”①

元豐二年（1079），蘇軾身陷“烏臺詩案”，他以爲自己要被處死刑，在極度悲傷之時，給弟弟蘇轍寫下訣别詩兩首，其中一首有云：“聖主如天萬物春，小臣愚暗自亡身。百年未滿先償債，十口無歸更累人。是處青山可埋骨，他年夜雨獨傷神。與君世世爲兄弟，更結來生未了因。”蘇轍不顧自身安危和家庭負擔沉重，把蘇軾全家老小接到家裏照料，自身也因蘇軾的“詩案”牽連被降職，但他毫無怨言。

蘇氏兄弟情誼堪稱佳話，這在極重視家庭倫理的傳統中國也并不常見。但它給世人樹立了榜樣，也表明了傳統中國家庭倫理顯現了人類生存最爲寶貴的一種經驗，這種經驗祇有中國文化中纔會見到。當然，即使蘇軾、蘇轍在爲官年代，朝廷朋黨之争也異常酷烈，蘇軾一生也屢遭貶黜。一方面，我們看到在政治鬥争中，永遠有父權制的“兄弟結盟”對敵鬥争；但另一方面，人類文化中的兄弟友愛却更爲人們傳頌。它們之所以無法成爲主導人類社會的力量，這本身表明人類社會在歷史上距離理想的政治管理還有很大距離。也由此可以理解中國傳統文化强調“修身齊家治國平天下”的文化倫理體系的深刻意義所在。中國文明的理想的社會管理和政治統治以家庭友愛爲基礎，若此基礎牢靠，上級領導、下屬同事、親朋好友、同學鄉親、鄰里街坊，都有一種友愛爲根基，社會就没有那麽多的敵意，没有那麽多的内鬥内卷，没有那麽多算計陷害。當代社會，家風和孝道的重要性愈發凸顯。我們應該將三

① 林語堂著，張振玉譯：《蘇東坡傳》，湖南文藝出版社 2018 年版，第 124 頁。

蘇文化與家風和孝道建設相結合，爲家庭教育注入新的力量。我們可以從三蘇的著作中汲取智慧，以他們的家庭觀念和教育理念爲指導，培養出孝順、有責任感、有道德修養的後代。

《論語》中曾子曰："吾日三省吾身：爲人謀而不忠乎？與朋友交而不信乎？傳不習乎？"子曰："弟子入則孝，出則悌，謹而信，泛愛衆，而親仁。行有餘力，則以學文。"[1] 在中國傳統的文化價值體系中，倫理價值占據核心地位，這些前賢的言説和以身垂範，在今天依然值得我們認真學習體會。特別是知行合一，在工作和生活實踐中去努力踐行，爲建設社會主義文化强國做出貢獻。

（作者單位：北京大學）

① 張燕嬰譯注：《論語》，中華書局 2006 年版，第 3—4 頁。

小惠一家　大澤國家

羅　楊[①]

内容提要：家風是中華文化中最爲樸素的生活智慧，本文以蘇氏家族的家風傳承爲例，論述家風對中華文化傳承的重要價值。

關鍵字：蘇氏家族；家風

蘇軾説："人之壽夭在元氣，國之長短在風俗。"講的是國家的興衰汲汲于風氣。國風源于社風，社風源于家風。家風是中華文化中最爲樸素的生活智慧和文化沉澱，并成爲家庭和睦、社會和諧、民族團結、國家强盛的基石。

中國有句老話叫"富不過三代"，用以形容一個家族的興衰及事物發展的周期性。歷史上有多少曾經榮華的家族和昌盛的朝代，都逃不過這一周期律由盛而衰。然而，當我們細觀歷史脉絡，總會發現在歲月的長河中，有一些家族如同中流裹的砥柱不隨波逐流，而這些家族都有一個共同的特點，就是有着良好的家風。史上傳承了百年以上的家族，無不是靠"道德""耕讀""詩書"的家風而長盛不衰的。這也印證了《孟子》所説的"道德傳家，十代以上，耕讀傳家次之，詩書傳家又次之，富貴傳家，不過三代"的讖語。

蘇氏家族的家風傳承尤爲明顯。蘇家人有着"吾欲子孫讀書，不願富"的傳家理念，并有以"耕讀傳家久，詩書繼世長"爲代表的耕讀傳家座右銘。自蘇東坡上溯六代，從其六世祖蘇涇起，到蘇涇之子蘇釿，再到蘇釿之子蘇祜，再到蘇祜之子蘇杲，再到蘇杲之子蘇序，再到蘇序之子即蘇東坡之父蘇洵。一代代人或"以俠氣聞于鄉里"，或"以才幹精敏見稱"，或"以孝友著名鄉里"，且大多爲人平和樸實，待人厚道，淡泊名利，敢作敢爲。至蘇軾時已經是第六輩的名門望族了，而且是代代興旺，于是便有了"進可安天下，退能山水怡自

① 羅楊：中央文史研究館特約研究員，中國民間文藝家協會顧問。

身”，超曠豁達的奇才蘇軾，乃不足爲奇。

家風是價值觀念和行爲準則的集中體現，家風反映着一個家庭的核心價值觀，是一種特有的家庭文化，是一個家族的子孫在世代繁衍中長期恪守家訓、家規，從而幻化出的具有家庭印記的行事風格。家訓家規是有形的規範，家風是無形的傳統。家風不僅利于個人成長，對社會發展、國家興盛都有着極其重要的歷史價值和現實意義。家風可以把傳統的道德觀念與倫理精神具體化并落實爲可操作的生活實踐。倡導家風不僅可以塑造一個人的優秀品質，也有利于凝聚一個民族、一個國家的正大氣象。

家風是中華文脉亘古綿遠生生不息的文化基因

“至今風俗含古意”（蘇軾），家風起源于我們祖先在族群繁衍的生産生活過程中。“家風”一詞，最早見于西晋文學家潘岳的作品《家風詩》，兩晋以後這個詞語漸次流行。

中國有着深厚的傳統家庭觀念，家族曾是歷代中國人的基本生活單位。因此，在傳統社會裏，家庭的榮辱比個人得失顯得更爲重要。要使家庭不斷繁榮興盛，家風就成了一種積極向上的驅動力和凝聚力。家風雖然看不見摸不着，却如同一種無形的力量，滲透在家族成員以及後代的血液中。

“欲知風俗家家厚，看取耕桑處處同。”中華民族自古就有家風傳承的文化傳統。以至于把家風的傳承提高到了關乎社稷興衰與天下存亡的高度，由此也客觀上促進了中華文脉的千年不斷。家風與中華民族精神互爲表裏，從而成爲中華民族在社會生活中特別突出的一種文化現象。歷代的賢達志士都在家風的氤氲中，呈現出一種講孝敬的關愛之情；講進德的道德修養；講誠信的道德底綫；講勤儉的生活修爲；講求知學藝的安身立命之本等等。中國歷史上的聖賢豪杰，如周公、孔子、孟子、諸葛亮、蘇軾、朱熹、曾國藩、梁啓超等，都是史上有着優秀家風傳承而脱穎而出的杰出代表。好的家風對于這些聖賢豪杰的人格塑造和人生業績起了重要作用。毛主席推崇的曾國藩，其家族在近代中國兩百多年的家族興盛史上没出過一個敗類式的人物。

蘇東坡爲什麽腹有詩書？爲什麽悲天憫人？都源于其父母的家風襲承。蘇軾在成長過程中，即受到了家風的嚴格塑造。蘇軾小時候曾非常貪玩，父親則不僅對他的功課做了具體的安排，并且嚴厲催促，父親每每外出游歷回到家中後，便會給蘇軾和蘇轍兩兄弟講述旅途見聞，這也讓蘇軾從小便有了胸懷天下的氣度。而蘇軾的母親天性善良，蘇家庭院中有很多鳥雀來築巢，程氏不讓家人捕鳥取卵，天長日久，來蘇家的鳥兒就越來越多，而且都不怕人。蘇軾就常常和小夥伴們圍在鳥邊喂食，從而滋養出慈善的性情。家風不僅關係孩子成長、家庭和諧，而且是一個國家，一個民族社會軟實力的文明表達。這其中重要的着力點，是包括行爲和情感在内的道德價值的涵養。

家風是家族繁衍興旺長盛不衰的文化密碼

2016年12月12日，習近平總書記在會見第一屆全國文明家庭代表時的講話指出："千家萬户都好，國家纔能好，民族纔能好。"家風是一個家庭或一個家族的文化定位和精神彰顯，具有明顯的歷史痕迹和時代記憶，它可以是一個家族源流脉絡的淵藪，又可以是詮釋一個家族文化背景的百科全書，還是一個家庭、一個家族精神上的文化色彩標記。

中華傳統倫理最早以家庭爲本位和起點，再由家及國，由家庭向社會延伸。

"家"在中國文化中占有極其重要的地位，這也是中華民族與中國文化最重要的一個特點。家庭既是個人修身的第一所學校，又是個人走向社會、能在社會中做出重要貢獻的起跑綫。家風不是簡單意義上的家庭教育，而是家庭文化，是門風，是一個家庭在長期延續過程中形成的風習，它以一種隱性的形態存在于一個家庭日常的生活當中，體現在家庭成員的舉手投足、待人處事的交往過程中。所以家風的傳承不同于學校的課堂系統性教學，也不同于社會多元化的影響，而是體現在家庭當中的長輩，特别是父母言行的榜樣作用中，滲透在對下一代日常生活照料裏，具有隨意性、零散性的特點。

家風又是一家或一族在世代繁衍過程中形成的較爲穩定的生活方式、文化氛圍以及爲人處世之精神風貌的總和，通常以生活經驗、實踐智慧或價值理念的形式藴含于家訓、家規、族譜等文獻載體中，也以實踐理性的樣態滲透在家庭成員的日常行爲中。傳統家教文化是以家庭教育爲載體，通過家庭日常生活而進行的一種特殊的行爲示範教育，往往對人們弘揚中華傳統美德具有最直接、最優化、最良好、最實效的教化效果。

家風在歷史的文化積澱中凝聚着深厚的文明儲量。家風中既藴含着家族先人在家族文化層面的心性修養和精神需求，又包含着他們駕馭人生、追求幸福的生存智慧和生命踐履。每一個家族的家風裏都能折射出本家族的起源史、發展史、遷徙史，在每個不同家族的家風裏都藴含着不同的歷史文化基因，記述着一個個神奇的傳説和迷人的故事，彪炳着先祖的功業，彰顯着先人的美德，凸顯着家族的文化品格，在文化的傳承中具有文化的根性，理應爲每個家族所熟知、所珍惜、所傳承和銘記。

家風是國家文明昌盛繁榮富强的精神力量

“位卑未敢忘憂國。”中國自古即是以農業立國的大國，傳統社會以耕讀傳家，而農耕文明的特點表現爲廣大鄉村都是以家庭爲基本單位，家與家的聯繫靠的是“聚族而居”的村莊，故而重視家庭和家族就成爲中國傳統社會的歷史狀態，以及由此衍生出了人們的家國文化情懷，并指向了“家國天下”家國一體的民族觀。

家風既是一個家族的人文氣質，也是一個國家的國民性格。家風以一種看不見的精神風貌，摸不着的風尚習氣，以一種隱性的形態，影響着一個地域風尚以及國民精神的整體素質，也是一個民族、一個時代社會風尚的重要標志。因此，家風與社會制度、國家制度互相融合，構成統一體，與家國同構、家國一體等觀念密切相關。

家風小惠家族，大澤國家。優秀家風的傳承和弘揚，并不局限于一家一姓，它不僅能促使一個家庭和家族和睦興旺、代有才人出的生生不息，同時還指向了“家國天下”一體的“修身、齊家、治國、平天下”的倫理高度，兼容了以“立德、立功、立言”爲人生價值的“三不朽”。家風建構是儒家傳統所倡導的“修齊治平”理念的具體表現。如孔子家風中的世家文化思想、朱熹家風中的理學思想等，都分别在漢武帝、元仁宗時期被確立爲國家主流意識形態而逐漸成爲國家的思想風尚。可見，家風絶不是什麼小事，小者足可影響一家、一地區，大者足以影響國家。

“正家而天下定矣。”弘揚家風與國風相联，家風關係到民風、社風的健康發展。家庭作爲社會的基本細胞，健康的社會“肌體”，與社會風氣相通相融，相互影響，相互制約。一個個家庭的優良家風，必然會形成良好的社會風氣，這是社會和諧穩定、民族興旺發達、國家繁榮昌盛的必要條件。個人影響家風，家風影響社風，社風影響國風，國風影響天下之風。一家之風可能點燃周邊或更大範圍的“大家”之風。這是社會風尚的風嚮標。家風正則民風淳，家風正則政風清，家風正則黨風端。

家風是構建新時代文明社會的不竭動力

王安石説：“風俗之變，遷染民志，關之盛衰，不可不慎也。”可見，在古人的眼裏，社會風氣關乎國家的盛衰。“國家”二字，在今天是一個詞，在古代社會却是兩個并列的詞，即國家和家庭。今天，國家的重要性當然毋庸置疑，中國人都認同有國纔有家的道理，從而形成了國人從古到今的家國情懷。上下五千年，中華民族之所以屹立不倒、綿延不絶，就在于凝結了獨特的文化追求和精神標識；在歷史沉浮跌宕中之所以愈挫愈勇、不斷發展，有賴于家風世風國風的浩浩湯湯。

隨着農耕文明的解體以及工業文明的進步，鄉村社會走向城市化，傳統的家族概念逐漸被瓦解，家庭存在方式也和晚清民國時期有了很大的變化，單位、社區的作用强化了，而家庭、家族的作用大爲弱化了。但是家風中藴含的中華文脉不應被割斷，家風中的人文精神不能丢失，家風中迷人的情感應永遠傳承。時代的車輪可以碾碎如梭的歲月，但不能碾碎我們心靈回家的路。

萬物有所生，而獨知守其根。走進新時代，家風不應成爲遠去的歷史，不能停滯于静止的符號。縱觀中華文明史，每遇艱難困苦、時代變局，民族的道德理想、家國情懷都會迸發出挽救危機的精神力量。

家風是中華民族巍然屹立于世界民族之林的巨大根系，是中國人民迎風搏浪的定海神針。

藴含着中華民族傳統美德的優秀家風有着巨大的能量。家風作爲家庭的文化和傳統，表現的也是一個家庭的氣質和風習，反映出一個家庭有别于其他家庭的不同之處。然而，家風本身是一個中性的概念，并不必然具有正面的意義。有的家風可能是勤奮儉樸、爲人忠厚、待人有禮；也有的家風可能是狡詐刻薄、游蕩爲非、忿戾凶横。好的家風引領人向上向善，不良的家風却會敗壞社會風氣，貽害無窮。從中央所公布的查處案件看，出問題的幹部普遍家風不正、家教不嚴。

2023年6月2日，習近平總書記在文化傳承發展座談會上發表的重要講話指出："要堅持守正創新，以守正創新的正氣和鋭氣，賡續歷史文脉、譜寫當代華章。"今天弘揚家風的關鍵在于，如何在市場經濟新的歷史條件下，唤醒優秀家風，激活優秀傳統，放大優秀因子，使家風成爲强大的正能量。比如，我們反腐倡廉，治理近利遠親、見利忘義、唯利是圖、損人利己的道德失範現象，不妨從優秀家風中去找回和强化道德約束和慎終追遠的定力，去增强我們民族在現代化浪潮中强身壯體的抗體，增强人們在各種物質誘惑面前的免疫機能，促使人們做到見利思義、義利并舉、先義後利。

南懷瑾先生曾經説："最可怕的是一個國家和民族自己的文化亡掉了，這就會淪爲萬劫不復、永遠不會翻身的境地。"家風的養成和傳承，在傳統文化中歷來屬"小傳統"的範疇，以世俗文化的方式自然生長。在歷史文獻中衹是以箴言、歌訣、訓詞、銘文、碑刻等形式存在和傳承。今天，我們應當從不斷加强家風的國民教育角度着眼，找回被遺忘、被忽視的家風教育，把對家風的認知教育貫穿并融入國民教育的各個層面。同時還應將家風作爲一種重要的文化遺産，不斷地加以發掘整理，充分挖掘家風的當代價值，以激活其生機和活力，推動全民的道德修養，塑造社會的文明行爲。通過政府主導社會參與，逐步建立起家風的研究體系，將家風建設提到制度建設的高度。并采用多樣化的傳播手段，運用青少年群體喜聞樂見的多媒體傳播方式，潤物無聲地引導全社會開展好家風的傳承和構建。

“正月晴和風氣新，紛紛已有醉游人。”良好家風所帶來的是一種全社會的文明行爲標準，貫穿于人們社會生活的各個方面，體現在人與人的交互方式中。家風的形成、完備和形式化，會成爲一定的國家傳統的文化元素，不斷地賡續傳遞、世代相繼、世代相傳。家風的源頭清澈了，就會有良好的民風、政風。你的家風是好風景，就會給社會的風和日麗帶來清新之風，助力社會的風調雨順，促進形成“氣正山河壯，政廉日月明”的政治生態環境。我們的每個家庭，都應該構建起各有特色的家風，助力社會風尚的進步發展，助力偉大的中國夢的實現，使千萬個家庭滙聚成一股强大的振興中華的磅礴力量。

“三月殘花落更開”，“不信東風唤不回”。

（作者單位：中央文史研究館）

提高站位，“五文”共舉，構建東坡文化傳承發展大格局

鮑志成[1]

内容提要：以習近平總書記“一滴水可以見太陽”的内蘊深意爲理路，提升對三蘇文化，尤其是東坡文化的認識，進而結合新時代推進文化繁榮、建設文化强國和中華民族現代文明，提出確立東坡文化作爲傳承發展優秀傳統文化的符號標識，提煉“東坡精神”助力公民道德教育和精神文明建設，構建現代學派“蘇學”研究譜系、傳承譜系、成果譜系及學人譜系，傳承与創新與現代文明建設相適應的蘇氏家訓家風新範本，“五文”共舉，實施東坡文化轉化創新工程，培育天下東坡文化新品牌等建議。

關鍵詞：三蘇祠；東坡文化；東坡精神；“天下東坡”

2022年6月8日，習近平總書記在四川眉山三蘇祠考察時指出：“一滴水可以見太陽，一個三蘇祠可以看出我們中華文化的博大精深。我們説要堅定文化自信，中國有‘三蘇’，這就是一個重要例證。”2023年6月2日，習近平總書記在文化傳承發展座談會上的講話强調：“在新的起點上繼續推動文化繁榮、建設文化强國、建設中華民族現代文明，是我們在新時代新的文化使命。”如果説前者是滴水之中見太陽，小中見大，那麼後者就是對中華文明認識、中國文化自信臻于新高度。要實現精神獨立自主，必須實現傳統文明的現代重構，衹有在建設中華民族現代文明中，纔能更加堅定“四個自信”。

眉山是三蘇故里，四川是文化大省，如何貫徹習近平總書記有關講話精神，深挖三蘇文化、東坡文化和蘇氏家風、蘇氏家訓的精神内涵和時代價值，擦亮“三蘇祠”這張金名片，打造“東坡故里”城市文化品牌和特色文化創意産品，責無旁貸，意義重大。作爲文史研究者和鐵杆“蘇粉”，在這裏不揣淺陋、班門弄斧，就思考所得提出若干淺見，抛磚引玉，供

① 鮑志成：浙江省文史研究館館員，浙江省文化和旅游發展研究院研究員、發展戰略和理論研究中心主任。

大家批評指正。

一、提高站位，立足中華文化，面向人類文明，重新認識三蘇文化，尤其是東坡文化

三蘇文化，尤其是東坡文化，是中華文化的優秀代表，三蘇祠是源遠流長的三蘇文化尤其是東坡文化的生發點。如果説三蘇祠是“一滴水”，那麽中華文化就是一輪光芒四射、普照大地、絢麗多彩的太陽，中華文化的博大精深，可以從三蘇祠洞見。總書記的比喻，通俗易懂、形象生動，却蘊含着微言大義、深刻内涵、宏富深意。在中華文化的汪洋大海中，三蘇祠宛如滄海一粟，雖渺小而博大精深，濃縮着中華文化的精華，彰顯着中華民族的精神，是東方文化乃至人類文明的高光點。

爲此，我們要提高站位，增强宏觀意識和戰略思維，站在中華文化體系和人類文明譜系的高度和廣度，來思考如何重新認識三蘇文化，尤其是東坡文化。

一是認識三蘇文化，尤其是東坡文化，不能局限于“三蘇故里”“東坡故里”這個原點，拘泥于地方的、鄉土的文化範疇和地理空間，而要看到三蘇行迹半天下，東坡精神貫古今，放眼中國文化和中華文明的大歷史、大文化，來定位其歷史地位和宏大氣象。

二是認識三蘇文化，尤其是東坡文化，不能局限于歷史的、過去的、古人的視覺看問題，而要與時俱進、立足當下，創造性轉化、創新性發展，結合新時代繁榮發展中國文化、建設文化强國，構建中華民族現代文明的時代使命，來定位其文化價值和時代意義。

三是認識三蘇文化，尤其是東坡文化，不能局限于文化的、藝術的、才情的視覺看問題，而要在深入研究、全面掌握的基礎上，既立足全面的、系統的宏觀認知，又聚焦重點、抓住特點、突出亮點，把握其豐富精深内涵和多元要素結構，來定位其戰略價值和全域意義。

四是認識三蘇文化，尤其是東坡文化，不能局限于個體的、家庭的、家族的視覺看問題，而要立足中華民族的、東方文化的、人類文明的廣度和高度，提煉其蘊含的與全人類共同相通的具有普遍性、普適性的人文品格和核心精髓，來定位其世界價值和人類意義。

二、全面提升，重新定位東坡文化在中華文化譜系中的歷史地位和現實意義

（一）重新“發現”一個多維立體、全才全能的蘇東坡

25 年前，我寫了《發現蘇東坡》一文，巡講《走近蘇東坡》。通過對蘇東坡一生行迹功業和道德文章的綜合考察，全新認識了一個新的蘇東坡，發現了一個更加真實豐滿立體的蘇東坡。除了爲人熟知的詩詞文學、書畫藝術成就外，他在政治、外交、科技、農業、水利、城建、醫藥、飲食、茶道、釀酒以及經史、策論、佛道、慈善、養生、園藝、秧歌、收藏、鑒賞、服飾等廣泛領域，都有着非凡造詣、獨特創造和杰出成就。

像蘇東坡這樣的天縱全才，古今中外鮮有其匹。如林語堂先生所説：“蘇東坡是個秉性難改的樂天派，是悲天憫人的道德家，是黎民百姓的好朋友，是散文作家，是新派的畫家，是偉大的書法家，是工程師，是假道學的反對派，是瑜伽術的修煉者，是佛教徒，是士大夫，是皇帝的秘書，是飲酒成癖者，是心腸慈悲的法官，是政治上堅持己見者，是月下的漫步者，是詩人，是生性詼諧愛開玩笑的人……蘇東坡的人品，具有一個多才多藝的天才的深厚、廣博、詼諧，有高度的智力，是天真爛漫的赤子之心。”他贊嘆蘇東坡是“人間不可無一，難能有二”，堪稱“千古一東坡”！

（二）蘇東坡是中華民族的杰出人物

蘇東坡是中華民族的杰出人物。他是中華優秀傳統文化、中華民族優良美德和東方人文美學品格、人類自由獨立精神的全能代言人。他既是真善美的完美化身，“三不朽”的人間楷模，藝術殿堂的一代宗師，文化長空的曠古巨星，也是忠君愛民、求真務實、政績卓著、清正廉潔的政治家，善于探索、勇于創新、注重實效、惠及民生的發明家，器識宏闊、博通經史、俯仰古今、品評天下的大學者，更是熱愛生活、以苦爲樂、瀟灑自適、與人爲善的樂天派，獨立人格、自由思想、在欲行禪、心性光明的修道者，“天地不能使之壽夭，人主不能使之貴賤”的得道者。

2000 年，蘇東坡作爲唯一入選的中國人榮登西方評選的影響世界千年的 12 位“千年英雄”之列，并非因爲他是大文豪，而是因爲他在人類思想發展史和世界科技進步史上，體現了“文化和道義方面的人道精神”，而這正是“極具批判精神并富有淵博學識的、不再是苛刻的評論家而是對萬物都好奇的智者”的文人所追求的精神[①]。在他們看來，“世界上衹有

① 楊帆：《東坡緣何成爲“千年英雄”? 讓・皮埃爾：因爲蘇東坡有一顆“自由的靈魂”》，《華西都市報》2017 年 11 月 23 日。

一種真正的英雄主義，那就是認清生活的真相後還依然熱愛生活”[①]。而蘇東坡正是“雖然飽經憂患拂逆，他的人性更趨温和厚道，并没變成尖酸刻薄”。這樣一位真正的英雄，實在是難能可貴、令人敬佩，誠可謂千年英雄、百世楷模。用我們今天的話來説，就是蘇東坡不僅融匯和代表了“中華文化獨一無二的理念、智慧、氣度、神韻”，也融匯和代表了豐富、深刻、睿智、和諧的人類共同價值取向，反映着人類共同的文化和精神生活需求及基本利益，越來越深刻地得到東西方國家和民族的認可與贊賞。

（三）東坡文化是中華傳統文化的優秀代表，對文化强國和現代文明建設意義重大

東坡文化是中華傳統文化的優秀代表和鮮明符號。苏东坡一生宦游貶謫之地多達 18 個州郡 30 多個縣，足迹遺踪遍布大江南北，留下了 500 多紀念性景點及衆多館藏文物。他以全能型不世才華、綜合性文化藝術成就，成爲群星燦爛的中華文壇星空中最光輝燦爛、永不雕落的文化巨星。

我們有足够的理由相信，東坡文化一定能在傳統文化傳承轉化和創新發展，助推新時代精神文明和文化强國建設，築牢文化自信根基、鑄就民族精神之魂，創造人類文明新形態，實現中國式文化現代化新征程中，發揮獨特而巨大的作用，也必將成爲推進“一帶一路”文化走出去，開展文化交流和文明互鑒，促進文化先導、“民心相通”，協力構建美美與共、和而不同的人類命運共同體的文化符號。

隨着綜合國力穩步提升，中國作爲世界大國快速崛起，國際地位日益提高，對應國内“國學熱”“國風潮”“文化熱”的興盛，國際上“中國熱”“漢語熱”應聲而起，相信國内的“東坡熱”也一定會走出國門，走向世界。

三、“五倫”并重，“五文”共舉，創新與現代文明建設相適應的蘇氏家風，打造具有地方特色、時代氣息的系列城市文化品牌和特色文化創意産品

長期以來，蘇學研究局限于“蘇軾之文學研究”，已不能適應東坡文化火熱、傳統文化復興和文化旅游融合發展的時代需要。因此，要傳承發展東坡文化和“東坡精神”，需突破唯文學獨尊的格局，構建“大蘇學”“新蘇學”，確立“五倫”并重，“五文”并舉，集成資源，文旅融合，拓展研究傳承和創新發展的空間和路徑。

所謂“五倫”并重，就是要把古代先賢闡發的父子、君臣、夫婦、兄弟、朋友五種社會基本人倫和相應的“十義”（父慈、子孝、夫唱、婦隨、兄友、弟恭、友信、朋宜、君敬、

① （法）羅曼·羅蘭著，傅雷譯：《名人傳·米開朗琪羅》，作家出版社 2021 年版，第 52 頁。

臣忠）道德關係，作爲傳承三蘇家訓家風的基本範疇和價值取向。人倫關係是社會之基，國家之維。家庭是社會細胞，家族乃人倫淵源，家教是人生第一教育。要建設現代文明，實現人的全面發展，完成人的現代化，樹立獨立自主的精神，就需要從中華民族的優秀人倫道德傳統出發，去其糟粕取其精華，轉化創新重構塑形，植入新的時代内涵，發揮家訓家風家教在公民道德教育和精神文明建設中的作用。

所謂“五文”并舉，就是涉及東坡文化的五個主要方面，即文學、文獻、文物、文創、文旅。“五文”的綜合和總和，構成東坡文化的主體；“五文”之外，其内涵還涉及或旁及文人、文心、文明、文史、文藝等等；“五文”之中，文學是主要研究學科，也是重點研究的對象或範疇，文獻和文物是主要的物質載體或形態，文創、文旅是主要的傳承轉化、創新發展的路徑和方法乃至産業。要全面弘揚東坡文化、“東坡精神”，“五文”缺一不可，必須并重并舉。

基于上述認識，借此機會就研究思考所得謹提出如下五點倡議和建議。

（一）確立東坡文化作爲傳承發展三蘇文化乃至優秀傳統文化的統一概念和文化標識

東坡文化相對于三蘇文化更具影响力。要辯證把握三蘇文化與東坡文化的内在邏輯關係。兩者同根同源、相輔相成，又互爲一體、各有側重。三蘇文化的家族文化、姓氏文化的色彩比較濃，而東坡文化源自蘇軾作爲人爇和諧統一的典範，其影響力更勝一籌。主打東坡文化，符合古今中外尊奉蘇東坡的傳統和現實。古往今來，三蘇之中影響力最大的無疑是“大蘇”；在全國有關城市中，除了眉山，主打的都是東坡文化；中外學界、“蘇粉”、公衆關注的對象絶大多數是蘇東坡，這些都是客觀公認的事實。

主打東坡文化，與四川眉山倡導三蘇文化并不矛盾。作爲“三蘇故里”，三蘇祠所在，眉山乃至四川理當提倡三蘇文化，主打三蘇文化，這是符合中國人文傳統、人倫之道的，也符合地以人名、人以地傳的文化地理傳統；立足三蘇文化不影響高舉東坡文化旗幟，“三蘇”之中有“大蘇”，東坡文化源于“三蘇”，没有“三蘇”之本源，難成“大蘇”之超拔，没有東坡之盛名，也難成“三蘇”之一體。眉山堅持三蘇文化，更具文化溯源、文明探源之特色，也無妨東坡文化之舉揚。

主打東坡文化，有利于整體推動文化繁榮、建設文化强國。這既是基于東坡文化具有中華優秀傳統文化杰出代表和鮮明符號的本質特徵和整體範式，也是着眼全國大局更好地整體推進傳統文化傳承發展、走向世界的需要。打響東坡文化，有利于促進優秀文化遺産保護、文化品牌培育，推進文化建設，打造文旅深度融合發展；有利于傳統文化的轉化創新，與時俱進，助力文化强國建設，樹立文化自信；有利于提高全民人文素養和道德養成，創新精神文明建設載體，促進人的全面發展和現代化；有利于培育中外文化交流、文明互鑒的新載體新品牌，更好講好中國故事，傳播中華文化，促進“一帶一路”民心相通，協力構建人類命運共同體；有利于傳承“東坡精神”，弘揚中華人文精神和民族精神，建設中華民族現代文明的精神標識，實現精神上的獨立自主。

東坡文化足以成爲當今研究、弘揚中華優秀傳統文化、中華傳統美德的經典範例和最佳載體。我們要超越以往把“三蘇”尤其是蘇東坡當作歷史名人、文化名人甚或文學巨匠、藝術大師、文星天才的局限，而應該提高政治站位，立足學理研究，結合發展需要，用系統方法、宏觀視野、戰略思維和頂層設計的理念，全面深化認識，厘清三蘇文化尤其是東坡文化和“東坡精神”的豐富内涵，把握重點、突出特點、聚焦亮點，重新定位其人文品格、文化精神及時代價值和普遍意義，確立蘇東坡是中華民族杰出代表、人類歷史“千年英雄”的歷史定位，確立東坡文化是中華文化優秀代表、東方文明經典符號的文化標識。

（二）提煉“東坡精神”作爲君子人格和國士精神的優秀範例，助力公民道德教育和精神文明建設

近年來，在東坡文化持續火熱中，一些地方和學者提出了“東坡精神”的命題，且根據各地實際和學術專業提出了各種内容不同的版本。有人認爲，“東坡精神”體現在：愛國愛民、奮勵當世的崇高理想；求實求真、探索創新的認識追求；信道直前、獨立不懼的處世原則；堅守節操、瀟灑自適的生活態度。有人主張把“東坡精神”概括爲：温和的改革、思想的包容、人性的尊嚴、超然的審美、瀟灑的人生、智慧的觀照、實幹的精神、親和的人性和對女性的尊重。有人提出，蘇軾創造了不唯古、不唯書、不唯上、不唯權，衹唯民、唯實、唯善、唯美的“東坡精神”，將儒、釋、道文化的精髓發揮到了極致。還有人説，“東坡精神”體現在待人寬和，愛民如子；樂觀曠達，憂患來臨，一笑置之；抗言直論，敢于發表自己的意見看法；堅持操守，堅持己見；心平氣和，保持冷静。凡此種種，不勝枚舉，仁者見仁智者見智，各有道理互不相同，但總體而言，提煉還不够全面精煉，值得繼續深入探討。

如果把蘇東坡的人生實踐和偉大成就及其人格特質，放到中華優秀傳統文化體系和中華民族精神譜系，尤其是思想文化、傳統美德、人文精神和文化藝術、生活美學、人生智慧等領域進行跨越時空、觀照古今、兼顧中外、對比東西的比較研究，就不難提煉出足以概括“東坡精神”的基本内涵、核心精髓及其普適價值和時代意義；而且，我們會欣喜地發現，這些精神與中華傳統人文精神、與中華民族精神，與社會主義核心價值觀、與中國共産黨人的精神譜系，高度契合，形神皆備，堪稱是“中華文化獨一無二的理念、智慧、氣度、神韻”的縮影，不愧是中華民族五千年文明歷史長河中最深沉的精神追求和最高標的文化力量的體現。

（三）夯實學術基礎，促進學科建設，構建現代學派“蘇學”研究譜系、傳承譜系、成果譜系及學人譜系

自從南宋以剛直不阿著稱的名相王淮最早提出“蘇學”至今，已經 840 多年，雖然歷代景仰蘇蘇者代不乏人，其中不乏飽學之士、鴻儒碩德，他們有汗牛充棟、浩如烟海的著述，但蘇學至今尚未建立起現代意義上的學派，甚至“蘇學”的名實之辯尚無定論。

近年國學熱、東坡熱再次促使學界對“蘇學”的思考。2018 年 12 月海南省蘇學研究會章程提出，“蘇學”是以“推動中華優秀傳統文化創造性轉化、創新性發展”爲主旨，以東坡文化爲重點，以“三蘇”及相關文化爲研究主體的學問；是以繼承中國傳統文化、發展現代先進文化、促進東方文化融入“一帶一路”民心相通工程爲目的的學術研究。研究範圍上自蘇洵及其先祖，至蘇軾、蘇轍和兒孫輩乃至其他後裔；研究方向包括政治史、思想史、史學史、藝術史和家族史等，也包括歷史上關于蘇學研究之研究；主要目標與任務是全面系統完整準確地發掘、整理、傳承和弘揚與三蘇相關歷史文化，考證鑒定史實，研究思想與藝術，探討歷史意義和當代價值，全方位地納入中華優秀傳統文化範疇，努力建立起一門適合并推進新時代文化發展需要的學問。

著名蘇學大家王水照先生指出，蘇學研究要重視和加强探尋其背後的人生意義、美學意義和社會意義，可謂頗有深意。還有學者提出要注重經史、思想、哲學領域的研究，因爲這恰是蘇東坡自己最看重的：“撫視《易》《書》《論語》三書，即覺此生不虛過。如來書所論，其他何足道!”[①] 也有人提出，“三蘇”之外，也要注重“小蘇”蘇過和蘇序及其兄弟蘇淡、蘇涣以及蘇邁、蘇迨、蘇籀等蘇門前輩和後人的研究。凡此種種，都突破了蘇軾之學包括蘇軾文學爲主的歷史局限。

筆者對上述新論高度贊同，并建議要從大歷史、大文化和新時代、新發展的視野，來界定“蘇學”的内涵和範圍及外延，就是説“三蘇”有關的蘇氏門人、後人，蜀學、蜀黨及其與其他學派關係，都應納入新時代“蘇學”研究之中，學術和智庫一起來，傳承和發展一起上，形成“大蘇學”“新蘇學”格局，構建“蘇學”研究譜系、成果譜系、傳承譜系及學人譜系，系統整理彙編歷代和當今中外蘇學研究成果，規劃出版《蘇藏》。

（四）與時俱進，傳承創新蘇氏家訓、蘇門家風，構建與現代文明建設相適應的優良家風新載體

2022 年 6 月 8 日，習近平總書記考察三蘇祠時明確指出：“家風家教是一個家庭最寶貴的財富，是留給子孫後代最好的遺産。要推動全社會注重家庭家教家風建設，激勵子孫後代增强家國情懷，努力成長爲對國家、對社會有用之才。黨員、幹部特别是領導幹部要清白做人、勤儉齊家、乾净做事、廉潔從政，管好自己和家人，涵養新時代共産黨人的良好家風。”

眉山蘇氏之所以能産生“三蘇”這樣的英才，與其成長的家庭背景和優良的家訓家風密

---

① 〔宋〕蘇東坡：《答蘇伯固》，孔凡禮點校《蘇軾文集》卷五十七，中華書局 1986 年版，第 1986 頁。

切相關。蘇東坡曾祖父、祖父、兩位伯父和父母等，人人古道熱腸，代代樂善好施，扶貧濟困、樂善好施，助人爲樂、不圖回報。蘇軾蘇轍的父親蘇洵，特別是母親程夫人善良、孝慈仁愛、非義不取，嚴格要求孩子讀書正業、大義報國、爲政清廉。蘇洵父子及其家人，尊老愛幼，家族和睦，持家治業，有素守序，世代蘊涵求學進取、修身律己、崇德向善、禮讓寬容的道德風尚。

學習借鑒眉山蘇氏家訓家風，是傳承發展東坡文化和“東坡精神”的核心要義，有利于涵養社會公衆的倫理道德教養，增强領導幹部的家國情懷。要聚焦家訓族規這個核心載體，與時俱進，創新載體，植入符合時代需求的新内容，可以參考浙江《錢氏家訓》，完善“蘇氏家訓”，在個人、家庭基礎上增加“社會篇”“國家篇”，賦予時代氣息和現代精神；要創新形式，大力學習、宣傳“蘇氏家訓”，弘揚“蘇氏家風”，建議根據程夫人和孟母、岳母的教子故事，倡議設立“春暉”獎，開展評選新時代優秀母親活動；設立“嬋娟節”，弘揚蘇軾蘇轍兄弟友悌、手足情深的兄弟精神，倡導新型家庭關係。

（五）高質量實施東坡文化轉化創新工程，打造眉山“東坡故里”城市文化品牌和和特色文化創意産品

在東坡熱、國學熱和文化復興、文旅融合的加持下，全國有關城市和地方、團體、企業，都打出擦亮東坡文化金名片的旗號，挖掘文化遺産文物古迹，開展文物保護和恢復重建，舉辦會議論壇，統籌産教研文旅，大搞文化創意産品，創作藝術作品，旅游演藝、網紅打卡不斷爆款，文物、書畫展覽層出不窮，特色研修旅游産品琳琅滿目，各類文旅節慶活動此起彼伏，可謂熱火朝天，如火如荼，也取得可喜成績。但總體上看，缺乏大局全域意識，缺少高端創意策劃，做足形式排場却淡化弱化内容。有的地方牽强附會、移花接木、弄虛作假，有的企業急功近利急于求成，付出成本多而收效甚微，難以爲繼不可持續。

在此，建議有關地方各級文旅主管部門，要制訂規劃、統籌協調、有序推進當地的東坡文化文創、文旅發展，不能讓一手好牌被打得稀爛，有損東坡文化的聲譽；各地的國有國資文旅企業，要勇于承擔起傳承創新東坡文化的時代責任，在充分調研論證的基礎上，以大項目大投入大手筆主導并引領當地的東坡文化文創文旅發展；要突出地方特色，注重文旅産品的原創性和差異性，具有鮮明的文化標識性和市場可識别性，防止大同小異低亂散；要做好前期研究和策劃，立足本地經濟社會發展和文化消費、文化旅游環境做文章，有的放矢開發有市場有品位的産品；要重視利用數字化和人工智能技術的場景應用，開發出智慧化、便捷化、個性化、小衆化的文旅産品。歸根結底，就是要把東坡文化這座“無盡藏”中物質的、精神的、文化的、藝術的精華，通過文創文旅轉化爲滿足人民美好精神追求和文化生活需求的載體産品，讓東坡文化走向生活日常，讓“東坡精神”涵養社會大衆。

四川眉山作爲“三蘇故里”，本身就是獨一無二的城市文化品牌，文創文旅有聲有色風生水起。建議在“微改造精提升”、加快推進三蘇祠國家一級博物館進程的同時，規劃建設“三蘇博覽園”，做大做强一年一度的三蘇故里文化旅游節，豐富“東坡故里游”分衆産品如家風研學游、“飛鴻雪泥”游、文學朝聖游等等，開發“并蒂蓮”“三白飯”等特色文創産品，讓眉山這座孕育三蘇文化、東坡文化的文化名城，焕發出時代光彩。

（作者單位：浙江省文史研究館）

家風家教：一個歷久彌新的社會命題與新時代文化擔當

——兼論三蘇文化對中華家風家教的影響與推動

侯耀忠[①]

内容提要：黨的十八大以來，習近平總書記發表一系列重要講話，把家風家教提高到前所未有的新高度。三蘇家風提出讀書正業、孝慈仁愛、以民爲本，豐富和拓展了傳統家風家教的文化内涵。中華家風家教的鮮明特徵在于强烈的家國情懷，堅定的擔當意識、堅韌的吃苦精神，强調立德樹人、以孝爲先，追求精神境界，向往理想人格。

關鍵字：家風家教；社會命題；新時代；文化建設

中國式現代化，首先是人的現代化；高質量發展，首先是人的高質量發展。作爲個體的人，都是千千萬萬家庭中的一分子。家庭是社會的基本細胞，家庭的前途與命運同國家和民族的前途與命運息息相關、緊密相連。黨的十八大以來，習近平總書記就家庭家風家教建設發表了一系列重要論述，在2015年春節團拜會上的講話指出："不論時代發生多大變化，不論生活格局發生多大變化，我們都要重視家庭建設，注重家庭、注重家教、注重家風，緊密結合培育和弘揚社會主義核心價值觀，發揚光大中華民族傳統家庭美德，促進家庭和睦，促進親人相親相愛，促進下一代健康成長，促進老年人老有所養，使千千萬萬個家庭成爲國家發展、民族進步、社會和諧的重要基點。"習近平總書記的教誨，彰顯着一代領袖深厚的人民情懷，深遠的精神指向。

習近平新時代，把家風家教提高到了前所未有的四個新高度：

一是歷史的新高度。2022年1月1日，《中華人民共和國家庭教育促進法》正式實施。

① 侯耀忠：河南省文史研究館館員，河南省中華文化促進會副主席。

這是在中國歷史上第一次以法律形式，把家風家教提升到國家層面，納入有法可依、有章可循、有責必擔的治國方略框架内，將家庭教育由傳統“家事”上升爲新時代的重要“國事”。

二是政治的新高度。國家發展、民族進步、社會和諧，離不開千千萬萬個家庭的共同參與、共同行動。新時代，把家風家教與黨風政風聯繫起來，與優秀人才培養聯繫起來，與推進中國式現代化建設聯繫起來，明確指出家庭和睦，社會纔能和諧；家教良好，未來纔有希望；家風純正，社會纔會充滿正能量。

三是文化的新高度。明確提出富起來、强起來的中國，更需要精神、文化和道德支撑，更需要人民文明素養和社會文明程度的不斷提升。中國不僅僅是經濟上、物質上的富和强，同時也是精神上、文化上、道德上的富和强。社會變革的歷史進程，同樣是精神、文化、道德進步的歷史進程。家風家教，既是文化，又是思想，更是心靈。家風家教是與一個時代精神層面上的聯繫與融入。

四是時代的新高度。把家風家教和聽黨的話跟黨走統一起來，把愛家和愛國統一起來，把人生理想、人生價值、家庭幸福，融入實現中華民族偉大復興洪流之中，努力培養擔當民族復興大任的時代新人。

2022 年 6 月 8 日，習近平總書記親臨四川眉山市考察，在北宋著名文學家蘇洵、蘇軾、蘇轍故里“三蘇祠”，瞭解三蘇生平、主要文學成就和“讀書正業、孝慈仁愛、非義不取、爲政清廉”的家訓家風，指出：“一滴一水可以見太陽，一個三蘇祠可以看出我們中華文化的博大精深。我們説要堅定文化自信，中國有‘三蘇’，這就是一個重要例證。”三蘇不僅文章千古流傳，他們的家風家教更爲後人稱道。好雨知時節，當春乃發生。今天，在習近平總書記考察三蘇祠一周年之際，四川省政府文史研究館在眉山市舉辦“中華家風家教與三蘇文化”專題研討，意義非凡。這是貫徹落實習近平總書記重要指示精神的具體行動，是把全社會家風家教建設引向深入、推向新時代新階段的重要舉措，必將會受到社會的肯定與稱道。這即是此次活動的思想價值、文化價值及時代價值。

家風家教，不僅是中華民族優秀倫理道德傳統，不僅是中華民族代代傳承的精神基因，同時也是全人類的精神財富。弘揚中華民族家風家教優秀道德傳統，是一個歷久彌新的社會命題與新時代的文化擔當。下面，我從五個方面談點粗淺的認識。

一、家風家教的道德内核，在于培養家國情懷

百丈高樹抗住風吹雨打，不在于枝繁葉茂，而在于扎根有多深；萬里江河奔騰不息，不在于江河有多寬闊，而在于源頭活水不斷。當我們穿過歷史的風雲，審視作爲獨立個體的家風家教的時候，我們會明顯地覺得，我們中的每一個人，就是一隻隻在天空中飄蕩的風箏，

一頭拋向了廣袤的天空，另一頭則是繫在家庭的土地上。回到家裏，你就是一個家庭成員；當你走進集體、走進單位，你就是一個社會成員，就是一個國家工作人員。翻開中國歷史，你會發現歷朝歷代，不論是帝王之家、官宦之家，還是平民百姓之家；不論是飽學之士之家，還是目不識丁之家；不論是城市居民之家，或是鄉村農户之家，這些芸芸衆生之家的家風家教，儘管内容不同，語言表述不同，思想層次不同，心理訴求不同，人生願望不同，但是，都有一個共同點：家是國家的家，人是國家的人，都有一個響亮的名字：我是中國人。

三蘇父子遵循的“讀書正業”，就是説讀書求知的目的，不是圖做官，不是圖發財，不是圖要做人上人；讀書增長知識的目的，是要爲百姓幹事，造福一方。“正業”指的就是百姓，就是國家，就是一個民族的千秋大業，“正業”就是國家的代名詞。在三蘇眼裏，做人，是爲了正業；讀書，是爲了正業；寫文章做學問，是爲了正業；以至于後來的做官，也是爲了正業。這就改變了幾千年來封建社會信奉的“萬般皆下品，唯有讀書高”的純粹仕途理念、功名理念。宋代詩人陸游被免官後于淳熙三年（1176）四月，在成都寫下的詩句“位卑未敢忘憂國”，後來成了不少家庭的家訓，成了人們挂在嘴邊上的一句座右銘。還有一句家教叫“精忠報國”，不是寫在紙上，也不是刻在木板上、石頭上，是被一位母親刺在兒子的脊梁上。這個兒子就是岳飛。著名哲學家、美學家劉綱紀説：“做學問不是爲了自己，而是爲了國家民族，一定要有更開闊的視野，更遠大的抱負。”從古代的蘇洵、蘇軾、蘇轍、陸游、岳飛身上，從現代的劉綱紀身上，我們看清了什麽是國家利益，什麽是民族大義，什麽是家國情懷，看清了人爲什麽活着、爲誰活着。家國情懷不僅造就了人，造就了民族精英，而且還造就了一個强大的國家，造就了一種崇高的愛國精神。

中國是一個家國同構的社會結構，在這種社會結構中，個體家庭和家族是國家和社會的縮小，國家和社會是家庭家族的擴大。“大河有水小河滿，大河無水小河乾”，家庭家族的興衰與國家和社會發展休戚相關。這種家國一體的結構，使得個體家庭的家風家教，必然深蘊着國家意志、國家利益、國家立場，必然彰顯着國家精神、國家信仰、國家形象。在這種社會基礎上産生和發展、演變數千年的中華文化，就是家國一體的文化。家風家教形成的内涵豐富、意蘊深刻、形式多樣的“家文化”，就是“國家文化”的基石。“天下之本在國，國之本在家”，這句千古名言，深深地刻在中華大地上、刻在每一個中華兒女的心上。這種家庭與國家的同構相依，在漫長的歷史長河中，沉澱爲中國人的家國情懷。中華民族家風家教中固有的家國情懷，鑄造了中國人民不怕犧牲、排除萬難、勇往直前的奮鬥精神。

可以這樣説，家國情懷就是中國共産黨人的家風家教。共産黨人就是靠着家國情懷，越過了雪山草地，走過了二萬五千里長征，實現了中國人民得解放；共産黨人就是靠着家國情懷，雄赳赳氣昂昂跨過鴨绿江，打敗了美國野心狼；共産黨人就是靠着家國情懷，走出了一條全面脱貧、共同富裕的道路；共産黨人就是靠着家國情懷，走出了一條新時代中國式現代化的道路；共産黨人就是靠着家國情懷，從實現全國各民族命運共同體，走向了努力實現“全人類命運共同體”。

中華民族家風家教中的家國情懷，激勵着中國人民的奮鬥精神、創造精神。共和國歷史上的每一項發明創造，每一項重大突破，每一項人間奇迹，都凝聚着無數個家庭濃濃的家國情懷。爲了製造出我國第一顆原子彈，多少個科學家身居大漠深處十幾年，與家人音訊全無。他們戰勝一切艱難困苦，攻克一個個技術難關的精神動力，就是家風家教中的“學以報國”“家國情懷”，也就是蘇洵、蘇軾、蘇轍父子三人的“讀書正業”。

我國南水北調丹江口水庫，有 60 萬畝水域在河南淅川縣境内。36 萬淅川人遠離故土，移居他鄉。一頁移民史，兒女泪霑襟。淅川人以宏大的家國情懷，捨小家顧大家爲國家，他們的英雄事迹和移民精神，感天動地，震撼人心。紅旗渠的奠基者、設計者吴祖太，是新中國培養的第一批大專畢業生。1954 年，他自願報名從新鄉專署水利局調到林縣水利局工作。爲了解决林縣人民世世代代吃水難問題，爲了把漳河水從一百多里外引入林縣，他帶領工程技術人員，一頭鑽進太行山奮戰了 6 年。他繪製出了太行山的高程圖，8000：1 的水流程圖，紅旗渠施工圖，以及紅旗渠上 362 座建築物的設計圖。他三次推遲婚期，三年没有回原陽老家看望父母，在修渠工地與未婚妻舉行了婚禮，爲了執行新的任務，兩人相聚僅五天又分别，百天後新婚妻子爲了搶救學生而殉職；妻子去世十個月，他又犧牲在修渠工地上，年僅 27 歲。吴祖太心裹裝的就是“學以報國”“家國情懷”，就是聽從黨的召唤、人民的召唤。這也正是三蘇的“讀書正業”的現代寫照。

中華民族家風家教中的家國情懷，其實就是百姓情懷、天下情懷。當一個人還在故土上生活的時候，父母親總是囑咐：長大了要多爲鄉親們做些事、盡些力。當你走上鄉鎮工作崗位的時候，父母親總是囑咐：要多爲全鄉鎮的百姓做些事情。當你走上縣一級工作崗位的時候，父母親總是囑咐：要盡心盡力爲全縣的老百姓做些事情。隨着子女工作崗位的變化、身上擔子的變化，身份的變化，父母對子女的期望和要求也隨之變化，隨之提升。這種“家國情懷”意識，更加濃厚，更加强烈，更加迫切。父母對子女的愛，對子女的期盼，對子女的祝願，都一點一點地融進了家國情懷裹。可憐天下父母心。兒女在人生的道路上，不管走多遠，也不管走到哪裹，父母的一顆心始終相隨。這種相隨，就是一種思念，一種牽挂，一種心靈的貼近。這種家國情懷，就成了一個家庭的家國情懷，是放大了、擴展了的家國情懷。一個家庭在相互關愛、相互幫助、相互激勵中不斷地增强着、提升着家國情懷；家國情懷也在增强着、提升着一個家庭的道德品位。

中華民族家風家教中的家國情懷，就是以造福天下爲己任。家國情懷的最高層次，就是讓人進入“忘我”的境地，以天下之大追求事業之大，人生舞臺之大。人在有生之年應有大的抱負、大的追求、大的作爲。事業做得越好、越成功，成就感就越大，造福天下的幸福感就越大，就越是激情澎湃，信心倍增，就越能激發人生智慧與人生能量。進而促進人們盡其所能，盡力而爲，在更大層面、更高層次上，開拓創新、施展才幹，把自己的向往融入時代的使命，實現人生價值的最大化，充分展現遠大的人生志向，體現高尚的家國情懷。

二、家風家教的根本動力，在于代代傳承

中華民族的優秀傳統家風家教，詮釋着中華文化的價值標識，承載着華夏文明生生不息的基因密碼和精神動力。中國文化傳統上是由家風家教形成的倫理型文化，在中國文明史上是一種以倫理道德爲重要文化符號的文明。梁實秋在《中國文化要義》中，從生活世界和精神世界兩個維度，宣告了兩個重大文化發現：一是“中國是倫理本位的社會”“以倫理組織社會”，這是生活世界的文明氣質；二是中國文化“以道德化宗教”“倫理有宗教之用”，這是精神世界的文化氣派。梁實秋認爲，自西周維新開始，中國文化便開創和選擇了一條完全不同于西方文明的道路，這就是家國一體、由家及國的“國—家”文明路徑。

家國一體對文明史的突出貢獻，就是創造性轉化并發展了原始社會這個人類最漫長的歷史過程中所形成的血緣智慧，締造了一種具有悠久深厚的文明根源，并具有堅韌文明綿延力的文明道路和文化形態。提出了人是歷史的產物，人性是社會關係的總和。哲學家梁漱溟强調，“家庭本位是宗法社會的特徵”“倫理始于家庭而不止于家庭”“中國文化的特徵，是將家庭倫理發展爲社會倫理規律”。所以，中國文化是“以倫理組織社會”，從而生成倫理型文化的特殊氣質及其一以貫之的文明傳統。

歷史上，中國被稱爲“禮義之邦”。“禮”是血緣、倫理，以倫理爲核心建構的社會秩序和文化實體；“義”是依據倫理而建構的道德價值和行爲規範。中國的家風家教史，就是中國倫理道德、倫理關係和道德生活發展史，也是倫理型文化的國家戰略探索與推進史。社會大衆之所以選擇、信奉與遵循代代相傳、綿延至今的倫理型文化，是因爲中國是以倫理爲傳統美德，是以倫理組織社會，是以倫理作爲人的價值取向的。

恩格斯説：“我們衹能在我們時代的條件下進行認識，而且這些條件達到什麽程度，我們便認識到什麽程度。”中國古代社會的最大特點，是以血緣關係爲紐帶，建構起系統而完備的家庭家族宗法制度，并通過嫡子之制、分封之制等，延伸到國家政治制度之中，最終形成家庭、家族與國家在組織結構上的高度共通性、共融性、相輔相成性。這種“家國同構”的社會格局，導致了家庭道德、家風家教成爲社會和國家存續的道德紐帶、倫理紐帶、精神紐帶。古人把商周時代的家族宗法稱爲“殷道親親，周道尊尊”。秦漢以後，儘管中國社會時時遭遇周期性動蕩，但由血緣紐帶聯繫起來的家風家教文化，不因戰亂而中斷，不因災荒而凋零，不因動蕩而改變。到魏晋南北朝，特别是隋唐時代，家風家教又以家譜族譜的形式，在社會上廣爲流傳、蔚然成風。宋代的二程（程顥、程頤）理學又將家風家教推入一個完善的、大一統的社會生活秩序中，民間建造弘揚家風家教的宗祠，普遍興起。元明清三代在程朱理學和陸王心學的影響下，以家風家教爲核心的禮儀教化活動進一步擴展、深入、强

化，儘管當時也有不同的聲音，但尊老愛幼、家庭和睦、兄友弟恭、知書達理、勤儉持家、忠厚傳家的傳統家庭美德，一直在傳承，在發揚光大。

家風家教形成的中國傳統家庭道德，在中華文明進程中又形成了獨具特色的理論架構。出自《周易・蒙》卦中的“蒙以養正”，正是一種價值取向，是指高尚的道德情操，深厚的文化底蘊和向上向善的進取精神。“養正”就是養正道、養正氣，就是三蘇的“讀書正業”。儒家提倡的“修身、齊家、治國、平天下”，“父慈子孝、兄友弟恭”，《孟子・滕文公上》提出的“父子有親，君臣有義，夫婦有別，長幼有序，朋友有信”，還有後來的“富貴不能淫，貧賤不能移，威武不能屈”“先天下之憂而憂，後天下之樂而樂”“天下興亡、匹夫有責”等，這些家風家教的經典名句，造成了中國人獨特的思想品格與精神世界。“養天地之正氣，法古今之完人。”家風家教，來自千家萬户的實踐，來自一代人又一代人的實踐，來自社會生活的實踐。但是，它衹有上升到理論層面，衹有沉澱成一種理念，一種堅不可摧的信念，它的根纔能扎得深，它的孕育力、滲透力、影響力纔能發揮到極致，纔稱其爲貫通古今的家風家教。

家風，是一個家庭代代傳承的價值理念、道德規範與行爲準則，體現着一個家庭的思想信仰、道德風貌、精神氣質。在中華民族優良家風傳承中，形成了獨特而鮮明的家風特質。中國人自古就認識到“家事”“國事”“天下事”緊密相關。每個家庭前進的脚步，就一定能疊加成國家的進步；每個家庭創造的價值，就一定能彙聚成中華民族偉大復興的力量。“積善之家，必有餘慶；積不善之家，必有餘殃。”優良的家風家教，涉及立身、治家、待人接物、爲人處世、言行舉止等方面的道德規範。優良家風是家人心靈的歸宿，是每一個家庭成員的精神寄托，既有一種剛性的規範、制約作用，又是一種柔性的調節與引導，是一種通過家庭成員的親情的傳遞、思想的溝通、內心的交流，身體力行、潛移默化、潤物無聲的過程。優良家風更需要向下傳續，需要家庭主要成員的率先垂範，以及家庭成員的共同努力。一代説給一代聽，一代做給一代看，一代跟着一代學，一代接着一代傳。使“不朽”的價值觀念與傳統美德，成爲優良家風的永恒追求。福建土樓裏有一幅對聯這樣寫道：“上百年持家無非積德，第一等好事還是讀書。”其實，這也是一個家庭的家風家教。祖祖輩輩“世守家風”，年年歲歲身體力行，生動地體現了中華民族傳承優良家風家教的不懈努力與持之以恒。

傳承纔有活力，傳承纔有動力，傳承纔有生命力。家風家教，貴在傳承。三蘇家風家教的傳承，堪稱世代楷模。

三、家風家教的文化底色，在于立德樹人

馬克思説：“道德的基礎是人類精神的自律”，“人類活動的本質是實踐”。中華民族優良的家風家教，是道德的實踐，是立德樹人的實踐，是精神修煉的實踐。

中華民族歷朝歷代的家風家教在于明德。“德”是指人善良的品行和高尚的品格。老子説：“道生之，德畜之，物形之，勢成之，是以萬物莫不尊道而貴德。”此“德”字不僅是萬物生長的内在基礎，又是人的德行、品德的意思，要求人們不僅要有德行，而且要有“盛德”或“大德”。北宋末年宋徽宗把“德”概括爲“孝、悌、睦、姻、任、恤、忠、和”，并且頒布詔書，立碑于文廟。這種“盛德”“大德”，首先要從家庭做起，要從小時候做起，從最基礎的孝德做起。這樣，纔能逐步做到明大德，纔能最終站在全民族共同利益的高度，把個人、家庭與國家和民族的命運聯繫在一起，實現道德的提升、情懷的擴展和人格的完善，并獲得旺盛的、持久的生命活力。具有了大德，纔會激發强烈的社會責任和博大的人民情懷，纔會擁有人生大的志向、大的抱負、大的格局。

三蘇家風家教中的“孝慈仁愛”，講的就是對父母的孝敬，對家人的關愛，對百姓、對社會的仁慈。尤其是蘇軾興民事、善民意，爲官一任，造福一方，更是令人稱頌。杭州西湖的“蘇堤”；密州的捕蝗抗灾，收養弃兒；徐州的抗洪守城，惠州的修渠引水，鋪路架橋；儋州的興辦學堂、改進民風、教化民衆……蘇軾在不同任上主持或參與的水利工程不勝枚舉，他把治水與造福百姓聯繫在一起，與國家的興衰聯繫在一起。在長期的治水實踐中，他還撰寫了水利論述《熙寧防河録》《禹之所以治水之法》《載塘六井記》等。在中國水利史上，他被列爲古代治水十大杰出人物之一。千百年來，父子三人的人品、官品、文品，堪稱後人的楷模和官員的典範。可以這樣説，三蘇是百姓的三蘇，三蘇文化是百姓的三蘇文化。讀三蘇的著作，已不是讀語言，讀藝術，而是讀思想，讀人格。文化的最後成果是人格。

好的家風家教，是一種精神的浸染，是一種潤物無聲的品德力量。老教師劉運超説：“母親是一位普普通通的農村婦女，但在村裏却有着超乎常人的好人緣。在村裏，母親没有擔任過任何職務，却有一門獨特的手藝——做針綫活。在20世紀六七十年代，每逢冬季到來，街坊鄰居找母親剪裁衣服的，一撥接着一撥。母親每天起早貪黑地幹，一點也不嫌麻煩和勞累。大多數登門請母親做衣服的人家，取走衣服時總是要送些鷄蛋、油、麵粉之類的禮物表示謝意。遇到這種情况，母親説啥也不收，有的人家把東西一放下人就不見了，母親總是讓我和哥哥再把東西給人家送回去。母親常對我們説，能爲鄉親們做些事情，比啥都高興，如果收人家的禮，鄉情就没有了。我長大後漸漸明白，是母親的仁愛和付出，换來了鄉親們的敬重。”

村民李崇甫回憶説："'不貪不占，活得心安'，這是奶奶在世時常説的一句話，也是全家人一直銘記在心的家訓格言。平時，奶奶寧肯少吃一口，也要幫人家一把。20 世紀六十年代初，正趕上三年自然灾害造成的大饑荒，家家户户缺少吃的。有的人在下地幹活時順手掰個玉米棒子，或挖一塊紅薯拿回家充饑。可是，奶奶從不讓家裏人幹這種事兒。她教育我們説：'你現在貪個小便宜，將來就會占大便宜，就會犯法。要記住：不貪不占，活得心安。'奶奶説的這句話，就像一盞明燈，一個路標，在人生的道路上指引着我們，激勵著我們，讓我們正直做人，乾凈做事。"

鄉賢李彦舞深有感觸地説："父親在大隊會計任上，從人民公社一直幹到 2002 年，幾十年來，父親工作認真，公私分明，一身正氣，是百姓信得過的'紅管家'。我在上小學時，一次，我的作業本用完了，回到家想向父親要錢去買。當我一眼看到幾本新買來的作業本就放在桌上，就向父親提出拿一本寫作業，父親説這是公家的，你不能用。説着就從兜裏掏出錢讓我去商店買。我説桌上這些作業本不都是用你的錢買的嗎？父親耐心地對我説，這不一樣，桌子上的本是我用公家的錢買的，是記賬用的，我給你的錢是咱自家的。通過這件事我明白了公私分明的道理。如今，父親早已過世，但他保存下來的那些賬本，是我們家家風家教的傳家寶。"

教師胡麥囤，回憶父親在世時的教誨。他説："從我記事起常聽父親念叨：'忠厚傳家遠，詩書繼世長。'他教我做人一定要低調，做事一定要實在，待人一定要誠懇，居家過日子一定要節儉；人要有一技之長，能有一技長，勝藏十年糧；不要輕易許人願，凡是答應人家的，就必須兑現。父親還教導我，做人要本份，爲人不做虧心事，紙裏包不住火，雪裏埋不住人。我小時候對這些話不理解，現在回想起來，真是受益終生。我將跟隨父親的脚步，把好家風一直傳承下去。"

中華家風家教中的"誠"，則比"德"更進了一步，它不但含有德的意向，而且還表露出善是基礎，仁是核心，誠是目的。誠的本意是信，説話符合事實謂之誠，由忠于事實而引伸爲忠于某種觀點、觀念或信仰。中國哲學上還把"誠"提升爲重要的哲學思想文化範疇，指出"誠"具有兩個含義，即天地自然之誠和社會人倫之誠。人要以誠待天待人，就須先具有"仁"，即先成爲一個具有高尚道德的人，衹有道德高尚，纔能心中無私，纔能公正地真誠地去處理與天與人的關係。古人把"善"看作是一種内在的美，一種人格的美，"盡善"高于"盡美"，"盡善"即是"盡美"。并且主張人生境界，即由"真"而達到"美"，再達到"善"，實現"真善美"的統一。"達則兼濟天下"，是説"達時"要發奮圖强，盡心做事，造福社會；"窮則獨善其身"，是説"窮時"也不要放鬆對自己的要求，應更加刻苦學習，加倍努力，積極創造條件擺脱困境。顯然，這種情操和品格，在任何時代都是有其思想價值的。

立德樹人，莫過于家庭教育。2016 年 12 月 12 日，習近平總書記在會見第一届全國文明家庭代表時的講話指出："作爲父母和家長，應該把美好的道德觀念從小就傳遞給孩子，引導他們有做人的氣節和骨氣，幫助他們形成美好心靈，促使他們健康成長，長大後成爲對國家和人民有用的人”，同時强調：“廣大家庭都要重言傳、重身教，教知識、育品德，身體力行、耳濡目染，幫助孩子扣好人生的第一粒扣子，邁好人生的第一個臺階”。2022 年 7 月 12 日習近平總書記在新疆大學考察調研時强調：“育人的根本在于立德。”每一個家庭，每一個人，遵照習近平總書記的教誨，都要以德立身，以德養心，以德修行。强調人要有敬畏之心，又要有底綫思維，要牢牢守住做人的底綫。約束自己，纔是真正的聰明。“立德”更是一種文化品位的進步與提升。

四、家風家教的社會價值，在于營造精神氣象

中國是靠道德外化建立起社會秩序、行爲規範、人際關係的。在文化心理結構上，我們與西方人有很大不同。西方人是從宗教的外在信仰中獲得力量，中國人注重自身的道德判斷，中國人創造了以道德爲核心的價值觀，是從内心的訴求與渴望中獲得力量。因此，每一個人，每一個家庭，在社會生活中都表現爲一種精神姿態的存在，或者説是一種“社會人”的存在。現實生活中，人的自然生命存在，人的社會生命存在，人的精神生命存在，構成了人的現實存在的統一體。其中人的社會存在是最根本、最實際、最明顯的，它是決定人類特質的存在方式。黑格爾對中國文化曾作出這樣的論述：“中國純粹建築在這樣一種道德的結合上，國家的特徵便是客觀的家庭孝敬。”

家風家教，强調每一個人在人倫關係、人際關係中的重要角色、重要位置、重要作用。從古代《尚書》中最早提出的“五教”（父義、母慈、兄友、弟恭、子孝），到孟子提出“父子有親，君臣有義，夫婦有别，長幼有序，朋友有信”，家風家教是封建社會中最基本的人倫關係。其中的父子有親、長幼有序、朋友有信等，在新的時代，對于維護社會秩序，改善人際關係，促進社會文明和諧，仍有不可忽視的重要作用。一個人既然在社會中生活，既然要與人、與社會方方面面打交道，就必然發生不同的社會關係，必然擔當着不同的社會角色。强調個人在不同關係中、在不同條件下，應該遵守的道德義務和應該盡到的社會責任，對于社會的穩定，對于時代的文明進步，有着極其重要的作用。

“百善孝爲先。”在中華民族傳統美德中，“孝”被稱爲一切道德的根本，是所有“教化”的出發點。集先秦諸子孝論之大成的《孝經》指出：“夫孝，德之本也，教之所由生也。”所以，要成爲一個有道德的人，有修養的人，就必須在根本上下功夫，必須在根本上身體力行。“孝”就是“善事父母”，就是要報答父母的養育之恩。對父母不但要“養”，而且還要“敬”，還要有一顆深愛之心。從一個人對待父母的態度，可以推斷出他對他人、對社會、對國家的態度。一個人如果對自己的父母不孝順，也決不可能對民族對國家盡忠。“求忠臣于孝子之門”，正是從這一邏輯推論出發的。

河南有一位好媳婦王好，30 多歲時丈夫不幸去世，三個孩子中最大的纔九歲，最小的纔四歲，她的公爹又患病卧床。村裏一些好心人看她天天吃苦受累，勸她改嫁，她斷然回絶説："自從嫁過來，公爹待我跟親閨女一樣，現在這個家遇到難處，我不能撇下老人和孩子，如果那樣做，就太没有良心了。"在以後的幾十年裏，爲了伺候多病的公爹和撫養三個孩子，她甘願一個人撑起這個家，默默奉獻着自己的年華。王好的家風，深深影響和帶動了民風村風，提升了全村人的道德品位，引領了全村人的道德風尚。

一封封家信、一聲聲叮嚀、一句句囑咐，傳遞着家庭的温情，寄托着家人的祝願。革命戰争年代，無數革命先烈用家書寫下他們對革命的必勝信念，對黨的無限忠誠，對親人的殷切希望。還有一首首抒發革命情懷的陝北民歌，也是最直接、最感人的家風家教。如："還有一尺布，送去做軍裝；還有一升米，送去做軍糧；還有一男兒，送他上戰場。"這些家書和歌謡，是我們家風家教的最好的教材，是中華民族寶貴的精神財富和代代相傳的精神基因。從古至今，家風家教伴隨着社會進程，伴隨着每一個家庭、每一個人的成長。我們從一些文學作品中，讀到很多感人至深、催人奮進的家書。比如作家路遥在《平凡的世界》中寫到主人翁孫少平在給妹妹蘭香的信中説："我們出身貧苦的農民家庭，永遠都不要鄙薄我們的出身，它給我們帶來的好處一生受用不盡。"少平囑咐妹妹的話，也是他内心的表白，不要怕苦難，苦難讓人知道奮鬥，知道抗争，苦難給人帶來奮進的信心與激情。"如果生活需要你忍受痛苦，你一定要咬緊牙關堅持下去。"路遥就是在這個意義上，寫了那麽多的苦難，讓人永遠銘記的苦難，給了人們許多生活的啓示和生命的領悟，讓人們理解《平凡的世界》在今天的意義。

作家李佩甫别開生面，以獨特的視角，富有開創性的構思，竟然把一個家庭的家訓，深嵌在幾代人對家國情懷、對生命意義的追尋中，飽含深情地寫成了一部文學作品。他稱自己是"背負着這片土地行走的人"。他以黄河岸邊康氏家族的家訓"留有餘，不盡之巧以還造化；留有餘，不盡之禄以還朝廷；留有餘，不盡之財以還百姓；留有餘，不盡之福以還子孫"爲創作主旨，把書的名字就定爲"河洛圖"。這部作品就是向人們講述康家幾代人遵循"留餘"的家訓，"以小家養大家""先大家後小家""捨小家爲大家"的生動感人的故事，詮釋"留餘"的精神價值——古今之大德，是天地間之大愛，是人生之大智慧，是中原人的人生哲學。

紅旗渠特等勞模、75 歲的張買江老人回憶説，1961 年農曆正月初五，父親張運仁犧牲在修渠工地上，母親趙翠英領着 13 歲的他上了工地，把他交給工地指揮長。因他年幼指揮長不敢收，他母親説，你不收下兒子，我也留下修渠。工地領導無奈衹好同意把買江收下。母親臨走時對買江説："你爹没有修成渠就走了，你不把水引到咱村就别回家。"就這樣，張買江在修渠工地一幹就是 9 年。一個 13 歲的孩子，不知道什麽是擔當，但他牢牢記住了母親的一句話，許許多多的修渠人也都記住了這句話，激勵着大家把渠修好，把水引到家門口。可見，家風家教中的一句話，决定了一件事情的成功，决定了一個人的成功，也間接地影響到一個村、一個縣、一項大的工程的成功。家風家教，就是滲入每個人骨子裏的那種信念，那種勇往直前的精神動力。

世界著名科學家愛因斯坦説："對我一生獲益最大的，是我的父母和小時候的老師，他們教會我好的習慣，教會我做人做事的道理。"

我國許多著名的科學家、哲學家，也給我們留下了不少感人的家風家教的故事。國學大師湯用彤，1942 年找來庾信的《哀江南賦》，指着序中的一段話，對 15 歲的兒子湯一介説："一個家庭應該有它的家風。你要牢牢記住這段話，'事不避難，義不逃責，素位而行，隨適而安；毋戚戚于功名，毋孜孜于娱樂'。意思是説，做事情不要怕困難，合乎道義的事情不要怕負責任，過最簡單的生活，就可以安然。一個人不要總是追求功名與享受。"湯用彤以此告誡兒子湯一介如何做人、如何做事。湯一介時時牢記父親的教誨，一生潛心讀書做學問，成爲我國著名的國學大師，後人稱他是"高尚之人格，不朽之學術"。清代大儒曾國藩在家訓中寫道"家儉則興，人勤則健，能勤能儉，永不貧賤"，對後人影響很大。

現代人在走向社會前，要靠家庭和學校打好人生底色。在家裏他們接受關愛、感受親情、規範舉止、啓迪心智；在學校接受知識、感受友善、親近學問。正是這份美好的情感，正是這種耳聞目染的激勵，纔使他們笑對任何困難，充滿信心地在人生道路上不斷追求，實現自我，超越自我。當他們有朝一日離開家庭、離開學校的時候，帶走的不衹是教誨、親情和知識，更重要的是精神的向往，是理想的追求，是人生境界的攀升。

人是需要有向往，有精神追求的。著名哲學家薩特説過："世界上有兩樣東西亘古不變，一是高懸在我們頭頂上的日月星辰，一是深藏在每個人心底的高貴信仰。"現實生活中的每一個人，何嘗不是一粒精神的種子；每一個家庭，何嘗不是一塊精神的土壤。當一個家庭把家風家教視爲家寶、看得很重的時候；當一個人把家風家教視爲安身立命之本、作爲座右銘的時候，你就會覺得你就是世上最幸運的人。你能幫助别人幹事情，你能幫助别人解難題，你能在社會上有大的作爲，你能爲老百姓謀幸福。有多少融入就有多少深情。你走到哪裏，就把一種精神帶到哪裏，就把幸福帶到哪裏，就把深情扎根在哪裏。現在社會上有一句時尚的話，叫"外樹形象，内强精神"。何爲形象？就是你在老百姓心目中的樣子；何爲精神？就是你在老百姓心目中的分量。精神是看得見、摸得着、感受得到的。它是一種姿態，讓人看上一眼就肅然起敬；它是一道風景，讓人覺得賞心悦目；它是一種氣象，讓人浸潤在一種温暖的氛圍裏。一個家庭的聲望，一個家庭的威信，一個家庭的影響力，其實就是一個家庭的道德品位，也就是一個家庭的精神氣象。

樹木，森林，氣候。一個個家庭的家風，帶動一個個村的村風；千千萬萬個家庭的家風，就形成了一片又一片"森林"，它就能呼風唤雨，就能推波助瀾，它就能形成大氣候、大氛圍、大景象。家風家教的着眼點，在于造就人的品格，人的志向，人的精神氣象；家風家教的目的，也在于提升人的品格、品位，提升人的精神氣象。在這種精神氣象的映照下，家風家教的意義，纔能顯現出非凡與深遠、寬廣與深厚。雨果在《悲慘的世界》裏有一句話："有了物質，那是生存；有了精神，才是生活。"一個擁有精神氣象的人，一個在尊嚴和精神上真正"立起來"的人，是人世間最富有温情的人。他的感召力、帶動力，就像在寒冷的日子裏，人們看看太陽，心裏就不知不覺暖洋洋、亮堂堂的。

家風家教是潛在的力、深厚的力，同時又是深遠的力、無可估量的力，它是變革社會、創造美好、開拓未來，把人提升到一個新的境界的精神動力。從一個人的成長過程看，青少年階段是人生中可變性最强的時期，他們既具有成長性，也處在不斷分化、不斷裂變之中，他們既希望與别人相同，又希望自己獨一無二，他們身上存在着許多未知因素，既可以轉變爲現代化進程中的巨大資源與動力，也可能是破壞社會穩定、阻礙現代化進程的不利因素。因此，應從戰略層面强化家風家教，鍛造青少年更爲强大的精神世界，讓青少年這個重要變量轉化爲中國式現代化中的重大增量。

五、家風家教的終極目標，在于塑造民族靈魂

任何人都有記憶，人在任何時候都在記憶。中華民族有一個獨特現象，就是每一個人小時候，幾乎都是聽着爺爺奶奶講故事長大的。這些故事裏的人物，大都是頂天立地、造福百姓、流芳千古的大英雄。他們智慧超群、力大無窮、獨一無二，不可戰勝。如神話中的盤古開天，女媧煉石補天、摶土造人，燧人鑽木取火，夸父追日，后羿射日，精衛填海，大禹治水，愚公移山等。這些故事讓中國人從小就知道崇拜英雄、崇拜創造、崇拜敢于擔當。從小就知道崇拜自己的祖先，同時，也更加懂得，人間奇迹要靠自己去創造，千難萬難要靠自己去戰勝，條條大道要靠自己去邁步，美好生活要靠自己去實現。在軸心時代，中華民族的生命自覺和價值確認逐漸形成，這就是中國人的生存理念和生存智慧，一切得靠自己動手，不抱任何幻想，不依靠外部力量，理智地思考，脚踏實地地行動，建立起屬自己的現實世界。在這一點上，我們與西方人截然不同，他們是一遇到困難，一遇到重大問題，首先是要求助于上帝、求助于神靈去保佑、去解决。所以，中華民族在骨子裏，就是一個頂天立地、敢于開拓、敢于創造、敢于擔當、敢于走自己的路的民族。

中華民族的家風家教，就是從老祖宗的神話故事中傳承下來的。它讓人在小時候，在啓蒙教育階段，心裏就裝着祖先們的高大形象，裝着一個個榜樣，教人從小要樹立大志向，要確立大道德觀。所謂大志向，大道理觀，就是要爲全民族的利益而活着，要把自己的能耐、自己的聰明才智，完全融進全民族的利益之中。做到一切爲着全民族的利益，心中唯獨没有自己。在爲全民族利益的奮鬥中，一步步使自己走向光明、走向崇高、走向心靈的强大。

人，是要有靈魂的，一個民族也是要有靈魂的。記得小時候在農村，當一個人受到驚嚇時，家裏人總要想方設法爲他"叫魂"。靈魂是主宰一切的，是籠罩一切的，是决定一切的。

家風家教對一個人、對一個家庭、對一個民族來説，都是爲鑄造靈魂的。進入新時代，要培養造就出新時代的新人，這個新人就是指能够擔當實現中華民族偉大復興重任的人。習近平總書記的一系列重要著作和重要論述，就是新時代每個人、每個家庭家風家教的經典讀本；就是教育自己、教育子女、教育家庭成員的唯一遵循；就是造就新時代的精神氣象與民族靈魂的科學指引與思想動力。

人的高貴，在于靈魂。法國思想家帕斯卡爾有一句名言："人是一支有思想的蘆葦。"意思是説，人的生命像蘆葦一樣脆弱，宇宙間任何東西都能致人于死地。可是，即使如此，人依然比宇宙間任何東西都高貴得多、强大得多，因爲人有一個能思想的靈魂。珍惜内在的精神財富，遠遠高于外在的物質財富，這是古往今來一切賢哲的共同特點。英國作家王爾德到美國去旅行，入境時海關人員問他有什麽東西需要報關，他淡淡地回答："除了我的才華，什麽都没有。"正是這位坦率的作家，在他的一部作品裏告訴我們："世間再没有比人的靈魂更寶貴的東西，任何東西都不能跟它相比。"我身邊的一位劇作家曾跟我講，他母親一個字不識，但她在家裏，凡是看到散落在地上的兒子寫的每一片稿紙，她都會撿起來保管好，她説這是家裏最寶貴的東西。

人在年輕的時候，大多是富有追求、富有理想的，隨着年齡的增長就會變得越來越實際，越來越看重名利。在一個物欲膨脹的時代裏，大家都把目光和精力投向了外部世界，不再關注自己的内心世界，忘却了精神的高貴，其結果是靈魂日益萎縮和空虚，精神上失落了。看來，一個人保持住純正的精神追求，保持住家風家教的純正期盼，就是保持住自己的高貴靈魂。自古以來，世上一切賢哲都主張簡樸的生活方式，目的是不被物欲所俘，不被私利所惑，保持精神上的追求。如果一個人太看重物質享受，就必然要付出精神上的代價。人的肉體需要是有限的，無非是温飽，但如果奢侈起來却是没有盡頭的。你本來習慣于騎自行車，不覺得有什麽不妥，當你看到周圍的人都開上了汽車，你就會覺得你缺少汽車，有必要也買一輛。富了還想着再富，事實上也必定有人比你富，于是你永遠就不會滿足，千方百計去挣、去撈取更多的錢；這樣，擁有錢成了你唯一的目的，你哪裏還有精神追求？你哪裏還在乎良心？在乎家風家教？社會上那些貪官們不都是這樣嗎？恐怕三蘇的"非義不取，爲政清廉"他們早已忘得一乾二净。今天，衹有牢牢記住"非義不取"，纔能做到"爲政清廉"。

我非常欣賞蘇格拉底的一個故事，這位被世人稱爲"師中之師"的哲人，在雅典市場上閑逛，看了貨架上那些琳琅滿目的稀世珍寶和高檔的生活用品後，衹説了一句話："這裏的一件東西我也用不着呵！"的確，對于一個有精神追求的人，眼前這些奢華的東西，都與他相去甚遠，他那高貴的靈魂，是容不下奢華與享受的。

現代的社會是一個價值多元的社會，人們在精神信仰領域和物質生活領域，都享有了越來越多的自由。今日世界，充滿着機會，充滿着競争，也充滿着壓力。機會誘惑人去嘗試，壓力迫使人去拼搏，這是現代社會的常態。可是，你不管怎樣嘗試，不管怎樣拼搏與奮鬥，你一定不要忘了回家的路。這個家，就是永遠温暖你、關愛你、呵護你的親人，就是你自己的心靈世界。一個人的成長，是與你的親人、你的家庭分不開的，是任何力量都無法代替的。加謬説："靈魂需要一輩子的時間來成形。"一個人有了明確的方向，有了堅實的自己，在這個世界上，他的人生中便有了精神的坐標，便有了足够的定力，無論走多遠都能够找到自己的原點，找到回家的路。一個有着堅實自我的人，就會把家風家教作爲一盞燈，時時照亮自己；就會把家風家教作爲一把尺，時時丈量自己；就會把家風家教作爲一本書，時時汲取精神營養。世界無限廣闊，生活豐富多彩，然而屬于每一個人的現實可能性終究是有限的。把握住自己，把握住有限的可能性，專注于自己喜歡做的事情，并且把它做到盡心盡力，做得盡善盡美，從而獲得一種心靈的滿足。在精神層面上，懷着一份責任與良知，走向人生的高處，走進一個民族靈魂的深處。當我們回首往事時，我們可以驕傲地説，家風家教成全了我們的人生，成全了我們的事業，成全了我們的心靈世界、精神世界，我們不愧是中華民族一分子。

隨着社會不斷加快現代化進程，人口的流動、人際交往方式的多樣化，知識的增長和普遍擴散，使個人意願、個人力量不斷展現出來。家庭形態和人的家庭觀念、家風家教意識，表現出與以往有着明顯的不同，有大量在城市和鄉村流動的農村青年，有幾千萬農村留守兒童，他們面臨着很多問題，需要我們在現實狀況與文化層面上，關注新情況，研究新問題。

一是關注傳承問題。隨着人口的流動、家庭的"瘦身"、家庭成員交往方式的轉變，家風家教不但不能弱化、淡化、邊緣化，而且要以新的形式、新的途徑、新的手段，傳承下去，延續下去，要做到堅持不懈、久久爲功。要從每個人做起，要從每個家庭做起，要從全社會做起。這即是一份責任，又是一份使命。

二是關注創新問題。要站在時代的新高度，從國家和民族的大局出發，把家風家教融入社會主義核心價值觀，融入新時代公民道德建設，融入家庭、社會、學校的人才培養。不斷注入新的内容、新的目標要求、新的時代内涵，創新形式，創新思想和創新文化，爲建立新時代家風家教的理論體系，提供重要的思想資源。

三是以對國家和人民的高度責任感和歷史使命感，關注不同地域、不同民族、不同家庭家風家教面臨的新情況、新問題，提出解決問題的建議與對策。比如家風家教面臨的父母離異問題，子女缺少親情問題，隔代撫養問題，信息時代家庭意識、親情意識淡薄問題，社會上一些人世俗化、功利化造成的道德淪喪、精神失落問題等，要跟踪調查，跟踪研究，跟踪探討解决辦法。

四是關注從實際出發，從解决難點、熱點問題出發，堅持實事求是的科學精神，强調以德促教、以德治教、以德强教。家庭教育涉及很多方面，但最重要的是品德教育，是如何做人的教育。强調没有好的家教，就不會有好的家風；没有好的家風，就不會有優秀人才，就不會有國家的興旺、民族的復興。治理不良家風，樹立新時代家風、助推清新的黨風、政風、社風。既要堅持問題導向，又要堅持結果導向，繼續做好全國文明家庭評選活動，發揮好典型引領作用。

五是關注家風家教方面的實踐研究與理論研究。家是道德培養的搖籃。建議大學人文學科要增設家風家教課程，培養這方面的人才，鼓勵青年學子熱愛家風家教研究，積極投身于中華家風家教事業中去，把中華民族的傳統美德代代相傳、發揚光大。

社會的發展，時代的進步，需要衝刺力，也需要耐久力。融化在日常生活中的家風家教，深植于每個人心靈裏的家風家教，爲中華民族的偉大復興提供了强大而綿長的動力。每個家庭的家風家教，也是一個社會價值的縮影，好家風好家教，承載着祖祖輩輩對後代的希望與鞭策，不但是家庭和睦、人丁興旺的密碼，更是國家繁榮昌盛的基石。現實是歷史的繼續，而現實總是面向未來的。遵照習近平總書記 2015 年 2 月 28 日在會見第四届全國文明城市、文明村鎮、文明單位和未成年人思想道德建設工作先進代表時的講話“大力弘揚中華民族優秀傳統文化，大力加强黨風政風、社風家風建設，特別是要讓中華民族文化基因在廣大青少年心中生根發芽”的重要指示，以更高站位、更大舉措，更寬視野，推動家風家教建設蓬勃開展，在新時代新征程中，取得新的成就，開創新的局面，拓展更加美好的前景。

（作者單位：河南省文史研究館）

蘇軾家風散論——以黄州時期爲中心

唐剛卯[1]

内容提要：本文是在習近平總書記在三蘇祠的重要指示的指引下，對蘇軾家風（黄州爲中心）的一點感悟與體會。從蘇軾自身詩文出發探討了蘇軾“家風”“家法”。講到了勤儉持家與勤儉建國一脉相承。從蘇軾“烹小鲜”的細緻入微出發，感悟到對工作應當從我做起，從小事一點一滴做起，盡心盡力，絲毫不能懈怠。并從蘇軾《論語説》的散失，證明以國家之力建設國家版本館是保存傳統文化的重要决策與舉措。

關鍵詞：家風；家法；黄州；節儉；烹小鲜；論語説

宋神宗元豐三年（1080）謫居黄州，元豐七年（1084）離開黄州共計近五年時間，是蘇軾的黄州時期。一般都認爲黄州時期是蘇軾人生的低谷，個人歷史上的艱難時期，這一説法完全正確。但這一時期無疑也是蘇軾的高光時刻、輝煌時代。文學上的前後《赤壁賦》《念奴嬌・赤壁懷古》；學術史上的三部學術著作，即《易傳》《書傳》和《論語説》；書法上的《寒食帖》；中國食品烹飪史上的東坡肉、東坡肘子、東坡餅、東坡羹也都出自這個時期，就連東坡居士之鼎鼎大名也得自黄州的東坡。這些蘇軾的成就在此暫置不論。艱難困苦纔見真性情，本文是對蘇軾在黄州時期所表現出來的家風與人格魅力的一些感悟或者感想，請大家批評指正。

① 唐剛卯：湖北省人民政府文史研究館館員，湖北省博物館研究館員。

一

對于自己人生履歷，蘇軾在《自題金山畫像》一詩中有所評介：

心似已灰之木，身如不繫之舟。問汝平生功業，黄州、惠州、儋州①。

可見蘇軾頗爲注重黄州時期。雖然衹有短短5年，而且是遭受了貶謫，生活困窘的5年；但這也是很特别的5年。

關于"家風""家法"，蘇軾筆下説到"東坡之家風"的文字見于貶謫惠州時寫給王敏仲的一封書信之中：

某垂老投荒，無復生還之望，昨與長子邁訣……庶幾延陵季子嬴博之義，父既可施之子，子獨不可施之父乎？生不挈棺，死不扶柩，此亦東坡之家風也②。

由上可知，蘇軾的"家風"要旨是"勤儉持家"，在此所指的具體内容是"喪事從儉"。

另一條直接言及"家法"的文字：

侄孫近來爲學何如？想不免趨時。然亦須多讀史，務令文字華實相副，期于適用乃佳。勿令得一第後，所學便爲弃物也。海外亦粗有書籍，六郎亦不廢學，雖不解對義，然作文極峻壯，有家法。二郎、五郎見説亦長進，曾見他文字否？侄孫宜熟看前、後《漢史》及韓、柳文。有便，寄近文一兩首來，慰海外老人意也③。

蘇軾稱贊兒子蘇過"作文極峻壯，有家法"，是指家傳文風。不要將讀書、寫文衹是作爲科舉的敲門磚——"勿令得一第後，所學便爲弃物"——要學以致用："多讀史，務令文字華實相副，期于適用乃佳。"

蘇軾在《和陶飲酒二十首》并叙中稱贊"六男子"（即蘇軾三子邁、適、過；蘇轍三子：遲、適、遠）。其十五：

去鄉三十年，風雨荒舊宅。惟存一束書，寄食無定迹，每用愧淵明，尚取禾三百。欣然六男子，粗可傳清白。于吾豈不多，何事復嘆息。

---

① 〔宋〕蘇軾：《自題金山畫像》，《蘇軾詩集》卷四十八，中華書局1982年版，第2641頁。

② 〔宋〕蘇軾：《與王敏仲十八首之十六》，《蘇軾文集》卷五十六，中華書局1986年版，第1695頁。

③ 〔宋〕蘇軾：《與侄孫元老四首之二》，《蘇軾文集》，中華書局1986年版，第1842頁。二郎、五郎，六郎分别爲蘇軾長子蘇邁、次子蘇迨、幼子蘇過。

其十六：

曉曉六男子，弦誦各一經。復生五丈夫，戢戢丁欲成。歸田了門户，與國充踐更①。

可見蘇軾的“家法”流傳有緒。

多讀書，多讀史書，閲讀廣泛，不能爲了科舉衹讀“四書五經”，是三蘇家風。小時候其母不教蘇軾讀“經”，而是教讀《後漢書·范滂傳》，首先教孩兒做人的道理就是一例。蘇軾是傳承者。

又見《黄州春日雜書四絶》其三：

清曉披衣尋杖藜，隔墻已見最繁枝。老人無計酬清麗，夜就寒光讀《楚辭》。

又見：

舊書不厭百回讀，熟讀深思子自知②。

又見《東坡八首（并叙）》，講述耕讀生活非常詳細：

余至黄州二年，日以困匱，故人馬正卿哀余乏食，爲于郡中請故營地數十畝，使得躬耕其中。地既久荒爲茨棘瓦礫之場，而歲又大旱，墾闢之勞，筋力殆盡。釋耒而嘆，乃作是詩，自愍其勤，庶幾來歲之入以忘其勞焉。

其一

廢壘無人顧，頹垣滿蓬蒿。誰能捐筋力，歲晚不償勞。獨有孤旅人，天窮無所逃。端來拾瓦礫，歲旱土不膏。崎嶇草棘中，欲刮一寸毛，喟然釋耒嘆，我廩何時高。

其二

荒田雖浪莽，高庳各有適。下隰種秔稌，東原蒔棗栗。江南有蜀士，桑果已許乞。好竹不難栽，但恐鞭横逸。仍須卜佳處，規以安我室。家僮燒枯草，走報暗井出。一飽未敢期，瓢飲已可必。

其三

自昔有微泉，來從遠嶺背。穿城過聚落，流惡壯蓬艾。去爲柯氏陂，十畝魚蝦會。歲旱泉亦竭，枯萍黏破塊。昨夜南山雲，雨到一犁外。泫然尋故瀆，知我理荒薈。泥芹有宿根，一寸嗟獨在。雪芽何時動，春鳩行可膾。

---

① 〔宋〕蘇軾：《和陶飲酒二十首（并叙）》，《蘇軾詩集》卷三十五，中華書局1982年版，第1889頁。

② 〔宋〕蘇軾：《送安惇秀才失解西歸》，《蘇軾詩集》卷六，中華書局1982年版，第247頁。

其四

種稻清明前，樂事我能數。毛空暗春澤，針水聞好語。分秧及初夏，漸喜風葉舉。月明看露上，一一珠垂縷。秋來霜穗重，顛倒相撑拄。但聞畦隴間，蚱蜢如風雨。新春便入甑，玉粒照筐筥。我久食官倉，紅腐等泥土。行當知此味，口腹吾已許。

其五

良農惜地力，幸此十年荒。桑柘未及成，一麥庶可望。投種未逾月，覆塊已蒼蒼。農父告我言，勿使苗葉昌。君欲富餅餌，要須縱牛羊。再拜謝苦言，得飽不敢忘。

其六

種棗期可剥，種松期可斫。事在十年外，吾計亦已慤。十年何足道，千載如風雹。舊聞李衡奴，此策疑可學。我有同舍郎，官居在灊岳。遺我三寸甘，照座光卓犖。百栽倘可致，當及春冰渥。想見竹籬間，青黄垂屋角。

其七

潘子久不調，沽酒江南村。郭生本將種，賣藥西市垣。古生亦好事，恐是押牙孫。家有一畝竹，無時客叩門。我窮交舊絶，三子獨見存。從我于東坡，勞餉同一飧。可憐杜拾遺，事與朱阮論。吾師卜子夏，四海皆弟昆。

其八

馬生本窮士，從我二十年。日夜望我貴，求分買山錢。我今反累君，借耕輟兹田。刮毛龜背上，何時得成氈。可憐馬生癡，至今誇我賢。衆笑終不悔，施一當獲千①。

詩中説到“我窮交舊絶，三子獨見存。從我于東坡，勞餉同一飧”，三個兒子都與父親一起參加耕種勞作。同時爲兒子請了好的老師讀書。這就是東坡耕讀家風的景象。

至于蘇軾讀佛經，成爲“東坡居士”；好老莊，出入道家、道教更爲人所熟知。需要特别提到的是蘇軾的“八面埋伏”讀書法，流風遺韻到今朝。

在《三槐堂銘（并叙）》② 中蘇軾稱譽他的朋友曾鞏的家風用了“好德而文，以世其家”這樣的句子，意爲曾家的家風是“好德而文”，可以看作蘇軾對家風、家法的總的看法，主旨是“修德”與“守文”，當然還有其他更實際的内容，這也是當時社會的一般認識。

在宋代社會大背景下，强調家族家風家法爲當時顯盛；在宋代政治上有“祖宗之法”“家法”，鄧小南對此有深入研究，在此都不加討論。

---

① 〔宋〕蘇軾：《東坡八首（并叙）》，《蘇軾詩集》卷二十一，中華書局 1982 年版，第 1079—1084 頁。
② 〔宋〕蘇軾：《三槐堂銘（并叙）》，《蘇軾文集》卷十九，中華書局 1986 年版，第 570 頁。

二

神宗元豐二年（1079），蘇軾時年45歲，由于“烏臺詩案”，蘇軾被貶謫至黄州任團練副使，“本州安置”來到了黄州。他在給文彦博的信中叙述了來黄州一路的“倉皇”境況：

軾始得罪，倉皇出獄，死生未分，六親不相保。然私心所念，不暇及他。但顧平生所存，名義至重，不知今日所犯，爲已見絶于聖賢，不得復爲君子乎？抑雖有罪不可赦，而猶可改也？伏念五六日，至于旬時，終莫能决。輒復强顔忍耻，飾鄙陋之詞，道疇昔之眷，以卜于左右。遽辱還答，恩禮有加。豈非察其無他，而恕其不及，亦如聖天子所以貸而不殺之意乎？伏讀洒然，知其不肖之軀，未死之間，猶可以洗濯磨治，復入于道德之場，追申徒而謝子産也。軾始就逮赴獄，有一子稍長，徒步相隨。其餘守舍，皆婦女幼稚。至宿州，御史符下，就家取文書。州郡望風，遣吏發卒，圍船搜取，老幼幾怖死①。

對于黄州的生活，他在給秦少游的信中説：

初到黄，廪入既絶，人口不少，私甚憂之，但痛自節儉，日用不得過百五十。每月朔，便取四千五百錢，斷爲三十塊，挂屋梁上，平旦，用畫叉挑取一塊，即藏去叉，仍以大竹筒别貯，用不盡者，以待賓客，此賈耘老法也②。度囊中尚可支一歲有餘，至時别作經畫，水到渠成，不須顧慮，以此胸中都無一事。

所居對岸武昌，山水佳絶。有蜀人王生在邑中，往往爲風濤所隔，不能即歸，則王生能爲殺鷄炊黍，至數日不厭。又有潘生者，作酒店樊口，棹小舟徑至店下，村酒亦自醇釅。柑桔椑柿極多，大芋長尺餘，不减蜀中。外縣米斗二十，有水路可致。羊肉如北方，猪牛獐鹿如土，魚蟹不論錢。岐亭監酒胡定之，載書萬卷隨行，喜借人看。黄州曹官數人，皆家善庖饌，喜作會。太虚視此數事，吾事豈不既濟矣乎！欲與太虚言者無窮，但紙盡耳。展讀至此，想見掀髯一笑也③。

又對韓琦説到黄州民風：

---

① 〔宋〕蘇軾：《黄州上文潞公書》，《蘇軾文集》卷四十八《書》，中華書局1986年版，第1379—1380頁。

② 賈收，號耘老，浙江湖州人。蘇軾與之在杭州、湖州有很多交往。蘇軾有《答賈耘老四首》傳世。參見《蘇軾文集》卷五十七《尺牘》，中華書局1986年版，第1725頁。

③ 〔宋〕蘇軾：《答秦太虚七首》四，《蘇軾文集》卷五十二《尺牘》，中華書局1986年版，第1536頁。

黄州山水清遠，土風厚善，其民寡求而不争，其士静而文，樸而不陋。雖閭巷小民，知尊愛賢者，曰：“吾州雖遠小，然王元之、韓魏公，嘗辱居焉。”以誇于四方之人[①]。

從上可知，蘇軾細心地考察了黄州的風土人情，對生活環境有深入的瞭解。到黄州，初時寓居佛寺，後又取得黄州東坡地，建造了雪堂做爲安居之所。建起了屬自己的“家”，編織了生活的網絡。

由于“倉皇”來黄州時，書籍包括著述大多散失：

婦女恚駡曰：“是好著書，書成何所得，而怖我如此！”悉取燒之。比事定，重復尋理，十亡其七八矣[②]。

對于無書可讀，當然蘇軾日子最爲難過。因此後來在信中特别高興地告訴秦少游“岐亭監酒胡定之，載書萬卷隨行，喜借人看”。

蘇軾在給王定國的信中也有大致相同的表述：

廩入雖不繼，痛自節儉，每日限用百五十，自月朔日取錢四千五百足，繫作三十塊，挂屋梁上，平明以畫杈子挑取一塊，即藏去杈子，以大竹筒别貯用不盡者，可謂至儉。然猶每日一肉，蓋此間物賤故也。囊中所有，可支一年以上，至時别作相度，日下未須慮也[③]。

蘇軾信中所説“痛自節儉”與所采用的應對方法是將 4500 錢分爲 30 份，挂于屋梁之上，日取一份。有餘則放入大竹筒，以待賓客或者不時之需。這種方法，蘇軾稱之爲“賈耘老法”，即貧困朋友、處士賈收所授。説明此種由入定出，有計劃地安排生活是傳統勤儉持家的好方法。此外“挂屋梁上”，讓家中人所共知，是用經濟公開的方式加以了管理，應該是取得了好的效果。勤儉持家是中華民族的傳統美德，意爲以勤勞與儉樸的精神操持家中事務。

三

吴自牧《夢粱録》中提到居家八件事，所指的分别是：柴、米、油、鹽、酒、醬、醋、茶（由于酒算不上生活必需品，至元時剔除，後稱爲“開門七件事”）。言居家瑣事之繁雜，

---

① 〔宋〕蘇軾：《書韓魏公黄州詩後》，《蘇軾文集》卷六十八《題跋》，中華書局 1986 年版，第 2155 頁。
② 〔宋〕蘇軾：《黄州上文潞公書》，《蘇軾文集》卷四十八《書》，中華書局 1986 年版，第 1380 頁。
③ 〔宋〕蘇軾：《與王定國四十一首》八，《蘇軾文集》卷五十二《尺牘》，中華書局 1986 年版，第 1518 頁。

安排好并不容易，勤儉持家也不容易。老子説“治大國，若烹小鮮”①，就是説治理國家與操持家事有同樣的道理。“烹小鮮”是用最簡單的食材，做出最美味的佳肴。看看蘇軾當年是如何“烹小鮮”，或可對老子所言的理解有一定幫助。

勤儉持家，自己動手“烹小鮮”，首先是找尋便宜的食材。當地物價便宜，所謂“黄州食物賤，風土稍可安”（《黄州上文潞公書》）。雖然計劃一日衹有百錢，“然猶每日一肉，蓋此間物賤故也”（《與王定國四十一首》八）。因爲節儉，也因爲美味，蘇軾詩説：“卯酒困三杯，午餐便一肉。”②

東坡肉是中式菜肴代表作品，在黄州生活期間，蘇軾親自烹飪，在熙寧元年他對烹飪已經頗有觀察或體驗，有《油水頌》傳世：

水在油中，見火則起。油水相搏，水去油在。湛然光明，不知有火。在火能定，由水净故，若不經火，油水同定，非真定故，見火復起③。

對東坡肉的製作，蘇軾將其烹飪經驗寫入《猪肉頌》中：

净洗鍋，少著水，柴頭罨烟焰不起。待他自熟莫催他，火候足時他自美。黄州好猪肉，價賤如泥土。貴者不肯吃，貧者不解煮，早晨起來打兩碗，飽得自家君莫管。④

又有《東坡羹頌（并引）》：

東坡羹，蓋東坡居士所煮菜羹也。不用魚肉五味，有自然之甘。其法以菘若蔓菁、若蘆菔、若薺，皆揉洗數過，去辛苦汁。先以生油少許塗釜，緣及一瓷碗，下菜沸湯中。入生米爲糁，及少生薑，以油碗覆之，不得觸，觸則生油氣，至熟不除。其上置甑炊飯，如常法。既不可遽覆，須生菜氣出盡乃覆之。羹每沸涌。遇油輒下，又爲碗所壓，故終不得上。不爾，羹上薄飯，則氣不得達而飯不熟矣。飯熟，羹亦爛可食。若無菜，用瓜、茄，皆切破，不揉洗，入罨，熟赤豆與粳米半爲糁。餘如煮菜法。應純道人將適廬山，求其法以遺山中好事者。以頌問之：

甘苦嘗從極處回，鹹酸未必是鹽梅。問師此個天真味，根上來麽塵上來？⑤

又有《東坡酒經》傳之後世：

---

① 陳鼓應：《老子注譯及評介》第六十章，中華書局，1984 年，第 298 頁。見諸家注均稱其意爲“無爲治國”。今人陳鼓應也將其譯爲“治理大國，好象煎小魚”，并説“治大國，若烹小鮮”這個警句，在傳統中國的政治思想上産生了重大影響。對此句子的討論很多，在此不論。我對“鮮”字的理解，認爲“鮮”是指菜肴的美味。“好鮮啊！”至今仍是稱贊美味菜肴的常用詞句。

② 〔宋〕蘇軾：《二月二十六日，雨中熟睡，至晚，强起出門，還作此詩，意思殊昏昏也》，《蘇軾詩集》卷二十，中華書局 1982 年版，第 1040 頁。

③ 〔宋〕蘇軾：《油水頌》，《蘇軾文集》卷二十，中華書局 1986 年版，第 596 頁。

④ 〔宋〕蘇軾：《豬肉頌》，《蘇軾文集》卷二十，中華書局 1986 年版，第 597 頁。

⑤ 〔宋〕蘇軾：《東坡羹頌》，《蘇軾文集》卷二十，中華書局 1986 年版，第 595 頁。

南方之氓，以糯與粳，雜以卉藥而爲餅。嗅之香，嚼之辣，揣之枵然而輕，此餅之良者也。吾始取麵而起肥之，和之以薑液，烝之使十裂，繩穿而風戾之，愈久而益悍，此麴之精者也。米五斗以爲率，而五分之，爲三斗者一，爲五升者四。三斗者以釀，五升者以投，三投而止，尚有五升之贏也。始釀以四兩之餅，而每投以二兩之麴，皆澤以少水，取足以散解而匀停也。釀者必甕按而井泓之，三日而井溢，此吾酒之萌也。酒之始萌也，甚烈而微苦，蓋三投而後平也，凡餅烈而麴和，投者必屢嘗而增損之，以舌爲權衡也。既溢之，三日乃投，九日三投，通十有五日而後定也。既定乃注以斗水，凡水必熟而冷者也。凡釀與投，必寒之而後下，此炎州之令也。既水五日乃篘，得二斗有半，此吾酒之正也。先篘，半日，取所謂贏者爲粥，米一而水三之，揉以餅麴，凡四兩，二物并也。投之糟中，熟撋而再釀之，五日壓得斗有半，此吾酒之少勁者也。勁正合爲四斗，又五日而飲，則和而力嚴而不猛也。篘絶不旋踵而粥投之，少留，則糟枯中風而酒病也。釀久者酒純而豐，速者反是，故吾酒三十日而成也[①]。

蘇軾將其兒子也引入“烹小鮮”裏，見于自釀酒留下的文字中，應許是家風身教也不爲過。

蘇子瞻在黄州作蜜酒，飲者輒暴下。其後在惠州作桂酒。嘗問二子邁、過，亦一試而止[②]。

以上之所以不厭其煩地全文引用這麽多文字，是想讓讀此文者看看蘇軾是如何“烹小鮮”的，及我對此的感悟。又如東坡餅也是日常食用品，用這有限的而簡單的食材，親力親爲，細緻入微做出美味佳肴是勤儉持家的有力證明，讓人感懷。蘇軾爲我們做出了令人嘆爲觀止的表率。這裹我用上了“嘆爲觀止”一詞，因爲這其中還表現出了蘇軾的創新精神，東坡肉、東坡羹、東坡餅等等都是首創，東坡菜肴已經成爲中國菜的代表，走向了世界。

勤儉持家與勤儉治國一脉相承，是一個道理。因爲家國情懷本是一體，將勤儉持家的家風發揮于治國理念之中，將會迸發出巨大的力量；勤儉持家與勤儉治國應當從我做起，從一點一滴做起，“治大國，若烹小鮮”，盡心盡力。

關于老子章句，這裹不加討論。在這煩瑣綿長的詩句中，可知蘇軾受老莊思想的影響很深，對于“治大國，若烹小鮮”，應該是熟之又熟，加上又經歷了以文獲罪，出生入死，與滿肚子的“不合時宜”，是否因此來議論國事，那就需要更深入的研究了。起碼蘇軾是“烹小鮮”的踐行者。

---

① 《蘇軾文集》卷六十四，中華書局 1986 年版，第 1987—1988 頁。

② 〔宋〕葉夢得：《避暑録語》，《宋人軼事彙編》中册卷十二，中華書局 1981 年版，第 605 頁。

四

詩書傳家是中國傳統家風的重要内容，蘇軾家風也是這樣：

> 到黄州，無所用心，輒復覃思于《易》《論語》，端居深念，若有所得，遂因先子之學，作《易傳》九卷。又自以意作《論語説》五卷。窮苦多難，壽命不可期。恐此書一旦復淪没不傳，意欲寫數本留人間。念新以文字得罪，人必以爲凶衰不祥之書，莫肯收藏。又自非一代偉人不足托以必傳者，莫若獻之明公。而《易傳》文多，未有力裝寫，獨致《論語説》五卷。公退閑暇，一爲讀之，就使無取，亦足見其窮不忘道，老而能學也①。

蘇軾擔心“恐此書一旦復淪没不傳，意欲寫數本留人間”，特别將《論語説》寄贈給文彦博以求保存。而這本《論語説》在明代却真的散失了，存世衹有輯本。馬德富有蘇軾《論語説》鈎沉一文，叙述甚詳。

此類事例歷史上甚多。如唐代白居易的文集就屢有散失。見《白氏長慶集》後序：

> 白氏前著《長慶集》五十卷，元微之爲序，《後集》二十卷，自爲序。今又《續後集》五卷，自爲記。前後七十五卷，詩筆大小凡三千八百四十首。集有五本，一本在廬山東林寺經藏院，一本在蘇州南禪寺經藏内，一本在東都勝善寺鉢塔院律庫樓，一本付侄龜郎，一本付外孫談閣童，各藏于家，傳于後。其日本、新羅諸國及兩京人家傳寫者，不在此記。又有《元白唱和》《因繼集》共十七卷，《劉白唱和集》五卷，《洛下游賞宴集》十卷，其文盡在大集内録出，别行于時。若集内無而假名流傳者，皆謬爲耳。會昌五年夏五月一日，樂天重記②。

雖然白居易將自己的文集分藏五處，還有“日本新羅諸國及兩京人家傳寫者”，但事實上無論是《論語説》或《白居易集》都没有完整地保存下來。以國家之力建設國家版本館是保存傳統文化的重要决策與舉措。

（作者單位：湖北省人民政府文史研究館）

① 〔宋〕蘇軾：《黄州上文潞公書》，《蘇軾文集》卷四十八《書》，中華書局1986年版，第1379頁。
② 〔唐〕白居易：《白氏長慶集・後序》，上海古籍出版社1994年版。

不辭長作嶺南人：蘇軾被貶嶺南後人生心迹變化及三蘇文化研析

侯月祥[①]

内容提要：蘇軾人生最艱難的晚年，是在嶺南度過的最後的七個春秋。他自律自覺，爭取做“嶺南人”，發展愛國民本思想，推廣中原先進文化，幫助百姓解决困難，修橋築堤，發展生産；他實踐詩文創新，文學創作達到高峰，頌揚嶺南，促進了嶺南經濟社會文化的發展，在歷史上留下“東坡墶本”，嶺南民衆對他的尊重和愛戴千年不衰。三蘇文化是中華民族優秀傳統文化的重要組成部分，我們要采取措施深化宣傳和研究，深入人心，弘揚中華家風家教，助推文化强國。

關鍵詞：嶺南；蘇軾心迹變化；三蘇文化；研析

蘇軾（1037—1101），北宋著名文學家、書畫家，字子瞻，號東坡居士，四川眉山人。父親蘇洵，胞弟蘇轍，均是著名文學家，世稱“三蘇”，“唐宋八大家”蘇氏占三家。嘉祐二年，蘇軾中進士，神宗時（1068—1085年在位）曾任祠部員外郎，知密州、徐州、湖州。因反對王安石新法，被關一百三十天，牽連29人，以作詩“謗訕朝廷”罪貶謫黄州，此謂“烏臺詩案”。哲宗時（1086—1100年在位）任翰林學士，出任杭、潁等地知州，均政績顯著，官至禮部尚書。元祐八年（1093）變法派復起，遭誣陷劾奏，十月被罷定州任。紹聖元年（1094）三月貶知英州（今英德市）；旋朝廷一連三傳謫令，十月轉貶廣東惠州；紹聖四年（1097）四月再貶海南儋州，至元符三年（1100）五月離開海南，計在嶺南七年。元符四年（1101）七月二十八日，他在常州病逝，享年六十有六[②]。他的《自題金山畫像》詩説：“心似已灰之木，身如不繫之舟；問汝平生功業，黄州，惠州，儋州。”可見他對嶺南境遇的

---

① 侯月祥：廣東省人民政府文史研究館館員，廣東省人民政府地方志辦公室原副巡視員、研究員。

② 參考廣東省地方志編纂委員會編：《廣東省志·人物志》上册“蘇軾”條（作者：何國華），廣東人民出版社，2002年版，第31—33頁。

深情感念，認爲自己的“功業”主要在嶺南。

翻過大庾嶺：蘇軾人生心迹大反轉

北宋紹聖元年（1094）三月，蘇軾由定州遭貶嶺南英州，對他打擊很大，心緒複雜。且一路南來并不順利，多有阻礙，心情壓抑，不免産生悲情。但是，政敵章惇、蔡京、來之邵等人還不放過他，以爲貶至英州便宜了他，不斷在哲宗皇帝面前告狀，説蘇軾罪大惡極，貶謫英州不足以懲罰他。哲宗皇帝聽信讒言，三次加重蘇軾的處分，改貶蘇軾爲寧遠軍節度副使，惠州安置，不得簽署公事，實際上把蘇軾當作“囚犯”處理，蘇軾的精神深受打擊傷害。他不想拖累兒孫，衹好決定僅帶幼子蘇過、侍妾王朝雲及兩位女婢同行，讓次子蘇迨帶兩房眷屬到宜興，與長子蘇邁同住。

當時廣東比中原相對落後，稱爲“瘴癘之地”，生存條件較差，歷來成爲朝廷懲罰官員的貶謫之地。早在三國時的虞翻（164—233），因性剛直，屢忤孫權意，被流徙交州，居番禺（今廣州）有十年①。隋唐以後嶺南成爲規模性貶謫之地。由定州至惠州，有四千多里地，蘇軾當年五十九歲，已届老年且體弱多病，衹能靠馬車帆船趕路，後來在廬山下甚至還發生要收他“官船”、要他自行解决南來交通的不幸事件，故意刁難。這時蘇軾的情緒極端低落，甚至有了死的思想準備。他在《赴英州乞舟行狀》中説：“自聞命以來，憂悸成疾，兩眼昏障，僅分道路，左手不仁，右臂緩弱。六十之年，頭童齒豁，疾病如此，理不久長……臣若强衰病之餘生，犯三伏之毒暑，陸走炎荒四千餘里，則僵仆中途，死于逆旅之下……”

可是，讓蘇軾和家人預想不到的是：他們一翻越過大庾嶺，途經韶關、清遠等地，氛圍大爲不同。一路嶺南風光，滿眼是春，朝氣勃勃。特别是到處是歡迎他們的民衆，“父老相携迎此翁”，争着要一睹這位憂國憂民的好官、大文豪的風采，爲他的蒙冤受曲、不公對待憤憤不平。自發憐憫和同情，給蘇軾信任和温暖，使蘇軾極爲感動，一掃悲觀疑慮心情，心境豁然開朗。他覺得嶺南人胸懷寬廣，大方包容，重文敬賢，通情達理，熱情似火，對今後的境遇充滿希望。當年九月初，蘇軾到廣州。九月二十三日從廣州出發去惠州。十月二日，到達惠州。在合江碼頭，也是人頭涌涌，大批惠州民衆趕來碼頭熱情歡迎他，激動感人。

① 廣東百科全書編纂委員會編：《廣東百科全書》。中國大百科全書出版社 1995 年版，第 876 頁。

貶居惠州：家國情懷挂念民衆

惠州和韶關、清遠地區都是嶺南客家人主要聚居地。蘇軾在惠州生活了兩年七個月左右，心繫于國，情懷于民，實現了“流寓一地，造福一方”。他雖然也與官員來往，但更多的是跟農民、樵夫、商販、門生等打交道，做朋友，與當地的客家人結下了深厚的感情。也許是同爲南來之客，他對客家人的家國情懷、艱苦持家、睦鄰親善、守望相助、興文重教、民性淳樸等“客家精神”印象深刻，深受感染，極大地豐富了他的人生觀、價值觀，愛國愛民思想更加牢固。“此心安處是吾鄉”，他積極樂觀，以惠州爲家，以至準備“長作嶺南人”。

在惠州，蘇軾入鄉隨俗，自我“嶺南化”。當時生活艱苦，物資貧乏，他自己種菜種茶和釀酒（羅浮春、桂酒、真一酒等），後來還要自己建住房，他毫不介意。“去民之患，如除腹心之疾。”他做到“孝慈仁愛，厚人薄己”，却關心百姓，經常深入底層瞭解民情疾苦，解憂排難。他教民衆製作治瘴藥抗毒，對病者施濟以藥；設法協助救濟博羅火灾灾民；幫助惠州解决駐軍營房緊缺問題；遇死者設法給予殮葬，還收殮枯骨安葬。他協助當地爲西枝江口修建東新橋，在西湖修堤和建西新橋，自己捐出皇帝所賜的犀帶，還動員弟婦史氏將朝廷賞賜的黄金錢數十枚捐獻資助。“兩橋一堤”大大改善了惠州市内交通，活躍了經濟聯繫，方便了民衆的生活，深得民心。“三日飲不散，殺盡西村鷄”。（《兩橋詩》之《西新橋》）後人爲紀念他，將西湖堤稱爲“蘇堤”。宋劉克莊有詩稱贊：“作橋聊結衆生緣，不計全家落瘴烟。内翰翻身脱犀帶，黄門勸婦助金錢。”

蘇軾隨時隨地向民衆瞭解社情，解决民衆的愁事苦事。當時，地方政府要建造營房，規定一律收納民間秋米 6.3 萬多石。蘇軾認爲這一做法欠妥，便建議可以改爲納錢納米，各隨其便。蘇軾還瞭解到：秋糧豐收却米價低賤，官家又衹收錢不收米，農民苦不堪言。經蘇軾建議，最終改爲收錢收糧自便，農民受益。他與博羅縣令林抃出外視察民情，看見農夫在炎炎烈日下插秧，不勝其苦，即向林縣令介紹中原插秧技術，并親自繪畫“秧馬”（即插秧船）圖形，命工匠製作，推廣應用，大受歡迎。他在羅浮山游香積寺時，看見山間溪水落差較大，便要縣令動員并推廣附近民衆建造水碓和水磨，用水碓舂磨麥，把檀香、樟木等舂爲香料，既節省人力，又增加收入，羅陽溪成了“香溪”。惠州人爲紀念蘇軾，在東坡山房舊址上建造了“東坡亭”。

蘇軾有時去廣州，不僅僅是訪友吟唱、游山玩水，而且時刻心懷民間疾苦，出手相助。他入粤經過廣州時，瞭解到全城市民多飲用珠江鹹苦水而致病痛，苦不堪言，一直念懷于心。後來，他推薦羅浮山道士鄧守安協助廣州知州王古（敏仲）設法引白雲山的蒲澗泉水入城，供市民飲用，大大减少了民間疾苦。廣州至今仍有當年遺迹，傳頌蘇軾事迹。後來蘇軾又建議王古在廣州設立一間醫館，及時救治病人，功德無量。

嶺南七年：文學創作達到高峰

章惇屬新黨，報復心强，終不放過蘇軾、蘇轍等人，蘇氏兄弟相繼再貶。章别出心裁，按姓名確定流放地。因蘇軾字子瞻，就貶往海南“儋州”。紹聖四年（1097）四月，蘇軾又被貶作瓊州别駕，昌化軍（今屬海南省儋州市中和鎮）安置。在政治鬥争旋渦的折騰下，蘇軾在儋州的生活更爲艱苦，“土人頓頓食薯芋，薦以熏鼠燒蝙蝠”。但他仍然對生活充滿信心，心胸寬廣豁達，自我適應，沉于讀書、研究、寫作、講學；教黎民製墨，推動當地文化建設；移風易俗，勸誡弃巫就醫；傳播中原先進生産技術，推廣稻穀等主糧種植，發展地方經濟。元符三年（1100）五月，朝廷通知蘇軾徙廉州（合浦），爲瓊州别駕，仍然不得簽署公事。他得以遷回内地。後接朝廷敕令，復官朝奉郎并主持成都玉局觀，明詔其在外州軍居住。

蘇軾人生經歷跌宕起伏，從高官厚禄突然入獄爲囚，最艱苦、最後的七年基本是在嶺南度過，對他的人生是巨大考驗。他通過深入社會生活、接觸人民群衆，發展愛國民本思想，激發創作靈感，文學創作達到高峰。據惠州學院梁大和同志 20 世紀 90 年代統計，蘇軾僅在惠州的兩年七個月中，就寫詩 171 首，詞 12 首，文章及書信共 339 篇，數量可觀。[①] 蘇軾對羅浮山情有獨鍾，寫下不少膾炙人口的傳世佳作，推介嶺南土特優産品，擴大了惠州客家的影響力。其中著名的是《惠州一絶》（又名《食荔支二首其二》）：“羅浮山下四時春，盧橘楊梅次第新。日啖荔枝三百顆，不辭長作嶺南人。”有學者認爲，蘇軾向當地人學習客家語言，一些詩具有客家音韻。他的詩有許多是題咏唱頌廣州、韶關、清遠等地的山水風光，如《廣州蒲澗寺》《浴日亭》《峽山寺》《江月五首》《和陶田舍始春懷古》等。在海南也有大量詩作，如《儋耳》《别海南黎民表》等。

蘇軾書法著名于世。北宋紹聖年間，他游覽廣州净慧寺，見寺内有六棵古榕，即揮毫書就“六榕”兩個大字，後人視爲寶墨。清嘉慶二十三年（1818），“六榕”二字被摹刻于石上；光緒元年（1875），净慧寺改名爲六榕寺，至今寺門仍留有紀念蘇軾的一副對聯：“一塔有碑留博士，六榕無樹記東坡。”

---

① 惠州市政協編：《蘇東坡與惠州》。准印號：［2004］粤印准字第 0061 號，第 520 頁。

感懷蘇軾：促進嶺南文化發展

習近平總書記指出："一個人無論從事社會工作，還是自然工作，懂得歷史是基本素質，從歷史上借鑒一些有益的東西，把握歷史發展的規律。"① 2022 年 6 月 8 日，習近平總書記在考察四川眉山三蘇祠時指出："一滴水可以見太陽，一個三蘇祠可以看出我們中華文化的博大精深。我們説要堅定文化自信，中國有'三蘇'，這就是一個重要例證。"②

地方文化的發展與社會變遷不是一蹴而就的，也需要借鑒外來文化的優點，互學互鑒，互爲發展。蘇軾在嶺南的文化性格和創作模式留下了"東坡墶本"，不但對嶺南文化的影響至爲久遠深刻，對中華文化也具有引領作用。

由于歷史原因，"流寓文化"對推動嶺南文化的發展起了一定作用，蘇軾是其中重要一環。蘇軾在嶺南的詩文充滿創新精神，充滿現實主義清新氣息，歌頌祖國的大好河山，記録嶺南優美的自然環境、豐富的物産，充滿開放包容、開拓前行等精神。人民群衆成爲這些詩歌的主體，爲詩界革新邁出了一大步，大大消除了一些嶺外人士對嶺南的誤解，引導人們瞭解嶺南、愛我嶺南，爲嶺南經濟社會發展做出了貢獻。蘇軾在嶺南用行動成爲官員及士大夫的榜樣。蘇軾將自己生命的最後光輝獻給了嶺南大地，他的高尚情操永留嶺南，他的人生品質和精神情操，在今天仍然有積極意義。

蘇軾是北宋朝廷新黨舊黨争鬥中的不幸犧牲品。但是，九百多年以來，嶺南人民一直懷念這位"嶺南人"。特别是惠州，因蘇軾而知名。"一自坡公謫南海，天下不敢小惠州。"（江逢辰《白鶴峰和楊誠齋韻》）惠州人民爲紀念他，建有東坡紀念館，保存有蘇軾的遺址遺迹三四十處；惠州、儋州、雷州等地都建有蘇軾紀念塑像、書院、亭園等；惠州西湖、肇慶星湖有蘇堤。明清時期，廣東、海南及廣州、惠州、雷州等地的地方志書，以及 20 世紀 90 年代先後出版的新志書都有蘇軾的傳記。一些地方不定期召開蘇軾學術研討會，出版研究蘇軾的專著、詩集、論文集等。

目前，廣東的蘇軾研究還存在一些不足。如蘇軾在嶺南的詩文還没有相對準確的數據；在惠州所作的詩文數量，也有多種説法；③ 蘇軾有没有可能多次去羅浮山，蘇軾有没有去過龍川縣甚至潮州等，都有争議。這些雖然不是原則問題，但作爲對蘇軾在嶺南的整體反映，也需要深化研究，力求破解。

---

① 1989 年習近平同志在寧德地方志工作會議上的講話。

② 見新華社 2023 年 6 月 4 日電：《新的文化使命——從"第二個結合"看努力建設中華民族現代文明》。

③ 惠州市政協編：《蘇東坡與惠州》。據第 147 頁記載，蘇軾在惠州留下詩 169 首、詞 12 首、文 312 篇（首），與第 520 頁説法略有不同。

三蘇文化是中國最具代表性的傳統文化之一。我們要活躍、深化三蘇文化研究，增强歷史自信與文化自信，助推文化强國建設。

希望加强省際間的三蘇文化研究協作，適時進行專題文化考察、研討、研學活動，出版論文集，重點探索中華民族優秀傳統文化在馬克思主義中國化中的地位和作用及在建設中國式現代化中的地位和作用。如組織有關省（區、市）共同編寫通俗性、多卷本“三蘇文化叢書”，有關省（區、市）各一本，圖文并茂。内容包括：當地自然環境，蘇軾在當地的生活和貢獻、有關故事（傳説）等，介紹當地風土人情、名勝古迹、名優土特産，附上必要的圖照，綜合介紹“三蘇”在當地的人生經歷和突出思想。組織有關省（市、區）聯合舉辦“‘三蘇’生平•文物聯展”，擴大宣傳。拓展宣傳形式和渠道，探索創作更多的電影、電視、紀録片、戲劇等文藝作品，生動形象地反映三蘇文化。

（作者單位：湖北省人民政府文史研究館）

中華家風家教與三蘇文化研究傳播的海南做法

陳晉玲[①]　阮　忠[②]

内容提要：蘇東坡在海南三年，給海南留下的豐富文化遺産，是海南自貿港建設的重要文化抓手。近年來，海南省委省政府主導，在東坡文化研究與傳播方面做了一些工作，成立了專門的研究機構，建設了相應的研究基地，發布了東坡文化研究專項重大社科課題，舉辦了首届中國（海南）東坡文化旅游大會，活動包括東坡文化國際高端論壇、文創精品展覽、東坡戲曲展演、東坡美食文化薈、東坡文化古迹研學游等，産生了廣泛、良好的社會反響。

關鍵詞：蘇東坡文化；研究；傳播；海南做法

近年來，海南在“中華家風家教與三蘇文化”方面做了一些工作，現據我所知，交流一下海南傳承中華家風家教與三蘇文化做法，向大家學習，并就以後如何弘揚這兩大文化談一點粗淺的意見。

一、中華家風家教的海南做法

爲深入貫徹習近平總書記關于注重家庭家教家風建設重要論述，落實《中共中央宣傳部、中央文明辦、中共中央紀委機關、中共中央組織部、國家監察委員會、教育部、全國婦聯印發〈關于進一步加强家庭家教家風建設的實施意見〉的通知》（文明辦〔2021〕18 號）

① 陳晉玲：海南省婦女聯合會家庭和兒童工作部部長。
② 阮忠：海南師範大學文學院教授、博士生導師。

對新時代家庭家教家風建設提出的新的要求和目標，推動社會主義核心價值觀在家庭落地生根，省婦聯以建設文明家庭、實施科學家教、傳承優良家風爲重點，强化全社會家風建設，加强教育引導和實踐養成，不斷推動家庭家教家風建設高質量發展。

（一）加强組織領導

2021年，省婦聯成立家庭家教家風建設工作領導小組，黨組書記、主席任組長。領導小組辦公室設在省婦聯家庭和兒童工作部。

（二）深化家庭文明建設

1. 選樹先進典型

（1）開展“緑色家庭”創建工作。會同省委宣傳部、省發改委、省生態環境廳等9部門印發《海南省緑色家庭創建三年行動方案（2020—2022年）》，面對廣大家庭開展“緑色家庭”創建活動。通過徵集“曬庭院”“曬陽臺”隨手拍作品，開展“點靚我家　‘净’待花開”愛國衛生主題活動、“三清兩禁一分類”家庭行動等，將“緑色家庭”創建和脱貧攻堅、美麗鄉村建設有機結合，三年來共評選出“緑色家庭”6100户。

（2）開展“最美家庭”尋找活動。組織開展全國“五好家庭”暨家庭工作先進集體、先進個人和全國“最美家庭”推薦工作，向全國婦聯推薦并獲評全國五好家庭60户、家庭教育工作先進集體8個、家庭教育先進個人8人及全國最美家庭177户。配合省文明辦做好歷屆海南省文明家庭推薦工作。持續開展海南省“最美家庭”尋找活動，重點尋找緑色環保、心系國防、清正廉潔等類型家庭，揭曉了省級“最美家庭”1670户。

2. 宣傳典型事迹

開展“夢想啓航”好家庭好家教好家風巡講活動。組織“最美家庭”“五好家庭”成立宣講團，深入省直機關、市縣及企業開展巡講活動，做到巡講到哪裏，就把感動和鼓舞帶到哪裏。與海南省紀委監委聯合主辦2022年海南省好家庭好家教好家風宣講活動，做了下面兩個方面的工作：

（1）開通“最美‘家’力量”宣傳專欄。在微信平臺開通“最美‘家’力量”宣傳專欄，陸續展播“最美家庭”典型事迹。以“最美家庭”生活照、“全家福”曬幸福生活等方式，激勵更多家庭傳承優良家風。并通過網絡圍觀點贊，讓廣大群衆發現“最美”、走進“最美”、傳播“最美”。

（2）開展好家風綫上宣講活動。在電視臺演播大廳舉辦好家風宣講啓動儀式，通過“最美家庭”講家風故事，拉開“傳承紅色基因　弘揚優良家風·2022好家庭好家教好家風宣講活動”帷幕。儀式通過海南電視總臺青少頻道視頻號以及視頻直播平臺等專號網絡同步直播及兩次重播。同時，録製7位宣講代表的“最美家庭”短視頻在海南廣播電視總臺青少頻道微信公衆號播出。直播觀看量28.66萬，點贊數1.2萬餘次，其中青少頻道微信推送和短視頻截止目前點贊轉發量1.2萬人次，青少頻道微博話題頁截止9月14日閱讀量202.4萬人次，獲得良好的社會反響。

2023 年 5 月 29 日起，省婦聯聯合省紀委監委、省委宣傳部（省文明辦）開展的“激揚家國情　奮鬥新征程”2023 年海南省好家庭好家教好家風宣講活動先後走進海口、臨高以及昌江、樂東、東方等市縣，由“最美家庭”代表和好家風代表進行家風故事宣講，弘揚中華優秀傳統家風文化，傳播紅色革命家風，展現當代家庭文明新風尚，約 1500 名黨員幹部和家屬在現場聆聽。同時，推出 2023 年全國“最美家庭”事迹展播專欄，對海南省 24 户全國“最美家庭”事迹一一宣傳。

（三）落實家庭教育指導服務

1. 創建示範陣地

共命名 35 個海南省家庭親子閱讀體驗基地。2021—2022 年，在全省建設“绿色家庭”及家庭教育指導服務示範點 36 個，制定并實施示範點建設年度計劃或方案，做好臺賬記録，年終有總結、有成果，每個示範點每年至少組織 4 次普惠性家庭教育指導服務活動，讓廣大家庭在潛移默化中不斷滋養、培育優良家教家風。2023 年，還將繼續創建 38 個家庭教育指導服務示範點。

同時，逐步推動“家校社共育系統平臺”家庭教育進萬家。2022 年，海南省婦聯綫上社區家長學校暨家校社共育平臺正式啓動，開設幼、小、初、高中學段學生家長需要學習的課程，當年受益 720 多位家長。2023 年將繼續在全省 19 個市縣爲 1300 多個家庭開通專屬課程學習賬號，幫助家庭系統地、有針對地學習相關年齡段的家庭教育課程。

2. 提高隊伍素質

（1）每年舉辦培訓班。三年來，共舉辦家庭教育指導服務能力提升研修班 1 期、家庭教育指導服務研修班 1 期及家庭教育指導師及志願者培訓班 1 期，培訓家庭教育志願者 500 多人。2022 年培訓班還首次以直播的形式，把直播信號推送到省婦聯的各大學習群，讓廣大群友通過手機收看老師的精彩講課，3 天培訓綫上學習點贊人數達到 5.8 萬，有效擴大學習範圍，提升學習效果。

（2）擴大志願者隊伍。招募海南省婦聯家庭教育講師團成員 52 人，發動參訓學員及其他社會人士在“全國家庭教育工作志願服務網”上登記注册成爲家庭教育志願者，積極參與家庭教育指導服務活動，目前在綫登記注册志願者人數達到 626 人。2022 年舉辦“家庭教育優秀志願者”雲頒獎儀式，以直播間和微信群綫上聯動方式，爲 56 名優秀志願者頒獎，全省 19 個市縣 69 個家庭教育微信學習群家長、家庭教育志願者老師 24000 多人參加了綫上儀式。

3. 普及家庭教育科學理念

聯合教育、民政等部門開展 2020 年家庭教育社區鄉村行活動及家風家教主題宣傳月活動，舉辦家庭教育公益講座，推動公益講堂進家庭、進社區、進學校、進企業。開展“少年兒童心向黨”暨“頌百年風華　傳紅色基因”書香飄萬家親子閱讀、“學黨史、頌黨恩”等主題活動，通過親子誦讀、講黨史故事、講愛黨愛國的最美家庭故事、唱經典歌曲、學黨史知識競賽等方式，鼓勵廣大家庭閲讀紅色經典、傳承紅色基因、賡續精神血脉。2022 年對 18 户家庭進行“一對一”家庭教育指導服務，開展 5 場“全國家庭教育宣傳周”活動，18 場“預防青少年犯罪”專題綫上講座直播，18 場綫上綫下“家庭教育社區鄉村行”活動，10 場綫上綫下“親子閲讀”活動，家長學生踴躍参與，綫上觀看總量 16591 人，點贊量 65.8 萬人次。4 月、8 月疫情期間開設“特殊時期，特别家教”家庭教育微課堂 17 期，全省 19 個市縣 69 個微信學習群同步聯動學習，直播間與微信群纍計参與學習人數 571510 人，總瀏覽點贊數 141170 次。

2023 年，省教育廳聯合省婦聯、省關工委開設《家庭教育微課堂》，自 4 月 21 日起每周五一個課題，通過海南青少頻道，向廣大家庭普及家庭教育知識。以 4 月 23 日世界讀書日爲契機，各級婦聯常態化開展親子閲讀活動。2023 年 4 月 22 日，省婦聯在省圖書館舉辦“書香飄萬家　閲啓新征程”——“4 • 23 世界讀書日”主題活動，同時各市縣婦聯也以繪本演繹、成語接龍擂臺賽、詩詞誦讀、英文繪本演繹等方式，組織幼兒園、小學的孩子和家長開展親子閲讀活動。5 月 15—21 日全國第二個家庭教育宣傳周期間，省婦聯聯合省教育廳，以“家教伴成長　協同育新人”爲主題，分别爲全省綫上學習群、海口市部分社區、企業職工家庭、學校家長，采用綫上和綫下的方式開展，通過專家講座、家長課堂、諮詢輔導、親子實踐等多種形式開展家庭教育指導服務和實踐，向廣大家長宣傳黨和國家的教育方針、政策和法規，形式豐富，内容多樣。

（四）抓好黨員和領導幹部家風建設

1. 樹“清正廉潔”典型

結合海南清廉自貿港建設要求，着重提出清正廉潔“最美家庭”廉潔修身、廉潔齊家、崇儉尚廉的推薦標準。經過層層推薦、嚴格審核、社會公示等程序，確定 9 户家庭爲 2022 年海南省清正廉潔“最美家庭”。2023 年，又選樹至少 22 户海南省清正廉潔“最美家庭”。

2. 講“清正廉潔”故事

2022 年特别録製兩位“最美家庭”宣講代表的短視頻在海南廣播電視總臺青少頻道微信公衆號播出。其中，在紀檢監察戰綫工作的李曄坤與丈夫時刻銘記忠誠、乾净、擔當的職責使命，夫妻相携，崗位建功，多次立功授獎，且都是防疫志願者，2020 年疫情爆發初期，夫婦多方籌措向醫院無償捐贈口罩等物資；黨員“夫妻檔”黄文芳、袁廿一積極推進家庭廉潔建設常態化、家風作風雙促進，在税務部門工作的妻子嚴管厚愛丈夫，時刻提醒在科研經費、差旅報銷、人才培養、督查調研中過好“廉潔關”，及時進行“廉政談心談話”，當好“賢内助”和“廉内助”，夫妻積極投身疫情防控、捐助希望工程，在《海口日報》等黨報黨刊發表黨風廉政建設理論文章，家風清廉，家庭和諧。2023 年“激揚家國情　奮鬥新征程”海南省好家庭好家教好家風宣講活動中，省紀委監委派駐省政協機關紀檢監察組四級調研員、海南省“最美家庭”陳碧瑶夫妻倆同心協力、共建清廉家風的故事在海口、臨高以及昌江、樂東、東方等地陸續傳播開來。

3. 倡“清正廉潔”家風

2022年“5 · 15”國際家庭日當天，海南省婦聯向全省家庭發出《“倡清廉家風 · 創最美家庭”倡議書》；各市、縣婦聯也積極行動，在各媒體平臺發布家庭助廉倡議書，并借助各類活動與廣大家庭簽署了宣傳清廉家風承諾書。2023年“5 · 15”國際家庭日，省婦聯又聯合省紀委，同時向全省各級機關黨員、領導幹部及家屬發出《“倡清廉家風 · 創最美家庭”倡議書》，引領廣大黨員幹部從自己做起，戒貪止欲、克己奉公，管好自己的生活圈、朋友圈、社交圈，帶頭廉潔治家、帶頭反對特權，把好的品德、作風傳遞給配偶、子女，做廉潔自律、廉潔用權、廉潔齊家的模範；帶動廣大黨員幹部家屬辨是非、明大局，自覺抵制歪風邪氣，當好家庭“廉内助”；鼓勵廣大家庭要積極傳清宣廉，輻射帶動身邊人、身邊家庭争做廉潔勤政典型模範，宣揚廉潔治家好家風，展示廉潔家庭建設新風貌，發揮家庭在推動黨風廉政建設中的特殊作用。

（五）關于弘揚中華家風家教的思考

1. 加强理論武裝和研究闡釋

以習近平新時代中國特色社會主義思想主題教育爲契機，加强對習近平總書記一系列關于注重家庭家教家風建設重要論述的學習宣傳，將其納入各級黨委（黨組）理論學習中心組學習計劃，納入各級黨校（行政學院）、幹部學院教學安排；推動建設家庭領域新型智庫，將家庭家教家風選題納入哲學社會科學研究項目，推出一批有深厚理論的研究成果；支持有條件的高校、科研院所等設置相關專業課程，培養專門人才。

2. 加强社會宣傳和大衆傳播

結合主題教育，組織編寫習近平總書記關于注重家庭家教家風建設重要論述學習讀本和系列解讀文章；各級黨報黨刊、電臺電視臺、新聞網站等常態化設立家庭家教家風建設專欄專題，打造内容鮮活、形式新穎的融媒體産品；創新開展微宣講、雲講堂、百千萬巾幗大宣講、清廉講堂等群衆性宣傳教育活動，在城鄉社區普遍設立新時代家庭觀宣傳欄，推動習近平總書記重要講話精神進學校、進社區、進家庭、進愛國主義教育基地、進新時代文明實踐中心；引導家庭成員牢固樹立新時代家庭觀，傳承尊老愛幼、男女平等、夫妻和睦、勤儉持家、鄰里團結等中華民族傳統美德，升華愛國愛家的家國情懷、建設相親相愛的家庭關係，推動社會主義核心價值觀在家庭落地生根。

3. 深化家庭文明建設

細化文明家庭創建標準和内容，完善評選表彰辦法，提升文明家庭創建品牌影響力。針對不同地區、人群、家庭實際情况和需求，常態化開展尋找“最美家庭”活動，開展星級文明户、廉潔家庭、绿色家庭、五好家庭等特色創建，推動創建活動從城鄉社區向學校、機關、企事業單位、非公經濟組織、社會組織拓展延伸，做大文明家庭蓄水池和後備隊。健全典型家庭激勵幫扶機制，營造德德有得、争當典型的良好環境，讓文明家庭的價值導向和標杆示範作用更鮮明。實施培育文明風尚行動，持續開展“我們的節日”活動，抓住春節、元宵、清明、端午、七夕、中秋、重陽等節日契機，組織開展家庭文藝活動、文化講座、家風故事宣講、新型婚育文化宣傳、新時代新風宣傳等，吸引城鄉群衆在參與中傳承節日習俗、感悟中國精神、增强文化自信。加强婚戀觀、家庭觀教育引導，堅决抵制婚嫁陋習、天價彩禮、薄養厚葬等不良社會風氣，引導群衆在改陋習樹新風中涵育文明鄉風、良好家風、淳樸民風，推進移風易俗，養成文明健康的生活方式。

4. 强化家庭家教家風建設的堅實保障

大力宣傳民法典、家庭教育促進法、反家庭暴力法、未成年人保護法等法律法規，引導廣大家庭成員增强法治意識，堅守道德底綫，有效發揮法律法規、公共政策、社會規範對家庭成員的引導約束作用。建議各級黨委宣傳部、文明辦將家庭家教家風建設納入精神文明建設總體布局，加强統籌協調、組織實施、評選表彰、宣傳引導和督促落實。紀檢監察機關、組織部門采取有效措施加强黨員和領導幹部家風建設。建議教育部門牽頭健全家校社協同育人機制，落實立德樹人根本任務。婦聯組織以實施“家家幸福安康”工程爲抓手，發揮婦女在弘揚中華民族家庭美德、樹立良好家風方面的獨特作用。各地要將家庭家教家風建設擺上重要議事日程，納入經濟社會發展總體規劃，完善政策舉措，健全工作機制，注重考核評估，加大保障力度，推動家庭家教家風建設工作制度化、規範化、常態化開展。

二、三蘇文化研究與傳播的海南做法

2022 年 6 月 8 日，習近平總書記在四川眉山三蘇祠考察時指出：“中華民族有着五千多年的文明史，我們要敬仰中華優秀傳統文化，堅定文化自信。要善于從中華優秀傳統文化中汲取治國理政的理念和思維，廣泛借鑒世界一切優秀文明成果，不能封閉僵化，更不能一切以外國的東西爲圭臬，堅定不移走中國特色社會主義道路。”他還特别提到了三蘇文化，希望我們堅定文化自信，認真汲取中華優秀傳統文化的思想精華和道德精髓。眉山的東坡晚年在海南生活了三年多，他的經歷及今傳的《居儋録》或《海外集》以及“海南三書”給海南留下了豐厚的文化遺産，是海南的寶貴財富和自貿港建設的重要文化抓手。

海南省委省政府主導了海南東坡文化研究與傳播工作。2022 年 4 月，海南省委第八次黨代會報告明確提出要“保護和利用好東坡文化”，這表明省委省政府對東坡文化的高度重視，也把海南東坡文化研究與傳播推向一個空前的高度，此後有一系列切實的舉措：

（一）省委省政府主導

2022 年 4 月 10 日，海南省委召開了全省東坡文化保護與研究工作座談會，省領導和省直機關、各縣市主要領導參加。會上，省委副書記李軍作講話，全面、細緻地説明海南爲什麽要重視保護和研究利用東坡文化，指示具體要抓好六大工程：東坡文物保護工程、學術研究工程、幹部培訓工程、開發利用工程、交流傳播工程、立法監督工程，建立東坡文化傳承的長效機制，夯實文化自信的海南根基，推動東坡文化創造性轉化、創新性發展，打造東坡文化的品牌，推動文化旅游相關産業發展，讓東坡文化成爲海南自貿港建設進程中的文化底色。在會上，海南各縣市相關單位或部門的主要領導也談了本單位或本部門在東坡文化研究與傳播方面的工作構想，全省上下統一部署，市縣協調統一，讓東坡文化研究與傳播全面展開，更好地落實。

（二）成立專門研究機構

海南省在海南大學成立了“海南省東坡文化研究與傳播中心”，中心所在的海南大學公開在全球招聘專門性研究人才，并安排了專項辦公和研究經費，支持東坡文化研究與傳播。現該中心的執行主任譚新紅教授已經到位（該中心主任爲海南大學黨委符宣國書記）。

該中心有三大基地：研究基地，以東坡爲主導，系統研究三蘇文化，注重原始文獻的整理，涉及三蘇的哲學、文學、藝術等諸多方面的創新性研究與海内外傳播，推動東坡文化研究的不斷深入；文創基地，以東坡爲主導，系統開發三蘇文化的産品轉化，使三蘇文化在走向大衆的進程中有創新性發展；培訓基地，以東坡爲主導，在幹部培訓中强化優秀傳統文化教育，提升幹部的文化素養和知識水平。

該中心有六大工程，如人才建設工程，引進高水平人才進行研究并依托中國語言文學等多個學科，開展本、碩、博學生培養工作。圖書出版工程，負責出版《東坡文庫》與《東坡文化研究》集刊。數據平臺工程，依托東坡文化主題圖書館，該中心有東坡文化主題圖書館省委黨校也成立了東坡文化主題圖書館。東坡文化主題圖書館旨在廣泛收羅一切東坡文化以及與東坡文化相關的研究資料（三蘇資料），同時提供研究所需的配套工作條件。建設東坡文化資源數據平臺。國際高端論壇工程，開展國際學術交流，向國際社會傳播東坡文化。政德家風滋養工程，將東坡文化納入黨員幹部的培訓中。文創産品研發工程，推動東坡文化的社會普及與應用等。

（三）發布重點專項課題

省社科聯和東坡文化研究與傳播中心聯合，2022 年 10 月發布了東坡文化研究與傳播的省社科重點專項課題，2022 年度 18 項，本着摸清家底，逐步拓展的原則，從最基礎的文獻整理工作開始，如明代陳榮選《居儋録》、清代樊庶《蘇文忠公海外集》的點校，東坡“海南三書”《書傳》《易傳》《論語説》的校譯，同時也進行東坡民本思想、文化生活等研究。計劃今後每年保持這個力度。這些項目向全球招標，應聘者踴躍。課題同時關注本土與非本土學者的研究，在最大程度上讓項目研究本身助力東坡文化傳播。目前，2022 年的所有重點專項課題已經過組織專家評審，全部順利落地，承擔項目的除本地學者之外，還有全國多地和港澳的學者。與項目引領的舉措相應，海南省在 2022 年 6 月就確定由海南出版社出版“東坡文庫”，這一工作雖然没有大張旗鼓地宣傳，但一直在做扎實的準備，力争在 2037 年東坡誕生千年之際，陸續出版東坡方面的研究與普及著作達一百五十部以上。配合這一工作，海南社科院的《南海學刊》、海南師範大學等幾所大學的社科學報都開設了東坡文化研究或蘇學研究的專欄，發表省内外蘇學研究者最新的科研成果，推進東坡文化的研究與傳播。

（四）舉辦首屆中國（海南）東坡文化旅游大會

2023 年 2 月中旬，經省政府同意，在海口舉辦了首屆中國（海南）東坡文化旅游大會。大會的主題是“弘揚東坡文化，助力海南自貿港文化旅游建設”。會前，省委書記瀋曉明專門作了批示：“以舉辦首屆中國（海南）東坡文化旅游大會爲契機，加强東坡文化資源保護、傳承和利用，弘揚好東坡文化。要堅持創造性轉化、創新性發展，系統梳理、有效激活東坡文化資源，打造東坡文化研究重要陣地，推動東坡文化研究與旅游等産業融合發展。要講好東坡故事，豐富東坡文化傳播方式方法，用中華優秀傳統文化浸潤社會文明、滋養百姓精神、厚植文化底藴、增强文化軟實力，更好凝聚加快海南全面深化改革開放和中國特色自由貿易港建設的奮進力量。”

這次大會由省旅游和文化廣電體育廳、海口市人民政府、儋州市人民政府、省東坡文化研究與傳播中心、省發展控股有限公司、省旅游投資發展有限公司共同承辦，省社會科學界聯合會、省文學藝術界聯合會、省蘇學研究會協辦，中共海南省委黨校、海南日報社、海南廣播電視總台、海南出版社有限公司、華聞集團、中國宋代文學學會、中國蘇軾研究學會等多家單位支持。宋代文學學會常務副會長王兆鵬、中國蘇軾學會會長周裕鍇等莅臨大會。

全省上下爲貫徹落實省委省政府決策部署，做了多方面卓有成效的工作，除開幕式外，具體活動如下：

（1）東坡文化國際高端論壇。論壇的主題爲“東坡文化的時代價值與世界意義”，包括蘇軾民本思想、法治思想、生活藝術研究、東坡文化在海南自貿港建設中的創造性轉化研究等 8 個議題。這次論壇有國内外近 200 位學者參加，其中 25 位國外學者來自美國哈佛大學、英國劍橋大學、加拿大多倫多大學、澳大利亞伍倫貢大學、西班牙巴塞羅那大學等高校，論壇設立了“海外東坡研究”專場。論壇期間，海南出版社組織了全國公開出版的東坡圖書近二百種進行了專題展覽，受到參會學者的普遍歡迎，有的學者甚至感到一這展覽開了東坡文化研究的眼界。

（2）文創精品展覽。這一活動包括東坡文創産品設計大賽及作品展覽、東坡主題文物展精品展。設計大賽共設“東坡創意全場大獎特别奬”、金、銀、銅奬以及網絡人氣奬、優秀奬共計 155 項，集中展出各地作者或生産者的東坡文化旅游文創設計作品與産品。精品展展出蘇東坡主題文物，包括書法、古籍等文物近百件，推進了參觀者對東坡文化的深入瞭解。

（3）戲曲展演。戲曲展演是以東坡文化爲主題的精品劇目展演，有上面提到的“音舞詩畫”《永遠的蘇東坡》，還有四川人藝話劇《蘇東坡》、瓊劇《東坡在海南》、交響組曲《不老的東坡》、民族舞劇《東坡海南》、話劇《海上東坡》等。通過這些劇目表演，推動東坡文化的廣泛普及。

（4）東坡美食文化薈。該活動以“美食美刻 知味東坡”爲主題，旨在弘揚和傳承東坡飲食文化。這一活動邀請了眉山、黄岡、惠州、長沙、揚州、徐州、開封、常州、杭州和儋州等 10 個東坡旅居城市組隊參加，集中展示東坡菜肴、東坡宴，增進區域經濟文化交流與合作，創新“東坡美味”，擦亮“瓊式美味”城市名片。同時，有中華名小吃暨海南地標名菜名小吃美食展，爲東坡美食薈增色。美食文化原本是東坡文化的重要組成部分，也是東坡生活藝術的有機組成部分。這一集中展示讓東坡文化以獨特的方式得到一定程度的傳播。

（5）東坡文化古迹研學游。依托海南文旅資源，着力打造海南精品研學旅游綫路，宣傳和推廣海南東坡文旅大 IP。海南控股圍繞蘇東坡的家國情懷、民本情懷、家教家風、豁達人生四大主綫，以“宋茶篆香”“耕讀學堂”“東坡雅宴”“東坡家風”等爲研學主題，打造東坡文化古迹研學游綫路，形成東坡文化研學基地。儋州市則有“我本儋耳人”儋州一日體驗游，“海南萬里真吾鄉”兩天一晚感悟游，“兹游奇絶冠平生”六天五晚深度游。這些研學游活動雖在不斷進行，但研學游的路綫以及與東坡足迹所至的景點還在計劃建設中，如澄邁通潮閣、儋耳山森林公園等。

（6）蘇東坡詩酒文化鑒賞游園會。以“首届中國（海南）東坡文化旅游大會暨詩酒趁年華游園會”爲主題，舉辦了東坡詩詞唱詩大賽、蘇東坡詩酒文化鑒賞游園會系列活動，讓公衆充分參與體驗與東坡有關的詩、詞、酒等文化，感受宋代古風文化意境。這一活動重要的特色是吸納不分行業、不分年齡的民衆參加，實際上，民衆參與的熱情很高，也取得了良好的效果。

（7）第六届東坡居儋思想文化研討會。這届研討會由儋州市人民政府和省蘇學研究會主辦，系統梳理研究蘇東坡居儋三年的歷史文化資源，從中汲取治國理政的理念。研討會期間，還舉辦了東坡書法展，與研討會相得益彰。

除了上述活動外，海南師大還成立了東坡書院，該書院有穩定的研究隊伍，在該校學報開設了東坡文化研究的專欄，最大的亮點是 2023 年 3 月從漢語言文學、歷史學等專業學生中選拔對中國傳統文化有濃厚興趣的 50 名學生，組建了“東坡班”，加强他們對包括東坡文化在内的中國優秀傳統文化的學習。“東坡班”類似于一些高校開的國學班，但教學中會有更多的東坡文化元素，并以此作爲該班最重要的文化特色。

海南省還有蘇學研究會，海南省蘇東坡文化研究會、儋州東坡教育基金會，都在促進推廣東坡文化研究與傳播上做了一些工作。我作爲海南蘇學會會長，簡單介紹一下蘇學會的工作情况：蘇學會由原海南省電視臺副臺長、海南大學等高校的客座教授李公羽任黨支部書記，有海大、海師大、瓊臺師院、熱帶海洋大學幾位從事古代文學與東坡文化研究的教授及研究東坡文化的作家爲副會長，有高校的青年博士、教授、副教授及社會上熱愛東坡的同志參加，形成了以學術爲根本的東坡文化研究團隊。自 2018 年以來，蘇學會舉辦了四届蘇學研究高端論壇、六届東坡居儋思想文化研討會、兩届昌化江東坡峻靈王文化論壇，辦有一年四期的内刊《蘇學研究》用于學術交流，積極進行東坡海南遺踪的考察，切實推動蘇學研究與海南地方縣市的合作，包括和儋州、昌江、臨高、澄邁的合作，并不斷有研究著作、論文問世，擴大了東坡文化的社會影響。

（五）弘揚三蘇文化的思考

弘揚三蘇文化是海南長期的工作和使命，我們有如下的思考：

（1）注重學術爲本。三蘇文化研究，雖説有眉山三蘇祠、郟縣三蘇墳、許昌蘇家橋等遺存都透着三蘇文化的氣息。但三蘇文化流傳至今，最根本的是三蘇著作。三蘇著作經整理已有《三蘇全書》《三蘇經傳集解》以及三蘇各自的詩文集，但對三蘇的研究仍然不够，新領域如東坡的“經學三書”研究，新方法、新觀念、新角度的引入依舊欠缺，而它們會使研究常新，有助于突破一般認爲的蘇學研究瓶頸。但無論如何，三蘇研究或三蘇普及以學術爲本是必要的，如果失去了這個根本，就會使我們的東坡文化研究與傳播陷入虚浮，不能長久堅持。

（2）注重關聯研究。三蘇文化，我們常以東坡文化爲中心，但東坡文化與蘇洵文化、蘇轍文化不可分，與蘇氏兄弟的母親程夫人不可分，在這一點上我們需要注意的是，研究東坡文化，一定不要忽略對蘇洵、蘇轍以及程夫人等家人的研究，這一研究最重要的關注點之一是家教家風研究，而程夫人在家教家風上的操守和踐行，至今都有深刻的現實意義，也利于東坡文化研究更全面和深入地進行。這顯然還不够，東坡及其父其弟等都處在中華傳統文化的氛圍中，他受儒、釋、道三家的影響很深，這體現在他的政治理念、人生態度、格局胸懷諸多方面，研究東坡不能不研究儒、釋、道三家思想，在儒、釋、道的氛圍中審視東坡，對蘇家其他人的研究也如此。同時，東坡所處的時代，與許多重要人物都有交往，這些交往也是東坡文化的組成部分，值得關注。

（3）注重走向大衆化。長期以來，三蘇文化大多在大專院校、在研究所和學者的書齋，讓它們親近大衆，讓大衆獲得三蘇文化的知識是很有必要的。東坡文化的研學游是讓三蘇文化走向大衆的途徑，有必要讓三蘇文化通過這一途徑，得到廣泛深入的傳播。當然走向大衆不限于此，像百姓講堂、通俗讀物的出版都有必要。在這方面，需要鼓勵學者有自覺的意識，積極走出書齋，爲大衆服務。應該説，化艱深的學問爲大衆化的表達，讓東坡文化樂于爲百姓所知所見，也是一門學問。做好這門學問，也可説是學者功業。儘管普及讀物在高校的評價機制中歷來不算科研成果，影響學者做學術普及工作的熱情，但無疑需要改變這種狀態，優秀傳統文化爲大衆服務是必須的。

（4）注重文化的産業轉化。三蘇文化的産業轉化，是常新的課題，却也是難題，易説不易做。這轉化，要從三蘇文化自身出發，考慮它與産業轉化之間的關聯，以確定適合做什麽或不宜做什麽。文化的産業轉化，一般多説文創産品的發明和製作。具體我們已有什麽，還能發明、製作什麽，都值得好好研究。這一研究，除了文創産品自身的質量、美觀，還需考慮顧客心理、需求。做出來總得有人喜歡，喜歡纔會掏錢。這是很樸素的道理，是有形的。而我們的文化轉化，有時是無形的，不一定賣錢，却要能讓百姓受感染和教育，如文化廣場、文化公園等等，讓百姓在無形中提高了自身的素養。除此之外，我們還能怎樣開拓，也是一篇很大的文章。術業有專攻，希望各地都有專門的人做專門的事。至于當下流行的影視、小視頻等當然也可做産業轉化。

(5) 注重賦能美麗城市和鄉村。三蘇一生足迹廣泛，像東坡除流貶地黄州、惠州、儋州外，還去過汴京、杭州、密州、湖州、潁州、定州等地，這些地方現在都是城市，但他也經過許多鄉村，通過三蘇文化研學旅游，促進文化旅游産品和市場的發展，帶動沿途城市、鄉村建設，爲美麗城市、鄉村建設和發展賦能。這是長期的任務，需要政府部門和學者之間的合作和努力，不是短時間能够完成，但可以樹立這樣的目標，堅持不懈地努力，把我們應該做的事、能够做的事做好。這些話説起來有點空，關鍵是賦能美麗城市和鄉村需要因地制宜，既不指望一蹴而就，又不始終淪爲空談。

總之，家教家風與三蘇文化，都是中國優秀傳統文化的重要組成部分，弘揚二者是我們永遠的使命，無論通過什麽途徑、運用什麽方法，都需要從點滴做起，行穩致遠，真正能够做到積水成淵、積土成山，使優秀傳統文化有永恒的魅力，不朽的光彩。我們也很希望通過與全國各地的踐行中華家教家風和三蘇文化研究傳播者合作，協同一道，讓中華家教家風與三蘇文化真正地發揚光大，讓每個人都受到良好的教育，讓我們的家庭成爲有文化品味的和諧家庭，社會成爲有文化品味的和諧社會，讓人民大衆能够享有快樂的幸福人生。

(作者單位：海南省婦女聯合會；海南師範大學)

“千年第一文人”蘇軾與文化中國

譚繼和[1]

内容提要：蘇軾是文化中國長廊裏一顆磊落奇瑰、百科汪洋的北辰之星。“蘇軾文章爲時所宗，名重海内，忠義許國，遇事敢言。”他生于蜀地，浸潤于以中華禮樂文明爲魂、家國同構的愛國愛鄉理念爲根的家教家風，又反哺于文化中國共同體和民族命運共同體認同意識的增强與升華。他堅守和踐行文化中國的民本思想，具有爲國爲民居安思危的深層憂患意識，把文化中國大一統理念根植于心，爲我們留下了民族精神家園寶庫中難得的歷史遺産，是爲文化中國創新力和中華民族創造力的傳承與增進做出過重大貢獻的“千年第一人”。

關鍵字：民本思想；憂患意識；文化中國；千年第一文人

元人張翥詩：“天地有大文，吾蜀擅宗匠。”這就是説，巴蜀地域所出“天下文宗”最多，具有擅長譜寫經天緯地、歌頌文化中國的天下大塊文章的歷史傳統。其中，還不衹是一般的“文宗”多，而且北斗星辰一樣的文化巨擘還産得多。如：揚馬、子昂、李杜、三蘇、升庵，直到郭沫若，都是中華歷史文化名人燦爛星空中，不可多得的各自所處時代歷史文化潮流的旗手，皆是站立各自時代潮頭，“手把紅旗旗不濕”[2] 的弄潮兒，凌萬乘、貯千古、衆所仰望的北斗星辰。他們最大的特點是，受生于蜀或寓于蜀的家國同構的文化中國共同體認同意識和情懷所養育和熏陶，又反哺于文化中國共同體和民族命運共同體認同意識的增强與升華，爲文化立國，爲增强本土文化自信、歷史自信的熱力培根鑄魂、傳承創新，分别做出了大小不同的貢獻。

其中，蘇軾是文化中國長廊裏一顆磊落奇瑰、百科汪洋的北辰之星，是古代“華夏文明

---

① 譚繼和：四川省人民政府文史研究館資深館員，四川省社科院傑出研究員，四川省歷史學會名譽會長。

② 潘閬《酒泉子·長憶觀潮》有句：“弄潮兒向濤頭立，手把紅旗旗不濕。”胡雲翼：《宋詞選》，中華書局 1962 年版，第 4 頁。

造極于趙宋之時”（陳寅恪語）的一個文化標志碑石。作爲中華文化史上一個百科全書式的文化巨人，其思想最光輝的亮點，是文化中國大一統的“正統論”① 的核心價值理念，是以重民生、重國本，“民者天下之本，而財者民之所以生也”② 作爲他終生追求和積極踐行的中華民族共同體和大一統文化中國共同體的認同意識的闡釋和弘揚的襟懷抱負。

一、文化中國的民本思想是蘇軾恒定的心性

蘇軾的民本思想是他的文化中國共同體思想的核心。這個民本思想既是大禹所立下的華夏第一家訓，也是國訓“民可近，不可下。民惟邦本，本固邦寧”的薪火傳承，也是他對後代子孫教誨留下的寶貴文化中國思想遺産。大一統的文化中國共同體是爲最大程度地滿足人民群衆的物質精神福祉需求，最大程度地維護中華民族的利益服務的。所以，這裏需要研討蘇軾民本思想的内涵和特徵，研討他對中華大一統共同體的歷史貢獻。

東坡民本思想有其理論體系，有其内核宗旨，有其鮮明特徵。概括起來説，他首重“大哉人乎！易曰：神而明之，存乎其人。吾作易（傳）、書傳、倫語説亦粗備矣”③ 的人類價值，次重“有適于民”④ 的立德修身，終則以“民爲天下之本”作爲國家治理、社會治理的思想源頭與實踐結晶。再簡要地説，蘇軾民本學是由一體兩翼構成的。其“一體”是指“民爲本”“人爲大”，作爲内核。其“兩翼”中一翼是學研“通經學古”，“貫通天人”，“懷憂國愛民之意”⑤ 的經書學問；另一翼是踐行“濟世之實用”⑥，“言必中當世之過”⑦ 的治民理政之道。要做到“救時行道”⑧，“有適于民”，“通物之變”，“使民不倦”⑨。换句話説，“一體兩翼”的民本思想貫徹好，就要善于主動把握時代發展的趨勢，激發和指引老百姓生生不息、勞作不倦的積極性，使百姓互助共濟，和諧共生，社會安寧發展。由此可見，蘇軾民本學的“一體兩翼”思想，體現了中華傳統文化重民生、重民用、重民彝的根本精神和關注人類的生存與發展的本來宗旨。把蘇軾與他前輩的巴蜀文宗比較而論，蘇軾以其文明觀念和價值取向推動中華禮樂文明理念達到了他之前所未有的歷史高度。

---

① 〔宋〕蘇軾：《後正統論三首》，蘇軾：《蘇東坡集》卷二十一，商務印書館 1957 年版，第 5—9 頁。

② 〔宋〕蘇軾：《策别訓兵旅二・練軍實》，蘇軾：《蘇東坡應詔集》卷二，商務印書館 1958 年版，第 34 頁。

③ 〔宋〕蘇軾：《題所作易傳論語説》，卿三祥、李景：《蘇軾著述考》（上）“經部・易傳”之“著作自論”，四川大學出版社 2016 年版，第 5 頁。

④ 〔宋〕蘇軾：《書贈邵道士》，言：“耳如芭蕉，心如蓮花。百節疏通，萬竅玲瓏。”〔明〕茅維編，孔凡禮點校：《蘇軾文集》卷六十六，中華書局 1986 年版，第 2083 頁。

⑤ 〔宋〕蘇軾：《辨賈易彈奏得罪扎子》，蘇軾：《蘇東坡奏議集》卷九，商務印書館 1958 年版，第 67 頁。

⑥ 〔宋〕蘇軾：《答虔倅俞括奉議書》，《蘇東坡後集》卷十四，商務印書館 1958 年版，第 10 頁。

⑦ 〔宋〕蘇軾：《鳧繹先生詩集叙》，蘇軾：《蘇東坡集》卷二十四，商務印書館 1958 年版，第 39 頁。

⑧ 〔宋〕蘇軾：《六一居士集叙》，〔明〕茅維編，孔凡禮點校《蘇式文集》，中華書局 1986 年版，第 315 頁。

⑨ 〔宋〕蘇軾：《通其變使民不倦賦》，〔明〕茅維編，孔凡禮點校：《蘇軾文集》卷一，中華書局 1986 年版第 25 頁。

二、民本爲重的文化中國理念踐行是蘇軾恒久的常態

蘇軾在逝世前一年在鎮江妙高臺金山寺看到李公麟畫的蘇軾畫像，即作了《自題金山畫像》一詩以自嘲："心似已灰之木，身如不繫之舟。試問平生功業，黄州、惠州、崖州。"① 這正是他一生踐行民本、經歷坎坷的寫照。"説不完的蘇東坡"（王水照先生語）踐行民本的事迹很多，總起來看，有五大特點：一是賑灾恤民，體恤民間疾苦。二是興修水利，特別重視"三個西湖"（杭州、潁州、惠州）水利美景建設。"西湖"作爲公衆美景資源，需要滿足公衆生活的美學享受，絶不允許在西湖景區修建權貴豪宅，將公共資源侵吞爲私産。蘇軾守護西湖美景生態的這一原則，一直澤惠于今。三是重視與民同樂，與民同憂，憂先于民，樂後于民，憂樂天下之際。四是不管王安石"新政"，還是司馬光"舊政"，蘇軾雖然對他們的人格很尊重，均視之爲"君子"②，但對他們的政治舉措，不管新舊，變法不變法，皆以是否"安萬民"作爲决策依違與取捨的標準。他的態度是"身如不繫之舟"，不隨聲附和，不繫于一方或另一方。平生我行我素，管甚飛短流長，不做同而不和、結黨營私的小人，要做和而不同，公忠體國的君子。衹要懷抱"爲民"的目的，堅守"始終得其正，天下合于一"③ 的"文化中國"正統觀念，便會有"目若新生之犢"的動力。五是蘇軾通過治水興利的實踐，認識到研究"水學"作爲專門學問的重要性。他是中國歷史上首創"天下水學"的第一人。他主張"當今莫若訪之海濱之老民，而興天下之水學"。④ 蘇軾主張把"水學"作爲專門學問加以構建，這是繼承傳統《禹貢》學的生態文明理念，在宋代的創造性轉化和提升，在今天仍然有强烈的現實意義。

三、爲國爲民居安思危的憂患意識是蘇軾維護文化中國恒常的堅守

蘇軾一生貫穿着"憂治世而危明主"的"不測之憂"的國家憂患意識。他認爲"天下之患，最不可爲者，名爲治平無事，而其實有不測之憂。坐觀其變，而不爲之，則恐至于不可救。起而强爲之，則天下狃于治平之安，而不吾信。唯仁人君子豪杰之士，爲能出身爲天下

---

① 〔宋〕蘇軾：《自題金山畫像》，《蘇軾詩集》卷四十八，中華書局 1982 年版，第 2641 頁。
② 〔宋〕蘇軾：《上荆公書》，蘇軾《蘇東坡集續集》卷十一，商務印書館 1958 年版，第 64 頁。
③ 〔宋〕蘇軾：《後正統論三首》之"辯論三"，蘇軾：《蘇東坡集》卷二十一，商務印書館 1958 年版，第 8 頁。
④ 〔宋〕蘇軾：《禹之所以通水之法》，蘇軾：《蘇東坡集續集》卷九，商務印書館 1958 年版，第 68 頁。

犯大難，以求成大功。此固非勉强期月之間，而苟以求名者之所能也”①。這一段名言在提醒居安思危意識的重要性。越是盛世，越不能狃習麻醉于“治平之安”，而要有安而不忘危、存而不忘亡、治而不忘亂的憂患意識。憂患意識與奮進精神，是仁人君子豪杰之士應具有的歷史使命和責任擔當，敢于挺身而出，爲國盡忠。關鍵在于衹有以民爲重、以民爲本，纔可能做到這一條，而“苟以求名者”的自私自利之徒是不可能具備這種憂患意識的。蘇軾警告做官的人應當“難行之言，當有所必行，而可取之利，當有所不取，以教民信而示之義”。②凡民所需，雖難行亦當有所必行；凡民之利，即使可取，亦當有所不取，對民講信義，是爲官的底綫。

四、以中華禮樂文明爲魂，家國同構的愛國愛鄉理念爲根的家教家風，是浸潤蘇軾一生堅守和踐行文化中國大一統理念的靈魂基因

三蘇家庭是優良傳統家教家風建設的典範。蘇軾能成長爲“千年第一文人”，一生守正無私，公忠體國，堅守中華文明大一統共同體的理念和價值觀，不畏艱難挫折，才、學、識、德的高尚兼于一身，是與其根植于文化中國錦綉巴蜀的數千年歷史文脉，以“古今成敗”的經驗和智慧作爲蘇軾母親“義方”教育的家庭家教的熏陶和培育分不開的。蘇軾一生才德絶世，光耀文化中國燦爛星空，有賴其母程氏夫人自幼之母教，方立德成才。

程氏夫人通經史，有氣節。蘇軾十歲時，“父洵游學四方，母程氏親授以書，聞古今成敗，輒能語其要”（《宋史·蘇軾傳》）。古今成敗的歷史文脉教育，正是家教的最佳教材，程氏均能言其精要。有這樣的母親，是蘇軾一生的幸運。一次程氏讀《後漢書·范滂傳》慨然嘆息。蘇軾請教母親説：“軾若爲滂，母許之否乎?”程氏曰：“汝能爲滂，吾顧不能爲滂母乎?”這裏，程氏是用東漢范滂母教子的故事來激勵蘇軾。

范滂是東漢桓帝、靈帝時人，其人受母教，少年即“歷清節，爲州里所服，舉孝廉、舉光禄四行”，即被舉薦爲“敦厚、質樸、遜讓、節儉”四行卓越的鄉賢。因他爲官清廉，反對宦官專政，被閹宦視爲清流黨人，欲加以大誅。當時漢靈帝寵信宦官，下詔急捕范滂等清流。詔書下到縣督郵吴導手上，吴導“抱詔書、閉傳舍、伏床而泣”，不想奉詔。范滂聽説此事，知道督郵是在爲他打掩護，蒙冤而泣，范滂即挺身而出，“即自詣獄”，請逮捕自己。縣令郭揖見到范滂親身赴獄而“大驚”，願意自解縣官印綬，與范滂同蹲監獄，“引與俱亡”。這些清流朋友均願與范滂共生死。范滂却説：“滂死則禍塞，何敢以罪累君，又令老母流離

① 〔宋〕蘇軾：《晁錯論》，蘇軾：《蘇東坡應詔集》卷十，商務印書館1958年版，第68頁。
② 〔宋〕蘇軾：《安萬民·一曰“敦教化”》。蘇軾：《蘇東坡應詔集》卷二，商務印書館1958年版，第20—21頁。

乎！”范滂與母親訣别時，滂母叮囑范滂：“汝今得與李杜齊名，死亦何懼。”李膺、杜密是范滂前輩。李膺爲青州刺史、正直清廉。當地貪官守令聽説他來上任，“畏其威明，多望風弃官”，趁其上任之前逃跑了。他糾罰奸幸，被“宦官擅權收捕勾黨”。時李膺年已六十，鄉人勸其躲避，李膺則浩氣凛然地回答：“事不避難”，自行赴“詔詔獄”被殺。當時李膺的弟子門生景顧不在下獄名單内，也在其父蜀郡御史景毅鼓勵之下自請入獄，不願意因漏奪名籍而苟安，保持名節很重要。范滂母就用當時清官李膺等人的這些持正守節、勇赴國難的故事來教育范滂，生死不重，氣節爲重。“滂跪受教，再拜而辭。”

范滂之母教育范滂要以李膺爲做人做事楷模的故事，被程氏作爲教育蘇軾的家教教材。故蘇軾發問，他若效法范滂，母親能允准否？母親程氏即回答：“你能效法范滂，我何嘗不可作范母？”鼓勵兒子持正立節，爲國捐軀。蘇軾一生謹尊母訓，踐行母教，以范滂君子之行爲榜樣，在重大政治事件和坎坷挫折面前，從來堅守家教準則，保持操守，雖屢經挫折打擊而從不失其節操。

由這些感人的故事，我們可以看出歷代家教家風的歷史文脉，傳承彌久，事迹彌多。每個“君子之行”皆歷歷可數，不絶如縷，其楷模對代代歷史名人——中華民族脊梁，熏陶彌厚，影響彌深。蘇軾因其父母家教而總結出他對家教文化的家國同構的愛國愛鄉情懷的獨特認識。這一獨特認識，集中體現在蘇軾的《後正統論三首》［北宋仁宗至和二年（1055）作］和《思治論》［北宋仁宗嘉祐八年（1063）作］等論策中。他主張：“夫所謂正統者，猶曰有天下云爾”，“正者，以正天下之不正也；統者，所以合天下之不一也”。這個“正統”的靈魂内涵和精神特質在于“至公大義之爲正也哉！”“始終得其正，天下合于一，是二者必以其道得之耶”。這個道必以“至公”爲大義，纔能“得天下之心”。要“得天下之心”必須是持“天下之公正”。他還教誨士子學人衹是個人修身養心，“一身之正是天下之私正也”。士子學人要有國家統一，以“中國”（指北宋中原）爲正統的胸懷和追求，纔是“天下之公正”。以“天下公正”之心，“發之以勇，守之以專，達之以强，苟知此三者，非獨爲‘吾國’（指北宋中原）而已，雖北取契丹可也”。

蘇軾上述“正統論”用今天文化解讀的眼光來分析，正體現了他心向大一統的憂患意識。他認爲北宋所面臨的“亂臣割據，四分五裂之憂”的局面，衹有堅守至公大義，堅守“四海爲一家，中國如一人”的儒家正統理念，纔能實現國家的統一和民族的團結凝聚。而要做到“大一統”，又必須堅守以中原文明爲凝聚力和向心力的核心，以中華禮樂文明爲至公大道，認同“大一統”是中華民族命運共同體之所繫，是中華文明的獨到特徵。由此可見，蘇軾對中華文明共同體的認同意識已經有相當的深度。

蘇軾《無題》絶句詩有：“春來濯濯江邊柳，秋後離離湖上花。不慕千金買歌舞，一篇珠玉是生涯。”這一人生格言和奉獻精神，就是他父母以“義方”爲主旨的家教家風的結晶。蘇軾是在家教似明月嬋娟，家風如清風雋永的儒家禮教、詩教和樂教的家庭氛圍中成長起來的，一生秉持初心，抱持家國情懷，是“回薄萬古心，泠然洗我心”（蘇軾《和李白詩并叙》）的優良家風傳承人典範。他在《赤壁賦》中表明其清白志向：“夫天地之間，物各有主，苟非吾之所有，雖一毫而莫取。惟江上之清風，與山間之明月，耳得之而爲聲，目遇之而成色，取之不禁，用之不竭，是造物者之無盡藏也，而吾與子之所共食。”樽酒嘉肴不是享受，非吾之所有，一毫一厘莫去伸手。衹有大自然給予我們清風明月，纔是我與朋友可以共食共享的最高尚的生活美學的心靈盛宴。“清風明月”的含義，用今天文化解讀的眼光看，就是指人類與大自然命運共同體。蘇軾講的“清風明月”理念，正是華夏歷代祖宗主張的人類對報恩天地大自然的美學境界的追求。因此，祖先這一理念是最高尚的鄉賢家教文化潤澤心靈的豐富思想養料。蘇軾作爲巴蜀文化發展史光輝的里程標杆和巴蜀北斗星辰的文化符號，爲中華家教家風文化理論體系和話語體系的升華，做出了杰出的貢獻。

總之，蘇軾是爲文化中國創新力和中華民族創造力的傳承與增進，做出過重大貢獻的“千年第一人”。他爲我們留下了民族精神家園寶庫中難得的歷史遺産，是于今有用又可實現創造性轉化和創新性發展，用之不竭，取之不盡的文創資源[①]。

（作者單位：四川省人民政府文史研究館）

① 此文見譚繼和《試析“民者天下之本”的蘇軾》，載《地方文化研究輯刊》第十三輯。

蘇東坡“人本”特徵的宇宙觀

舒大剛　余　洋

内容提要：蘇軾繼承了夏禹以來“敬鬼敬神而遠之”的傳統，在天地人神之間，他主“人本”説。他以“魂”爲“神”，以“魄”爲“鬼”，指出在聖賢與衆人之間，人可以憑藉修“志”進爲聖賢。以此爲出發點，他在人性問題上，重視“性”發動的結果“情”，“存性言情”，將玄虚的鬼神論過渡到現實社會，核心仍是尊重人的意志。由此，他論帝王符瑞，認爲修德可以感格鬼神，凡人通過個人修養也能與天地相通，聖人雖“神道設教”，但重在實現人文教化，過分依賴求神問卜，是本末倒置。在政治上，他堅持儒家傳統的民本學説，認爲“天命即民命”，“民爲邦本”，統治者要以造福民生爲首務。通過這些方面，可以看到人本精神在蘇軾學説中能够一以貫之。

關鍵字：蘇軾；鬼神；人本；性情；符瑞；民本

蘇軾的成就是多方面的，他的人格更是豐滿的。舉凡經史子集、琴棋書畫、詩詞歌賦、儒釋道醫、君臣父子、道德文章、人格風範，各個領域、各個方面他都有績可考、有學可述。如果按今天的學科分類，蘇軾之學可以分屬於不同的學科，有文學、有史學、有哲學、有政治學、有倫理學，甚至還有宗教學等各個方面。蘇軾學兼儒、道、釋三家，但主幹仍是儒家的，《易》《書》《詩》《春秋》《論語》《孟子》諸經，蘇氏父子都有注解傳世。

鬼神是傳統經學中一個較爲關鍵的命題，對鬼神的解釋，關係到對宇宙生成、人性生成、禮儀祭祀、政治道德諸多問題的理解。就蘇軾留下的經解文字看，他對鬼神問題在繼承經典文獻的基礎上，發展了一家之説，體現出濃厚的人本精神。從鬼神問題切入，可以進而理解東坡的論學體系，下面先由經典文獻中對鬼神的論述説起，再考察東坡論鬼神的人本内涵，再以此爲基點，觀察東坡的人本精神在他的性情論、符命説、政治觀上的體現。

一、經典中的宇宙觀與鬼神論

所謂宇宙觀，就是指人們對生存於其中，而又力圖認識它、駕馭它的世界的看法。我們生存的空間有大有小，小至斗室，大至一家一國，再大有天地、宇宙。中國古人的宇宙觀來源于生産生活中的觀察，定格于經典文獻，并隨着文獻的傳播而流行，又爲歷代聖賢不斷闡釋、演繹、發展，直至當下仍有活力。因而我們對東坡宇宙觀的考察，要始于經典文獻中的相關記載，再來討論東坡在此基礎上的演繹和發展。

古人的宇宙觀在群經中多有記載。如《周易・乾卦・文言》："夫大人者，與天地合其德，與日月合其明，與四時合其序，與鬼神合其吉凶。先天而天弗違，後天而奉天時。天且弗違，而况于人乎？况于鬼神乎？"[①]"大人"是一種偉大人格的代稱，他的偉大體現在與他所生存環境之間的和諧"無違"，他與"天地"的合其德性，與"日月"合其光亮，與"四時"合其節度，與吉凶禍福的表現形式——鬼神，也相通相感。[②]也就是説，"大人"不是以個人爲中心的，他的所作所爲，都與自己的生活空間的種種不相違背、不相矛盾。類似的表達還見於《豐卦・彖傳》："日中則昃，月盈則食。天地盈虚，與時消息，而况于人乎，况于鬼神乎？"[③]在這個空間中，"大人"的所有視界、感覺就是天地、日月、四時、鬼神，而且人的成功利鈍跟日月、天地、四時、鬼神也是相互聯繫的。

《繫辭傳》進一步構建了一個博大的體系："易有太極，是生兩儀，兩儀生四象，四象生八卦，八卦定吉凶，吉凶生大業。"[④]這就是中國古人所認識的宇宙和世界的生成、發展之道。"兩儀"相當於前面説的"天地"，"四象"就是"四時"，[⑤]"吉凶"就是"鬼神"。不過"兩儀"之前添了一個"太極"，也就把這一切現象還要追溯到一個源頭，一個渾侖一體的元氣；"吉凶"之後又添一個"大業"，也就揭示出事業的延伸有無限可能。中國人所認識的客觀的世界、社會的環境、自身的成敗利鈍都包含在這一個體系中。

在中國人心目中，"天地"是我們生存的空間，"日月"是我們照明的依靠，"四時"是我們生活的節奏，"鬼神"是事業吉凶的徵兆。所以"天地、日月、四時、鬼神"實際就構成了中國人最早的宇宙觀或世界觀。天地、日月和四時，都是可以感知的自然現象，"鬼神"

---

① 《周易正義》卷一，《十三經注疏》本，中華書局 1980 年版，第 5 頁。

② 按唐代李鼎祚《周易集解》的看法，"與天地合其德"指大人"撫育無私，同天地之覆載"，"與日月合其明"指大人"威恩遠被，若日月之照臨"，"與四時合其序"指大人"賞罰嚴明，順四時之序"，(《周易正義》："若賞以春夏，刑以秋冬之類。")"與鬼神合其吉凶"指大人"禍淫福善，葉鬼神之吉凶"。李道平：《周易集解纂疏》卷一，中華書局 1994 年版，第 64—65 頁。

③ 《周易正義》卷六，《十三經注疏》本，中華書局 1980 年版，第 67 頁。

④ 《周易正義》卷七，《十三經注疏》本，中華書局 1980 年版，第 82 頁。

⑤ 此據虞翻説，見李道平：《周易集解纂疏》卷八，中華書局 1994 年版，第 601 頁。

是什麼呢?《繫辭傳》説："陰陽不測謂之神。"又説："精氣爲物，游魂爲變，是故知鬼神之情狀。"[①] 鬼神不是後人所説的福人禍人的精靈古怪，它衹是"陰陽不測"的可能性，是陰陽消長、生命存没的種種表現。

是否承認鬼神的存在還不是問題的關鍵，關鍵在于如何認識鬼神與人事之間的關係。"鬼神"觀念在世界各地各個民族當中都曾經存在過，甚至有的人群至今還沉浸在有神論的狀態中。比如西方一神論宗教，首要前提就是有神的存在、上帝的存在，否則一切教化、政治、道德便無從談起。中國歷史也有這個階段，這毋庸置疑。關鍵是，在中國古人的宇宙觀裏，人和鬼神的位置如何擺放？這既是中國文明區别于世界上其他文明的特徵之一，在中國文化自身的歷史發展中也能劃分出不同的發展階段。

《禮記·表記》記載了夏商周三代對鬼神的態度。孔子説："夏后氏尊命，事鬼敬神而遠之，近人而忠焉。"[②] 夏人"尊命"，"命"就是天命；同時夏人也事鬼、敬神，但却不依賴鬼神、不親近鬼神，而是遠離它，是"近人而忠焉"，"忠"就是做事盡心盡力，强調人力的作用。夏人的領袖大禹，在治水時，他不是通過事鬼敬神來消弭水患，而是"盡力于溝洫"[③]。而殷人則是尊神，孔子説："殷人尊神，率民以事神，先鬼而後禮。"[④] 殷人把神擺在首位，大事小事先問鬼神，而人世的"禮"是次要的。周人又與殷人不同，子曰："周人尊禮尚施，事鬼敬神而遠之，近人而忠焉。"[⑤] 周人重視人類的經驗積纍，制禮作樂；"施"就是施惠于人民。在"事鬼敬神而遠之，近人而忠焉"這一點上，周人與夏人是相同的，他們都是重視人事而輕神道。

"夏人尊命"的"命"就是天命，是自然的法則，或者説是自然法則作用于人的那種力量，它表現的方式是陰陽的消長。所以夏人敬天，他們有《連山》《夏曆》這些著作，尤其是夏人制曆，"頒夏時于邦國"[⑥]，至今仍有《夏小正》等典籍遺存，正是夏人敬天的體現。"鬼神"是陰陽盈縮、生命存没的現象，是人格化的陰陽；殷人法祖，他們將祖先列入神靈的序列，重視占卜神喻，而傳《歸藏》(《坤乾》)，殷墟的大量甲骨就是殷人求神問卜的實物見證。"禮"就是制度設施、行爲規範，重視人倫教化、規矩準繩，是對敬天法祖、事父事母、愛兄愛弟等等行爲的具體規定。周人在人類的經驗積纍和人間的既有規則之上制禮作樂，後來演爲"六經"。夏、殷、周三代，因爲安放人、天地、鬼神的地位的不同，文明生態也出現了分殊，夏人重自然，殷人重鬼神，周人重人文。夏、周兩代都是"事鬼敬神而遠之，近人而忠焉"，但夏人的觀念因循自然，較爲質樸，周人制禮作樂，近乎"文質彬彬"，但他們强調人的中心地位、人文的重要價值和普遍意義都是一致的。

---

① 《周易正義》卷七，《十三經注疏》本，中華書局 1980 年版，第 77 頁。
② 《禮記正義》卷五十四，《十三經注疏》本，中華書局 1980 年版，第 1641 頁。
③ 《論語注疏》卷八，《十三經注疏》本，中華書局 1980 年版，第 2488 頁。
④ 《禮記正義》卷五十四，《十三經注疏》本，中華書局 1980 年版，第 1642 頁。
⑤ 《禮記正義》卷五十四，《十三經注疏》本，中華書局 1980 年版，第 1642 頁。
⑥ 王國維：《今本竹書紀年疏證》，遼寧教育出版社 1997 年版，第 48 頁。

通過易理，我們就可以認識世界。何謂“幽明”？《繫辭傳》云：“仰以觀于天文，俯以察于地理，是故知幽明之故。”① 抬頭觀察天文，因爲天體有光，所以謂之“明”；俯首觀察地理，地理無光，所以謂之“幽”。“幽明之故”實際就是天地運行的原理和規律，正如日月代明。又云：“原始反終，故知死生之說。”② 是説有生命的東西，有開始就有終極。通過這一始一終的觀察反省，就會知道死生的原理。又云：“精氣爲物，游魂爲變，是故知鬼神之情狀。”③ 在事物變化中，我們可以體會到，精氣結合成有形的“物”，但是“物”又并非一成不變，它在不斷發生變化，這個變化似乎有一種力量在推動它，那就是“游魂”。從這個觀察當中我們就可以看出吉凶禍福，也就是鬼神表現出來的徵兆。

原來，“幽明”是就天地觀感而言，“死生”是就生命始終而言，“鬼神”則是就事物變化莫測而言。有明有暗，有形無形，有始有終，有可知有不可知，故東坡《易傳》謂：“天文地理、物之終始、精氣游魂，可見者也。故聖人以是三者舉之。”④ 通過這三者的變化運動，總結其規律，就可以從中獲得某種啓示，這就是《易》所帶來的教化。

何爲“鬼、神”？前面我們引《周易》“陰陽不測之爲神”，“鬼神”就是陰陽變幻莫測的消長，這種消長的現象又爲什麽要稱爲“神”和“鬼”呢？《説文解字》説：“鬼，人所歸爲鬼。從人，象鬼頭。鬼陰氣賊害，從厶。”⑤ 意即人死之後回歸到大地，就是鬼，是陰氣下沉。“從人，象鬼頭”，“鬼”字下部從“人”，上部爲鬼頭象形，這是出自古人的想象。“厶”讀作“私”，意即鬼是陰氣對生命的賊害，所以字從“厶”，段玉裁注：“神陽鬼陰，陽公陰私。”⑥《易經・睽》上九爻辭講“載鬼一車”，注家也多從陰氣爲鬼立説⑦。

《説文解字》解釋“神”字：“天神，引出萬物者也。從示申。”神就是天神，是往天上走的陽氣，“引出萬物者也”，把萬物引導出來。“從示申”，即“神”字從示、申兩字會意。⑧ 陰陽二氣，一個向下沉澱，這個是陰氣，就變成鬼；一個向上引申，這就是神，生發萬物。王充《論衡》也説“鬼者，歸也。神者，荒忽無形者也。”⑨ 鬼就是陰氣，歸大地了；神是往上升的，不能定型，具有無限可能。朱熹也説：“神者伸也，鬼者屈也。”⑩ 都是一個意思，是比較常見的傳統解釋。

---

① 《周易正義》卷七，《十三經注疏》本，中華書局 1980 年版，第 77 頁。

② 《周易正義》卷七，《十三經注疏》本，中華書局 1980 年版，第 77 頁。

③ 《周易正義》卷七，《十三經注疏》本，中華書局 1980 年版，第 77 頁。

④ 〔宋〕蘇軾：《蘇氏易傳》卷七，《三蘇經解集校》，四川大學出版社 2017 年版，第 129 頁。

⑤ 〔漢〕許慎：《説文解字》卷九上，中華書局 1963 年版，第 188 頁。

⑥ 〔清〕段玉裁：《説文解字注》，浙江古籍出版社 2006 年版，第 434—435 頁。

⑦ 如《周易集解》，以“坤爲鬼，坎爲車，變在坎上”釋之，李道平疏釋以月相，謂：“坤死魄，故爲鬼。”月虧也是由于“入于陰”，雖輾轉爲説，亦明陰氣爲鬼。見李道平：《周易集解纂疏》卷五，中華書局 1994 年版，第 361 頁。

⑧ 《説文解字》卷一上，第 8 頁。按，段注本改爲“從示，申聲”，以爲形聲字，較爲合理，但“申”亦有表意功能，可視作兼意聲符。

⑨ 黄暉：《論衡校釋》卷二十《論死篇》，中華書局 1996 年版，第 1016 頁。

⑩ 〔宋〕朱熹：《朱子語類》卷六十三，《朱子全書》，上海古籍出版社 2002 年版，第 16 册，第 2987 頁。

二、東坡的“人本”鬼神論

東坡廣覽多讀，博聞强識，以所知所見，融會貫通，終成一家之學。在宇宙觀、世界觀上，他繼承了從先秦以來的傳統觀點。他注釋《易》的升卦《彖傳》說：“既盈而虧，天地、鬼神之所不免也。”[①] 在他的語境中，也存在“天地”，這是看得見的；還有“鬼神”，是看不見的。同時他還指出了物極必反、盛極必衰的必然性，就像春夏秋冬四時代序，絶不以任何人的意志爲轉移，天地、鬼神也都遵循這樣的規律。由此也可見，他不否認鬼神的存在。

在對鬼神的態度上，他與夏人和周人是相近的，并有所發展。蘇軾撰有《東坡易傳》，他在世界觀上比較完整地繼承了《周易》體系。他解《繫辭傳》“《易》與天地準，故能彌綸天地之道”一句說：“準，符合也。彌，周浹也。綸，經緯也。所以與天地準，以能知幽明之故、死生之説、鬼神之情狀也。”[②] 意即《周易》是對天地之道的完整摹寫，與天地之道相符合，是對天地規律的演繹。前文已經提到，“天地、日月、四時、鬼神”是古人世界觀、宇宙觀的四大要素，蘇氏此注中的“天地、幽明、死生、鬼神”也大致與之相合。

蘇東坡怎麽解釋“鬼神”呢？我認爲他解釋的既有文獻依據，也比較精緻。他解釋“精氣爲物，游魂爲變”時説：

> 物，鬼也；變，神也。鬼常與體魄俱，故謂之物；神無適而不可，故謂之變。精氣爲魄，魄爲鬼；志氣爲魂，魂爲神。故《禮》曰：“體魄則降，志氣在上。”鄭子産曰：“其用物也弘矣，其取精也多矣。”古之達者已知此矣。一人而有二知，無是道也。然而有魄者、有魂者，何也？衆人之志，不出于飲食、男女之間，與凡養生之資。其資厚者其氣强，其資約者其氣微，故氣勝志而爲魄。聖賢則不然，以志一氣，清明在躬，志氣如神，雖禄之以天下，窮至于匹夫，無所損益也，故志勝氣而爲魂。衆人之死爲鬼，而聖賢爲神。非有二知也，志之所在者異也[③]。

東坡認爲：“物，鬼也；變，神也。”這是説一個事物通常具有“形體”和“精神”的兩面性。鬼常與體魄相聚，鬼是與我們的軀體、陰魄爲一體的，比較沉重、内斂，它是有形的，“故謂之物”。我們人體内也存在兩個因素，一個是形體軀殼，一個是精神靈魂，也就是下文“神無適而不可，故謂之變”，神和變都是靈魂的東西。所以説“精氣爲魄，魄爲鬼”，精氣聚合産生人的形體，這個是“魄”，這個魄的物質形體“歸”于大地了就叫“鬼”。又説

① 〔宋〕蘇軾：《蘇氏易傳》卷六，《三蘇經解集校》，四川大學出版社 2017 年版，第 108 頁。

② 〔宋〕蘇軾：《蘇氏易傳》卷七，《三蘇經解集校》，四川大學出版社 2017 年版，第 129 頁。

③ 〔宋〕蘇軾：《蘇氏易傳》卷七，《三蘇經解集校》，四川大學出版社 2017 年版，第 129 頁。

“志氣爲魂”，人除了精，還有志氣、還有陽神，志氣是形而上的、高尚的，那種志氣就是魂，就是靈魂，這個魂是往天上升的，意識就是“神”。我們一個鮮活的生命體，正是“魂”和“魄”的合體、“氣”和“志”的合體，也就是“精氣爲魄”和“游魂爲變”的組合。

“體魄則降”這兩句，見于《禮記》的《禮運》篇，但《禮記》原文作“知氣”在上。東坡此傳引爲“志氣”，知東坡讀“知”字爲“志”。子產説的兩句，則見于《左傳·昭公七年》。東坡這段解釋，文獻基礎正在此，因而要對這兩處引文稍作引申。《禮運》談道，人死之後，要行“復”禮，俗稱“招魂”，以示對逝者的不捨和挽留，其禮：“及其死也，升屋而號，告曰：‘皋某復！’然後飯腥而苴孰。”其禮意在于：“故天望而地藏也。體魄則降，知氣在上。”《禮記正義》認爲，人死後，“知氣”在上，所以要“天望”，“天望”就是招魂的“復”禮；“體魄”下降，所以“地藏”，“地藏”就是將屍體下葬藏于大地。[①] 魂、魄、知氣這些概念的區别和關係是什麼？就要看《左傳·昭公七年》鄭國的賢人子産論鬼一節。

鄭國的卿伯有在政治鬥争中被殺，子産恐怕伯有成爲厲鬼，所以立他的兒子良止爲大夫，使伯有享祭于宗廟。晉國的趙景子問子産，伯有是否能爲鬼，子産回答：“能。人生始化曰魄。既生魄，陽曰魂。”[②]《左傳正義》在此有一段繁複的解釋，大意是講，人“感陰陽以靈”，其身體形質是“形”，呼吸吹動是“氣”，形和氣相結合，“知力以此而强”纔成其爲人。人初生時即有形體，“形之靈者名之曰魄”，而“魄内自有陽氣，氣之神者名之曰魂”。有魄，身體的各種器官纔正常運作，有魂，人纔有了精神智識。魂魄二者雖然都是“性靈”，但“魄識少而魂識多”。人死之後，《禮記·郊特牲》曰：“魂氣歸于天，形魄歸于地。”聖人在制禮作樂時，生死是不同的狀態，所以要在魂魄之外另取異名，于是將死去的魂名爲“神”，死去的“魄”名爲鬼，因而鬼神的本質仍是魂魄（“其實鬼神之本，則魂魄是也”）。[③]

東坡此注，即本乎《禮記》《左傳》諸解，衹是在概念上小有差異，他説的“精氣爲魄”正是人的形體，“志氣爲魂”正是人的精神，他又將“知氣”讀作“志氣”，則是看到了“魄識少而魂識多”這一點，以“志”來代“知”。其實從《禮記》各處記載看，“知氣在上”的“知氣”，也就是“魂氣”的别名，以“志”爲“知”，在東坡的體系中能够自圓其説，并且更突顯出東坡個人的性格和境界，物質形體有種種限制，而精神意志可以揮斥於八極之中、神游于六合之外，正可見東坡内心的飛揚不羈，甚至是一種超越精神。

東坡下文又説：“一人而有二知，無是道也。”難道我們一個人有兩種知覺嗎？他説并非如此。那麼陰魄和陽魂同存于一人之身，是什麼原因呢？下面這段解釋，完全是從子産論鬼的一節發展出來的，所以先要解釋子産的觀點。子産講了人的魂魄生成之後，又説：“用物精多，則魂魄强。是以有精爽，至于神明。”普通人壯年横死，尚且不免成爲厲鬼；而良宵

---

① 《禮記正義》卷二十一，《十三經注疏》本，中華書局 1980 年版，第 1415—1416 頁。

② 《春秋左傳正義》卷四十四，《十三經注疏》本，中華書局 1980 年版，第 2050 頁。

③ 《春秋左傳正義》卷四十四，《十三經注疏》本，中華書局 1980 年版，第 2050 頁。

（即伯有）在鄭國三世柄政，“其用物也弘矣，其取精也多矣”，并且族人衆多，當然也有成爲厲鬼的可能。關鍵就在“用物精多”四句如何解釋。據杜預注和《左傳正義》的看法，魂是附着于形氣之上的，形體强弱决定了魂魄的强弱，“若其居高官而任權勢，奉養厚，則魂氣强，故用物精而多，則魂魄强也。”杜預將“物精”的“物”釋爲“權勢”，《正義》説：“物非權勢之名，而以物爲權勢者，言有權勢則物備。物謂奉養之物，衣食所資之總名也。”如果一個人權勢重，那麽所得到的奉養身體之資也多，故能“養此精爽，至于神明”。①

東坡在解釋時，先分開“衆人”和“聖賢”，他説：“衆人之志，不出于飲食、男女之間，與凡養生之資。”“養生之資”四個字，顯然是從“奉養之物，衣食所資”八個字來的。他認爲普通人、志氣不旺的人，衹知道飲食、男女、養生之資，也就是説還處于最低的生存境界，還没有擺脱動物的欲望。“其資厚者其氣强，其資約者其氣微”，他們的“氣”的强弱，與“養生之資”的厚薄直接相關，所以在精神的“志”與物質的“氣”相比已經占了下風，“故氣勝志而爲魄”，經文中的“物”和“鬼”就聯繫起來了。但聖賢却不是這樣，聖賢能“以志一氣”，用自己的志力來統一物質形體之氣，使得“清明在躬”，自己是清朗明白的。又“志氣如神”，看得清、聽得懂、想得開、預見得準確，一切如有神誘。“雖禄之天下，窮至匹夫，無所損益也”，對于這種聖賢，你哪怕是把天下給他，他也棄之如敝履；你讓他做一個匹夫，他也不會改變自己的志氣。“故志勝氣而爲魂”，高尚其志戰勝了那種鄙薄之氣，那他的靈魂陽氣就居多。所以“衆人之私則爲鬼”，一般私心重的人死了就變成鬼；“而聖賢爲神”，聖賢修養很高，志氣不墜，始終上升，所以他死了就變成神。這不是因爲我們人有兩種知覺也，而是志氣多少决定的（“志之所在異也”），這就看我們自己的“志氣”高低來决定了。

但東坡此説又容易産生一種誤解，他似乎將魂和魄分别講成了聖賢和普通人的專有物，但經典中都明言人是兼有魂、魄的。朱熹《蘇氏易解辨》即有駁議，謂：“精竭魄降，則氣散魂游，而無所知矣。降者屈而無形，故謂之鬼；游者伸而不測，故謂之神。人物皆然，非有聖愚之異也。孔子答宰我之問，言之詳矣，蘇氏蓋不考諸此。”② 朱熹提到的孔子答宰我問，是《禮記·祭義》中宰我問鬼神的一段，③ 是朱熹鬼神論的文獻基礎之一，其大意即將魂、魄分别言之④。細繹東坡原文，并非是説聖賢身中是魂，衆人身中是魄。他將魂魄稱爲“二知”，“知”就知覺、意識而言，意在分别魂、魄二者在人身中的主次地位，不如此，則“志”與“氣”相勝之説就没有意義了。故而“氣勝志爲魄”是指魄在人身中占了主導地位，“志勝氣爲魂”則反之，并不是説聖賢身中無魄，衆人身中無魂，否則衆人進而爲聖賢之路

① 《春秋左傳正義》卷四十四，《十三經注疏》本，中華書局 1980 年版，第 2050 頁。

② 〔宋〕朱熹：《晦庵先生朱文公文集》卷七十二《雜學辨》，《朱子全書》，上海古籍出版社 2002 年版，第 24 册，第 2468 頁。

③ 《禮記注疏》卷四十七，《十三經注疏》本，中華書局 1980 年版，第 1595 頁。

④ 《朱子語類》卷三、卷七十四、卷八十三等處都提到這段記載。卷七十四説：“《祭義》中宰我問鬼神一段，説得好，注解得亦好。”見《朱子全書》，上海古籍出版社 2002 年版，第 16 册，第 2517 頁。

就阻絶了。但東坡説衆人死後爲鬼，聖賢死後爲神，的確是他自己的一家之言，與《祭義》中“衆生必死，死必歸土……其氣發揚於上”的説法相悖。

由此可見，所謂的“鬼神”雖然存在，但并不是那種福人禍人的人格神，而是個人修養不同各自達到的不同境界。人的修養不好，就會“氣勝志者爲魄”，“魄爲鬼”；如果“志勝氣者爲魂”，則“魂爲神”，高尚的志氣戰勝了個人的物欲，陽魂就上升成神了。由此可見，鬼神的成因也取决于人的修爲而已！不是鬼神來左右我們上天下地獄，而是完全由我們自己修爲來决定，是走火入魔，還是修成正果，全在我們的“物欲”和“志氣”起作用。

三、東坡論學中人本精神的發展

對于天地、人類、鬼神等概念的理解，是諸多理論的出發點。東坡對于形氣、魂魄、鬼神的説法，也是他討論個人修養、社會政治等問題的出發點，他對鬼神的理解是以人爲本的，也就决定了他在此基礎上申發出的學説也具有濃厚的人本精神。在此以東坡的性情論、解釋帝王瑞應以及施政觀念三方面爲例。

（一）性情論

在中國古代哲學中，人性論有性善論、性惡論、性有善有惡論、性無善無惡論等説法，從先秦到唐宋時期，都衆説紛紜，没有定論。東坡如何認識人性呢？他在《東坡易傳》中有一段講得好，《乾文言》“各正性命”傳：

> 世之論性命者多矣！因是，請試言其粗。曰：古之言性者，如告瞽者以其所不識也。瞽者未嘗有見也，欲告之以是物，患其不識也，則又以一物狀之。夫以一物狀之，則又一物也，非是物矣。彼惟無見，故告之以一物，而不識，又可以多物眩之乎？古之君子，患性之難見也，故以可見者言性。夫以可見者言性，皆性之似也。君子日修其善，以消其不善，不善者日消，有不可得而消者焉；小人日修其不善，以消其善，善者日消，亦有不可得而消者焉。夫不可得而消者，堯、舜不能加焉，桀、紂不能亡焉，是豈非性也哉？君子之至于是，用是爲道，則去聖不遠矣。……性至于是，則謂之命。命，令也。君之令曰命，天之令曰命，性之至者亦曰命。性之至者，非命也無以名之，而寄之命也。死生禍福，莫非命者，雖有聖智，莫知其所以然而然。君子之于道，至于一而不二，如手之自用，則亦莫知其所以然而然矣。此所以寄之命也。情者，性之動也。溯而上至于命，沿而下至于情，無非性者。性之與情，非有善惡之别也。方其散而有爲，則謂之情耳。命之與性，非有天人之辨也，至其一而無我，則謂之命耳①。

① 〔宋〕蘇軾：《蘇氏易傳》卷一，《三蘇經解集校》，四川大學出版社2017年版，第5－6頁。

他説，世人討論性命的很多，因爲“性”不好説，就打了很多比喻，用一個可見的東西來比喻不可見的“性”，但喻體衹是與“性”相似而已，并不是“性”本身，所以性是什麽仍然還是不清楚。他説“性”是什麽呢？衹能體會。就如一個君子“日修其善，以消其不善”，把“魂”與“魄”的關係調理好，提高“志氣”，降低“物欲”，這樣一來，“不善者（物欲）日消”，最終剩下“不得而消者”，也就是那個本質、素地。他反過來又説，“小人日修其不善，以消其善”，猶如有人衹重口腹之欲、飲食男女，把自己的志氣、高尚的追求拋得無影無終，“善者日消”，儘管如此，他也有“不可得而消者”，最終還有一種善根是不能消掉的，那就是“性”。

王陽明的一個門人曾向盜賊講良知，賊自謂無良知，于是這個門人説天氣太熱，請盜賊脱衣，脱到衹剩褲子了，賊猶豫了，門人乃大喝：“這就是你的良知!”① 蘇東坡的意思也是如此，從修善（增强志氣）的角度來消其不善（物欲），但是物欲最終還是不能盡消，人還有生存的欲望；從修其不善（物欲）的角度以消其善（志氣）來講，最終還是要留下一點人的那種意念（羞耻），人畢竟跟其他動物不一樣。蘇軾就説，這種“不可得而消者，堯、舜不能加焉，桀、紂不能亡焉，是豈非性也哉”？那種威脅利誘都不能消盡的東西纔是真正的人性，堯、舜不能左右它，桀、紂也不能左右它。他説“君子之至于是，用是爲道，則去聖不遠矣”，就是説你保留那個東西（人性），并加强這方面的修養，你就離聖人不遠了。

爲什麽《周易》要“性命”連言呢？從發生學的角度看，在“性”前面有一個東西作用到我們人身上，這纔形成基本的人性。那個作用力是什麽？那就是“命”。“命者，令也，君之令曰命，天之令曰命，性之至者亦曰命”，形成我們人性的力量就是命。

在中國人的宇宙觀中，最高的就是“道”，道作用于人的力量是“命”，命作用到我們人的身上形成的個性就是“人性”。人性好比一個原點，它往善的方面出發就成了善，“繼之者善，成之者性”②；如果往惡的方面引導就成了壞人。性一發動就是“情”。“溯而上至于命”，正如孟子説“窮理盡性至于命”。在命上面當然就有道，就像《中庸》上説的：“天命之謂性，率性之爲道，修道之爲教”。“沿而下至于情”，往下走就是情。“性之與情，非有善惡之别也”。性和情本身是没有善惡的。情是動態的，性是静態的，也就是説“喜怒哀樂之爲發之謂中”，“中”就是性；“發而皆中節謂之和”，“和”就指情而言。“命之與性，非有天人之辨也，至其一而無我，則謂之命耳”。人之所以成其爲人，其基因是從道分來的，這個分的過程有一種趨勢，有一種必然性，這就是“命”，形成具體個性就是“性”。這個性要表達出來，這些表達出來的就是“情”，就是“喜怒哀樂愛惡欲”七情，也就是“性本情末”。蘇軾又用《易經》的結構來做比喻，卦就是“性”，爻就是“情”，卦是不動的，却藏有大量

① 這個故事載于馮友蘭《中國哲學簡史》，未知何據。見馮友蘭：《中國哲學簡史》，《三松堂全集》第6卷，河南人民出版社2000年版，第264頁。泰州王門的韓貞，曾與“鄉間野老”有類似的故事，所論亦非“良知”，乃“良心”。今人多將此事植于王陽明，或云在廬陵時事，或云在龍場時事，并誤。韓貞事見許子桂等：《樂吾韓先生遺事》，黄宣民重訂：《韓貞集》，中國社會科學出版社1996年版，第194頁。

② 《周易正義》卷七，《十三經注疏》本，中華書局1980年版，第78頁。

資訊；爻是動態的，衹有爻的變動纔揭示出了事物的吉凶禍福和無限可能。《繫辭》説："蓍之德圓而神，卦之德方以知。"《正義》解釋："蓍之變通則無窮，神之象也；卦列爻分有定體，知之象也。"① 正是此意。

蘇東坡通過《易經》，把古代聖賢争論的性情善惡，作了形象的表達，他認爲性本身是静的，無善無惡；但是表達出來就是情。三蘇父子認爲空洞的討論"性善""性惡"没有意義，因爲性是"堯舜不能加，桀紂不能消"，從根本上講每個人都差不多，"性相近也"。需要討論的是"情"，因爲"情有善惡"，但又不是絶對的善惡。三蘇父子最關注的是情，而不是性。所以他們在解釋人事利鈍、政事得失，甚至解釋經典文獻，都是衡之以情，"存性言情"。"性"是客觀的，不可動摇的，總是争辯它的善惡就没有意義了，有意義的是如何來引導"情"。所以三蘇父子皆疏于言性而暢言于情，他們將"人情"作爲衡量人事的一個重要標準，又區分了情的善惡、公私，在解説經義和現實社會時，都有具體而微的討論，在此不能展開。

結合前文對魂魄、鬼神等概念的討論，東坡在討論"性""情"的時候，有相似的邏輯，即强調人的主動性。陰陽交合于是有了人，人的"形"和"氣"是客觀存在的，附于形氣之上的"魂""魄"也是客觀存在的。但是，一個人是由氣（魄）來作主導而爲"衆人"，還是由志（魂）來作主導而進于聖賢之列，衹看"志之所在"，是可以選擇的。與性、情聯繫起來看，"性"君子把不善的消盡、小人把善的消盡之後的"不可得而消者"，那麽"性"基本上可以和"魂""魄"劃等號了，魂、魄本來也不是有形之物，而是"形之靈""氣之神"，并且魂、魄本來也無所謂善惡，不論是形還是氣，都是人不可或缺的。但"性之動"就是"情"，也就到了"志勝氣"還是"氣勝志"的階段了，魂與魄有個相互消長的過程，這豈不是"情"嗎？人是放縱物欲，還是秉持志氣，正分出了人情的善惡。東坡所注重的，是"性之動"的"後一段"，是一個人選擇要成爲聖賢還是成爲衆人的過程。值得注意的是，他衹説"聖賢"和"衆人"，没有在"衆人"頭上加一個"小人"的價值判斷標籤，也是他論學揆之"人情"、切近人情事理的表現。

（二）帝王瑞應與神道設教

古代帝王多以符瑞爲政治宣傳，其中不乏虚妄荒誕的事例。但東坡基于對鬼神以及人與鬼神關係的理解，一定程度上肯定瑞應之説，不過他認爲帝王修德纔能感格上天瑞應，重點仍在統治者要加强自身修德。

《東坡書傳・堯典》"納于大麓，烈風雷雨弗迷"的傳文説：

> 洪水爲患，（堯）使舜入山林，相視原隰，雷雨大至，衆懼失常，而舜不迷，其度量有絶人者，而天地、鬼神亦或有以相之歟？且帝王之興，其受命之祥，卓然見于《書》《詩》者多矣。"河圖""洛書"、《玄鳥》《生民》之詩，豈可謂誣也哉？恨學者推

① 《周易正義》卷七，《十三經注疏》本，中華書局1980年版，第81頁。

之太詳讖緯，而後之君子，亦矯枉過正，舉從而廢之，以爲王莽、公孫述之流沿此作亂。使漢不失德，莽、述何自而起？而歸罪三代受命之符，亦過矣！故夫君子之論，取其實而已矣[①]。

堯時洪水爲患，派舜前往山林，舜却不因惡劣天氣迷失方向，[②] 東坡認爲這是他個人的修養所致，也是天地、鬼神在保佑他。這種神佑的記載常常見于《詩》《書》，可惜人們對此不能有正確的解釋，要麽是證以讖緯之説，失之誣罔；要麽又矯枉過正，以爲是王莽等篡賊的騙人把戲，于是把受命、瑞應之説完全否定了。在東坡看來，漢家是失德在先，然後纔有災異相隨，後代失德的君主都是如此。東坡提倡實事求是，他指出受命之符在于有德，失命因于失德。

他在注“簫韶九成，鳳凰來儀”時，又舉韻律來證明人事可以感天動地、降神來鬼：“使律能當律，則致氣召物，雖常人能之，蓋見于古今之傳多矣，而况于夔乎？夫能當一律，則衆律皆得；衆律皆得，則樂之變動，猶鬼神也。是以降天神、格人鬼、來鳥獸，皆無足疑者。不如此，何以使孔子忘味三月乎？”[③] 音樂的極致境界，可以“降天神、格人鬼、來鳥獸”，那麽人的修爲提升，也是可以感動鬼神的。由此可見，古代的那些受命之符，也是可以因爲人的修爲而實現的。

帝王修德可以有受命之祥，意味着人可以通過自我修養與天地互相感通。東坡在解釋《繫辭傳》“與天地相似故不違”時説：“天地與人，一理也。而人常不能與天地相似者，物有以蔽之也。變化亂之，禍福刼之，所不可知者惑之。變化莫大于幽明，禍福莫烈於死生，所不可知者莫深于鬼神。知此三者，則其他莫能蔽之矣。夫苟無蔽，則人固與天地相似也。”[④] 所謂“天地與人一理也”，是説天地之道與人之道實際是可以貫通的，但人爲何跟天地不能互通呢？是因爲人有物遮蔽的緣故，變化、禍福、所不可知者都是壅堵了人與天地達到默契的那個通道的“物”。這其中最大的障蔽就是“幽明、死生、鬼神”等虛假幻像。我們衹要解除這種遮蔽就可以了。

在《東坡書傳·洪範》中也認爲：“天人有相通之道，若顯然而通之，以交于天地、鬼神之間，則家爲巫史矣。故堯命重黎‘絶地天通’，惟達者爲能默然而心通也，謂之陰騭。君子而不通天道，則無以助民而合其居矣，故武王以‘天人常類之次’訪箕子”。[⑤] 東坡認爲天和人有相通之道，不過這種相通不是人人可爲，而是需要通過專門的修爲達到“默然而

① 〔宋〕蘇軾：《東坡書傳》卷二，《三蘇經解集校》，四川大學出版社 2017 年版，第 9—10 頁。

② 按，“納于大麓”一段記載堯對舜的試煉，歷來有多種解釋，大體上一部分注者認爲“大麓”是字面意思的山林川澤，“烈風雷雨”也是實指；一部分注者認爲“麓”字通“録”，“大録”是堯時官名，“烈風雷雨”也是比喻的説法，指艱難困苦。參見孫星衍：《尚書今古文注疏》卷一，中華書局 1986 年版，第 33—34 頁。蘇氏此傳，前文先駁後説，又從《史記》“堯使舜入山林川澤，暴風雷雨，舜行不迷”一句采前説。

③ 〔宋〕蘇軾：《東坡書傳》卷四，《三蘇經解集校》，四川大學出版社 2017 年版，第 34 頁。

④ 〔宋〕蘇軾：《蘇氏易傳》卷七，《三蘇經解集校》，四川大學出版社 2017 年版，第 130 頁。

⑤ 〔宋〕蘇軾：《東坡書傳》卷十，《三蘇經解集校》，四川大學出版社 2017 年版，第 107—108 頁。

心通”，這就叫做“陰騭”。君子如果不通天道就不能助民事，也就是説君子應該通天道，纔能履行好職責。感通鬼神的關鍵，在于能不能精誠。他在《東坡書傳·金縢》評論周公禱告代替武王去死之事説：“死生有可相代之理，世多疑之。予觀近世匹夫匹婦，爲其父母發一至誠之心，以動天地鬼神者多矣，况周公乎？且周公之禱，非獨弟爲兄、臣爲君也，乃爲天下、爲先王禱也。上帝聽而從之，無足疑者。世之所以疑者，以己之多僞，而疑聖人之不情也！”[①] 普通人一旦精誠所至尚可感神，而况周公是聖人呢？况且周公所禱不是爲自己私心，自然會感應鬼神。可惜那些懷疑鬼神不可以感通的人，是因爲他自己多僞，不能精誠感神，却反過來懷疑聖人。

所以蘇東坡本人就非常重視自己的修養，他不僅服膺儒家學説，而且真正向道、佛兩家學習[②]，甚至不免入鄉隨俗、參與民間事鬼敬神的活動[③]。但是他把這些活動歸結到“聖人以神道設教”的意義上，他不是真正信服鬼神的靈驗，而是將事鬼敬神視作一種教化活動。《東坡易傳》卷二《觀卦·彖傳》“觀天之神道而四時不忒，聖人以神道設教而天下服矣”傳：“無器而民趨，不言而物喻者，《觀》之道也。聖人以神道設教，則賞爵、刑罰有設而不用者矣。寄之宗廟，則盥而不薦者也。盥者以誠，薦者以味。”[④] 觀卦是兩陽爻在上，四陰爻在下，表示陽氣在上，觀視天下。聖人通過體會觀卦的内涵，就用一種神靈的道術來設定教化，這種教化是“無器而民趨，不言而物喻”的。這樣一來，就不用具體用官爵財物等物質刺激，也不須用刑罰來威脅人民，百姓通過神道受到感化，就有所不爲，也就是《論語》所説的“道之以德，齊之以禮，有耻且格”。[⑤]

不過他也看到“事鬼敬神”是人力無助的産物，不能放縱其發展。東坡《書傳·吕刑》“民興胥漸”解：“人無所訴，則訴於鬼神，德衰政亂，則鬼神制世，民相與反覆，詛盟而已。”[⑥] 人們在世間没有公道的時候，往往求助于鬼神，尤其是“德衰政亂”之時，人世就會被鬼神所制。因而他反對淫祀，非常贊賞古帝顓頊“絶地天通”之舉：“民瀆于詛盟祭祀，家爲巫史。堯乃命重黎授時勸農，而禁淫祀，人神不復相亂，故曰‘絶地天通’。”[⑦] 這裏講的是，五帝中衰，九黎亂德，苗民家家都從事巫史活動，結果巫風鬼氣大行，嚴重影響了人們正常的生活生産。於是顓頊派專官管理民事和神事，將政教分離開來。

因而東坡由此申發的各種思考，在鬼神變化和人事人情之間，都把人放在首要地位的。比如禮中有許多事鬼敬神的内容，但他講“禮以養人爲本”，并撰有《禮以養人爲本論》。他認爲：“夫禮之初，始諸人情，因其所安者，而爲之節文。凡人情之所安而有節者，舉皆禮

① 〔宋〕蘇軾：《東坡書傳》卷十一，《三蘇經解集校》，四川大學出版社 2017 年版，第 120 頁。
② 分别見蘇軾《與王定國書》及《答程彝仲推官》。
③ 見蘇軾《紫姑神記》《天篆記》。
④ 〔宋〕蘇軾：《蘇氏易傳》卷二，《三蘇經解集校》，四川大學出版社 2017 年版，第 44 頁。
⑤ 《論語注疏》卷二，《十三經注疏》本，中華書局 1980 年版，第 2461 頁。
⑥ 〔宋〕蘇軾：《東坡書傳》卷十九，《三蘇經解集校》，四川大學出版社 2017 年版，第 199 頁。
⑦ 〔宋〕蘇軾：《東坡書傳》卷十九，《三蘇經解集校》，四川大學出版社 2017 年版，第 199 頁。

也，則是禮未始有定論也。”[①] 禮樂規範都是根據人的思想感情和生産生活需要來設定的，就是要衡諸“人情”的標準，對規則加以節制和修飾，這就是禮，但人情所安的方式多種多樣，所以禮最初不是一成不變的。但終究有一個標準，即“禮之大意，存乎明天下之分”，[②] 因爲人有貴賤、年有老少，禮就是用來“嚴君臣、篤父子、形孝弟而顯仁義也”的。所以他説“禮以養人爲本。如有過差，是過而養人也”。[③] 也就是説，所有的禮樂設施，不是爲了突出尊卑、彰顯鬼神而設，而是爲了人類中不同等級不同身份的人獲得恰當的生産、生活、言論、行爲的尺度，讓大家各安其序而設立的。

又如人對占卜結果的態度，他認爲，求神問卦所得的吉凶不是絶對的，關鍵仍在問卦的人自己，這就是“存乎其人”。《東坡易傳·升卦》“九三升虚邑”《象》曰：“升虚邑，無所疑也。”東坡《傳》：“九三以陽用陽，其升也果矣；六四以陰居陰，其避之也審矣。故曰‘升虚邑，無所疑也’。不言吉者，以至强克至弱，其爲禍福未可知也，存乎其人而已。”[④] 升卦九三陽爻居陽位，六四陰爻居陰位，位正當。而且陽氣上升，陰氣又爲虚，無所阻擋，一片大好形勢。不過，象傳却衹做客觀描述“升虚邑，無所疑”，而不言吉。原因是以强克弱爲必然之勢，但會産生怎樣的影響，還是在于具體的人，否則吉凶難卜。他又解“變動不居，周流六虚”：“六虚，六位也。此六者，虚器爾，吉凶悔吝，存乎其人。”[⑤] 六虚就是卦的六個爻位。陰陽爻是不斷變化游走的，六個爻位就是他們呈現出不同情態的位置。在東坡看來，六爻位都不過是虚位，某一爻在某個特定爻位的“吉凶悔吝”，不是爻位决定的，而在于占得此爻的人如何處事。這類例子還很多，不能枚舉。

那麽人們爲什麽還要占筮呢？東坡在《問供養三德爲善》中回答説：“《易》者，聖人所以盡人情之變，而非所以求神于卜筮也。自孔子没，學者惑乎異端之説，而左丘明之論，尤爲可怪。使夫伏羲、文王、孔子之所盡心焉者，流而入于卜筮之事，甚可憫也！”[⑥]《易經》中的卦、爻、占、筮，都是用以推闡“人情之變”的，而不是用來“求神于卜筮”的。讀《易》不能眩惑于那些專講卜筮的異端之説，而要從那些現象中看出人事的可貴。孔子曾經説過“南人有言曰：‘不恒厥德，或承之羞。’”“不占而已矣。”[⑦] 衹要明白了人事應該努力的方向，即使不去占筮也是可以的。但後世有人將伏羲、文王、孔子以來寄寓于《易經》中的人文精神搞丢了，而把《周易》當成講“卜筮之事”的書。《荀子》説：“日月食而救之，天旱而雩，卜筮而後决大事，非以爲得求也，以文之也。故君子以爲文，而百姓以爲神；以爲文則吉，以爲神則凶。”[⑧] 這正是東坡的本意。

---

① 〔宋〕蘇軾：《禮以養人爲本論》，孔凡禮點校：《蘇軾文集》，中華書局 1986 年版，第 49 頁。
② 〔宋〕蘇軾：《禮以養人爲本論》，孔凡禮點校：《蘇軾文集》，中華書局 1986 年版，第 49 頁。
③ 〔宋〕蘇軾：《禮以養人爲本論》，孔凡禮點校：《蘇軾文集》，中華書局 1986 年版，第 49—50 頁。
④ 〔宋〕蘇軾：《蘇氏易傳》卷五，《三蘇經解集校》，四川大學出版社 2017 年版，第 92 頁。
⑤ 〔宋〕蘇軾：《蘇氏易傳》卷八，《三蘇經解集校》，四川大學出版社 2017 年版，第 149 頁。
⑥ 〔宋〕蘇軾：《問供養三德爲善》，孔凡禮點校：《蘇軾文集》，中華書局 1986 年版，第 182 頁。
⑦ 《論語注疏》卷十三，《十三經注疏》本，中華書局 1980 年版，第 2508 頁。
⑧ 〔清〕王先謙：《荀子集解》卷十一《天論》，中華書局 2016 年版，第 374 頁。

（三）以民爲本的政治觀

儒家經典并不缺乏重民思想。不過，自從進入秦始皇的中央集權、君主專制時代後，國家實際上是“以君爲本”。《韓非子·忠孝》就説：“臣事君，子事父，妻事夫，三者順則天下治，三者逆則天下亂，此天下之常道也。”① 之後越演越烈，董仲舒有“王道之三綱可求于天”的説法，將三綱定義爲天經地義的東西；②《禮緯含文嘉》“君爲臣綱，父爲子綱，夫爲妻綱”，後來《白虎通義》全盤繼承過來了，便形成了君主至上、君王爲本的固定觀念。③這樣一來，在專制體系下没有人敢批評君，君上之言無不利、無不是，就容易形成“君本”主義的政治理念。但蘇東坡則不然，他出于對人在宇宙觀上的中心地位，使他在談政治時，特别是講君民關係時，形成完整的“民本”觀念。

首先，他認爲民命就是天命。自從殷周以下，統治者都認爲天命在我，那麽“天命”是什麽？商紂王説自己受天命保護，可周人説天命是變動的，《周書》曰：“皇天無親，唯德是輔。”④《老子》七十九章也説：“天道無親，常與善人。”董仲舒把天命搞成天人感應、陰陽灾異，差點被殺，自後不敢再説天人感應之事了。蘇軾則認爲：“古之天者，皆言民也。民不難出其力，以食諸侯卿士，以養天子者，豈獨以逸樂之哉？將使濟己也。此所以爲天道也。”⑤ 天就是民，民即是天，三代之君心心念念的“天命”，其實就是“民命”，也就是“民意”“民心”，就是孟子所謂“得民心者得天下”。

因而東坡非常贊賞《尚書》當中的“民爲邦本”的概念。《尚書·五子之歌》云：“皇祖有訓：民可近不可下，民惟邦本，本固邦寧。予視天下，愚夫愚婦，一能勝予，一人三失。”蘇東坡對此大加發揮，説：“‘民可近’者，言民可親近而不可疏也；‘不可下’者，是民可敬而不可賤。若自賢而愚人，以愚視天下，則一夫可以勝我矣。‘一人三失’者，失民則失天，失天則失國也。”⑥ 要知道愚夫愚婦也勝過統治者，統治者不能疏遠他們，更不能在感情上賤視人民。

那麽“民心”如何影響“天命”？《左傳》就説：“天生民而立之君，使司牧之，勿使失性。”⑦ 所謂“勿使失性”可以從東坡“存性言情”的觀點來理解，君主統治人民，就要重視“人情”的順逆。《東坡書傳》在解《皋陶謨》“天聰明自我民聰明，天明畏自我民明威”時説：“上帝付耳目于民者，以其衆而無私也。民所喜怒，威福行焉。自天子達，不避貴賤，有土者可不敬哉？”⑧ 上帝把自己的耳目寄托在老百姓那裏了，老百姓的切身感受纔是最公正的。順從人民的好惡喜怒，統治者的權威、福禄，纔能正確表達出來。從東坡的性情論來

① 〔清〕王先慎：《韓非子集解》卷二十《忠孝》，中華書局 1998 年版，第 510 頁。
② 〔清〕蘇輿：《春秋繁露義證》卷十二《基義》，中華書局 2000 年版，第 344 頁。
③ 陳立：《白虎通疏證》卷八《三綱六紀》，中華書局 1994 年版，第 373—374 頁。
④ 《春秋左傳正義》卷十二，《十三經注疏》本，中華書局 1980 年版，第 1795 頁。
⑤ 〔宋〕蘇軾：《東坡書傳》卷八，《三蘇經解集校》，四川大學出版社 2017 年版，第 93 頁。
⑥ 〔宋〕蘇軾：《東坡書傳》卷六，《三蘇經解集校》，四川大學出版社 2017 年版，第 64 頁。
⑦ 《春秋左傳正義》卷三十二，《十三經注疏》本，中華書局 1980 年版，第 1958 頁。
⑧ 〔宋〕蘇軾：《東坡書傳》卷三，《三蘇經解集校》，四川大學出版社 2017 年版，第 29 頁。

看，這就是將“人情”的好惡、順逆，視作天命的一種表現了。是故東坡推崇儒家傳統所説的“德政”，在解釋《皋陶謨》的“正德、利用、厚生，惟和”一句時説：“《春秋傳》曰‘民生厚而德正，用利而事節’。‘正德’者，《管子》所謂‘倉廩實而知禮節，衣食足而知榮辱’也。‘利用’，利器用也。‘厚生’，時使、薄斂也，使民之賴其生也者厚也。民薄其生，則不難犯上矣。利用、厚生，而後民德正。先言‘正德’者，德不正，雖有粟，吾得而食諸?”① 直言“正德”就是建立在人民富足的基礎上的，不爲人民謀福祉而衹顧唱道德高調，是本末倒置的做法。

蘇東坡把傳統的民本思想推向了極致，他在政治治理方面就能够更多考慮民衆利益。面對北宋激烈的新舊黨争，他并非一味地以黨争立場來站隊表態，而是堅持以民爲本，以“人情”順逆爲判斷標準。他反對新法，是因爲新法一刀切，弄得天下不安、民衆受難。後來舊黨上臺廢除新法，他也反對，因爲有些新法（如顧役法）已經被人民所認可了。蘇軾不以黨派利益爲是非，也不唯君命是從，堅持於民有利、於國無害的政治理想，力圖發揮經世致用、富民樂民安民的作用，所以他纔能表現出不卑不亢的政治氣節和追求正義的政治理想。可惜，這種精神在專制時代、家天下時代是不合時宜的。

總而言之，東坡繼承了中華傳統文化“天地、日月、四時、鬼神”等宇宙觀，他并不反對神秘莫測的“鬼神”“吉凶”“符命”等存在，甚至認爲他們還具有某種的正義性和裁判性。但是鬼神的形成和發揮作用不是天降的，而在于人的修爲，“志勝氣則爲神”，“氣勝志則爲鬼”。人通過一定修爲，除去物欲，即可以通天地、感鬼神、招祥瑞。人能弘道，非道弘人，吉凶禍福，存乎其人。在蘇東坡的鬼神觀中，人始終是中心的，人可以感動鬼神，人可以弘揚鬼神的正義功能，這就是蘇東坡的“人本主義”鬼神論。由此推而廣之，東坡的諸多學説都體現出這種“人本”的精神，他論人性，則“存性言情”，以“人情”爲論學的重要標準，將鬼神之説的玄虚理論過渡到徵實的現實社會。他論帝王符命，也以帝王修德爲鬼神的福佑的基礎，推及于聖人“神道設教”的本意，在于實現人文教化，而非崇奉鬼神。乃至聖人制禮作樂，作《易經》，設筮法，也是要爲人服務。因爲重視人在天地間的尊貴地位和人的主觀意志的努力，東坡在政治觀上也高揚傳統儒家的“民本論”，主張統治者要以民命爲天命，以福利民生爲首務。“鬼神論”衹是理解蘇氏學説的一個切入點，以“人本主義”爲中心，重新審視東坡的思想體系，仍值得更爲深入的考察。

（作者單位：四川大學古籍整理研究所；四川大學歷史文化學院）

① 〔宋〕蘇軾：《東坡書傳》卷三，《三蘇經解集校》，四川大學出版社 2017 年版，第 22 頁。

蘇氏蜀學與家學

劉復生[①]

内容提要：“蜀學”源遠流長，具有學派意義的“蜀學”是宋代三蘇開創的。三蘇之學以儒家六經爲根柢，雜染百氏，著述不爲空言，具有强烈的現實關懷。三蘇贊同社會改革，提倡古文新文風，延宋代一綫史學之傳。蜀學冠以“蘇氏”，頗有家學的意涵。蘇學後來得到廣泛傳播，影響深遠，早已突破了家學和地域性質，成爲中國文化史上一道靚麗風景，值得認真總結。

關鍵詞：蘇氏；蜀學；宋代；新儒

“蜀學”源遠流長，最早指西漢文翁在成都興學，具有學派意義的“蜀學”是宋代三蘇開創的，[②] 故而多稱之爲“蘇氏蜀學”。北宋元祐時期（1086－1093），朝中政要分裂爲洛、蜀、朔三派，這緣于學術思想的分歧，洛黨以程顥、程頤兄弟爲主，朔黨以河北人劉摯等人爲主，蜀黨爲蘇軾兄弟爲主。其中洛黨、蜀黨所持之學術與思想，分别稱爲洛學、蜀學。論洛學者衆，蜀學的討論却不充分。本文就蘇氏蜀學的内涵與特徵略抒管見，企望大家指教。

蘇氏文章“不爲空言而期于有用”

《宋史·蘇洵傳》載：蘇洵年二十七始發憤爲學，閉户讀書，“遂通《六經》、百家之説，

---

① 劉復生：四川省人民政府文史研究館館員，四川大學教授。

② 胡昭曦等：《宋代蜀學研究·緒論》，巴蜀書社 1997 年版，第 2 頁；粟品孝：《朱熹與宋代蜀學》，高等教育出版社 1998 年版，第 3 頁。

下筆頃刻數千言。至和、嘉祐間，與其二子軾、轍皆至京師，翰林學士歐陽修上其所著書二十二篇，既出，士大夫争傳之，一時學者競效蘇氏爲文章。著有《權書》《衡論》《機策》等”。通過歐陽修的舉薦，蘇氏第一次爲朝廷所知。蘇洵一生著述豐富，世傳蘇洵文集有多個版本，今人曾棗莊、金成禮箋注《嘉祐集》（上海古籍出版社 1993 年版）足資參考。《宋史》本傳説蘇洵“文多不可悉録，録其《心術》《遠慮》二篇”，照《宋史》編者的視角，這兩篇代表了蘇洵的核心思想。

《心術》是《權書》（共十篇）中的一篇，是篇説：“爲將之道，當先治心”，“太山覆于前而色不變，麋鹿興于左而目不瞬”，堅定意志，以“義”激勵士氣。又講到如何調動士兵的最大功效如“黄帝所以七十戰而兵不殆”的“戰之道”。進而講到“主將之道”使士兵“無所顧，有所恃”。無所顧則知死之不足惜，有所恃則知不至于必敗，“恃”是用好自己的冠胄衣甲和兵器以戰勝敵人。《遠慮》則是《衡論》（共十篇）中的一篇，是篇講“聖人之道”，“有經、有權、有機，是以有民、有群臣而又有腹心之臣”，天下有共同遵循的原則，當國者有可與議的心腹之臣，“取天下與守天下”，都要把握最好時機，要在太平之中看到可能的危機，并且采取應對措施。蘇洵這兩篇撰述，顯然是在闡述自己對于如何應對戰争和如何治理國政的主張。换言之，是以權變謀略思想來闡述聖人之道。

唐代鹽亭（今屬四川）人趙蕤著《長短經》云：“皆談王伯經權之要……此書辨析事勢，其言蓋出于縱横家，故以‘長短’爲名。”[①] 可以窺知，蜀地早有文化傳統。歐陽修説：“其（蘇洵）論議精于物理而善識變權，文章不爲空言而期于有用。其所撰《權書》《衡論》《機策》二十篇，辭辯宏偉，博于古而宜于今，實有用之言，非特能文之士也。”[②] 又，南宋胡仔説：“余讀三蘇文，有《諫論》上下二篇，其間云：‘吾觀昔之臣，言必從，理必濟，莫若唐魏鄭公，其初實學縱横之説，此所謂得其術者也。’”[③] 二蘇兄弟同年中進士之後，又于嘉祐六年（1061）同中制科“直言極諫科”。蘇軾以議論見長，其《制策》頗類戰國文章。其門人也多長于策論，加上科舉考試對策論的重視，蘇氏之學一時成爲學子追求的目標。雖然蘇洵之學受到縱横家的影響，但其學對現世的針對性很强，歐陽修對蘇洵的評價可謂一語中的。從這個意義上而言，蘇氏蜀學不同于其他學派，它并不空言著述，面對北宋中期嚴重的社會危機，儒士們積極探討救國救民之道，蘇氏蜀學有着積極的意義。《遠慮》篇末認爲宋太祖用趙普是“得其道”，充分肯定宋真宗、仁宗時期名臣寇準亦爲得道之人，蘇氏蜀學的積極意義更爲彰顯。

---

① 〔清〕永瑢等：《四庫全書總目》卷一百一十七《長短經提要》，中華書局 2003 年版，第 1011 頁。

② 〔宋〕歐陽修：《奏議集》卷十四《薦布衣蘇洵狀》，《歐陽修全集》，中華書局 2001 年版，第 869 頁。

③ 〔宋〕胡仔：《苕溪漁隱叢話》後集卷二十八，人民文學出版社 1984 年版，第 212 頁。胡仔（1110—1170），徽州績溪（今屬安徽）人，號苕溪漁隱。他認爲，從《諫論》“格力辭旨”來看，殆是老蘇作，非東坡所作。

詩書傳家，推動古文運動發展之功至偉

蘇氏父子的成就和學風的養成，不是一蹴而就的，它有着深厚的家學淵源。蘇洵《族譜》以高陽（古帝顓頊）爲遠祖可以不論，漢順帝時，有蘇章者曾爲冀州（今河北冀縣）刺史，孫子家于趙州（今河北趙縣），故三蘇自稱“趙郡蘇氏”。唐朝武則天時，趙州人蘇味道曾爲眉州刺史，有子定居于此，成爲眉山蘇氏之始，而早前的官宦之家一般是與詩書爲伴的。到宋代，蘇洵的父親蘇序，喜作詩，“讀收務知大義，爲詩務達其志而已，詩多至千餘首”（曾鞏《蘇序墓志銘》）。蘇序有淡、渙、洵三子。淡、渙“皆以文學舉進士”。此前，蜀士多不願出仕，曾鞏就説：“蜀自五代之亂，學者衰少，又安其鄉里，皆不願出仕。蘇序獨教其子渙受學，所以成就之者甚備，至渙以進士起家，蜀人榮之，意始大變，皆喜受學。及其後，眉之學者至千餘人，蓋自蘇氏始。”（曾鞏《蘇序墓志銘》）《三字經》中有“蘇老泉，二十七。始發憤，讀書籍”，是講蘇洵發憤讀書的故事。大約二十年後，蘇洵（1009－1066）帶上兩個兒子蘇軾（1037－1001）和蘇轍（1039－1112）赴京趕考，同中嘉祐二年（1057）年進士，名動京師，這一年是中國文化史上最燦爛的一頁，同榜名士輩出。蘇洵“始發憤”的時候，正值軾、轍二子出生的那幾年，可以推定，兩兄弟的成長，一定是伴隨着父親的讀書聲成長的。

三蘇能流芳千古主要是基于他們的文學成就。蘇氏三父子同被列爲“唐宋八大家”，八大家是唐宋“古文運動”成果的最集中體現，是我國古代文學的卓越代表。所謂“古文”，就是古代的散文，古文運動是針對六朝隋唐時期流行的駢驪文而言的，駢驪文以《文選》爲代表，追求文辭的華美而忽略文章的内容。北宋時期，繼唐朝朝愈、柳宗元之後，將古文運動推向了新的高潮，使古文運動取得了全面的勝利。在這場運動中，歐陽修導之于前，繼有曾鞏、王安石，蜀地三蘇居功至偉，影響也是最大的。蘇軾贊揚韓愈“文起八代之衰，道濟天下之溺”（《潮州韓文公廟碑》），又説：“自漢以來……五百餘年而後得韓愈……愈之後三百餘年而後得歐陽子，其學推韓愈孟子以達于孔氏。……自歐陽子出，天下争自濯磨，以通經學古爲高，以救時行道爲賢，以犯顔納諫爲忠。至嘉祐末，號稱多士，歐陽子之功爲多。”（《六一居士集叙》）對歐陽修在儒學復興特别是古文運動中的作用做了充分的肯定。

三蘇是古文運動的參與者和推動者，也是主將。南宋陸游説，宋代初期，世尚《文選》之學，有“《文選》爛，秀才半”之説，熟讀《文選》，可以求得半個功名，不過僅此而已。又説：“建炎以來，尚蘇氏文章，學者翕然從之，而蜀士尤盛。亦有語曰：‘蘇文熟，吃羊肉；蘇文生，吃菜羹。”（陸游《老學庵筆記》卷八）《文選》是南朝梁宗室太子蕭統（501－531）主持編撰的，稱爲《昭明文選》，選録先秦至梁的詩文辭賦七百餘首，是中國現存最早的大型詩文總集，影響深遠。盛行了約五個世紀的《文選》，提倡“以能文爲本”，專門講究文章技巧，趨向浮艷，經宋代古文運動澎湃浪潮的洗刷，聲光大斂，頓失其存在的基礎①。“建炎”是宋高宗的年號，也就是説從南宋以後，蘇氏文章影響日益擴大，蜀地人民感受最爲深刻。同時，蘇軾文章也北傳至金朝境内，產生了重要影響，更成爲千古美談。

蘇氏蜀學延北宋一綫史學之傳

北宋儒學思潮高漲，史學没有受到足够重視。雖然司馬光、歐陽修重視著史，但他們在某種程度上是把史學作爲儒學的附庸來看待的。後來成爲氣象的王安石新學，不喜史學，甚至戲稱《春秋》爲“斷爛朝報”，更是有名的例子。北宋理學家們除邵雍創造了一套歷史循環理論而外，餘皆不以史學爲意。周敦頤極少論及，張載偶有言之，却説“觀書且勿觀史……不如游心經籍義理之間”。② 二程則要讀史識“理”，謝上蔡（良佐）“舉史書成文”，明道指爲“玩物喪志”，説得良佐發汗。③ 伊川言：“凡讀史，不徒要記事迹，需要識治亂安危興廢存亡之理。”又言：“讀史須見聖賢所存治亂之機，賢人君子出處進退，便是格物。”又言：“看史必觀治亂之由，及聖賢修己處事之美。”④ 由外在的要求，及于内在的修養，表現了理學家對史學的要求。將史學置于儒學義理之下則是理學家的共同特徵，如理學集大成者朱熹就説：“讀書須是以經爲本，而後讀史。”⑤ 實即要以經帶史，要以儒家經典的視角來讀史。

蘇氏蜀學較少儒學氣，重視歷史是三蘇家學的一大特點。蘇洵不僅是文學家，也是傑出的史學家。他撰有《六國論》，提出并論證了六國滅亡的原因“弊在賂秦”的精闢論點，并且“借古諷今”，批評了北宋朝對遼和西夏的“歲幣”之奉的屈辱政策，告誡王朝統治者要吸取六國滅亡的教訓，以免重蹈覆轍，充滿了現實關懷。蘇洵著《史論》三篇，討論了史學方法與歷史編纂問題，認爲經、史是互補的：“經不得史無以證其褒貶，史不得經無以酌其輕重。經非一代之實録，史非萬世之常法，體不相沿而用實相資焉。”提出了史學的價值判斷問題，在史學思想上有重要地位。

北宋時期，土地矛盾尖鋭，又縱論古今制度，針對現實，提出雖然不能够恢復古代的井

① 蕭統《文選序》説其編選標準是“以能文爲本”。“《文選》學”在唐代大盛，參見〔清〕趙翼撰，王樹民校證：《廿二史劄記》卷二十《唐初三禮、漢書、文選之學》條，中華書局 1984 年版，第 440 頁。

② 〔宋〕張載：《理學經窟·義理》，章錫琛點校《張載集》，中華書局 1985 年版，第 276 頁。

③ 〔宋〕黎靖德：《朱子語類》卷一百一十八，王星賢點校，中華書局 1986 年版，第 2841 頁。

④ 以上三則，分别見《河南程氏遺書》卷十八、十九、二十四，〔宋〕程顥、程頤：《二程集》，中華書局 2004 年版，第 232、258、313 頁。

⑤ 〔宋〕黎德靖：《朱子語類》卷一百二十二，王星賢點校，中華書局 1986 年版，第 2950 頁。

田制，但却可以在“限田”上多作功夫（《田制》）。重視史學成爲蘇氏家傳之學，蘇軾有《與侄孫元老》書中，告誡侄孫蘇元老（1078－1124），在“趨時”應舉考試之時，要多讀史：

> 侄孫近來爲學何如？想不免趨時。然亦須多讀史，務令文字華實相副，期于適用乃佳。勿令得一第後，所學便爲弃物也。……侄孫宜熟讀前後《漢書》及韓、柳文。有便，寄近文一兩首來，慰海外都給意也。

蘇元老後來學有所成，長于《春秋》，文史俱佳，正傳蘇氏家風。北宋是一個産生明星大家的時代，而各家之中，“唯蘇氏能不廢史學”。蘇洵有《史論》三篇，茅坤認爲“頗得史家之髓“（《唐宋八大家古文鈔》）。上篇討論了經史關係：“經不得史無以證其褒貶，史不得經無以酌其輕重；經非一代之實録，史非萬世之常法。”中、下兩篇評述司馬遷、班固二人之史學，是宋人討論“班馬異同”的一篇代表作（《嘉祐集箋注》第九卷）。蘇轍亦作《古史》六十卷，自《序》稱：“因（司馬）遷之舊，上觀《詩》《書》，下考《春秋》及秦漢”，不務空言，蘇轍此著，對司馬遷有所責難，這一點與理學家有所契合，故而得到朱熹的贊賞，説是“近世之言史者，惟此書爲近理”，《古史序》説聖人“議論極好，程張以後文人無有及之者”。[1] 蘇軾的史學論著也是充滿新意和活力，蘇軾撰《三國名臣》，對兼具崇高道德感和高超謀略如諸葛亮那樣的深致贊嘆，時人稱“坡翁此論甚偉”（劉塤《隱居通議》）。蘇軾在海南時曾説：“兒子到此，抄得《唐書》一部，又借得《前漢》欲抄。若了此二書，便是窮兒暴富也。”（《與程秀才》之二）。東坡著有《志林》一書，是一部史評著作，僅得十三篇，得到時人的高度評價，也對後世産生了很大影響。宋代特别是南宋時期，西蜀史學呈現繁榮局面，産生了如范鎮、李燾、李心傳等一批著名史學家，“西蜀史學”成爲南宋文壇上的突出現象[2]。蒙文通先生名著《中國史學史》中贊道：“蘇氏延北宋一綫史學之傳，俾蜀之史著風起雲蔚，其爲教亦宏矣。”[3] 史學在傳承中華文化方面的作用如今日益顯現，西蜀史學的繁盛，蘇氏家學傳承史學之功至偉。

蘇氏蜀學是北宋新儒中的新儒

三蘇父子生活的時代，正是儒學復興運動走向高潮的北宋中期。蘇氏蜀學的核心，正是

① 〔宋〕黎靖德：《朱子語類》卷一百三十，王星賢點校，中華書局 1986 年版，第 3117 頁。

② 參見胡昭曦、劉復生、粟品孝《宋代蜀學研究》第八章中第一節《西蜀史學》，巴蜀書社 1997 年版，第 248－252 頁。

③ 蒙文通《中國史學史》，《蒙文通全集》第二集，巴蜀書社 2015 年版，第 408 頁。

北宋的新儒學思想。新儒的表現有多個層面，如疑經思潮、古文運動等，都是儒學復興思潮的突出表現。南宋陸游曾總結北宋時期的疑經思潮，説："唐及國初，學者不敢議孔安國、鄭康成，况聖人乎？自慶曆後，諸儒發明經旨，非前人所及。然非《繫辭》，毁《周禮》，疑《孟子》，譏《書》之《胤征》《顧命》，黜《詩》之序，不難于議經，况傳注乎？"①清人皮錫瑞在《經學歷史·經學變古時代》中對這段話有一段案語："宋儒撥弃傳注，遂不難于議經。排《繫辭》謂歐陽修，毁《周禮》謂修與蘇軾、蘇轍，疑《孟子》謂李覯、司馬光，譏《書》謂蘇軾，黜《詩序》謂晁説之。此皆慶曆及慶曆稍後人，可見其時風實然。"可見蘇氏兄弟在這場運動中，走在時代風潮的前頭。如果把固守傳統注疏的傳統稱爲舊儒，蘇氏父子無疑是新儒中的代表。

《宋史》本傳稱蘇洵發憤爲學後，"遂通六經、百家之説"。嘉祐二年（1057），與其二子軾、轍至京師，三蘇之文受到歐陽修的贊賞，"一時學者競效蘇氏爲文章"等②。儒家六經是蘇氏父子的立身之本，三蘇對其都有深刻的領悟和闡釋。蘇軾有《易傳》，對人性、道或天道等問題都有獨特的闡述，《四庫》館臣説它"推闡理勢，言簡意明"，"大體近于王弼，而弼之説惟暢玄風，軾之説多切人事"③。切于人事，不放空言，是北宋中期新儒的一大特徵。蘇軾是主張政治上有所革新的，在《易傳》中，他闡發了"窮而後變"的思想，這是有明顯針對性的。嘉祐六年（1061）。蘇軾應制科試時上進二十五篇《進策》，應對時局，認爲是"有治平之名而無治平之實"（東坡應詔集）卷一《策略第一》），提出了一系列改革的政治主張。這與王安石于熙寧元年（1068）應召赴京時所上《本朝百年無事札子》頗相類似，王安石發了一通"本朝纍世因循末俗之弊"的議論，批評歷朝諸帝"未嘗如古大有爲之君，與學士大夫討論先生之法以措之天下也，一切因任自然之理勢而精神之運有所不加"④，强調了變法的必要性。蘇軾《子思論》説："夫子之道"雖被各家"私説"所攻擊，但千載之後，學者愈衆，其學"獨得不廢，以與天下後世爲仁義禮樂之主"⑤，表現出了對孔子學説的深刻理解。北宋中期以來，儒士對人性的善惡問題的討論日漸激烈，孟子"人性本善"的觀念有着重要影響。蘇軾有自己的看法，他主張人性本來無所謂善惡，著有《論語説》，"與孟子辨者八"，主要就是駁斥"性善"論的⑥。蘇轍早期也著有《孟子解》，見解與蘇軾相同，可見"非孟"是蘇氏的家學傳統。非孟的思想與同時代的司馬光、李覯等人相類。

在儒學思潮向前推進的浪潮中，新儒的學術思想的分歧逐漸暴露出來，蜀學與王安石新學和程氏洛學的争論便是一例。且不論他們之間有何分歧，諸家以儒學義理爲宗，皆吸取了

① 〔宋〕王應麟：《困學紀聞》卷八《經説》引陸游語，朱易安、傅璇琮等：《全宋筆記》第七編第九册，大象出版社 2015 年版，第 256 頁。

② 〔元〕脱脱等：《宋史》卷四四三《蘇洵傳》，中華書局 1985 年版，第 13093 頁。

③ 〔清〕永瑢等：《四庫全書總目》卷二《東坡易傳》，中華書局 1981 年版，第 6 頁。《四庫》此提要又説："是書實蘇氏父子兄弟合力爲之。"這是蘇轍《東坡先生墓志銘》中的説法，自然代表了三蘇父子亦即蘇氏蜀學的共同見解。

④ 〔宋〕王安石：《本朝百年無事札子》，《臨川集》卷四一，《四部備要》本，上海中華書局 1936 年版，第 275 頁。

⑤ 〔宋〕蘇軾：《子思論》，孔凡禮點校：《蘇軾文集》卷三，中華書局 1986 年版，第 94 頁。

⑥ 王水照、朱剛：《蘇軾評傳》，南京大學出版社 2004 年版，第 194 頁。

其他思想這是可以肯定的。如王安石自言：“自百家諸子之書，至于《難經》《素問》《本草》、諸小説，無所不讀，農夫女工無所不問，然後于經爲能知其大體而無疑。”[①] 可見“荆公新學”較多地吸取了佛、道、法等諸家思想。而程氏洛學，後來成爲主流，吸納了佛家的“合理内核”是衆所周知的。在北宋中期的儒學復興思潮中，新儒們不囿于舊儒學者恐怕多所不免，衹是各人的取捨不同而已。蘇轍撰其兄《墓志銘》説：“（蘇軾）初好賈誼、陸贄書，論古今治亂，不爲空言。既而讀《莊子》，喟然嘆息曰：吾昔有見于中，口未能言；今見《莊子》，得吾心矣……後讀釋氏書，深悟實相，參之孔老，博辯無礙，浩然不見其涯矣。”説明蘇軾也是如王安石一樣，出入百家，而後自成一家之學。蘇轍也自謂“百氏之家，無所不讀”（《欒城集》卷二二《上樞密韓太尉書》）。除儒家經典外，出入百家之書，是蘇氏蜀學的一大特點。

結　語

綜上而言，蘇氏蜀學不同于王氏新學和程氏洛學，在北宋中期獨樹一幟，自成學派，有着鮮明的時代特點。三蘇之學以儒家六經爲根柢，雖受縱横家的影響，但著述不爲空言，有感于時而發。面對北宋中期的社會危機，要求政治和經濟改革，提出了一系列的改革建議。在北宋風起雲涌的儒學復興運動中，三蘇是當之無愧的主流人物，是新儒中的新儒。三蘇名列唐宋古文八大家，在中國文學史和思想史上占有重要地位。蘇氏蜀學重視史學，延北宋一錢史學之傳，使“西蜀史學”成爲中華文化的有機組成部分。蜀學冠以“蘇氏”，頗有家學的意涵，就宋代蜀學興起之初，此言不誣。但既成學派，就不僅僅是家學可以限制的了，從後來蘇學的傳播和影響來看，的確早已突破了家學和地域性質，成爲中國文化史上一道靚麗風景，值得認真總結。

---

① 〔宋〕王安石：《答曾子固書》，王安石：《臨川集》卷七十三，《四部備要》本，上海中華書局 1936 年版，第 481 頁。

民國六年川西《張氏族譜》中的家規

——家訓家風實録與續編《川西張氏族譜》

張星譽[①]

2022 年 6 月 8 日，習近平總書記赴四川考察。在北宋著名文學家蘇洵、蘇軾、蘇轍故居三蘇祠，習近平總書記瞭解三蘇生平、主要文學成就和家訓家風，以及三蘇祠歷史沿革、東坡文化研究傳承等。習近平總書記駐足感慨："一滴水可以見太陽，一個三蘇祠可以看出我們中華文化的博大精深。我們説要堅定文化自信，中國有'三蘇'，這就是一個重要例證。"同時指出："中華民族有着五千多年的文明史，我們要敬仰中華優秀傳統文化，堅定文化自信。"

習總書記在三蘇祠的感慨，對中國千百萬家庭的家訓、家風、家規建設具有畫龍點睛意義。

懷着對祖先崇敬崇拜的誠心，十五年前，年屆花甲的我，感到有義不容辭的責任，把川西《張氏族譜》及《張氏家譜》重續。尤其是對我這個大學歷史專業畢業的張氏後人，更理當如此。

族譜家譜是萬萬不可憑空臆造和胡編的，必須嚴格遵循老譜，在老譜的基礎上，通過到張姓家族的實在居住地去造訪登記，拿到第一手資料後，方能研究續編。找到老譜，是續編新譜的前題條件。

在青少年時，我曾多次見過我家老譜。據我父親講，我家《張氏族譜》是我爺爺專門到彭縣（今彭州市）塔子壩的張家祠堂去請回來的。不幸的是，我家《張氏族譜》與《張氏家譜》早已在 1966 年的"文化大革命"中，被"紅衛兵"抄家時焚毀。幸好我記性還算好，至今還清清楚楚地記得，原《張氏族譜》是石印的，我家家譜是由父親用柳體楷書謄寫的，

---

① 張星譽：四川省人民政府文史研究館館員。

與族譜一起放在神龕下。譜中的排行，早在我六七歲時，已倒背如流。譜中家訓裏有一對聯：

上聯：子孫雖愚經書不可不讀；

下聯：家境再貧祭祀不可不誠。

額聯：如在其上（事在人爲）。

對這供在我家神龕上的家訓，七歲時的我雖已熟記于心，但不曉其理，待到而立之年，方纔明白，我家之所以能成爲當代“書香門第”，是因爲有這“家譜”在起教化作用。農村户口的我家七兄妹（我家兄弟姐妹共七人），之所以能在 1978 年前通過高考，全部都考上了大學，跳出了“農門”，也正是因爲這“家譜”隨時在向我輩發出訓戒警示。

重續家譜，是我步入老年後的夙願。根據我爺爺、父親和長兄的回億：我家祖上大概是沿河南→河北→江蘇→江西→湖廣→四川→重慶→嘉定→眉山→成都的遷徙路綫，最終定居成都府的。我循着這條遷徙路綫，先後到了上述地區，尤其是多次到嘉定（樂山）、夾江、眉山、彭山、簡陽等沿岷江一綫的州縣去尋覓夢寐以求的《張氏族譜》，雖有小收，但無大獲。

“苦心人，天不負”，2007 年至 2016 年，九年的不懈努力奔走找尋，在 2016 年 8 月 28 日這天上午，我總算在彭州市一個名叫花街子的偏僻鄉村，偶遇一位叫張文秀老媼，她時年 93 歲。得知張文秀娘家父兄排行與我家排行上下完全吻合，同時還得到了《張氏族譜》弧本的擁有者的準確綫索！半小時後我循着綫索，到了彭州市區城北塔子壩，找到了張光躍（時任彭州中學校長）。張光躍驚喜地接待了我，并馬上與《張氏族譜》的持有者張文高老人取得聯繫。須臾，民國六年版的《張氏族譜》便送到了我面前，譜中排行與我家排行上下完全吻合。見下圖：

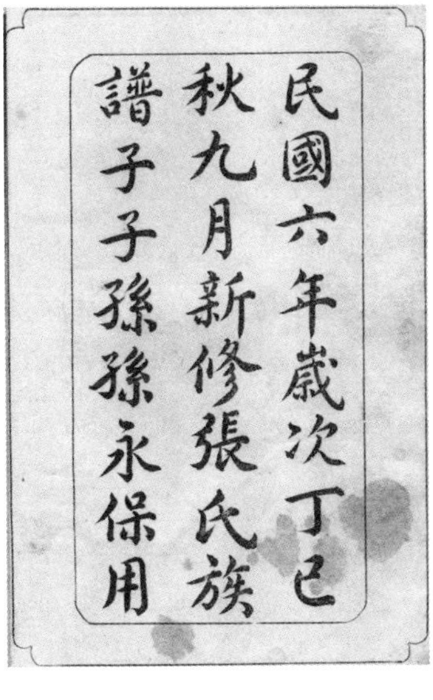

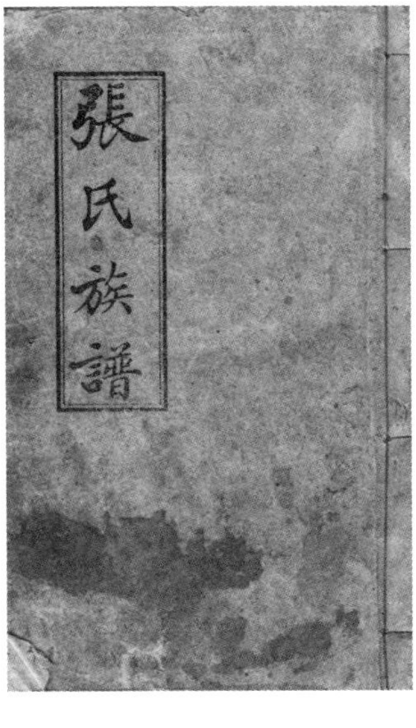

民國六年川西《張氏族譜》中，記載了本支張姓，自元至清入川的較爲詳細的歷程，是研究華夏各民族填蜀填川史的珍貴史料。編纂此譜的先輩們皆由清朝入中華民國，正好把中國封建社會與中國近代社會演變期的家譜族譜的演變情況融爲一體。

在見到老譜的當天，我們便正式成立了《川西張氏族譜》編纂委員會。大家一致公推我爲《川西張氏族譜》的主編，并執筆編纂張氏新譜。由張光耀、張文城和張文寶負責走鄉串户落實對張氏族人的重新登記。編輯經費由我與張光耀、張文城自籌。

本支張氏、元自明入川後，仍然是一大姓，分布甚廣。主要分布地區有：樂山、夾江、洪雅、眉山、彭山、簡陽、成都、德陽、彭州、唐昌、郫都、温江、都江堰等川西地區。有的族人甚至已移至渝、雲、貴等外省市。由此，我們决定將原《張氏族譜》重新續編命名爲樂山·眉山·成都·彭州系《川西張氏族譜》。

經我等不懈努力，又歷時5年多，到2019年12月底，終將新編《川西張氏族譜》編纂完成，并精印500册，無償發放之。

值得驚喜的是，在老譜中，有相當篇幅的《張氏家規》共十則，其中包括以下内容：

①敬祖宗、②孝父母、③友兄長、④敬尊長、⑤睦宗族、

⑥和鄰里、⑦肅閨閣、⑧訓弟子、⑨勸職業、⑩崇節儉。

這十個方面的内容，是傳承中華民族優秀傳統家風、家規、家教不可多得的寶貴資料。

爲了保持原始史料的真實性和可靠性，新編族譜將老譜全影印附于新譜中，使新老族譜融爲一體，以備後人查找與研究方便。

附1：民國六年（1917）川西《張氏族譜》中的《張氏家規》

家規小引

詩曰：民之秉彝，好是懿德。書曰：維皇上帝，降衷於下民。孟子又曰：人無有不善。意蓋謂人性皆善。其有不善，均習染而成。由是善以進取，則聖賢吉士，俱出其途。循是不善，以行之，則不孝、不弟、不仁、不義；以至同氣（兄弟）悖逆，詐僞奸邪，無所不有。若不立一策以維持，則上智罕有，中人以上，無所勸而爲善；中人以下，無所懲而爲不善；禍亂之作，不知伊于胡底矣。吾族解人（指通達言語文辭意趣的人或善解人意的人），久思及此，屢命經（張大經）作一規説，以爲闔族戒。奈經負性素拙，苦思數月，鬱疾釀成，終無一字。昨午倦寢，夢於堂中，見先父璞齋公，與先慈王太君。兩俱衣冠嚴束上坐。經急俯問，各責以數事，忽覺冷汗周身，其病若失。回憶所責，多不能憶。大約均生平恒言，持身接物，修己治人之要則。凝神以思，其或九原（泛指墓地；亦指九泉，黄泉等）有知，責經之不守祖訓歟？亦或責經既承闔族尊命，而爲善不力歟？且或因經之茅塞未開，指此數事，以作規模歟？均未可知。于是急將先代傳家遺訓，與夫人得之見聞，及嚴慈之所訓授者，一一泐（書寫）爲成篇，不揣固陋，稍參末義，分爲十則，亦聊以塞同族諸君之責耳。苟諸君，以經爲可教，而辱教之，大加斧削（校改），又爲經所厚望焉。

敬祖宗

忍食忍衣，竭其苦志，卜晝卜夜，靡敢或遑（空閑閑暇），甚至頭童齒豁（牙齒裂開），猶復念念不忘者，無非爲爾子孫也，而豈爲子孫者，獨漫（不受約束）不關心乎！

先王禴（禴祭是古代君王具有的祭禮。春祭曰禴，夏祭曰禘，秋祭曰嘗，冬祭曰烝）祀蒸嘗之典，宗器裳衣之設，所由不可不講也。但時風日下，流俗多視爲具文，如存如生之道，十不能獲一焉。自今以始，吾願與闔族諸君，同思先祖裕後之苦衷，各盡我輩追遠之夙志。有專祠者，約于祠舉行春秋二祭，擇族之長而賢者主之。斟酌儀禮，各表敬心，毋得一人藉故不到。其無祠者，亦必祭于其家，以盡誠篤。至先祖生忌朔望，廌（法庭門前，能辯是非曲直的古代異獸）新之屬，仍各依家禮所考定者行之。庶於木本水源之理，不相違焉。

孝父母

詩曰：父兮生我，母兮鞠我。又曰：欲報之德，昊天罔極（原指天空廣大無邊，後比喻父母的恩德極大）。此温清定省，曲禮所由詳明。飲食燠（熱）寒，内則因之屢著也。在古人大聲疾呼，莫不欲唤醒斯人，以盡夫孝。何爲人子者，每自成童以後，天性遂離，欲求一順，且不可得，安望夫孝，即有偶能奉養，而愛敬一語，置若罔聞，子道其安在乎？自今以始，吾願與闔族諸君，各思父母養育之苦衷，同盡人子應盡之職務。日用三牲，富者固宜隆其養。啜菽飲水（啜：吃；菽：豆類。餓了吃豆羹，渴了喝清水。形容生活清苦），貧者亦須盡其懽，以及承顔審音，肅然以敬，愉色婉容，油然以愛。若此，雖不敢言孝，而孝親之心，亦由此漸生矣。

友兄弟

古云：夫婦如衣服，兄弟如手足。衣服破，尚可縫。手足斷，不可續。至哉此言。彼世之重資財，均俸養，戈操同室（兄弟打架），聽婦言，生釁（争端）隙，訟及公庭，則視骨肉如仇讐，分痛同眠之説，尚安望乎？又况兄愛弟敬，古有箴規：弟忍兄寬，曾垂銘訓。凡爲兄弟者，亦何不思之至是。自今以始，吾願與闔族諸君，結爲一氣，遇財産，則爾我相推；有嫌隙，則彼此交釋。無以小利而忘大義，無以微嫌而起争端。則親愛之道盡，而手足之誼，亦于此克敦。

敬尊長

曲禮（《曲禮》是《禮記》的一部分，是儒家經典書籍，爲西漢史學家戴聖所編）曰：年長以倍，則父事之。十年以長，則兄事之。五年以長，則肩隨之。大義凛然，無庸少犯，况其同宗一氣，寧曰不論，其論之道若何？班行大于我者，謂之尊，年月長于我者，謂之長，乃敬乃恭，在所事也。爲退爲讓，不其然乎？則隆稱謂以重名分，自古如斯，今其獨否！自今以始，吾願與闔族諸君，各安其分。尊者自尊，不可褻押嘲戲，侮辱自取；長者自長，勿庸倚分恃年，欺壓横行。而爲卑幼者，亦不可以富貴爲心，貧賤是小，更不可以强暴是恃，孤弱見凌，蓋彼既爲尊長，必情理兼盡焉而後可也。

睦宗族

歷祖迄今，由來久矣。雖居暌（人跟人或跟地方隔開、分離）世隔，派别支分，而溯回其源，終歸一本。何乃時風日下，倫理幾忘。當恭當敬之人，置之不問。可親可愛之輩，視若罔聞。甚至小忿成釁，争端叠起。求一無德無怨，且不可得，況云雍穆（和睦、融洽、莊重貌）乎？自今以始，吾願與闔族諸君，結成一體，須慶吊以相通，勿有無而弗濟。遇有庸愚，互相教導。偶起争端，各力維持。即横逆相加，亦當念祖宗一脉相承，勿生計較心。則忿怨之氣消，而敦篤之道全矣。人稱吾族爲知禮，不於焉指日可望。

和鄰里

對衡望宇（衡：用横木做門，引伸爲門。宇：屋檐下，引伸爲屋。形容住處相距很近，可以互相望見），無非鄰也。然或土壤相錯，溝瀆每起争端。雞犬相聞，往來易生詬誶（難聽的髒話）。他若藉薪菜而釀口角，讒聽兒童，因牧爻以起微嫌，爲兹牛馬，詎知相友相助。古有銘言：烏用以細微起釁，致背古乎。自今以始。吾願與闔族諸君，待鄉鄰，亦如待家族，情聯意洽，休戚相關。孩子無知，不可護短。看管牲畜，勿令放縱。有美事，則獎勸以成之。有争競，則排解以釋之。有鰥寡廢疾，則又設法以周濟之。勿以富貴欺貧賤。勿以强衆凌寡弱。於此而一鄉之中，情誼靄然，謂爲仁厚，不其然哉。

肅閨閫

男女之禮，貴夫有别。無别與禽獸無異，即禍患所由生也。新臺（不正當的翁媳關係）墻茨（閨門淫亂）諸詩，歌咏著於一時，笑駡遺於千古。考之史册，以閨門不肅而致禍者，不勝枚舉。内外之際，誠不可不講也。夫别嫌明微（闡明精微的道理），乃一家之規矩。如嫂叔不通問，同堂伯叔諸母，無事不共言。女子出嫁，父母終，不得歸寧（舊指已婚婦女回娘家看望父母）。此其禮，雖屬太嚴，然大爲近古。今不從古，男女之際，幾無别矣。欲其有别，而肅閨閫（女子所居住的内室），則古禮之當守者，正宜斟酌以行之。禮曰：男不入内，女不出外，男女不同席，不共食，不相受器，相見不逾閾（跨過門限，出家室）。左右無人，不覿面交言。外家年長者，不得入私室。僕隸年長者，不得入内厨。此皆古禮之當遵。而可奉爲家規者，又及孀婦（指喪偶的婦女）室女，尤宜整飭（端莊嚴謹）。三尺之童，不入中堂，言不聞聲，出不外宿，此其大略也。更如放婦女入廟燒香，拜佛游寺，乃犯朝廷法律，踏青顧曲，步月觀燈，乃惹親鄰非笑，比比者皆不可爲。自今以始，吾願與闔族諸君，恪遵古禮，爲尊長者，視爲家規。爲丈夫者，立爲準則。防微杜漸，自無非禮之行矣。

訓弟子

可成可敗，弟子也。爲聖爲系，弟子也。弟子冲幼無知，良莠之分，半多由於習染。然所趨向之機關，總賴夫父兄以教導之。孟子曰：中也養不中，才也養不才。父兄而不教導，則弟子之成材者絶少。故凡爲父兄者，當六七歲時，無論貧富，均當送入學校，使之讀書明理，歲至十餘，量其資材，敏捷者使以讀書，期其遠大。平常者，或令務農，發達其家，或令學商、學藝，使成完人。即雖家道殷富，亦不可一無所事，流爲游惰，以悖正道而屈邪行，則氣質久之自化，人品因之乃端。自今以始，吾願與闔族諸君，立盟約，凡訓弟子，無論士、農、工、商，總期先以讀書，明理爲本。親禮君子，而小人自遠。戒以誠實，則巧詐自無。寧爲樸拙之子，無作放蕩之流。庶不至破産喪身，而祖宗亦可保無玷辱矣。

勤職業

天生萬物以養人，以其人靈於萬物者也。靈者何？以其士、農、工、商，各有職業也。職業不勤，猶無職業。何貴夫靈？且亦何貴乎爲人？是勤之一字。誠爲聖賢之基礎，中舍無窮之利益，而正爲人不可少者也。假令士而克勤，則詩書以熟，文理以明，居則爲鄉邑之望，出則爲廟堂之選。農而克勤，則田疇治，而倉廩實，家計以饒，度用以足。工而克勤，則職業以精，通功易事，不患無財。商而克勤，則貿易乘時，以至倍蓰什百，無所限量。以言夫勤，非舍無窮之利益，而爲人之不可少者哉。自今以始，吾願與闔族諸君，同此甘苦，無論士、農、工、商，各宜勤事業，毋至於惰。則世之謂爲殷富者，何難克期而就哉。

崇節儉

菲食卑官（吃簡樸飲食的職位低微的官吏），賢稱大禹，葛覃絺綌，德泳王妃，余等何人，其敢從事奢侈，而輕需妄耗乎？嘗見有淡泊自甘，樸素是守，不數年而富甲一鄉者。輪及子孫，衣食爲之一新，屋宇爲之一變，男婚女嫁，一切動作，迥異前人。詎知青蚨（傳説中可以帶來金錢的昆蟲）飛去，復益饑愁，昔日風流，而今安在？則前人之陋習，雖屬洗去，而饑寒交迫，諸班不法之舉，即于此層出不窮，吁，可慨矣！自今以始，吾願與闔族諸君，同安本分，咸守家箴，服食器械，務適其中，慶弔往來，宜從其樸，不事虛文，不輕浪費，總圖留有餘資，以備不虞，則仰事俯畜之憂，不惟可免，而家結人足，豐享大有之泰，可立占矣。

彭東九世孫　大經敬撰

十二世孫崇寧　星譽重録

附 2：民國六年《張氏族譜》中的《張氏家規》的影印件：

家規小引

詩曰、民之秉彝。好是懿德。書曰、維皇上帝。降衷于下民。孟子又曰、人無有不善。意蓋謂人性皆善。其有不善。均習染而成。由是善以進取。則聖賢書士。俱出其途。循是不善以行之。則不孝、不弟、不仁、不義。以至同氣悖逆。詐僞奸邪。無所不有。若不立一策以維持。則上智罕有。中人以上。無所勸而為善。中人以下。無所懲而為不善。禍亂之作。不知伊于胡底矣。吾族觧人。久思及此。屢命經作一規說。以為閤族戒。奈經負性素拙。苦思數月。鬱疾釀成。終無一字。昨午倦寢。夢于堂中。見先父璞齋公。與先慈王

孝父母

詩曰、父兮生我。母兮鞠我。又曰、欲報之德。昊天罔極。此溫凊定省。曲禮所由詳明。飲食燠寒。內則因之屢著也。在古人大聲疾呼。莫不欲喚醒斯人。以盡夫孝。何為人子者。每自成童以後。天性遂離。欲求一順。且不可得。安望夫孝。即有偶能奉養。而愛敬一語。置若罔聞。子道其安在乎。自今以始。吾願與閤族諸君。各思父母養育之苦衷。同盡人子應盡之職務。日用三牲。富者固宜隆其養。啜菽飲水。貧者亦須盡其懽。以及承顏審音。肅然以敬。愉色婉容。油然以愛。若此雖不敢言孝。而孝親之心。亦由此漸

敬祖宗

忍食忍衣。竭其苦志。卜晝卜夜。靡敢或遑。甚至頭童齒豁。猶復念念不忘者。無非為爾子孫也。而豈為子孫者。獨漫不關心乎。先王禴祀蒸嘗之典。宗器裳衣之設。所由不可不講也。但時風日下。流俗多視為具文。如存如生之道。十不能獲一焉。自今以始。吾願與閤族諸君。同思先祖裕後之苦衷。各盡我輩追遠之夙志。有專祠者。約於祠舉行春秋二祭。擇族之長而賢者主之。斟酌儀禮。各表敬心。毋得一人借故不到。其無祠者。亦必祭於其家。以盡誠篤。至先祖生忌朔望。薦新之屬。仍各依家禮所考定者行之。庶於木本水源之理。不相違焉。

生矣。

友兄弟

古云、夫婦如衣服。兄弟如手足。衣服破、尚可縫。手足斷、不可續。至哉此言。彼世之重資財。均俸養。戈操同室。聽婦言。生釁隙。訟及公庭。則視骨肉如仇讐。分痛同眠之說。尚安望乎。又況兄愛弟敬。古有箴規。弟忍兄寬。曾垂銘訓。凡為兄弟者。亦何不思之至是。自今以始。吾願與閤族諸君。結為一氣。遇財產。則爾我相推。有嫌隙。則彼此交釋。無以小利而忘大義。無以微嫌而起爭端。則親愛之道盡。而手足之誼。亦於此克敦。

敬尊長

曲禮曰、年長以倍。則父事之。十年以長。則兄事之。五年以長。則肩隨之。大義凜然。無庸少犯。況其同宗一氣。寧曰不講。其講之道若何。班行大於我者。謂之尊。年月長於我者。謂之長。乃敬乃恭。在所事也。為退為讓。不其然乎。則隆稱謂以重名分。自古如斯。今其獨否。自今以始。吾願與閤族諸君。各安其分。尊者自尊。不可褻狎嘲戲。侮辱自取。長者自長。勿庸倚分恃年。欺壓橫行。而為卑幼者。亦不可以富貴為心。貧賤是小。更不可以強暴是恃。孤弱見凌。蓋彼既為尊長。必情理兼盡焉而後可也。

太君。兩俱衣冠嚴肅上坐。經急俯問。各責以數事。忽覺冷汗周身。其病若失。廻憶所責。多不能憶。大約均生平恒言。持身接物。修己治人之要則。凝神以思。其或九原有知。責經之不守祖訓歟。亦或責經既承閤族尊命。而為善不力歟。且或因經之茅塞未開。指此數事。以作規模歟、均未可知。於是急將先代傳家遺訓。與夫得之見聞。及嚴慈之所訓授者。一一泐為成篇。不揣固陋。稍參末議。分為十則。亦聊以塞同族諸君之責耳。苟諸君、以經為可教。而叅教之。大加斧削。又為經所厚望焉。

敬祖宗

勤職業

天生萬物以養人。以其人靈於萬物者也。靈者何。以其士、農、工、商。各有職業也。職業不勤。猶無職業。何貴夫靈。且亦何貴乎為人。是勤之一字。誠為聖賢之基礎。中含無窮之利益。而正為人不可少者也。假令士而克勤。則詩書以熟。文理以明。居則為鄉邑之望。出則為廟堂之選。農而克勤。則田疇治。而倉廩實。家計以饒。度用以足。工而克勤。則職業以精。通功易事。不患無財。商而克勤。則貿易乘時。以至倍蓰什百。無所限量。以言夫勤。非含無窮之利益。而為人之不可少者哉。自今以始。吾願與閤族諸君。同

睦宗族

歷祖迄今。由來久矣。雖居睽世隔。派別支分。而溯廻其源。終歸一本。何乃時風日下。倫理幾忘。當恭當敬之人。置之不問。可親可愛之輩。視若罔聞。甚至小忿成釁。爭端疊起。求一無德無怨。且不可得。況云雍穆乎。自今以始。吾願與閤族諸君。結成一體。須慶弔以相通。勿有無而弗濟。遇有庸愚。互相教導。偶起爭端。各力維持。即橫逆相加。亦當念祖宗一脈相承。勿生計較心。則忿怨之氣消。而敦篤之道全矣。人稱吾族為知禮。不於焉指日可望。

和鄰里

對衡望宇。無非鄰也。然或土壤相錯。溝瀆每起爭端。雞犬相聞。往來易生詬誶。他若藉薪菜而釀口角。讒聽兒童。因牧養以起微嫌。為滋牛馬。詎知相友相助。古有銘言。烏用以細微起釁。致背古乎。自今以始。吾願與閤族諸君。待鄉鄰、亦如待家族。情聯意洽。休戚相關。孩子無知。不可護短。看管牲畜。勿令放縱。有美事。則獎勸以成之。有爭競。則排解以釋之。有鰥寡廢疾。則又設法以周濟之。勿以富貴欺貧賤。勿以強眾凌寡弱。於此而一鄉之中。情誼藹然。謂為仁厚。不其然哉。

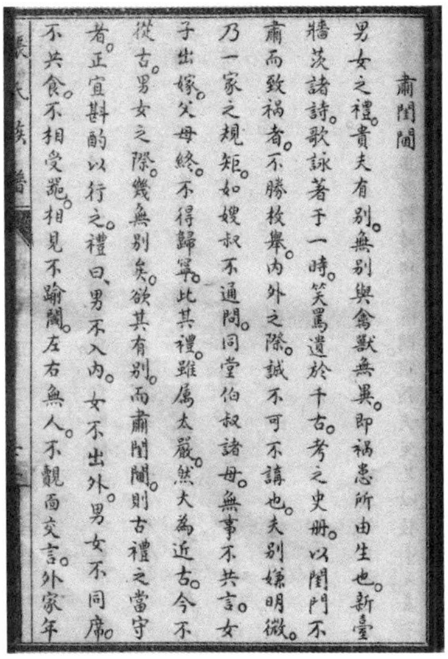

肅閨閫

男女之禮。貴夫有別。無別與禽獸無異。即禍患所由生也。新臺牆茨諸詩。歌詠著于一時。笑罵遺於千古。考之史冊。以閨門不肅而致禍者。不勝枚舉。內外之際。誠不可不講也。夫別嫌明微。乃一家之規矩。如嫂叔不通問。同堂伯叔諸母。無事不共言。女子出嫁。父母終。不得歸寧。此其禮。雖屬太嚴。然大為近古。今不從古。男女之際。幾無別矣。欲其有別。而肅閨閫。則古禮之當守者。正宜斟酌以行之。禮曰、男不入內。女不出外。男女不同席。不共食。不相受罷。相見不踰閾。左右無人。不覿面交言。外家年

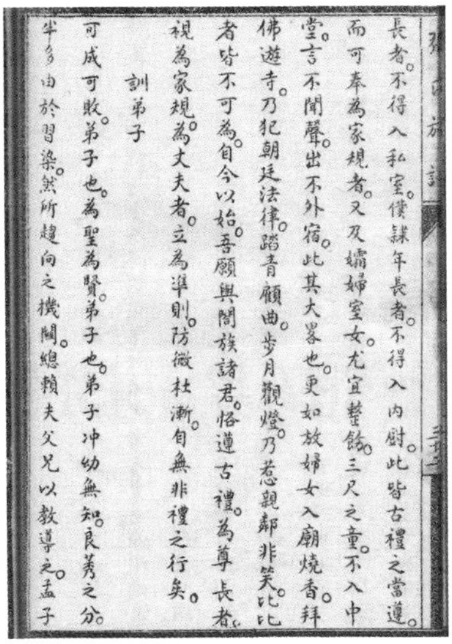

長者。不得入私室。僕隸年長者。不得入內廚。此皆古禮之當遵。而可奉為家規者。又及孀婦室女。尤宜整飭。三尺之童。不入中堂。言不聞聲。出不外宿。此其大畧也。更如放婦女入廟燒香。拜佛遊寺。乃犯朝廷法律。踏青顧曲。步月觀燈。乃惹親鄰非笑。比比者皆不可為。自今以始。吾願與閤族諸君。恪遵古禮。為尊長者。視為家規。為丈夫者。立為準則。防微杜漸。自無非禮之行矣。

訓弟子

可成可敗。弟子也。為聖為賢。弟子也。弟子沖幼無知。良莠之分。半多由於習染。然所趨向之機關。總賴夫父兄以教導之。孟子

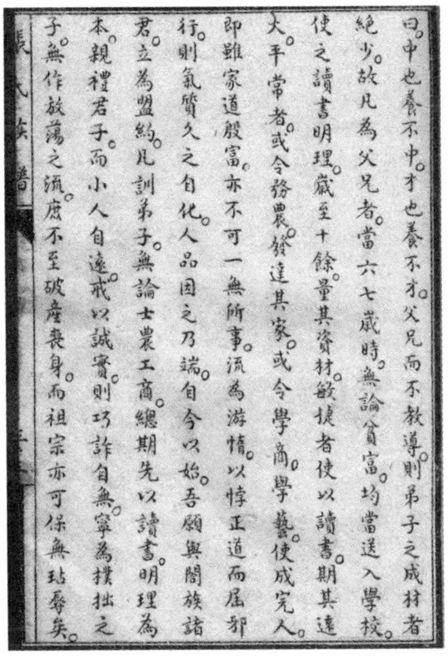

曰。中也養不中。才也養不才。父兄而不教導。則弟子之成材者絕少。故凡為父兄者。當六七歲時。無論貧富。均當送入學校。使之讀書明理。歲至十餘。量其資材。敏捷者使以讀書。期其遠大。平常者。或令務農。發達其家。或令學商。學藝。使成完人。即雖家道殷富。亦不可一無所事。流為游惰。以悖正道而屆邪行。則氣質久之自化。人品因之乃端。自今以始。吾願與閤族諸君。立為盟約。凡訓弟子。無論士農工商。總期先以讀書。明理為本。親禮君子。而小人自遠。戒以誠實。則巧詐自無。寧為樸拙之子。無作放蕩之流。庶不至破產喪身。而祖宗亦可保無玷辱矣。

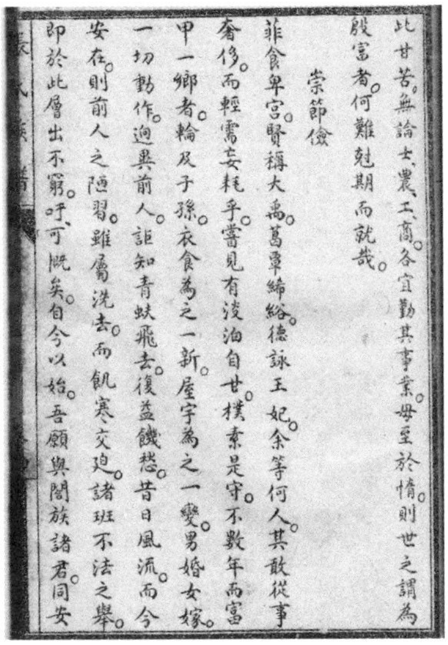

此甘苦。無論士、農、工、商。各宜勤其事業。毋至於惰。則世之謂為殷富者。何難刻期而就哉。

崇節儉

菲食卑宮。賢稱大禹。葛覃絺綌。德詠王妃。余等何人。其敢從事奢侈。而輕需妄耗乎。嘗見有淡泊自甘。樸素是守。不數年而富甲一鄉者。輪及子孫。衣食為之一新。屋宇為之一變。男婚女嫁。一切動作。迥異前人。詎知青蚨飛去。復益饑愁。昔日風流。而今安在。則前人之陋習。雖屬洗去。而飢寒交迫。諸班不法之舉。即於此層出不窮。吁、可慨矣。自今以始。吾願與閤族諸君同安

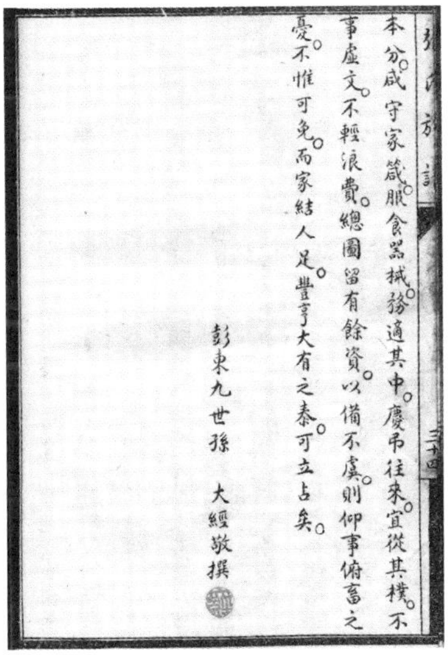

本分。咸守家箴。服食器械。務適其中。慶弔往來。宜從其樸。不事虛文。不輕浪費。總圖留有餘資。以備不虞。則仰事俯畜之憂。不惟可免。而家結人足。豐亨大有之泰。可立占矣。

彭東九世孫　大經敬撰

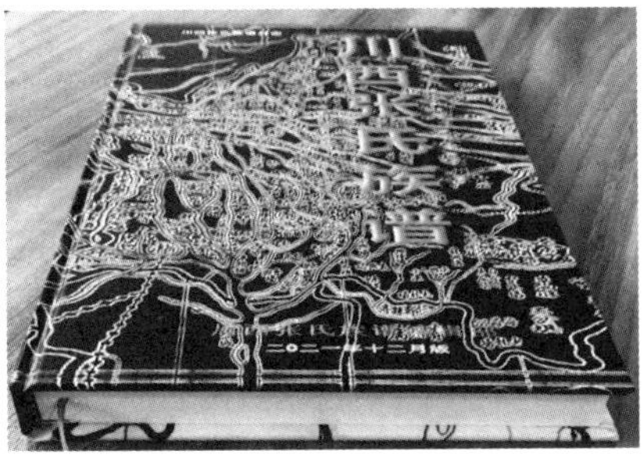

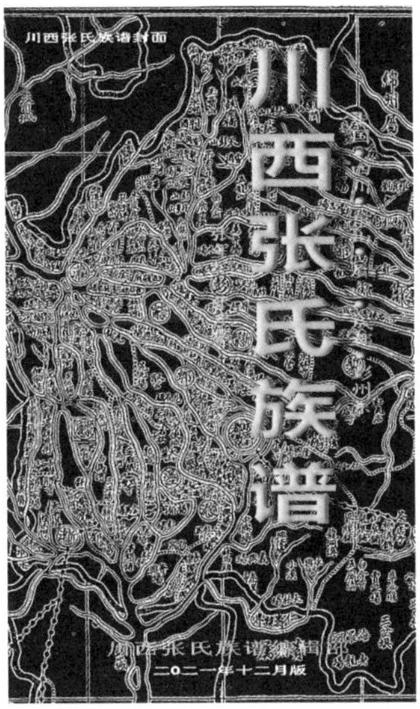

蘇軾詩詞中體現出來的優良家風

田旭中[①]

内容提要：北宋大文豪蘇軾一生寫詩兩千多首，這些詩不僅集中反映了他宦海沉浮的心路歷程，同時也可以窺見他一生倡導的家教家風。概而言之表現爲：心憂天下的家國情懷，手足相惜的兄弟情義，生死相依的夫妻情分，詩書傳家的教子情結，達觀豐富的人生情感。

關鍵詞：蘇軾；詩詞；家風

在中國古代文人士大夫中，很少有人能像蘇軾那樣富有人格魅力和文化影響力。他的道德、文章、人品、學識、才華、風骨，不僅集中體現在他富有遠見的文章中，也體現在他汪洋恣肆的詩詞裏。作爲一代詩人和詞家，蘇軾一生創作了 2700 多首詩，300 多首詞，以及 4200 多篇散文。錢穆説："蘇東坡詩之偉大，因他一輩子没有在政治上得意過。他一生奔走潦倒，波瀾曲折都在詩裏見到。"從蘇軾官場來看，的確没有得意過。1071 年，34 歲的蘇軾因爲上書朝廷，指出變法存在的弊病，遭到御史的彈劾，受到排擠，不得已請求外任。1080 年，43 歲的蘇軾因"烏臺詩案"被貶爲黄州團練副使，晚年因新黨執政又被貶惠州、儋州。宋徽宗時獲大赦北還，途中于常州病逝。蘇東坡的許多詩詞都折射出他在宦海沉浮中的心路歷程，以及他隨遇而安的知命達觀精神，而且從這些詩詞中，我們不難窺見其優良的家教和家風。

---

① 田旭中：四川省人民政府文史研究館館員，一級美術師。

一、心憂天下的家國情懷

“少年負奇志，蹭蹬百憂繞。”① 蘇軾雖然飽讀詩書，有匡國之志，且中進士後意氣風發，志在革除積弊，振興國運，無奈在政見上與當政者不合，不被重用，加之“烏臺詩案”，遭奸人誣陷，幾誤性命。好在太皇太后曹氏出面干預，説了些好話，一些大臣也勸神宗不宜誅名臣，蘇軾總算保住了性命。其後在仕途上被一貶再貶，從京城一直貶到蠻荒之地。儘管如此，蘇軾却能够一直堅守初心，坦蕩磊落，心憂天下，傾己之力爲民謀利，爲國做事。

蘇軾的報國情懷可以從公元 1075 年所寫的著名的《江城子. 密州出獵》爲證。詞云：

> 老夫聊發少年狂，左牽黄，右擎蒼，錦帽貂裘，千騎卷平岡。爲報傾城隨太守，親射虎，看孫郎。 酒酣胸膽尚開張，鬢微霜，又何妨！持節雲中，何日遣馮唐？會挽雕弓如滿月，西北望，射天狼。

當時，38 歲的蘇軾在密州（今山東諸城）任知州，政治處境不大好，僅過了四年便發生了“烏臺詩案”。此詞通過描寫一次出獵的壯觀場面，借歷史典故抒發了作者殺敵衛國的雄心壯志，傾吐了爲了效力朝廷，期待出征抗擊侵略的豪情壯志，并委婉地表達了能得到朝廷重用的願望。

蘇軾從京城放任到杭州任通判時，爲百姓做了諸多好事：判官妓從良、滅蝗灾，與太守陳襄修浚西湖六井、沈公井，上書振濟浙西七州，又奏請改革倉法，改不支倉俸金爲“重禄法”，首創監獄醫師制度。在武昌，他上書太守要求禁殺嬰兒，尤其是女嬰，并成立救兒會，救活嬰兒數千人。在惠州，他向太守建議捐資修建惠州東、西兩座鐵索橋。在儋州等地，他打鑿東坡井，解决當地百姓飲水問題。

“問汝平生功業，黄州惠州儋州”（《自題金山畫像》）。黄州、惠州、儋州分别是蘇軾三處貶謫放逐之地，而蘇軾則自詡是自己的平生功業。三次被貶，距離當時的權力中心可謂是越來越遠。但不論身份如何變遷，官職高低，蘇軾自始至終保有“以民爲本”的初心。蘇軾曾在《六事廉爲本賦》寫下“功廢于貪，行成于廉”，主張“保民生”“與民同樂”。這種初心以一貫之。

宋哲宗紹聖四年（1097），蘇軾被貶至瓊州昌化軍（今海南省儋州市）安置。海南島自隋代方始設郡，至宋代時還是一片蠻荒之地。初到海南時，蘇軾“食無肉，病無藥，居無室，出無友，冬無炭，夏無寒泉”。即便條件艱苦，東坡却仍堅守“以民爲本”的初心，幫

① 本文所引用的蘇軾詩詞均見于《蘇東坡文集》，北京燕山出版社有限公司，2020 年版。

助療救百姓疾病，帶領百姓弃舊習、務農桑，開闢學府、講學明道，還引導不同民族的人們和諧相處。蘇軾在儋州生活期間，發現當地百姓飲用的并非淡水，也由于水質問題，常年患病，于是，他力勸大家改變這種習慣，并帶領百姓勘察水脉，挖了一口地下井，取井水飲用。在東坡的普及之下，遠近百姓紛紛效仿，改變了直接飲用溝渠積水的習慣，百姓們因飲用不潔水源生病的情况大大減少。在醫藥領域，當時的海南醫藥緊缺，醫術普及程度不高。如遇家人生病的情况衹得求助巫醫，爲了改變這種情况，蘇軾普及内地的醫術并探索海南的中草藥。

在農耕領域，據記載，蘇東坡貶謫至海南時，當地百姓主要以狩獵爲生，經常食不果腹，而土地却大量荒蕪。蘇軾創作了詩歌《和陶勸農六首》，勸説百姓改變“不麥不稷”“朝射夜逐”的落後生活方式，帶領百姓改進農具，開墾荒地，教之以種植水稻等農作物之術，極大地改善了當地百姓吃不飽飯的狀况。

正所謂“東坡不幸海南幸”，東坡在海南期間，勸學、勸耕、勸醫、勸和，實實在在地造福了海南人民。蘇軾認爲“諮爾漢黎，均是一民”，他將漢族和黎族視爲一體，蘇軾貶謫至海南的三年裏，勸導黎漢融合，這對于促進黎族和漢族兩族的交好産生了重要的作用。

在教育領域，自隋朝開科取士以來，整個海南從無一人考中舉人或進士，直到蘇東坡的出現打破了這種狀况。宋哲宗紹聖五年，蘇軾開始在儋州的載酒堂内講學，傳道授業解惑，使“蠻荒之地”的海南漸漸出現朗朗讀書聲。東坡謫居海南期間，爲海南的文化發展史上書寫了濃墨重彩的一筆。

二、手足相惜的兄弟情義

蘇軾與蘇轍，兄弟感情很深，他倆是兄弟也是師生，不僅是詩詞唱和的良友，也是政治上榮辱與共的夥伴。同朝爲官，生活上互相照顧，彼此關心，藝術上互勉互進。據統計，蘇軾寫給蘇轍的詩文達104篇，著名的有《水調歌頭•明月幾時有》等，蘇轍和答有130篇。難能可貴的是相互交換的作品都是精品，盡顯家國情懷。用現在的話來説，倫理上有高度、體悟上有深度、教化上有力度、勸諫上有温度。因而他們之間這種感情被後人稱爲“史上最深兄弟情”。

并肩携手、患難與共的手足親情，幾乎貫穿了他們的一生。二人之間的情誼，是在從小一起讀書、一起成長的過程中培養出來的。在故鄉時，他們倆從小跟隨父親學習，春夏秋冬、寒來暑往，日日刻苦攻讀。學成之後又跟隨父親出川，雙雙高中進士，一直到入仕之後纔不不分開。蘇軾與弟蘇轍因其性格等原因，在仕途上差異迥然。蘇軾一生遭貶，艱難沉浮，而蘇轍在仕途上雖然一度受到牽連，但總的來説比較平穩，没有受到太多的不公正待遇。二人天各一方，身處異地，祇有以書信往來，交流讀書、作文等諸多方面的體會，相互促進、相互成就。

“烏臺詩案”蘇軾罹禍下獄後，蘇轍呈上奏折《爲兄軾下獄上書》，提到“臣願與兄軾洗心改過，粉骨報效，惟陛下所使，死而後已”，願免除自身官職爲蘇軾贖罪。後來蘇軾被貶到黄州，蘇轍也受到牽連，被貶爲監筠州鹽酒税，五年不得升調，可謂同進退。

熙寧九年中秋節，蘇軾在密州想起他與蘇轍已經七年未見，渴望與其團圓，但未能如願。于是，他以月起興，抒發自己内心的思念之情，寫下千古傳誦的名篇《水調歌頭・明月幾時有》，發出“但願人長久，千里共嬋娟”的感嘆。之後一有機會，兄弟倆就會争取見上一面。蘇軾和蘇轍可謂志同道合，在價值觀、興趣愛好等方面頗爲一致，二人彼此感嘆：“豈獨是兄弟，更是賢友生。”

元豐四年（1089）八月，其弟蘇轍受朝廷委派出使遼國，蘇軾寫詩送行。詩中寫道：“雲海相望寄此生，那因遠適更沾巾？不辭驛騎凌風雪，要使天驕識鳳麟。沙漠回看清禁月，湖山應夢武林春。單于若問君家世，莫道中朝第一人。”（《送子由使契丹》）

當時，弟弟蘇轍已到知天命之年，蘇軾仍然一再叮囑他不辭辛勞，不辱使命，不忘家國，不要自傲，一定要通過外交活動保持泱泱大國的氣度。

居儋期間，蘇軾和弟弟書信往來、詩詞唱和不斷，字裏行間，盡是牽挂。約三年後，蘇軾在北歸途中病逝于常州，他臨死前最大的遺憾就是未能再見弟弟一面。蘇轍哭着爲哥哥寫祭文，其中“手足之愛，平生一人”一句，和蘇軾當年在“烏臺詩案”中以爲自己必死無疑時寫下的“與君今世爲兄弟，又結來生未了因”一樣令人萬分動容！

縱觀歷史，像蘇軾蘇轍兄弟之間心心相印，處處相護，榮辱共擔，至死不渝的情義實在不多！

三、生死相牽的夫妻情分

蘇軾一生有三段感情經歷，第一任妻子王弗是四川眉州鄉貢進士王方之的女兒，婚後兩人感情甚篤。但好景不長，1065年，年僅27歲的王弗便去世了。王弗去世後，蘇軾手植三萬棵松樹以紀念亡妻，還寫下了這首千古悼亡詞《江城子・乙卯正月二十日夜記夢》。全詩如下：

> 十年生死兩茫茫，不思量，自難忘。千里孤墳，無處話凄凉。縱使相逢應不識，塵滿面，鬢如霜。夜來幽夢忽還鄉，小軒窗，正梳妝。相顧無言，唯有泪千行。料得年年腸斷處，明月夜，短松岡。

詩中表現出對亡妻的深切緬懷與追憶，哀惋痛徹之情讀之令人動容。

蘇軾的第二任妻子王閏之是王弗的堂妹，熙寧元年（1068），對亡妻念念不忘的蘇軾，在王弗去世三年之後，纔正式迎娶了王弗的堂妹王閏之爲妻。不同于堂姐的才華卓然，王閏之是一個典型的傳統家庭婦女，但她勤勞善良，對姐姐所生的兒子蘇邁和自己後來所生的蘇迨、蘇過一視同仁。在蘇軾長年被貶的艱難歲月裏，王閏之和蘇軾患難與共，相濡以沫，是蘇軾身後難得的賢内助。蘇軾是在從儋州北歸的途中病逝于常州的，爲何葬于河南郟縣？據記載，王閏之死後百日，蘇軾請來著名畫家李龍眠，爲她畫了一張羅漢像，并立下遺囑：將來唯有與你同穴而葬，纔能履行一同歸去的諾言。蘇軾死後，蘇轍將他與王閏之合葬，實現了祭文中"唯有同穴"的願望，而王閏之所葬之地正是河南郟縣。

哲宗用章惇爲宰相，政見不同的蘇東坡被貶往南蠻之地的惠州（今廣東省惠陽縣），這時他已經年近花甲了。身邊姬妾陸續散去，衹有王朝雲始終追隨。蘇東坡感嘆作詩："不似楊枝别樂天，恰如通德伴伶元；阿奴絡秀不同老，無女維摩總解禪。經卷藥爐新活計，舞衫歌板舊姻緣；丹成逐我三山去；不作巫山雲雨仙。"序云："予家有數妾，四五年間相繼辭去，獨朝雲隨予南遷，因讀樂天詩，戲作此贈之。"（《朝雲》）

蘇軾在《惠州薦朝雲疏》中提到，"有侍妾王朝雲，一生辛勤，萬里隨從"。這個年齡比蘇軾小許多的侍妾，在蘇軾看來却是最瞭解自己的人。相傳，一天，蘇軾指着自己的肚皮問侍妾們："你們説我的肚子裏裝的是什麼?"有人説是"錦綉文章"，有人説是"滿腹才華"，蘇軾聽後都摇摇頭，衹有朝雲打趣地説："您一肚子裝的都是不合時宜。"蘇軾聽後，大笑道："知我者，唯朝雲也!"

王朝雲跟隨蘇軾謫居惠州，因水土不服卒于此，時年三十四歲。朝雲死後，蘇東坡將她葬在惠州西湖孤山南麓栖禪寺大聖塔下的松林之中，并在墓上築六如亭以紀念她，亭柱上鎸有一副楹聯："不合時宜，惟有朝雲能識我；獨彈古調，每逢暮雨倍思卿。"據《惠州六如亭懷古聯》載：蘇軾懷才不遇，終生不得權貴賞識，但其兩名侍女却對他的文章道德、壯志抱負，深爲欽佩，使蘇軾視爲知音。這兩名侍女的學名一叫"朝雲"，一叫"暮雨"。朝雲不幸早逝，蘇軾如失姐妹，悲痛之餘，他親書挽聯。此聯把兩名侍女的名字巧嵌聯中，充分表露了對死者的痛念之情。寓意雙關，借題發揮，感嘆了"人間少知音"。蘇軾是一位感情豐富、重情重義的文人，無論對妻子還是侍妾，付出的都是摯愛真情。

四、詩書傳家的教子情結

蘇軾一生坎坷，却始終不忘對弟弟和侄子、侄孫的教育。作爲一個文學家，蘇軾的家訓多爲詩文、書信形式。在晚年所寫的《并寄諸子侄》一詩中，蘇軾勉勵子侄們努力學習，勤讀詩書，莫做腹中空空、不學無術的人。同時，教育他們學習耕織，自食其力。蘇軾還希望後代像他一樣，以寫出“昭世”文字爲己任。蘇軾原詩如下：

> 我似老牛鞭不動，雨滑泥深四蹄重。汝如黄犢却走來，海闊山高百程送。度己門户有把慈，不恨居鄰無二仲。他年汝曹笏滿床，中夜起舞蹈破瓮。會當洗眼看騰躍，莫指痴腹笑空洞。譽兒雖是兩翁癖，積德已自三世種。豈惟萬一許生還，尚恐九十煩珍從。六子晨耕簞瓢出，衆婦夜績燈火共。春秋古史乃家法，詩筆離騷亦時用。但令字還昭世人，糞土腐餘何足夢。

在這首詩中，蘇軾希望子孫繼承尚德修身、詩書傳家的世代家風。這裏的“三世種”是指蘇軾之上的兩代人，也即其祖輩、父輩和他這一代人。蘇軾的曾祖父蘇杲、祖父蘇序，皆以樂善好施、行俠仗義而于鄉里間聞名，蘇軾的伯父蘇涣也曾爲（宋仁宗天聖二年）進士。由此可見，眉山蘇氏一門可謂是賢能輩出，一家出了三個大文豪自然是絶非偶然，與其良好的家風有着密不可分的關係。忠厚傳家久，詩書繼世長。透過蘇軾幾經起伏的一生，可觀蘇氏一門家風。從入朝爲官到幾次貶謫，宦海沉浮當中，蘇軾的身上既有祖父蘇序般“扶危濟困”“樂善好施”的愛民之心，也承繼了父親蘇洵“詩書傳家”“志存高遠”的文人之志。在優良家風影響下，蘇軾可謂是兼具孝慈仁愛、勤政愛民的優良品行，與父母、兄弟、愛人也都有着深厚的情誼。回顧蘇軾的一生，不難發現，良好的家風及家人的支持，正是他能够成爲文章大家、坦然面對各種困厄的重要原因之一。

與他自己豪放剛直的性格相一致，風節的教育也是蘇軾家訓關注的一個重要方面。在給侄子的信中，他説“獨立不懼者，惟司馬君實與叔兄弟耳！萬事委命，直道而行，縱以此竄逐，所獲多矣”。在給族孫元老的信中，談到被貶海南，過着“飲食百物艱難”“藥物醬酢等皆無”的“苦行僧”般的生活時，他仍然表示“胸中亦超然自得，不改其度”。蘇軾的確如此，即使是屢次遭貶，仍然特立獨行，寧折不彎，這就是蘇軾的風格，他要求子孫們像他一樣秉持信念，“不改其度”。

在許多詩文中，蘇軾還注意向弟弟蘇轍和晚輩們傳授做學問的心得。他要他們多讀史書，從中得到教益；他要他們爲學不要“趨時”，不要將讀書衹作爲取得功名的手段，“務令文字華實相副，期于實用，乃佳。勿令得一第後，所學便爲弃物也”。

蘇軾對下一代并不像蘇洵一樣嚴格，他可謂一位慈父。在孩子們小的時候，他喜歡與他們一起嬉玩，稍有好一點的表現，便予以稱贊鼓勵。全家一起閑坐聊天時，蘇軾來了興致便會與兒子一起作詩，并毫無顧忌地公開誇贊他們詩寫得好。被貶黄州時，蘇軾帶着家人早起種田，夜間織布，過起農家生活，“雖勞苦却亦有味”。蘇軾新墾的荒地就在黄州東門之外，將其取名“東坡”，其號“東坡居士”就來源于此。

重視家庭生活、樂于陪伴家人，是蘇軾這一歷史人物的鮮明特質。蘇軾對孩子們的關愛不僅體現在陪伴上，更體現在教育其做人上。長子蘇邁携家眷赴德興任縣尉時，蘇軾送給他一方硯臺，并作銘文教他爲官之道："以此進道常若渴，以此求進常若驚，以此治財常思予，以此書獄常思生。"在蘇軾年逾六旬再遭貶斥、蘇邁要頂立門户時，蘇軾寫給蘇邁一封書信："慎言語，節飲食，晏寢早起，務安其形骸爲善也。"俗語説，子不教，父之過。蘇軾作爲父親，對孩子們的教導從没有停止過。在良好家風家教的影響下，孩子們也養成了優良的品格。蘇邁幼年便隨父沉浮，侍奉父親游歷各地。

在蘇軾因"烏臺詩案"被捕時，時年 21 歲的蘇邁徒步相隨，陪伴父親斡旋于險難之中。蘇軾被投入監獄後，其飲食供應和生活所需皆由蘇邁操持。在黄州凄苦的生活中，蘇邁也未廢家學，常常與父親像小時候那樣作詩聯句，以此爲樂。次子蘇迨幼年努力求學，後曾跟隨父親外任地方、入職京師，直至蘇軾去世，始終與蘇邁同進同退，相互扶持。

五、達觀豐富的人生情感

蘇軾一生宦海沉浮，命運多舛。但是無論他身陷何種艱難處境，總是坦然面對，把艱苦的日子過得有滋有味。他寄情山水之間，把每一次放逐都視爲一種人生之旅，一路行吟，一路高歌，放浪形骸于天地之間。吟詩作畫、寫字參禪、烹飪品茗，最終成爲一代大文豪、大詩人、大書法家、大美食家。

蘇軾的達觀表現在他笑對逆境，坦蕩從容："我少即多難，邅回一生中。"（《次前韻寄子由》），"人生如逆旅，我亦是行人。"（《臨江仙・送錢穆父》）"塵心消盡道心平，江南與塞北，何處不堪行。"（《臨江仙》）蘇軾的達觀還表現在他樂天知命，隨遇自適："尊主庇民君有道，樂天知命我無憂。醉呼妙舞留連夜，閑作清詩斷送秋。"（《次韻答邦直、子由五首》）"我生百事常隨緣，四方水陸無不便。扁舟渡江適吴越，三年飲食窮芳鮮。""人生所遇無不可，南北嗜好知誰賢。死生禍福久不擇，更論甘苦争蚩妍？"（《和蔣夔寄茶》）他把困苦磨難轉化爲一種人生修煉，在修煉中進入生命的更高境界："行遍天涯意未闌，將心到處遣人安。"（《贈惠山僧惠表》）"吴越溪山興未盡，又扶衰病過垂虹。""絶境自忘千里遠，勝游難複五人同。"（《與秦太虚諸君適至，分韻得風字二首》）而且越是在這樣一種飄泊無定的情景下，越是激發起蘇軾旺盛的寫作熱情："顧我無足戀，戀此山水清。新詩如彈丸，脱手不暫停。"（《次韻答王鞏》）。"三年走吴越，踏遍千重山。朝隨白雲去，暮與栖鴉還。"（《祈雪霧猪皋，出城馬上作，贈舒堯文》）

這就是蘇軾，一個才華横溢、情感豐富的大才子。他好比一隻大鵬，禁于宫苑則衹能低首顧憐，而放之于山水之間，則會冲天奮飛，焕發出無窮創造力。蘇軾一生中最優秀的詩、詞、文，乃至書法，恰恰都是放飛大自然後觸景生情的産物。假如蘇軾官運亨通，很難設想歷史上還會不會有今天這樣一個受到後人景仰的大文豪。

蘇軾既生不逢時，又生當其時，作爲官場的蘇軾是不幸的、失敗的，但作爲文壇的蘇軾則是成功的，而且是無比成功。這中間最重要的原因不是别的，正是蘇軾豪放曠達的詩人性格和隨緣自適的生活情調，當然還有他對于儒、釋、道融通。

綜上所述，蘇軾在風雨兼程的人生旅途中，通過詩詞表現了良好的家風和人格魅力，其始終不渝的家國情懷，手足相依的兄弟情義，生死相牽的夫妻情分，詩書傳家的教子情結，達觀豐富的人生情感，充分顯示出中國士大夫"心繫蒼生、胸懷天下"的人生信念，爲士人立身處世樹立了一個光輝的典範。

良好的家風是維繫家庭或家族有效運行的精神紐帶。家風的好壞直接關係社會風氣的好壞和人際關係的和諧。中國傳統家風文化既是傳統社會發展的積澱和折射，也是構建現代家風的重要底色。不可否認，傳統家風有維繫封建家長制和傳統倫理道德、忽視法理等消極落後的一面，這些無疑需要徹底摒弃。傳統家風也有講求親情、重視人倫、注重文化知識等積極的一面，其中，傳統家風所蘊含的人倫觀、自然觀、生命觀等，則是塑造新時期"家風"的寶貴思想資源。

一個社會、國家是否具有良好的核心價值觀，最終還是取决于個體的素質和優良的家風。在新的歷史時期和新的生存環境下，我們要從傳統家風中挖掘、吸收有價值的内容，按照構建社會主義核心價值觀的要求賦予其新的時代内涵，并借助于村規鄉約等新的文化形式，努力構建中國特色的家風，以此提升中華民族的道德水準，促進新時代家風建設。

（作者單位：四川省人民政府文史研究館）

講好“三蘇”故事弘揚中華優秀傳統文化的途徑研究

秦福榮[①]

内容提要：“一門父子三詞客，千古文章四大家。”三蘇文化是中華優秀傳統文化的瑰寶，是珍貴的歷史文化遺産，傳承三蘇文化，對于推動全社會注重家庭家風家教建設，激勵子孫後代增强家國情懷，努力成長爲對國家、對社會的有用之才具有重要意義。本文從蘇氏一門忠烈、清正廉潔、民本思想與家風人格的緊密聯繫中，講述“大美、大愛、大仁、大德”等生活智慧。同時另闢他徑，挖掘呈現“三蘇”文化最本質的特徵，啓迪心智，感化教育，以進一步弘揚中華傳統文化。

關鍵詞：中華民族優秀傳統文化；“三蘇”文化；家風家教

一、引言

是父是子。“三蘇”既是四川的人文地標，更是中華優秀傳統文化的一座高峰。

2022 年 6 月 8 日，習近平總書記在四川考察期間，曾前往眉山市三蘇祠，瞭解三蘇生平、主要文學成就、家訓家風、三蘇祠歷史沿革以及東坡文化研究傳承。

2023 年 6 月 2 日，習近平總書記在北京出席文化傳承發展座談會講到了中華文明的“五個突出”和“兩個結合”，即：中華文明具有突出的連續性、突出的創新性、突出的統一性、突出的包容性和突出的和平性。我們要把馬克思主義基本原理同中國具體實際、同中華優秀傳統文化相結合。他强調“希望大家擔當使命、奮發有爲，共同努力創造屬于我們這個

① 秦福榮：四川省人民政府文史研究館館員，四川省旅游景區管理協會會長。

時代的新文化，建設中華民族現代文明”，“衹有全面深入瞭解中華文明的歷史，纔能更有效地推動中華優秀傳統文化創造性轉化、創新性發展，更有力地推進中國特色社會主義文化建設，建設中華民族現代文明”。在砥礪奮進偉大復興新征程的關鍵歷史節點，習近平總書記發出新時代建設中華民族現代文明的偉大號召。

由蘇洵、蘇軾和蘇轍三父子爲代表形成的三蘇文化，是中華優秀傳統文化的重要内容之一，它涵蓋廣博的學科領域，具有豐富的民本思想基礎，有着廣大的傳承群體。做好三蘇文化的傳承發展，歷久彌新，深入人心，對于弘揚中華優秀傳統文化、傳承優良家風家教、加强社會全面建設都具有重要意義，更是推動天府文化繁榮、建設文化强省、建設天府現代文明，落實習總書記“五個突出”和“兩個結合”要求的具體舉措。

“三蘇”文化不僅僅是中華優秀傳統文化的一座高峰。他們的家風家訓家規更是提純了的優秀文化基因。千百年來，蘇家“讀書正業、孝慈仁愛、非義不取、爲政清廉”。蘇東坡的祖父蘇序，在灾荒年月把屯積的糧食全部拿出來救濟灾民。父親蘇洵學高爲師，身正爲範，言傳身教，是蘇東坡、蘇洵的成長的引路人。蘇東坡在杭州還建立了中國歷史上第一家公立私助的慈善醫院——安樂坊，百姓看病不收錢。蘇母程夫人更是“勉夫教子，底于光大”。

除了蘇東坡千古流芳的故事，本文還從蘇氏一門忠烈、清正廉潔、民本思想與家風人格的緊密聯繫中，來講述“大美、大愛、大仁、大德”等生活智慧。同時另闢他徑，把“三蘇”文化最本質的東西呈現出來，啓迪心智，感化教育，以進一步弘揚中華傳統文化。

二、三蘇文化是中國優秀傳統文化的典範

（一）涵養好家教、培育好家風

家風是家庭、家族代代相傳的道德風尚和治家規範理念。三蘇家族有着良好的家風，這種家風通過祖輩、父輩的身體力行、言傳身教，成爲蘇東坡安身立命的人生底色。

1. 蘇母勉兒學范滂

據《宋史 • 蘇東坡傳》記載：“生十年，父洵游學四方，母程氏親授以書，聞古今成敗，輒能語其要。程氏讀東漢范滂傳，慨然太息，軾請曰：‘軾若爲滂，母許之否乎?’程氏曰：‘汝能爲滂，吾顧不能爲滂母邪?’”

蘇軾的父親蘇洵在蘇軾十歲的時候去外地游學，蘇軾就由母親程氏在家裏教讀書。當讀到《後漢書 • 范滂傳》的時候，程氏忍不住嘆息了。蘇軾就問母親：“要是我成爲范滂那樣的人，母親覺得怎麽樣?”蘇夫人的回答堪稱教科書級别的，對蘇軾説：“你能做范滂，我難道就不能做范滂母親那樣的人嗎?”

從蘇軾母子的一問一答中，可知蘇軾從小的志向，就是以范滂爲榜樣。俗話説“榜樣的力量是無窮的。”范滂對蘇軾的影響無疑是巨大的。蘇軾的一生，面對權貴寧折不彎，在朝廷政治鬥争中堅持自己的立場，到一地爲官則造福于民，他的爲政觀、爲民觀、爲事觀，都能看到范滂這樣人物的烙印，這與母親對他從小的教育培養是分不開的。

2. 蘇母不殘鳥雀

“吾昔少年時，所居書堂前，有竹柏雜花，叢生滿庭，衆鳥巢其上。武陽君惡殺生，兒童婢僕，皆不得捕取鳥雀。”這篇《記先夫人不殘鳥雀》，便是蘇東坡通過回憶兒時的事情來頌揚母親程夫人“性慈仁愛”的美好德行。

蘇宅裏有一個園子，鮮花、翠竹、蒼松、桐花樹生長其中，黄鸝、畫眉、喜鵲、桐花鳳等鳥雀集聚這裏，築巢産卵，自在飛翔，一派自然和諧的景象。看到這些，一向慈愛性善的程夫人便告誡子女與婢僕，誰也不許捕殺鳥雀，不准掏取鳥蛋。蘇家上下都遵循程夫人的教誨。幾年間，高處築巢的鳥雀也感受到蘇家人的善意，紛紛呼朋引伴，將鳥窩建在較低的樹枝上。一時間，成爲了一個規模頗大的鳥園。就連怕生的桐花鳳也隔幾天就在花叢竹樹間栖息穿翔，這種鳥兒羽毛艷美，尋常難見。不過衹要人們善待它，它就不怕人。左鄰右舍的父老鄉親都來觀賞這一奇景。後來，蘇東坡不無驕傲地寫到“昔我先君子，仁孝行于家。家有五畝園，幺鳳集桐花”。（《異鵲》）

3. 蘇母不發宿藏

在蘇東坡所寫的《記先夫人不發宿藏》中記載：某日，蘇家的丫鬟在自家宅中地下發現了一個瓮，大家猜測瓮中可能藏有金銀珠寶，而蘇東坡的母親程夫人讓人用泥土把它填起來埋好，并告訴大家，那東西不是蘇家的，應該是前人埋藏的，蘇家人誰也不准挖取出來。這件事給了蘇東坡人生道德觀最直接的教育。

在任鳳翔簽判時，其寓所院中古老的柳樹旁有個隆起的小土包，蘇軾認爲可能是有東西埋在下面，正準備命僕人動手挖取，妻子王弗趕忙阻止説：如果母親還在（此時程夫人已去世），一定不會允准你的。聽了妻子的話，蘇東坡記起在老家時母親不發宿藏的往事，猛然警醒并深感慚愧，果斷否決。這些事直到中年，依然銘刻在蘇東坡的心中。他在《前赤壁賦》中寫到“天地之間，物各有主；苟非吾之所有，非一毫而莫取”，就是這層意思。

構建和諧嚴謹的家風，需要父母樹立好榜樣，與孩子保持親密無間的關係，孩子也要學會設身處地地去理解父母，儘量做最好的自己，并展現在父母眼前。當然，良好嚴謹的家風形成决非一朝一夕，需要長期的熏陶與積澱，日積月纍，注重養成，逐步提高每個成員的自覺意識和行爲。

（二）感悟榜樣精神，鍛造人格力量

一個家庭最寶貴的財富是什麽？最好的遺産是什麽？是家風家教形成的榜樣精神，人格力量，三蘇榜樣精神，人格力量體現在：

1. “但願人長久，千里共嬋娟”

三蘇都有入仕，在文學上都有各自的成就，清人張鵬翮評爲“一門父子三詞客，千古文章四大家”。父子、兄弟都有着胸懷大志，發奮苦讀，情繫黎民，風骨坦蕩的特點。這是現代社會家庭中青少年成長教育可資借鑒的樣本。

蘇東坡因“烏臺詩案”蒙冤入獄。在獄中，他給弟弟蘇轍寫下了一首絶命詩：“與君今世爲兄弟，又結來生未了因。”兄弟二人的感情深厚，非比尋常。千古第一思念詞《水調歌頭・明月幾時有》是蘇東坡遥想遠隔千里的兄弟蘇轍之感情釋放，未必所有人都知道。蘇轍説哥哥子瞻：“撫我則兄，誨我則師。”蘇東坡稱弟弟子由：“豈獨爲吾弟，要是賢友生。”兄弟二人之間的情誼，不光來自血脉之情，更是來自共同的家國理想。北宋元祐四年（1089），蘇轍出使遼國，蘇東坡寫詩送行（《送子由使契丹》），以此叮囑兄弟不辭辛勞，不要忘記家國使命，不逞匹夫之勇，以不卑不亢的姿態去面對遼國國主，不辱使命。

蘇東坡曾向弟弟子由説過：我上可陪玉帝，下可伴乞兒。在我眼中天下没有一個不是好人。蘇東坡曾在詩中談到，他訪問四個黎族朋友的路途中，幾個黎族小童口吹葱葉歡迎他，讓貶謫此地的蘇東坡心理感到非常温暖，短短幾句詩呈現出了與朋友會面的期待心情和其樂融融、憨態可掬的畫面。更值得提及的是，蘇東坡在海南與當地的少數民族同胞相處融洽。他與黎子雲兄弟交好，并親歷修建“載酒堂”，在南荒之地傳播中原先進文化，在此三年間講學明道，儋州教化日興，以至海内外才子接踵而來，拜東坡爲師。

2. “問汝平生功業，黄州惠州儋州”

儋州成爲了海南島的文化中心，尊師重教的傳統也衍生開來。蘇東坡北歸九年之後，其在儋州所收的門人符確成爲海南第一名進士，填補了自隋朝開科舉以來海南地區的空白。蘇東坡在《用過韻冬至與諸生飲酒》中説：“華夷兩樽合，醉笑一歡同。”又在《和癸卯歲始春懷田古舍》中説：“鴃舌倘可學，化爲黎母民。”以此來表達對少數民族同胞的尊重愛戴之情，也體現了他平等的民族觀。

蘇東坡爲人誠信友善。所到地方的無論百姓鄰居，朋友兄弟乃至與父輩子侄之間，都水乳交融有口皆碑。他從不以高官和飽學之士自傲，常懷憂國憂民，體恤百姓疾苦。我們常説，這個世界，并非所有的努力都有令人滿意的收穫。但“人生緣何不快樂，祇因不讀蘇東坡”的説法同樣會讓我們有更真切的感悟。

3. “一蓑烟雨任平生，坦然吟嘯向前行”

三蘇的人生都經歷了起起落落，其中蘇東坡尤甚，但無論面對何種困境，他們都能够矢志不移，彼此鼓勵，這種堅韌和擔當也是當代青少年學習的榜樣。

蘇東坡，字子瞻，又字和仲，四川眉山人，號鐵冠道人、東坡居士，世稱蘇東坡、坡仙，與父親蘇洵、弟弟蘇轍號稱“三蘇”，并列于“唐宋八大家”中。嘉祐元年（1056），蘇洵帶着 21 歲的蘇東坡、19 歲的蘇轍，進京參加朝廷的科舉考試。兄弟二人同榜高中進士，名動京師。及第後，蘇東坡的仕途頗爲曲折，先是被朝中小人誣陷，“烏臺詩案”的發生，使他身陷囹圄。出獄後被貶黄州，職卑薪微，祇得率衆躬耕“東坡”以添家用。六年過後，舊黨上臺，蘇東坡奉詔回到汴梁，升職數階。然哲宗親政，新黨再起，蘇東坡又被貶謫至惠州、儋州等蠻荒之地。此間，蘇東坡的幼子夭亡，最體貼他的侍妾朝雲也生病玉殞，六十餘歲高齡的他過着“食無肉，病無藥，居無室，出無友，冬無炭，夏無寒泉”“日啖薯芋”的淒凉日子，直至六十六歲時遇朝廷赦免，但却在北歸途中去世。在過世後的大半個世紀裏，蘇東坡又不斷獲賜殊榮，謚“文忠”，贈太師。縱覽蘇東坡的一生，可以説是歷盡坎坷、大起大落，但他大量的詩詞作品又表現出其樂觀進取的人生態度。置身困境，但保持一種超然物外、持節守操的寬廣胸懷，始終保有樂呵呵的心態，對美好生活充滿熱愛，這就是他的人格魅力，也是當代青少年應該學習的。

公元 1089 年，蘇東坡第二次到杭州任職時遇到了當地瘟疫大流行。當時的杭州人口衆多、流動頻繁，窮苦百姓苦無求醫之道。百姓安危大于天，蘇東坡决定帶頭募捐。除了有限的辦公經費，他又大力號召餘杭大户捐款捐資，同時把自己的積蓄也捐了出來，蘇夫人也賣掉陪嫁的首飾參加募捐。歷經波折，纔得以在杭州衆安橋開辦起名叫“安樂坊”的濟民醫院，這也是我國最早的惠民公辦醫院。蘇東坡在杭州的一系列舉措，包括印製醫書、分發醫藥、鼓勵民間醫師行醫、號召大户捐款等都被江南各地學習，也引起了朝廷的極大關注。他心繫黎民，勇于擔當的品格，成爲各級地方官的楷模。

此外，蘇東坡的詩詞也是生動的教學資源。例如，其在詞作《沁園春》中：“有筆頭千字，胸中萬卷，致君堯舜，此事何難”，寄托了其人生抱負與豪情。即使他身處逆境，我們仍能從“誰道人生無再少，門前流水尚能西，休將白髮唱黄鷄”“忽然浪起，掀舞一葉白頭翁”的瀟灑；“殷勤昨夜三更雨，又得浮生一日凉”中讀出其積極進取的人生態度。蘇東坡在《超然臺記》中寫到“人之常樂者，蓋游于物外也”。物質跑遠了，精神當奮起直追。這種“游于物外”不光是一種精神境界，更是一種爲人處世的有志哲學。這對于當代青少年創造有價值的人生有着最客觀的啓迪。

蘇東坡的故事既可以激勵孩子們奮發向上，更可以幫助他們樹立正確的人生觀，擺正價值取向，選擇正確的人生道路。

4. “因法便民，爲民自重”

“讀書萬卷不讀律，致君堯舜知無術。”蘇東坡的法律思想以便民爲出發點，致力于解决民生問題。他認爲法律應該便利人民，讓人民能够自主選擇、自由發展。他的立法觀念包括了制定一系列適應社會需求、保障人民利益的法律條文。在刑法方面，他主張德先刑後，即通過道德教育來培養人們遵守法律的意識和道德修養，然後再運用刑法進行懲罰。他强調道德與法律的互補關係，認爲二者相輔相成，是共同構建社會秩序的基石。在經濟法方面，蘇東坡關注民衆的經濟權益和福祉，倡導制定公平公正的法律規範，保護人民的財産權益，促進社會經濟的穩定發展。

蘇東坡認爲，法律制度應當從根本上解决民生問題，關注人民的利益和福祉。他的法律思想强調以民爲本，通過合理的立法和有效的刑法來保障社會的穩定和人民的幸福。他倡導法律應當貼近人民的生活實際，通過解決社會問題、保障人民權益來提高人民的生活質量。他的立法理念具有强烈的實用性和人文關懷，注重以法治理社會，推動社會進步與發展。蘇東坡任職杭州時，有位叫吴味道的學子去汴京趕考，隨身携帶了一些貨物作爲盤纏，冒充幫蘇東坡辦事之名偷逃税款，但却恰好被蘇東坡的差役發現并扣住。蘇東坡感念讀書人求學考試的困難，非但没有把吴味道問罪，反而幫他寫信通關，使他能够順利抵達開封參加考試。後來吴味道果然高中進士。

蘇東坡任徐州知州時，親眼目睹了囚犯在監牢裏生病但却無人照看、衹能等死的場景，"飲食失時，藥不當病而死者，何可勝數"，深爲憐憫。在他看來，"若本罪應死，猶不足深哀，其以輕罪系而死者，與殺之何異?"對于這個問題，宋英宗規定監獄有囚犯病死就會處罰獄官。但後來很多人認爲獄官不應受罰，這條規定就被廢除了。蘇東坡認爲還需從立法層面來根本解决病囚問題。他提出的新方案是"軍巡院及天下州司理院各選差衙前一名，醫人一名，每縣各選差曹司一名，醫人一名，專掌醫療病囚，不得更充他役"，派醫師醫療病囚，而獄官不承擔責任，這種方法的推行有效改善了病囚的現狀。

總之，蘇東坡的法律思想以便民爲出發點，把立法、刑法和經濟法視爲解决民生問題的有效手段。他强調法律應當服務于人民，通過合理的制度安排和法律規範來保障人民的權益和福祉。這種思想對于現代社會的法治建設和解决民生問題依然具有重要的啓示作用。

三、弘揚中華民族傳統文化，明確新時代的文化使命

（一）編制讀本并納入省級重點建設課程體系

2023 年 6 月 2 日，習近平總書記在文化傳承發展座談會上的講話指出"在新的起點上繼續推動文化繁榮、建設文化强國、建設中華民族現代文明，是我們在新時代新的文化使命"。三蘇文化是中華優秀傳統文化和中華文明的智慧結晶，因此我們要結合當前貫徹學習習總書記在"文化傳承發展"座談會重要講話精神，理清中華優秀傳統文化的歷史淵源，創造屬于我們這個時代的新文化，充分運用中華優秀傳統文化的寶貴資源，從中華優秀傳統文化中尋找源頭活水，精心編制一套新時期三蘇文化著作和普及讀本并納入省級重點建設課程體系，成爲我省小學、中學、大學的教材，成爲"維繫全世界華人的精神紐帶，成爲中國文化創新的寶藏"。在梳理時代文化要求對應新讀本的轉化構架中，我們同時還需要明確三蘇文化精髓的内容和三蘇精神的培養途徑，將能力養成、强化與課程培養（包含基礎課程、核心課程、特色課程、拓展課程等）、實訓培養、比賽培養、勞動培養和實習培養結合起來，一綫貫通并形成對應的細化課程標準，讓這套教材在更廣闊的文化空間中，成爲伴隨中華民族新時代、新文化、新繁榮，同鑄中國式現代化文化形態的新經典。

（二）以故事會、微電影，講壇等形式講好“三蘇”文化

2022 年 6 月 8 日，習近平總書記在三蘇祠考察時指出：“一滴水可以見太陽，一個三蘇祠可以看出我們中華文化的博大精深。我們説要堅定文化自信，中國有‘三蘇’，這就是一個重要的例證。”講好“三蘇”故事，首先把自宋以來能收集到的典籍資料收集全，做好“眉山人講三蘇”的基礎工作，把三蘇文化編撰成系列的故事和微電影。多個主題，多種展示，讓三蘇文化的各個環節都可以直接抵達受衆，哪怕一首詩、一闕詞、一道菜、一處遺迹的新發現、一個人生的故事等。同時集合精彩短視頻，用好“綫上＋綫下”“官方＋民衆”“專業＋業餘”方式，這樣聚焦的觀衆就會越來越多。同時以故事會、微電影方式，結合現代生活内容，在電視、電臺和新媒體等現代傳播媒體上，開設高品質的“三蘇講壇”，運用中國文化、中國理論喜聞樂見、寓教于樂的開發式教育，向世界講好“三蘇”和中國傳統優秀文化故事，使“三蘇”文化真正走向全國，走向世界，成爲熱門話題。同時，我們也要注意，在利用新媒體對三蘇文化進行傳播推廣時，要避免内容的碎片化，提高信息傳遞的效率和準確性；要關注“以人爲本”，以滿足觀衆的文化需求爲中心。

（三）成立高品質的三蘇（東坡）文化研究院

按照習總書記 2023 年 6 月 2 日在文化傳承發展座談會上的講話强調的“堅定文化自信，就是堅持走自己的路。堅定文化自信的首要任務，就是立足中華民族偉大歷史實踐和當代實踐，用中國道理總結好中國經驗，把中國經驗提升爲中國理論，即不盲從各種教條，也不照搬外國理論，實現精神上的獨立自主”的要求，以三蘇祠爲重點成立高品質的三蘇（東坡）文化研究院，研究院長和研究員可在全國範圍内招聘。研究院應提高研究水平，結合傳承好中國優秀傳統文化，重點開展三蘇家訓、家教、治國理政、蘇東坡書法與繪畫、東坡教育思想、三蘇經典文獻的全面系統研究，并開展系列的省級、國家級重大科研項目和學術工程，取得高質量成果，特别是要提前精心策劃 2037 年蘇東坡誕辰一千周年的慶典活動，使東坡文化和中國優秀傳統文化真正的名揚天下、享譽全球。

（四）打造主題旅游産品，設立永久會址

黨的二十大報告提出“以文塑旅，以旅彰文，推動文旅深度融合發展”。因此要聯合分布有蘇東坡遺迹的十二省的十八個城市，以“三蘇”行迹爲軸綫，多省聯動建設有内涵、有地域特色、有口碑、有市場的“快意三蘇，江山入畫”主題旅游産品，精心策劃打造 12 條三蘇文化與中國優秀傳統文化旅游的精品綫路，讓世人感受中國傳統文化的博大精深。同時立足三蘇祠博物館，建立永久性的三蘇文化論壇會址，每年在蘇東坡誕辰日舉行三蘇文化與中華優秀傳承融合的高峰論壇，使論壇成爲四川省及全國極具影響力的文化傳承品牌，成爲中國式的新時代文化形態。

（五）教育常態化、長效化、普及化

重視社會的基礎單元教育，重點是每一個家庭，每一個單位，每一所學校及各類群體，築牢道路根基。2016 年 12 月 12 日，習近平總書記在會見第一届全國文明家庭代表時的講話指出："廣大家庭都要重言傳、重身教，教知識、育品德，身體力行、耳濡目染，幫助孩子扣好人生的第一粒扣子，邁好人生的第一個臺階。"家庭是社會的細胞，良好家風的構建與傳承不是小事私事，它關乎下一代、關乎國體與未來。把"三蘇氣質"家風家教與社會主義道德觀、黨風廉政教育、制度法規教育等有機結合，并開展進校園、進社區、進機關、進鄉村、進軍營的"五進"活動，利用各個重大節慶節日，結合新時代要求開展專題系統的教育并形成常態。同時，每年可在全國範圍内開展一次"中國家風家教好家庭"評選活動。

四、結語

2023年6月2日，習近平總書記在文化傳承發展座談會上的講話指出："深厚的家國情懷與深沉的歷史意識，爲中華民族打下了維護大一統的人心根基，成爲中華民族歷經千難萬險而不斷復興的精神支撑。中華文明的連續性，從根本上决定了中華民族必然走自己的路。"所以蘇門的家風家訓以及三蘇文化，已經超越了一宗一脉的意義，成爲整個中華民族的口碑，深深鑄印着中華文化之魂。

海德格爾曾説過：思想最深刻者，熱愛生機自然。蘇東坡作爲官員，他是民本的；作爲家風家訓的實踐者，他是人本的；作爲文學家，他是溯源追本的。他穿越社會各階層，洞悉各領域，是中國文化的博大鑄就了他的偉岸。

"三蘇"文化向我們展示了生存的高度和廣度：良知、美好和活力。"三蘇"文化博大精深，集中華文化核心要素于一身并有着全景式的展現。這座高峰，給當代留下了巨大而紛繁複雜的研究層面。限于篇幅，本文僅作爲個人建議，對三蘇文化及家風家訓融入青少年道德與法治教育做初步探討，而三蘇文化中其他大宗的寶貴精神財富還有待人們繼續勤勉挖掘。

（作者單位：四川省人民政府文史研究館）

蘇軾“修齊治平”中的家國情懷與精神面貌：從東坡詞説起

涂建華①

内容提要：蘇軾在“三蘇”中最具盛名，其詞作在中國文化史上獨放異彩，學界多從文學角度進行解讀。其實，蘇軾是一位典型的中國傳統知識分子，東坡詞的“修齊治平”正統修養功夫，也折射出其家國情懷與精神面貌。通過對上述内容的解讀，能讓讀者更好把握一個鮮活的歷史人物，也能爲今日我們中國式現代化道路提供獨特的思想資源和精神動力。

關鍵詞：修齊治平；家國情懷；東坡詞

一

蘇洵、蘇軾、蘇轍三父子是北宋四川傳統文人的杰出代表，被共同列入唐宋八大家，在整個中國文化史上占有重要地位。其中，蘇軾的詞傳唱最廣、影響深遠，近代國學大師王國維在《人間詞話》中譽之曰：“東坡之詞曠”。的確，曠達境界在傳世東坡詞句中俯仰即是：當面對滚滚東逝的長江，曠達的蘇軾感嘆道“浪淘盡，千古風流人物”（《念奴嬌・赤壁懷古》）。蘇軾的曠達是面對古人的一種通透，更是面對當下自身生活的一種切己，當“沙湖道中遇雨，雨具先去，同行皆狼狽”而東坡先生却“獨不覺”，進而寫就《定風波・莫聽穿林打葉聲》的名篇：

莫聽穿林打葉聲。何妨吟嘯且徐行。竹杖芒鞋輕勝馬，誰怕？一蓑烟雨任平生。

---

① 涂建華：四川省人民政府文史研究館館員，四川省農業廳原副廳長。

料峭春風吹酒醒，微冷，山頭斜照却相迎。回首向來蕭瑟處，歸去，也無風雨也無晴。

其實，非唯辭章，置之蘇軾跌宕起伏的一生，曠達的心胸都是其獨特的精神底色。而這種底色從何而來？或許是今人重讀和闡釋"三蘇"文化的重要切入點。

二

正如東坡先生在《水調歌頭·黄州快哉亭贈張偓佺》裏説，"一點浩然氣，千里快哉風"。藉由此句可説，蘇軾曠達的"快哉風"不僅在空間上傳播"千里"，而且能在中華文脉的時間維度上傳唱千年，在于蘇軾内在修養的"浩然正氣"。實則，自孟子以降，"善養吾浩然之氣"就是儒家知識分子的修養功夫。此種修養功夫是切實的，蘇軾在《記三養》中就説："一曰安分以養福，二曰寬胃以養氣，三曰省費以養財。"（《東坡志林》卷一）如同千百年來傳統士人一樣，其修養功夫是踏實切己、推己及人乃至"自一屋而致天下"，其下手處别無神秘，乃人人可"欲"而"斯仁"必至的安分、節欲、省財。後世老饕多謂居士喜食東坡肉，不僅好吃而且會吃，每言及此則援引《猪肉頌》言"慢著火，少著水，火候足時它自美"，衹見東坡烹肉之技法，却忽略他在"食不厭精膾不厭細"的文化傳統中對本真的回歸，不得不説是某種遺憾。而此種修養功夫又是超越的，東坡承襲了儒家三省吾身的真切功夫并頗有心得，他在《修身歷》中記載：

> 子由言："有一人死而復生，問冥官如何修身，可以免罪？"答曰："子宜置一卷曆，晝日之所爲，莫夜必記之，但不記者，是不可言不可作也。無事静坐，便覺一日似兩日，若能處置此生常似今日，得至七十，便是百四十歲。人世間何藥可能有此效！既無反惡，又省藥錢。此方人人收得，但苦無好湯使，多咽不下。"晁無咎言："司馬温公有言：'吾無過人者，但平生所爲，未嘗有不可對人言者耳。'"予亦記前輩有詩曰："怕人知事莫萌心。"皆至言，可終身守之。（《東坡志林》卷三）

可見蘇軾一生，頗精于在起心、動念、處真上實做儒家功夫。其言"冥官"處，固有道家或善書陰騭學説的影響，但更多是三教合一心性論的生動展現。後世論蜀學，頗以槐軒學説之心性修養爲奇。嘆近世之蜀地思想家，如何能達致兩千年前的孔孟之心？殊不知，劉門功夫也絶非無本之木、無源之水，千年前的東坡居士即如此孜孜以求、矻矻終日。這是巴蜀文脉，亦是華夏文風。

當然，蘇軾乃不世出的大文豪，其思想境界和道德文章絶非凡品。他的修養實踐不僅在理論上繼承了“往聖”的“絶學”，也爲其一生豐富多彩又堪稱傳奇的現實經歷奠定了堅實的思想和學問基礎。最直接説來，對儒家理想的内在體驗和堅守，强化并支撑着蘇軾嫉惡如仇、剛直正義的性格，使他受盡挫折却仍舊能不隨流俗，每遇不平事則“如食中有蠅，吐之方快”。

三

和幾乎每一個中國人一樣，蘇軾是在自己家庭裏得到塑造并實現自己的。

像每一個中國人一樣，蘇軾在良好家風中得到教育。在舊學中發蒙的人，應該都記得《三字經》的“蘇老泉，二十七，始發奮，讀書籍”的記載。此處蘇老泉，就是蘇軾、蘇轍二兄弟之父蘇洵；二十七歲纔發奮讀書，也許在有宋一代已不能算早（不過“大器晚成”的人似乎總能給國人更多的精神力量，譬如曾文正公）。而這一年，恰逢蘇軾這個天才兒子的降生。是爲人父的責任還是聰明孩子的“反向激勵”促使了蘇洵的發奮讀書，已不可考。但蘇洵對孩子的良苦用心却在《名二子説》中有迹可循：

> 輪輻蓋軫，皆有職乎車，而軾獨若無所爲者。雖然，去軾則吾未見其爲完車也。軾乎，吾懼汝之不外飾也。天下之車，莫不由轍，而言車之功者，轍不與焉。雖然，車仆馬斃，而患亦不及轍，是轍者，善處乎禍福之間也。轍乎，吾知免矣。

老泉先生用他一貫的洗練文筆，生動刻畫了軾、轍二子的性格，充滿了對孩子的瞭解與關懷，也是對孩子未來的憂思。怎料，知子莫若父，曠達蘇軾的一生跌宕與其“不外飾”多少相關；父親之憂，竟終成讖。當然，蘇洵對蘇軾的憂之深、愛之深，變成了嚴格的家庭教育，以至于蘇軾年過六旬之後還回憶起父親對他的嚴格要求：“夜夢嬉戲童子如，父師檢責驚走書。計功當畢《春秋》餘，今乃粗及桓莊初。怛然悸寤心不舒，起坐有如挂鈎魚。”（《夜夢》）夢見父親抽背《春秋》，垂垂老矣的蘇東坡仍覺緊張，醒來還似掛鈎之魚，其父教子之嚴，可見一斑。

像每一個中國人一樣，蘇軾在人生實踐中傳遞着良好家風。爲人夫，他深愛着髮妻，一闋《江城子》道不盡對原配夫人王弗的思念：

> 十年生死兩茫茫，不思量，自難忘。千里孤墳，借處話凄凉。縱使相逢應不識，塵滿面，鬢如霜。
>
> 夜來幽夢忽還鄉，小軒窗，正梳妝。相顧無言，惟有泪千行。料得年年腸斷處，明月夜，短松岡。

每讀至此，讀者多爲東坡先生真情所動，常嘆那位寫“三國周郎赤壁”的大學士亦有“小軒窗，正梳妝”的兒女情長；却忽略了這位王夫人，亦是一位賢内助，在早年就曾勸説蘇軾在宦海沉浮中交游要慎，她曾以蘇洵的話告誡蘇軾：“子去親遠，不可以不慎。”蘇軾真切的懷念亡妻，很難説衹是懷念其才貌，也必定懷念其品行。

從爲人父而言，蘇軾對孩子的愛是深沉而複雜的。在《洗兒戲作》中，他半開玩笑道：“人皆養子望聰明，我被聰明誤一生。惟願孩兒愚且魯，無灾無難到公卿。”聰明如東坡，絶不會希望自己的孩子真“愚魯”，衹不過是在歷盡人生的跌宕起伏、看過了仕途的人情冷暖後，希望自己的孩子過得稍稍平順而已。蘇軾的曠達，絶非故作深沉發“甚高論”而推卸責任。相反，他注重陪伴孩子成長，對外貌奇特的兒子蘇迨，還説“我有長頭兒，角頰峙犀玉”；并積極鼓勵蘇迨創作：

> 我詩如病驥，悲鳴向衰草。有兒真驥子，一噴群馬倒。養氣勿吟哦，聲名忌太早。風濤借筆力，勢逐孤雲掃。何如陶家兒，繞舍覓梨棗。君看押强韻，已勝郊與島。（《追作淮口遇見詩戲用其韻》）

客觀公正地説，蘇迨之詩自然遠不及其父。但蘇軾依舊不吝惜筆墨贊揚了兒子，説自己的詩文如病馬而兒子著作是真馬。當然，其後“養氣勿吟哦，聲名忌太早”之言，又是對孩子深切的期望。這樣的舐犢情深，自然演繹出“父慈子孝”；當蘇軾晚年抱病在床，蘇邁、蘇迨、蘇過（蘇遁早夭）皆盡孝膝下。按《宋史》本傳言：“軾三子：邁、迨、過，俱善爲文。邁，駕部員外郎”，不得不説，東坡先生的家庭教育是成功的。

在儒家知識分子看來，“兄友弟恭”亦是重要修養科。如果衹從詩詞成就看，蘇軾的弟弟蘇轍難望其項背。世人以“不仁”之心，或見蘇轍心中有“瑜亮情結”。然兄弟手足却情比金堅。熙寧九年（1076），東坡先生的千古絶唱《水調歌頭 • 明月幾時有》就是“丙辰中秋，歡飲達旦，大醉，作此篇，兼懷子由”。元豐二年（1079），蘇轍爲涉“烏臺詩案”的兄長上書宋神宗：“臣雖草芥之微，而有危迫之懇，惟天地父母哀而憐之。臣早失怙恃，惟兄軾一人，相須爲命。今者竊聞其得罪逮捕赴獄，舉家驚號，憂在不測。”（《爲兄軾下獄上書》）無怪乎《宋史 • 蘇轍傳》贊言：“轍與兄軾進退出處，無不相同，患難之中，友愛彌篤，無少怨尤，近古罕見。”

四

蘇軾是典型的傳統儒家知識分子，他“修身”“齊家”是爲了實現其“治國”“平天下”的政治理想。綜觀東坡從政之行迹，疏浚杭州運河、避潁州水患、救武昌女嬰、建惠州鐵索橋、鑿儋州東坡井，其爲國爲民、造福一方的政績，亦爲人傳頌。周綱在《蘇軾九章》就説："四十年，其愛民之深，憂民之切，凡所到之處，百姓無不愛戴感念，世代相繼。"然而，封建政治也是殘酷的。蘇軾清正廉潔，却三度被貶謫。即使遭遇不公，東坡先生爲國之心不改，縱然出江湖之遠，依然憂其民。并認爲那些"小人之情，非爲朝廷之計，亦非爲先帝之事，皆爲其身利也"。元豐二年（1079），在到湖州上任途中，蘇軾曾引用孟子的話："古之君子不必仕，不必不仕。必仕則忘其身，必不仕則忘其君。"

蘇軾更是一個典型的樂天派中國人。在歷經了"黄州惠州儋州"（《自題金山畫像》）之後，或許他早已更透徹。回顧人生的坎坷，他早已不會"翠眉顰"，因爲他知道，"人生如逆旅，我亦是行人"（《臨江仙・送錢穆父》）。如果非要探究他賴以度過人生低谷的精神支柱，除正統儒學之外，釋道兩家的精神慰藉或許難以避開。1077 年，被貶惠州的蘇東坡寫到"子野一見僕，便諭出世法"（《答吴秀才書》），正是與道士吴復古（子野）的交往，讓蘇軾在恬淡虚無的方法中安頓身心。坎坷中的蘇軾一直喜好静坐："無事此静坐，一日似兩日"（《司命宫楊道士息軒》），也許道家的修養功夫對遠放儋州的東坡居士尚能享壽六十六，也不無貢獻吧。其實，蘇東坡與佛門的淵源更是不淺。今日禪門《瑜伽焰口》的召請文據信就是蘇軾撰寫。學界對此或有不同見解，筆者據此衹是强調東坡先生與佛教的淵源以及佛家思想對東坡先生的影響。又如，號稱民國四大高僧之一的印光法師就曾引《五燈會元》的説法言："宋之五祖戒，草堂清，真如喆，其所悟處，名震海内。而五祖戒後身爲蘇東坡。"［《致廣慧和尚書》1940 年（民國二十九年）正月］此語雖非出于正史，但梁啓超亦曾贊印光法師之文鈔爲"小藏經"，亦不可否認其文化價值。前身後世之説，唯物論者本不憑信；但如梁漱溟、李昌鈺等皆有類似之語，蓋佛家精神對國人影響深遠之旁證也。通讀前引"召請文"，文筆優美暫且不論，上至"纍朝帝主，歷代侯王""築壇拜將，建節封侯"，乃至世間"五陵才俊，百郡賢良""黌門才子，白屋書生"以及方外"出塵上士，飛錫高僧""黄冠野客，羽服仙流"，具體到"江湖羈旅，南北經商""戎衣戰士，臨陣健兒"，及至"宫帷美女，閨閣佳人""懷胎十月，坐草三朝"，以及傳統時代低賤的"戎夷蠻狄，喑啞盲聾""饑寒丐者，刑戮囚人"，最終"法界六道，十類孤魂"在東坡筆下都得到超薦。這是蘇軾對佛家大慈大悲的深刻理解，亦是他完成自我超脱的閎闊力量。

五

言蘇軾之家國情懷，是因爲時至今日家庭仍是中國人"組織經濟和人口再生産"的最基本單位，也是認識、引導并治理中國社會使其實現中國式現代化的最基本單元。歷史地看，西方資産階級現代化的過程，似乎可以用原子化的"個人"走出教會來概括。蓋理解此二端之差異，即不難肯定，國人必要走中國式現代化的道路。然，中國式現代化不是口號喊出來的，也不是天上掉下來的，須植根中華優秀傳統文化之基而求其“創造性轉化”。而蘇軾乃至整個三蘇門庭之家風，頗堪爲一典型個案。此即論東坡精神面貌的基本用心。衹有正視儒釋道對傳統中國人心靈構建的作用，纔能據以爲思想資源，開出現代化之于中國的磅礴偉力。

此外，著名學者內藤湖南曾有唐宋變革之論，大抵言近代性（modernity，亦即“現代性”）在有宋一代的展開。它提示我們一種理論可能：蘇軾乃至“三蘇”之學，是否亦有某種現代性？筆者以爲，這個問題的答案對追尋中國式現代化的當代中國人極具吸引力。因之，筆者抛磚引玉，以期就教于方家。

（作者單位：四川省人民政府文史研究館）

東坡硯銘傳家風

魏學峰[①]

内容提要：蘇軾一生愛硯、藏硯，而且有硯必銘。本文從他留下的十六篇硯銘可觀他以硯喻德，教育子女，勸戒友人。從一方小小硯中，我們可以看見東坡的君子之德、家國情懷和悲天憫人的情懷。

關鍵詞：東坡；硯銘；家風

硯是文房四寶之一。漫長的硯文化凝聚着中國人的集體記憶與中華民族認同的文化密碼，是我們民族的一種精神象徵。硯以衆妙之妙，令人愛不釋手，硯以衆雅之雅，令人遣情忘懷，硯以不言之高情，令人唏噓、悵往……

宋代大文豪蘇東坡一生愛硯，藏硯也多，“我生無田食破硯”。據文獻記載，他收藏過“鳳咮硯”“風字硯”“從星硯”等。他把硯視爲知己，在他眼中，每一方硯都藴含着人生道理。東坡有硯必銘，他一生寫過 29 篇硯銘，占他創作的銘文總量的近半，足見硯在他心目中的位置。以硯傳家是中國文人的習俗，東坡銘硯，銘之以德，從中我們可以窺見其家風、家訓的傳承。

一、元豐七年（1084），其子蘇邁授饒州府德興縣尉，年少得志，重任在肩。蘇軾送別時贈硯一方，并以硯銘作爲囑咐：“以此進道常若渴，以此求進常若驚，以此治財常思予，以此書獄常思生。”他希望其子修身立德，以民爲貴，上善若水，厚德載物。蘇邁後來頗有政聲，一如乃父，《德興縣志》稱其：“文學優贍，政事精敏。鞭樸不得已而加之，民不忍欺，後人仰之。”

二、爲獎勵蘇迨刻苦讀書，東坡贈其佳硯一方，銘曰：“生陰壑，閟重湫。得之艱，豈

① 魏學峰，四川省人民政府參事，四川博物院首席專家。

輕授。旃苦學，畀長頭。”好的硯石深藏在重山深溪之中，得之不易，用之尤惜。

三、蘇軾 12 歲時，得一奇石，形狀如魚，膚温瑩，作淺碧色，上泛銀星。蘇洵認爲此石“是天硯也”。東坡以爲此石有硯之德而缺硯之形。他由此想到君子立身當以德爲本，不必刻意追求外意。他將此硯傳給蘇過，并在宋慶曆七年（1847）專門寫了《天石硯銘》：“一受其成，而不可更。或主于德，或全于形。均是二者，顧予安取。仰辱俯足，世故多有。”硯成爲文人雅士孤標高格的詮釋，也成爲文化精神的寄托、承載與歸宿。

四、東坡作《端硯銘》：“千夫挽綆，百夫運斤。篝火下縋，以出斯珍。一嘘而泫，歲久愈新。誰其似之？我懷斯人。”這是蘇軾被貶南粤，親眼見百工艱難的采石過程，不禁發出感嘆：品質如端石一樣的人，何時可以遇到呢？這體現了東坡的民生情懷和君子之風。

五、熙寧四年（1071）前後，孔毅甫任密州教授時，親赴龍尾村尋硯，後寄贈好友蘇軾，東坡作《孔毅甫龍尾石硯銘》：“澀不留筆，滑不拒墨。瓜膚而縠理，金聲而玉德。厚而堅，足以閲人于古今。樸而重，不能隨人以南北。”君子閲人無數，知人善任，同時要立定操守，不隨流俗。

六、《王平甫硯銘》：“玉德金聲，而寓于斯。中和所熏，不水而滋。正直所冰，不寒而澌。”這是君子中和正直之禀性，也是硯所獨具的氣質和尊嚴。

七、《王仲儀硯銘》：“汲鄭蚤聞，頗牧晚用。諫草風生，羽檄雷動。人亡器有，質小任重。施易何常，明哲所共。”“質小任重”意喻位卑未敢忘憂國。這是君子職守擔當，每方硯都烙上了主人的影子，染上了主人靈魂的馨香。

八、《端硯石銘并引》：“我友三益，取溪之石。寒松爲煤，孤竹爲筆。蓬麻效紙，仰泉致滴。斬幾信鈎，以全吾直”。蘇庠妙齡有異才，東坡贈硯并銘，希望其戒驕戒躁，多下苦功夫，多下真功夫。

九、《端硯銘》：“與墨爲人，玉靈之食。與水爲出，陰鑒之液。懿矣兹石，君子之側。匪以玩物，維以觀德。”銘文的前四歌咏硯的品質，後四句則由石硯轉向人的品德。佳硯雖珍，但不可玩物喪志。

十、《卵硯銘》：“東坡硯，龍尾石。開鵠卵，見蒼壁。與居士，同出入。更險夷，無燥濕。今何者，獨先逸。從參寥，老空寂。”這是歷經劫難歸于平淡的心靈寫照。

十一、《王定國硯銘之一》：“石出西山之西，北山之北。戎以發劍。予以試墨。劍止一夫敵，墨以萬世則。吾以是知天下之才，皆可以納諸聖賢之城。”這是君子胸襟寬闊，氣量寬宏。倚萬卷，立千言，中國文人始終抱着對這種境界和情調的追求。

十二、《王定國硯銘之二》：“月之從星，時則風雨。汪洋翰墨，將此是似。黑雲浮空，漫不見天。風起雲移，星月凛然。”這是君子無畏無懼，氣節剛正。在中國人眼中，石頭身上體現了自然的秩序，自然反映了天心。人們拾趣于上，透過一塊塊硯石來觀照自然、體味生命。

十三、《王頤片石硯銘》：“其色馬肝，其聲磬，其文水中月，真寶石也。而其德則正，其形天合。其于人也略是，故可使而不可役也。”這是君子以德爲本，不爲外物所役，保持心靈清潔。從這個角度來講，硯是學問，是涵養，更是修行。

十四、《丹石硯銘》：“彤池紫淵，出日所浴。蒸爲赤霓，以貫暘穀。是生斯珍，非石非玉。因材制用，璧水環複。耕予中洲，蓺我玄粟。投種則獲，不炊而熟。”君子衹有勤勉好學纔終會有所收穫。

十五、《龍尾硯銘》：“萋萋兮霧縠石，宛宛兮黑白月。其受水也哉生明，而運墨也旁死魄，忽玄雲之霾？覿玉兔之沐浴。集幽光于毫端，散妙迹于簡册。照千古其如在，耿此月之不没。”東坡將硯池喻爲千古明月，其中蘊含的不僅僅是君子之德，更是天地至德。

十六、蘇軾曾有一方石渠閣瓦製成的瓦硯。元符三年（1100），他在廣西合浦遇到教師陳夢英，以此硯相贈，硯銘中勉勵陳氏及後人勤奮耕讀，一方面將來能“改封即墨，蘭臺列爵”，重振家風，爲國效力；另一方面能帶動鄉里，德業相勸，“永宜寶之，書香是托”。

從以上十餘方硯銘可知，硯是文人用意最多，用情最深的銘心之物。它充分表現了硯主人的心靈、意境、節操、哲理、詩意。古代認爲硯有八德：“一曰歷寒不冰，質之强也；二曰貯水不耗，質之潤也；三曰研墨無泡，質之柔也；四曰發墨無聲，質之嫩也；五曰佇墨浮艶，質之細也；六曰護毫加秀，質之膩也；七曰起墨不滯，質之潔也；八曰經久不乏，質之美也。”雖在説硯，又何嘗不是言人，以行立德，以品立格。蘇軾在成長過程中，就受到良好的家教，在數經挫折時，他始終關心民生，捨身爲國。他又以這種家風教育子女：“忠厚傳家久，詩書繼世長。”在三蘇家訓中，始終貫穿着誠實、忠厚、寬容。這種家風不僅影響了蘇氏一家，也豐富充實了中華傳統家風的文化内涵。

東坡把人生哲理銘于硯，正是因爲硯具有“堅固，傳萬世而不朽，千古永存”的品質，硯是中國文人最好的傳家寶。東坡將銘刻于硯上，銘其志，鑒其心，寄其情，抒其懷，從而賦予了硯新的生命。

（作者單位：四川省人民政府文史研究館）

“三蘇家風”與“清廉東坡”的當代闡釋

潘殊閑[①]

内容提要：家風家訓是傳統中國家庭與家族文化的精粹。三蘇家教更多是身教，是一種道德文章的積澱與熏染，是崇教崇禮崇仁崇義的具化與踐行。三蘇家風是三蘇前後幾代在家庭内部形成的一種具有蘇氏特色的爲人、爲事、爲生、爲學、爲家的風格與風尚。三蘇家教家風熏育三蘇的人格與境界，成就了以“清廉東坡”爲代表的歷史佳話。“清廉東坡”帶給我們儒官、良吏、敬畏、良知和慎己的當代啓示。

關鍵詞：三蘇家教；三蘇家風；清廉東坡；當代啓示

2022年6月8日，習近平總書記在三蘇祠考察時指出：“家風家教是一個家庭最寶貴的財富，是留給子孫後代最好的遺産。要推動全社會注重家庭家教家風建設，激勵子孫後代增强家國情懷，努力成長爲對國家、對社會有用之才。黨員、幹部特别是領導幹部要清白做人、勤儉齊家、乾净做事、廉潔從政，管好自己和家人，涵養新時代共産黨人的良好家風。”

習近平總書記一貫重視家庭、家教、家風建設，早在2015年2月17日春節團拜會上的講話中習近平總書記就指出：“家庭是社會的基本細胞，是人生的第一所學校。不論時代發生多大變化，不論生活格局發生多大變化，我們都要重視家庭建設，注重家庭、注重家教、注重家風，緊密結合培育和弘揚社會主義核心價值觀，發揚光大中華民族傳統家庭美德，促進家庭和睦，促進親人相親相愛，促進下一代健康成長，促進老年人老有所養，使千千萬萬個家庭成爲國家發展、民族進步、社會和諧的重要基點。”

2016年12月習近平總書記在會見第一屆全國文明家庭代表時的講話中又説：“家庭是社會的細胞。家庭和睦則社會安定，家庭幸福則社會祥和，家庭文明則社會文明。歷史和現

---

① 潘殊閑：四川省人民政府文史研究館特約館員，西華大學文學與新聞傳播學院教授、碩士生導師。

實告訴我們，家庭的前途命運同國家和民族的前途命運緊密相連。我們要認識到，千家萬户都好，國家纔能好，民族纔能好。國家富强，民族復興，人民幸福，不是抽象的，最終要體現在千千萬萬個家庭都幸福美滿上，體現在億萬人民生活不斷改善上。”

的確，家庭在中國傳統文化語境中具有非常重要的地位，談文化，談社會，談國家，談民族，談天下，都繞不開家庭與家族這一最基本的社會細胞。而家風家訓正是千百年來中國家庭與家族文化的精粹所在。三蘇是眉山的文化代表，而蘇軾則是眉山的文化象徵。本文試圖從家教與家風的角度，審視“清廉東坡”帶給我們的寶貴啓迪。

一、家庭與家族：從家教到家風

（一）**家是姻親的組合，是血緣的凝聚，甚至包括收養關係的聚集**。家庭是在婚姻關係、血緣關係和收養關係的基礎上産生的基本社會生活組織。家包括家庭、家族，家庭是家族的起點，家族是家庭的放大。

（二）**進入文明社會以來，家是社會文明的細胞，是文明國家的基礎**。儒家有系列的論述：身修—家齊—國治—天下平。國家與家國，是從不同的層面觀察與叙述。正所謂國就是家——大的家，家就是國——小的國。在古代中國，家庭與家族關係密切，古代家族概念重于家庭概念。由于生産力低下，人的繁衍尤爲重要，突出家族，强調的就是這支宗族的生息繁衍。有家族就有家譜和族譜。家譜、族譜是一個家族的生命史，是一個家族得以延續的唯一存在證明。自唐代以來，歷代都對撰修、研究家譜大力提倡和支持。同時家譜也爲地方志和正史的可信度提供了有力的支撑和佐證，對歷史學、人口學、民俗學、社會學和經濟學等方面的研究有着不可替代的獨特功能。

（三）**家必須要有家教、家法、家規**。由單一的、單個的、零星零碎的家教上升到家法家規，再上升到族規。家教、家規、家風是一個家庭或者一個家族在世代繁衍過程中形成的較爲穩定的生活方式、道德準則、家庭氛圍以及相沿成習的爲人處世的家庭傳統和原則方法的總和。家教、家規可以是零散的也可以是系統的，可以是口頭的也可以是書面的。家教、家規、家風是緊密相連的一個家庭文化氛圍系統，好的家風來源于良好的家教與優秀的家規，家規通過嚴格的家教付諸實施，并世世代代相襲相傳，就形成家風。從文化角度言，可以説，中國傳統文化發展史也是一部關于家規、家教、家風的記載史，家教、家規、家風成爲中國傳統文化的一大固有的特色。

（四）**在家教基礎上形成家訓與族訓**。家訓、族訓是由家族長輩自己制定，要求所有家庭成員或族衆共同遵守的行爲規範和規章制度的總稱，通常由父祖長輩、族内尊長爲後代子孫和族衆規定的立身處世、居家治生的原則、規範、訓練和禁戒。如顔之推稱他撰寫《顔氏家訓》是爲了“整齊門内，提撕子孫”（《顔氏家訓 • 序致》）。傳統家訓文化的核心始終圍繞治家、睦親、教子、修身、處世展開，實質是倫理教育和人格塑造，旨在培養家族成員“忠、孝、仁、信、勤、禮、義、廉、耻”等道德品質，形成忠君報國、父慈子孝、兄弟和睦、鄰里團結、勤廉節儉的家庭氛圍，以營造良好家風，教化子孫。

（五）**依托家教、家訓與族訓，形成家風、族風與鄉風**。所謂“家風”，一般是指一種由父母（或祖輩）提倡并能身體力行和言傳身教，用以約束和規範家庭成員的風尚和作風。家風是一個家庭長期培育形成的一種文化和道德氛圍，有一種强大的感染力量，是家庭倫理和家庭美德的集中體現。家風一旦形成，就能不斷繼承發展，并有着日積月累、潛移默化、前後相繼陶冶家庭成員品行的作用。正如社會風氣是社會道德水平的一個重要體現一樣，家風也是家庭成員道德水平的集中體現。家風作爲一種精神力量，它既能在思想道德上約束成員，又能促使家庭成員在一種文明、和諧、健康、向上的氛圍中不斷發展。

中國傳統家風主要有兩種樣式：一種是以《家訓》爲主要内容的文本樣式，另一是以身體力行爲主要内容的行爲樣式。家風在家庭建設中具有特殊的作用，具體而言，有四個方面的影響是明顯的：一是通過潛移默化的熏陶提高人的道德認知；二是通過潤物無聲的親情培養人的道德情感；三是通過傳統家規的約束錘煉人的道德意志，道德意志的韌度决定一個人的道德品質的高度；四是通過行爲習慣的認同養成人的道德行爲。家風能影響到族風、宗風、鄉風，好的家風與不好的家風，對社會都會産生一定的熏染。

二、三蘇家教與三蘇家訓

（一）**書香城市與書香家庭**。自李冰治水與文翁化蜀之後，西蜀地區經濟富庶、文化隆盛，作爲這一區域核心城市之一的眉山，得岷江與峨眉之滋養，鍾靈毓秀，至宋代，文化尤爲發達。這種發達有幾個標志：讀書人多；教育機構多；書商書販多；藏書樓多；參加科舉考試的人多；科舉成功率高；社會崇尚讀書，尊重知識，形成良好氛圍。故“孕奇蓄秀當此地，郁然千載詩書城”（陸游《眉州披風榭拜東坡先生遺像》），是書香眉山的歷史寫實，這是大環境。對蘇家小環境來説，依然是書香家庭，“門前萬竿竹，堂上四庫書”（蘇軾《答任師中家漢公》）是蘇軾的形象描繪，蘇轍則直接説“我家亦多書”。蘇家還有不少“自編教材”，蘇洵就曾潛心攻讀經史百家之書，并親自輯校數千卷書作爲教材教育蘇軾蘇轍兩兄弟。大環境小環境相互影響，這是典型的環境育人與環境改變人。

（二）**因材施教**。蘇軾祖父蘇序雖然未仕，但却是一個“表裏洞達”的“豁然偉人”，對三個兒子的教育與期望不一樣。在他的教育影響下，三個兒子都參加了科舉。長子蘇淡舉文學進士，因學業未精，未中。又于景祐四年（1037）早亡，未有所成。次子蘇涣于天聖二年

（1024）進士乙科及第，三子蘇洵雖“壯猶不知書”，但蘇序并不强之，且對人説“是非憂其不學者也”。既而蘇洵果然奮發力學，儘管屢次考試未中，却最終成爲文章大家，且培養出馳騁文壇的蘇軾、蘇轍兄弟，并與其子一道以文學名天下，爲學者所宗。蘇序對蘇洵的“放縱”，最終成就了蘇洵的大器晚成。

（三）**正能量教育**。蘇家比較富裕，但爲了培養蘇軾兄弟吃苦耐勞的精神，程夫人于蘇軾兄弟二人準備迎考時讓他們“日享三白”，即一撮鹽、一棵生蘿蔔、一碗飯（《曲洧舊聞》）。這種歷練，爲兄弟兩人日後經受貶謫生涯的考驗奠定了基礎。

（四）**篤孝愛敬**。蘇洵曾在《蘇氏族譜》中叙述他的祖父蘇杲“最好善，事父母極于孝，與兄弟篤于愛，與朋友篤于信，鄉閭之人，無親疏皆敬愛之”。

（五）**寬以待人**。蘇洵曾在《蘇氏族譜》中叙述他的父親蘇序“薄于爲己而厚于爲人，與人交，無貴賤皆得其歡心。見士大夫曲躬盡敬，人以爲諂，及其見田父野老亦然，然後人不以爲怪”。

（六）**樂善好施**。蘇洵曾在《蘇氏族譜》中叙述他的祖父蘇杲“好施與”，且不事張揚，即“施而尤惡使人知之”。其父蘇序“族人有事就之謀者，常爲盡其心，反復而不厭”，凶年嘗鬻其田以濟饑者，既豐，人將償之，曰：“吾自有以鬻之，非爾故也。”卒不肯受。

（七）**爲人低調**。蘇杲、蘇序都爲人低調，蘇洵説是“力爲藏退之行，以求不聞于世。然行之既久，則鄉人亦多知之，以爲古之隱君子莫及也”。

綜上，三蘇家教更多是身教，是一種道德文章的積澱與熏染，是崇教崇禮崇仁崇義的具化與踐行。有零星的誡子篇札，無長篇的家訓專著，但這絲毫無損蘇氏家族的道德高度。

三、三蘇家風與三蘇的成長

三蘇家風是三蘇前後幾代在家庭内部形成的一種具有蘇氏特色的爲人、爲事、爲生、爲學、爲家的風格與風尚。2017年上半年以來，眉山市紀委等五部門聯合開展了以弘揚三蘇家訓與家風爲主題的“五個一”活動，這個活動切入點找得非常好，很有意義，其所提煉的“讀書正業、孝慈仁愛、非義不取、爲政清廉”的三蘇家訓很到位。這裏，我結合自己的學習思考，談幾點自己的認識：

（一）**崇尚讀書學習**。蘇轍稱贊其兄蘇軾“平生無所嗜好，以圖史爲園囿，文章爲鼓吹”（《子瞻和陶淵明詩集引》），蘇轍説他自己“圖史紛滿前，展卷輒忘睡”（《讀書》），二蘇從小養成了刻苦用工的習慣，嗜書成癖。蘇氏讀書還特别重視經典的學習。在閉門苦讀的十年裏，蘇洵醉心于經史百家之書，“取《論語》、《孟子》、韓子及其他聖人、賢人之文，而兀然端坐，終日以讀之者七八年矣”（蘇洵《上歐陽内翰第一書》），因此“杜門絶賓友，翻詩書經傳諸子百家之書，貫穿古今，由是著述根柢深矣”（張方平《文安先生墓表》）。

（二）**追求上進**。地處西南一隅的眉山，蘇氏家族能够群星閃耀，跟他們不斷追求上進有很大的關係。蘇洵雖然屢嘗考試失利，但始終没有灰心。雖然 27 歲始知發奮向學，但意志堅定。三蘇是靠自己的不懈努力走上文壇最高峰的，這當中完全没有僥幸，没有投機取巧。

（三）**仁厚之心**。蘇氏家族數輩都有一顆仁愛寬厚之心，在族中鄉里有很好的口碑，被稱爲賢達、君子。

（四）**伯父的榜樣力量**。蘇渙是開風氣之先的人物，他不僅打破了蘇氏五代不仕的局面，且爲鄉里開闢出了由科舉而仕宦的康莊大道。而蘇渙爲政的清廉幹練，還爲蘇氏子弟樹立了從政的榜樣。這是典型的家教形成家風，前輩示範晚輩，家風影響鄉風，鄉風改變地方教育生態、文化生態、社會生態。

（五）**女性的獨特作用**。蘇洵之妻程氏是眉山有名的名門望族，對蘇氏家族來説，程夫人是蘇氏家族見諸記載的第一位知書達禮的才女，在蘇氏家族的歷史上具有相當重要的地位，發揮了相當重要的影響。程夫人“生而志節不群，好讀書，通古今，知其治亂得失之故”（蘇轍《墳院記》），她不僅爲蘇氏家族生養、教育了蘇軾、蘇轍兩個有出息的兒郎，帶來了家族的繁盛，而且她還以一雙柔弱的肩膀扛起家庭的重擔，幫助丈夫卸掉治家治生的煩惱而得以安心向學，使丈夫二十七歲之後尚能發憤圖强而終成大名。

四、“清廉東坡”的人格魅力

（一）**博學多才**。蘇軾興趣愛好廣泛，博學多思，善于創新，于詩、文、詞、賦、經學、子學、史學、書法、繪畫、養生、醫療、烹飪、釀酒、製器、營造、種植、科技等方面都有卓越建樹，在中國文化史上無人能出其右，是“自古文宗出西蜀”的最典型代表。

（二）**博愛謙遜**。蘇軾門庭廣大，除人所共知的“蘇門四學士”“蘇門六君子”外，還有“蘇門後四學士”，以及衆多追隨者。蘇軾愛護人才、獎掖後進，從不以導師自居，對朋友和後輩，總是嘉善而矜不能，凡有寸長片善，四處宣揚，見到短處，則善爲譬喻，耐心開導。

（三）**民本思想**。蘇軾深受孔孟“民爲邦本”“民貴君輕”思想的影響，主張仁政愛民。其 22 歲參加禮部考試，所作《省試刑賞忠厚之至論》，從“愛民”“憂民”出發，主張“廣恩”“慎刑”，集中表達了蘇軾一生堅持以儒家“仁政”思想治國安邦的政治主張。

（四）**關心弱勢群體**。蘇軾特别關注關心弱勢群體，多做雪中送炭之事，少盡錦上添花之舉。從海南北歸後，在友人邵民瞻的幫助下，傾其所有購買了一處民宅，搬家當天到郊外散步，聽聞一老婦人哭泣，後得知他所購房屋爲老婦人祖傳老宅，被兒子賣掉，傷心不已。

蘇軾再三慰撫，“命取屋券，對嫗焚之；呼其子，命翌日迎母還舊第，竟不索其直”（費衮《梁溪漫志》），蘇軾偉大的人格，于此洞見。類似這樣的大愛在蘇軾的一生中非常多。

（五）强烈的責任感。熙寧十年（1077）二月，蘇軾改知徐州，七月十七日，黄河在澶州曹村埽决口，洪水圍城，萬分緊急。蘇軾看到被捲入洪水急流中的男女老幼蔽川而下，便“使習水者浮舟楫，載糗餌以濟之，得脱者無數”（蘇轍《黄樓賦并叙》）。蘇軾看到城内一些富豪大賈怕死偷生，紛紛争出避水，這反而愈加增强了他與城民共存亡的决心。他率軍民持畚鍤以出，築起東南長堤，使水不及城，“民心乃安”。蘇軾不僅勸禁卒盡力，且在危急情况下，“廬于城上，過家不入”，日夜指揮吏民，分堵而守，築長堤九百八十四丈，又發公廪，濟困窮，經過七十餘天的奮戰，終于戰勝洪濤，保全了全城人民的生命財産。

（六）創新精神。蘇軾性格豪爽，不喜循規蹈矩，善于求變創新。這種特性在很多方面都得以淋漓盡致地展現。蘇軾身上衆多的頭銜便是敢于創新、善于創新的結果。如元祐五年（1090），蘇軾在杭州任上，目睹西湖水中多葑（淤泥），有必廢之漸，有五不可廢之憂，于是奏乞利用賑灾餘緡并特别撥款，修浚被稱爲杭州之眉目的西湖。蘇軾招募饑民，興功開西湖，包括疏浚茅山、鹽橋二河及修六井，將葑泥築成八百八十丈長的長堤，把“内湖”與“外湖”連結起來，使這一工程充分發揮了航運、灌溉、飲水、環保、休閑娱樂等功能，同時也讓“數千人得食其力以度此凶歲”（蘇軾《杭州乞度牒開西湖狀》及《申三省起請開湖六條狀》）。這是一項深得人心的民心工程，是一個造福子孫後代的偉大工程，也是一舉數得的“創意”工程，因而也成爲中國歷史上各級地方官實施仁政惠民、科學治城的典範。

（七）豐富閱歷與豐富人生。蘇軾一生命運多舛，頻繁的政治遷徙，有如播種機，讓他所到之處，廣撒知識、真情和愛的種子，且愈貶愈知名，愈貶愈轟動，其中一些關心民瘼、造福地方的能聲佳績以及機智風趣、豁達幽默的趣聞軼事，成爲人們口耳争傳的經典，蘇軾風采由此及彼、迅速傳揚、不可逆轉。

蘇軾一生到過的地方，可以用東西南北來形容，這一行迹是許多文人難以企及的，其中一個重要的原因就是頻繁的政治遷徙。有意思的是，蘇軾出生在西蜀眉山，是萬里長江的上游源頭，長江被譽爲巨龍，故生在龍首。蘇軾從海南返回後定居江蘇常州，并病逝在那裏。這裏是長江下游，是龍尾。“烏臺詩案”之後開啓了蘇軾的貶謫人生，黄州是第一站，再往下是惠州、儋州。黄州地處長江中游，無論是生命的横綫還是貶謫的縱綫，黄州都在交匯點上。所以，蘇軾從海南返回後曾自嘲：“問汝平生功業，黄州惠州儋州。”（《自題金山畫像》）黄、惠、儋三州，形象地描繪了蘇軾一生的竄逐，高度概括了蘇軾不平凡的人生軌迹。這種游歷，豐富了蘇軾的視野，擴大了蘇軾的胸襟，拓展了蘇軾的境界，也使蘇軾走一路、交游一路、展示一路，快速而全面地提升其知名度、美譽度。

五、"清廉東坡"的形象解讀

（一）**浩然正氣**。蘇軾一生浩氣凛然，從無諂媚取悦。故道德文章，足令萬世景仰。陸游感嘆道："公不以一身禍福，易其憂國之心。千載之下，生氣凛然。忠臣烈士，所當取法也。"（陸游《跋東坡帖》）

（二）**愛憎分明，是非明辨**。蘇軾不僅進士及第，還考中了"制科"中的"賢良方正直言敢諫"，且入三等（宋代最高等），這種身份决定了蘇軾敏鋭的政治觀察力和糾偏補弊的政治意識。蘇軾疾惡如仇，遇有邪惡，則"如蠅在食，吐之乃已"；對弱勢群體，對普通民衆充滿深情。

（三）**淡泊名利**。蘇軾一生大起大落，這種起伏并不是他的過錯，而是黨争的傾軋。在新舊黨輪番執政中，他絶無投機取巧之心，也不是爲了自己的烏紗帽，而是出于對國家、民族、百姓和社會的理性思量與權衡。依蘇軾的智慧，如果他能如某些勢利之人"審時度勢"，他就不至于有這樣坎壈的人生，但如果是那樣，他就已經不是我們今天崇敬的蘇東坡了。對此《宋史・蘇軾傳》結尾有這樣的議論："嗚呼！軾不得相，又豈非幸歟？或謂軾稍自韜戢，雖不獲柄用，亦當免禍。雖然假令軾以是而易其所爲，尚得爲軾哉！"而對利的認識，可用《赤壁賦》中"苟非吾之所有，雖一毫而莫取"概括。

（四）**尚簡尚廉**。蘇軾在《六事廉爲本賦》中説："功廢于貪，行成于廉。"今天我們説廉潔是官員的底綫，如果觸犯，一切成績成就清零，意思與之同。在治國理政、選人用人的過程中，蘇軾主張"循理無私"，蘇軾曾醉書這樣的大白話："處貧賤易，耐富貴難；安勞苦易，安閑散難；忍痛易，忍癢難。人能安閑散，耐富貴，忍癢，真有道之士也。"（《春渚紀聞》卷六）崇尚節儉既是一種美好的品德，又是一種人生的智慧。蘇軾在給李公擇的信中曾説："口體之欲，何窮之有，每加節儉，亦是惜福延壽之道。"（蘇軾《與李公擇十七首之十》）少私寡欲，就少貪念；貪念少，失落就少，内心的不安亦少，因此，就會活得輕鬆。

（五）**敬業奉獻，造福一方**。各地的東坡井、東坡書院、東坡孤兒院、東坡醫所等，都記録下蘇軾造福當地百姓的事迹。

（六）**終生學習，勤于觀察思考**。這一特性讓蘇軾知識豐富，减少偏激、狹隘，確保各項政策措施接地氣，少折騰，百姓得到更多實惠。

（七）**慎重交友，純潔的朋友圈**。蘇軾一生學生、朋友、追隨者、仰慕者甚多，在有名有姓的交往者中，絶大多數都有好的名聲。

（八）**慎獨，不留劣迹**。蘇軾一生充滿正能量，各種文獻記載，没有任何劣迹可以詬病。人在大庭廣衆中可以"作秀"，但在私生活中，則容易放縱任性。但蘇軾没有這樣的不良記録，這當是他既慎衆又慎獨的歷史事實。

（九）樂觀隨緣。蘇軾一生大起大落，無論是順境還是逆境，蘇軾都能做到隨緣自適，樂觀面對。這種心態，使他生命更有張力，心境更加平和，也就更少憤激、偏激，客觀上阻止了犯難、犯法甚至犯罪的産生。在蘇軾看來，安與和是保持這種心境的關鍵："安則物之感我者輕，和則我之應物者順。"（蘇軾《問養生》）

六、"清廉東坡"的當代啓示

（一）儒官。要做知識型官員、學習型官員，養成終生學習習慣，這樣就可使自己視野宏闊，擁有大境界、大氣魄、大格局。

（二）良吏。要努力做清官，做有責任、有擔當、愛民惠民的好官。

（三）敬畏。我們要敬畏天地、敬畏自然、敬畏科學、敬畏法律、敬畏生命。

（四）良知。要有事業良知、家庭良知、社會良知。

（五）慎己。要慎獨、慎交、慎得、慎名。

（作者單位：四川省人民政府文史研究館，西華大學文學與新聞傳播學院）

從《滄洲塵缶編》看宋代敘州進士、刑部尚書程公許的家風

陳明本[①]

內容提要：本文從程公許《滄洲塵缶編》中的詩文切入，對宋代敘州進士、刑部尚書程公許耕讀傳家、清正廉潔、立朝剛正、憂國憂民、寄予後人厚望等優良家風家訓進行了分析論述，對如何發揮好復建的蟠龍書院的作用提出了思考和建議。

關鍵詞：《滄洲塵缶編》；程公許；家風

《滄洲塵缶編》（共十四卷）爲宋代程公許（1182－1251?）著。公許（hǔ）字季與，一字希穎，號滄洲，南宋四川敘州宣化縣登龍里（今四川宜賓市敘州區觀音鎮蟠龍村）人。南宋嘉定四年（1211）進士。歷官雙流縣尉、綿州教諭、崇寧知縣，簡州通判、施州通判、知袁州，至刑部尚書，授龍圖閣學士，事迹見《宋史》本傳。

《滄洲塵缶編》書中有公許自序一篇，末署淳祐改元、辛丑（1241），説明該書爲程公許任南宋朝廷秘書少監時所自編，是目前發現的古代敘州人最早的著述。明成祖時被編入《永樂大典》，清代又被收録于乾隆皇帝欽定的《四庫全書・集部四》，因而得以完整保存。從《滄洲塵缶編》書中的詩文，可以管窺敘州程氏家族的優良家風和家訓。

一、耕讀傳家

《宋史・程公許傳》明確説程公許爲敘州宣化人，明代潼關兵備道周爻（宜賓人）所撰

① 陳明本，四川省人民政府文史研究館特約館員。

碑文稱頌公許"居家以學聞，立朝以忠顯"。清乾隆四十八年紀曉嵐等編成的《四庫全書·滄洲塵缶編》提要，説程公許爲"叙州宣化人"。清嘉慶《宜賓縣志》載："宋三程墓，治西一百二十里，越溪岸上，墓後爲蟠龍寺，即蟠龍書院也，明周爻撰有碑文。"李伯章等新修《宜賓縣志》説"三程"系指南宋程公説、程公碩、程公許兄弟三人，"墓在今改進鄉合衆村蟠龍生産組，墓今已改作農田，尚有巨碑一座，半埋土中，風蝕無一字可認，疑明周爻所撰碑即此。碑文載嘉慶《宜賓縣志·藝文》"①。筆者曾親臨考察，該地位于岷江一級支流越溪河下游右岸，今屬四川省宜賓市叙州區觀音鎮合衆村蟠龍組。

現有資料對程公許的父祖記載很少，具體情况不詳。我們可以從程公許詩文中瞭解到其父母和兄長的一些情况。

關于程公許母親，《宋史·程公許傳》稱："嘉定四年舉進士，調温江尉，未上，丁母憂。服除，授華陽尉。"程公許"少知孝敬，大母侯疾，公許不交睫者數月，病革，嘗其痰沫，既卒，哀毁逾制。"② 引文中"大母"古代指祖母，程公許小時候祖母重病時，曾爲深愛自己的老祖母吸痰，祖母去世後，悲痛欲絶。現在考中進士，親愛的母親却去世了，按律回家三年"丁母憂"。喪滿，程公許《三年銜恤絶不吟詩既奉祥祭觸緒摧裂偶得古詩三章呈叔逢兄并似彦威侄》："轉矚二十年，俯仰含悲辛""母慈不逮養，翁健長相依""三年輟清吟，寸腸堆百憂"③。守喪期滿，程公許被授雙流縣尉。

嘉定十三年（1220），程公許出任綿州教授，與父相别于成都萬里橋。四年後父卒守喪，再過此橋，睹物思人，不免悲慟，作《過萬里橋辛巳春仲二十五日送别先君于此俯仰四年不勝感愴》云："漲緑平堤萬里橋，安輿欲去此遲留。了知薪盡無餘火，猶復情痴認刻舟。終古不磨方寸恨，深恩未有一分酬。回頭蔌水中年樂，摊袂泛瀾涕莫收。"

程公許詩文中提及兄長三人，即伯兄程公説、仲兄程公碩，此二人皆有功名，還有一位默默無聞的叔逢兄，在越溪河畔蟠龍書院守業務農。

程公説（1171—1207），字伯剛，慶元元年（1195）進士，初試廣都簿，後教授臨邛，今有《春秋分記》九十卷傳世。事見劉光祖《程伯剛墓志銘》。淳祐三年（1243），程公許爲其《春秋分記》作序："先兄伯剛……早登進士科，順次親庭，及爲廣都主簿、臨邛教官，公許皆得侍左右。……公許幼刻意欲自見于詩文，所習博雜，兄責之甚厲。忝繼名第，偶以組綉鞶帨見之于當代文章家，游揚引重，繆承人乏，載筆入直禁省，而經訓突奥，未之有省，多以是有愧于吾先兄。"

關于仲兄程公碩，程公許《滄洲塵缶編》卷九有詩，題爲："余爲華陽尉三年，事制置使，榷牧、都漕兩使者皆以文字辱知（賞識），不盡責以吏也。既滿戍，擬蒙陽丞，歸親旁，范使者爲改注左綿學官。瘧病再作，未即就戍，成二詩，呈兄長及諸友。"詩之二有注云：

---

① 四川省宜賓懸志編纂委員會編纂：《宜賓縣志》，巴蜀書社1991年版，第544頁。

② 〔元〕脱脱：《宋史》，卷四一五《程公許傳》，中華書局1985年版，第1245頁。

③ 文中與程公許有關的詩文均引自《滄洲塵缶編》（陳明本校注本）卷一至卷十四，巴蜀書社2023年版。

“余冠歲，隨侍仲兄遍游涪上十景，皆有賦咏。”程公碩，字仲遜，慶元元年（1195）進士，嘗掌教益昌。

程公許在《滄洲塵缶編》中對其祖籍河南的情况有所交代。從其先祖自公元8世紀中期唐安史之亂（755—763）入蜀至公元12世紀中期南宋時程公許這一代，四百年間，開枝散葉，其祖上定居敘州宣化越溪河畔，創辦蟠龍書院，耕讀傳家，没有十幾代人的賡續接力是辦不到的。

二、清正廉潔

程公許丁母憂守喪期滿，授成都府華陽縣尉，主管治安等。

他勤政愛民，恪盡職守，雖初涉政事，但治績斐然。待兩届將滿，賦詩作結：“唱第八年久，折腰三考書。上官容我拙，樸學與時疏。冷落隨陽雁，蹣跚上竹魚。平生經世志，窮達豈關渠。”詩中“三考書”是宋代官吏考績制度，三年一考，九年三考，按結果决定升降獎懲。嘉定十三年（1220），程公許出任綿州教授。

此後四川兵變，朝廷任命崔與之（1158—1240）爲四川安撫制置使兼知成都府，負責平定兵變，抗擊金軍。程公許入其幕府，輔佐崔與之理財，調整糧食徵收辦法，發展邊境貿易，通過邊民買賣，將金、夏統治區大批戰馬、糧食買入，使四川很快成爲軍政協調、紀律嚴明、兵精糧足、百姓富裕的地區，出現了多年來少有的安定局面。

崔與之頗爲器賞程公許，遂薦公許知崇寧縣。崇寧縣是原川西五縣“温、郫、崇、新、灌”之一，縣城位于今成都市郫都區唐昌鎮。

程公許在冬季巡視轄境内都江堰灌溉水渠，常夜宿于工地，白天親自督促維修，指揮用籠石之法加固堤堰：即破竹爲籠，圓徑三尺，用竹籠裝石，當地人稱“籠石”“竹蛇”，築堰堵水，以備來年春耕。

他在崇寧任上寫的《縣齋秋懷》中説：“每負伐檀耻，欲期盡心償。”伐檀是《詩·魏風》篇名。程公許以“伐檀”這個譏刺貪鄙者尸位素餐的典故，警示自己要清正廉潔，擔當有爲。他在崇寧施政有方，蠲預借，免抑配，人甚德之，届滿後調任簡州通判。

紹定四年（1231）冬，蒙古軍隊破蜀口諸郡，四川制置使桂如淵逃歸，朝廷以李埴爲四川制置使兼知成都府，調任程公許任施州（今湖北恩施）通判。

四川形勢危急，宋兵將崩潰。程公許盡力輔佐李埴，節浮費，疏利原，民不增賦而用自足。不僅如此，程公許爲官沖淡自守，剛正廉明，拒受重賄。許多將士趁亂搶劫掠奪，事件平定後自感處境危險，便以重金賂結上司。大將和彦威將金銀獻給程公許，被公許嚴厲拒絕。吴彦將財寶獻于公許，也同樣受到指責。

《送仲嘉弟東歸赴湖州長興尉》是程公許到朝廷爲官後寫的一首詩，體現了程公許不徇私情的品格。

第一部分："喬松天與歲寒節，直從拱把禁霜雪。如君生小樂真筌，衆説咻之莫能奪。青春閉合蛾眉怨，永日啖茹庖烟絶。交朋勸止徒爾爲，我亦無言可開説。"

君指妻弟仲嘉，自幼快樂天真，貪玩好耍。妻弟仲嘉結婚成家了仍喜歡交朋結友，少有回家吃飯，妻子也生怨言，程公許開導勸説也不起作用。這一部分以樹的成長喻人，寫出妻弟仲嘉少時天真爛漫，青年無拘無束的性格。

第二部分："老親坐堂眉不開，姑請聊向人間來。人間可欲如涕唾，此心久已同寒灰。太虚浮雲漫塵玷，明鏡過影常往回。宰官居士等人耳，舍喧取静非兼該。知君心量已超越，去盡障塞真奇哉。王城蝸屋欣再睹，燭盡鴉啼夜深語。"

老親，指程公許年老的岳父母，坐于廳堂悶悶不樂。下句把上句中的妻父母——"老親"喻作神仙，程公許的妻子則成了"人間"。岳父母衹得托話給女兒，想讓女婿程公許幫妻弟的忙，在朝廷謀個一官半職。但岳父母可曾知曉女兒衹能暗中落泪，因爲托程公許幫忙的想法早已猶如死灰，夫君品行孤傲清高，如同天空飄浮的白雲不會被玷辱。

第三部分："雲從投足窺吏曹，始知敝屣人争耻。長興風物吾所羡，朝拿扁舟晚叩縣。霜刃割魚慎莫嘗，唯有青銅可照面。我行作吏三十秋，日暮不歸鳥飛倦。臨分欲效昔人言，畏子機鋒如閃電。出門揮手即江湖，猛利應無兒女戀。"

吏部任命官員的公告揭曉，程公許衹是跟在他人後面悄悄地去觀看。敝屣是破爛的鞋子，此指浙江湖州長興縣尉這個位置，人們都以爲耻，看不起，但程公許却認爲妻弟即將赴任的湖州長興縣，風光景物宜人，距離湖州很近，早上乘船出發，傍晚即可到達。在妻弟即將走馬上任之際，程公許告誡他：爲官要廉潔，利益誘惑猶如明亮鋭利的鋒刃割魚，切莫上當；如鏡的清水可以照見容顔，衹有清正廉潔纔能流芳後世。

三、立朝剛正

端平元年（1234），程公許被召授大理司直，進入朝廷，他立朝剛正。

首先是爲皇上通耳目，使諫臣敢于直言。

嘉熙元年（1237），鄭清之父子把持朝政，陷害無辜，招權納賄，勾結蜀帥趙彦吶喪師害國。蒙軍攻入成都，旋弃去，兩湖震恐，臨安孤危。御史杜範與太學諸生彈劾鄭清之、李鳴復等人，然而理宗不納所言，于是杜範拂袖而去，渡江歸家。

公許奏論此事："志士仁人，嬰逆鱗，賈衆怒，不過爲陛下通耳目，爲朝廷立綱紀而已。今也假以職而弃其諫，幸其退而優其遷，則是自裂其綱紀，自蔽其耳目，遂使居是職者雖被親擢，言不得行，始焉固辭而弗從，終焉强留而飲愧。臣恐自此同類沮失，各起遐心，來者相戒，以爲容默，陛下愈孤立無助矣。”[①]

程公許以“嬰逆鱗”隱喻古代諫臣難免觸怒君王，遭罹殺身之禍。但若無人敢于諫言，皇上則會陷入孤立無助，表達出對皇上失去諫臣的憂慮。他認爲：倘若有識之士不敢公開在朝廷明説己見，而衹在家裏憂心忡忡，不敢對君王直言，而衹在朋友間私下談論，國家就危險了。

對于迷惑皇上的異端邪説，程公許則堅决地予以揭露。嘉熙元年五月，京城大火，殿中侍御史蔣峴逢迎皇上以邀寵，以邪説禁錮言者。程公許應詔言事，規勸皇上：“陛下宜以大舜無藏怒宿怨爲心，而參酌于漢文帝之待淮南厲王、我太宗待秦邸之故事，以召和氣，弭眚灾，特在一念轉移之頃耳。”[②]

嘉熙四年（1240），史嵩之爲相，怙權不法，禍國殃民。大臣郭磊卿義無反顧，擬章劾奏。史嵩之以明升暗貶之法任郭爲理宗皇上起居郎，郭磊卿憤而離京。臺諫謝方叔、王萬等相繼辭職，徐榮叟亦抗章引去。程公許上奏：“乞還言官，俾安厥位”，“外難憑陵，國勢岌若綴旒，朝廷上自爲弗靖，陽爲遷除，陰奪言職，此中外所以怏怏”[③]。程公許的上奏得到了皇上部分采納。

其次是與主和派進行堅决鬥争。

嘉熙四年四月，主和的史嵩之爲相，想恢復鄭損原來的官位。程公許清楚地記得：寶慶三年（1227），蒙軍悍然進攻南宋川陝地區，時任四川制置使鄭損擅自做出了弃守關外五州（階州、成州、鳳州、西和州、天水軍）的錯誤决定。當敵騎來犯時，竟然將四川外圍的要塞輕易放弃，致使南宋經營百餘年的“三關五州”防禦體系徹底瓦解。

程公許憤然拍案而起，上奏彈劾：“損撤關外五州重屯，移之内郡，則丁西蜀禍，損實爲之。使損官可復，不知千萬之赤子死者可復生乎！”[④] 皇上乃駁回了史嵩之的上奏。面對嚴峻的軍事形勢，程公許主張重用并儲備主戰的軍事帥才。當朝議擬用攀附史嵩之等主和派的龔基先爲九江太守時，公許奏其不當，帝見公許疏稱善。

再次是在專權的鄭清之等的責難、攻擊中竭力維護朝綱。

南宋後期，鄭清之曾先後三次任宰相，第三次任相時，年事已高，政事都由其妻子、兒子處理，一些人趁機用賄賂的手段得以任用，爲世人蔑視。

鄭清之罷京師太學，遣散生徒，要他們回各州自試于學。公許奏請保留五百名額，鄭清之益不樂。授意侍御史陳垓上疏彈劾程公許。參知政事吴潛上奏留之，同知樞密院徐清叟上疏評議陳垓，太學生劉黻等百餘人以及布衣方和卿伏闕上書彈劾陳垓，二府也奏公許不宜

---

① 〔元〕脱脱：《宋史》卷四一五《程公許傳》，中華書局1985年版，第1245頁。
② 〔元〕脱脱：《宋史》卷四一五《程公許傳》，中華書局1985年版，第1245頁。
③ 〔元〕脱脱：《宋史》卷四一五《程公許傳》，中華書局1985年版，第1246頁。
④ 〔元〕脱脱：《宋史》卷四一五《程公許傳》，中華書局1985年版，第1246頁。

去。鄭清之排擠程公許的目的沒有達到。

淳祐十年（1250），宋理宗不顧鄭清之反對，乃授程公許權刑部尚書。程公許入對，上疏貨財，興繕、逐諫臣、開邊釁時弊等事，薦知名士人二十九人。

淳祐十一年（1251），朝廷尋授程公許寶章閣學士、知隆興府，而公許已死矣。遺表上，帝嗟悼，進龍圖閣學士致仕，贈宣奉大夫。

四、寄予後人

首選，自樹表率。

在古代社會中，家庭教育占有非常重要地位。程氏家族重視以詩書傳家博取功名，傳續家風，重振家聲，成爲程公許自覺的文化意識。這在其詩中也有突出的表現。

目前，關于程氏家族的傳記、族譜等資料記載較少，難以具體考察其家族發祥延承情況。僅在程公許《撰先伯桂隱先生哀辭》序言中略有提及："程氏自唐入本朝，號眉山望族。曾叔祖夔州府尹由上庠擢政和二年進士乙科，浮沉州縣間，以學行爲縉紳矩範；叔祖飛烏府君早世，不克大耀。先生夔州嫡長孫，飛烏嫡長子也。生長見聞，嫺于禮度，非詩書不嗜，非道義不友，終老韋布，爲鄉達尊。家君子蓋先生之親手足，稚齠出繼，友愛尤洽。"

由此可知，程氏家族在唐代爲眉山望族，曾顯赫一時。自北宋徽宗朝起，其曾叔祖、叔祖及其伯父，擔任過一些低級官吏或布衣終身，名位不顯，但却都以道義、學行聞名于鄉里。

程公許身上的儒家入世精神源自時代與家庭。科舉入仕是一個家族振興和保持長盛不衰的重要條件，因而科舉考試的目的和内容，幾乎是强制性地引導或制約着程氏家族在叙州宣化越溪河畔蟠龍書院舉辦的教育。在科舉社會中，很少有哪個家族能够完全超然于科舉制度之外而另闢其他教育蹊徑。順從科舉制度并在此制度下不斷努力是宋代家族最基本的選擇。此外，程氏家族素有重視教育的傳統，家族中程公説、程公碩皆爲弟弟程公許樹立了科舉進士的榜樣。程公許在《滄洲塵缶編・自序》中提及父兄對他的勉勵："士生今日，捨科舉何自致身?"父兄督促他努力學習應試科場的文體，程公許兩次參加在成都舉行的類省試，終于功成名就，爲後人樹立了表率。

其次，規勸晚輩。

程公許現存的詩作中有不少與其晚輩甥侄來往的記載，常提到的有彦威侄、彦尹侄、彦濟侄、道傳侄、句甥等。所涉及的内容不少是對晚輩的勸勉。

在儒家入世教育影響下的程公許，也常通過詩歌的形式規勸後輩勤奮讀書，向後輩傳遞功名意識。如："門户久灰冷，雲霄如砥平。五豪同著便，一起爲家聲。"（《送道傳侄旅中赴省》）“斗印垂腰吾分耳，早看兒輩策新功。”（《再和前韻》）“世科從此傳燈廣，親黨同時奏凱旋。孝友令恭天所佑，修途萬里穩加鞭。”（《送彦威侄赴類省試》）

以上詩作或敦促、鞭策，或期冀、鼓勵後輩通過科舉建功立業，光耀門庭，十分直露地表達出祇有在仕途上有所作爲、獲取功名纔是家庭乃至整個家族最大的榮耀。

在送其外甥句持敬赴省試詩中，程公許勉勵説：“果能冠歲露頭角，須信故家猶典型。”（《送句甥持敬赴省試》）他期望持敬能在弱冠之年考中省試，從而傳承家風。

除了要求後輩通過讀書學習求得功名，振興門庭外，程公許亦在詩中勉勵後輩應該加强品德學識的修養，“可但積分縻好爵，事須學識細磨研”（《送道傳侄補中國學二首》之一）。還要求晚輩傳承孝悌仁愛的家族禮法：“孝敬自能通造物，丕臧勿用較煩言”（《送道傳侄補中國學二首》之二），“孝友令恭天所佑，修途萬里穩加鞭”（《送彦威侄赴類省試》）。

最後，系統的家訓詩。

宋代文化家族尤重家學門風的傳承，因而士大夫撰寫了大量家訓作品，用以教訓族内後人，約束家族成員的行爲。程公許所作《挾文薛君自賦五首克己讀書安貧擇交訓子爲題戒其子婿王叔儼萬里索和》即屬家訓類詩作。

其一克己：“爲人非外鑠，己與物同之。私欲陰霾蔽，良心日月虧。若能無窒礙，不用苦思惟。天理渾然處，吾生自有涯。”

其二讀書：“静得山林趣，閑知日月長。清風披竹素，小雨潤芸香。外飾謝文綉，饑餐須稻粱。人生有同嗜，衹此絶難忘。”

其三安貧：“賦予有常分，非關智力求。違行能自信，顯晦復何憂。瓢飲賢顔子，瓜疇隱邵侯。胸中吉祥宅，何處不天游。”

其四擇交：“士能知尚友，豈必盡同時。雜鮑蘭胥化，亡羊路或歧。醴甘知易絶，絲素亦奚悲。何以交難擇，而忘《伐木》詩。”

其五訓子：“萬事烟雲過，須留尾段看。芝蘭庭砌茂，風雨夜燈寒。楚澤荷紉緑，燕山桂染丹。詩書門户壯，何待侈重欒。”

這五首詩從克己、讀書、安貧、擇交、訓子五個主題分别進行咏嘆，明確涵養心性以去除私欲，潛心典籍而自得其樂，安貧樂道而追踪儒者，慎擇良友以增進道義，詩書傳家以壯大門户。言之諄諄，意在訓誡後代養成正確的價值觀，飽含着長者對晚輩成長的關切與期許，體現了程公許對族群優良家風代代相傳的希望。

五、對利用蟠龍書院傳承好程氏優良家風的思考

位于四川宜賓市叙州區觀音鎮蟠龍村的原南宋刑部尚書程公許與其兄公説、公碩讀書處的蟠龍書院，目前已經被叙州區人民政府文物部門修葺一新。筆者對如何利用蟠龍書院傳承程氏優良家風有以下思考：

第一，利用復建的蟠龍書院傳承耕讀爲本的優良家風。

當年蟠龍書院三進士中程公説考上進士後，被授官臨邛教授；程公碩考上進士後，掌教益昌；程公許考上進士後，進入仕途，權終刑部尚書。可謂萬般皆下品，唯有讀書高。但我們不要忘了，程公許的《滄洲塵缶編》裏還提到一個叔逄兄，在越溪河畔耕作守業。也就是説，以程家弟子爲代表的的蟠龍書院學子中，不是所有人都能够考上進士的，還有一批人就在當地從事家鄉的建設。

位于蟠龍書院附近越溪河下游的叙州區觀音鎮、柳家鎮、合什鎮、樟海鎮等人口三十多萬，主要産業均以傳統農業爲主。這裏有國家級重點職業高中叙州區柳家職業高中，有四川省農村教育的一面旗幟，省級重點普通高中叙州區一中。目前，叙州區政府已經决定將恢復重建好的蟠龍書院交給叙州區一中展陳使用，從産業布局、教育布局等要素看，從國家發展基礎教育的方針政策看，傳承好耕讀爲本的程氏家風，對爲國家輸送人才，爲本地培養建設者，促進當地經濟社會發展，意義十分重大。

第二，利用復建的蟠龍書院傳承尊師重教的優良家風。

當年程氏三公能從蟠龍書院脱穎而出，得益于一批高明的老師。老師李壁是眉州人，仕至禮部尚書，參知政事。他到蟠龍書院講學，緣起其父李燾（《續資治通鑒長編》四百多卷的作者）。李燾曾任榮州知州，他的兩個兒子李壁和李埴未中進士前，曾在蟠龍書院講學。程公許的詩文裏面多次提到得到老師李壁的耳提面命，他還把家裏面珍藏的唐代一幅如來像送給了老師李壁。

老師劉光祖，簡州人，曾任果州、眉州知州，升遷起居郎，負責記録皇帝的言行，成了皇帝的近臣，後被排擠出朝廷賦閑在家。大哥程公説親臨簡州，請劉光祖來蟠龍書院講學，程公許從其學。劉光祖的品行、學問對程公許影響巨大。後來劉光祖去世，程公許專門撰《幽思賦》，對老師表示懷念。

1198 年秋，大哥程公説特意請 21 歲就考上進士的魏了翁來蟠龍書院講學，并重點向程公許傳授科舉考試的經驗和體會，以期程公許早日考取功名。1211 年，程公許終于考上進士，但母親在這年去世了。母親去世以後，魏了翁的挽詩是這樣寫的："可堪風撼木，不見雪盈簪，嫠緯愁春晝，兒書課夜深。米鹽毋我累，惸獨是予心。未報熊丸苦，寒堂服已歞。"

尊師重教是程氏優良家風，也是中華民族的優良傳統。一個人遇到好老師是人生的幸運，一個學校擁有好老師是學校的光榮，一個民族源源不斷涌現出一批又一批好老師則是民族的希望。

第三，以復建的蟠龍書院爲基地之一，加强岷江中下游家風家訓對比研究，傳承弘揚優良家風。

僅以眉山蘇氏家訓和蟠龍書院程氏家風爲例，其内在聯繫就非常值得研究。

程公許晚年在《宗緒河南》題記中，對其祖上曾是眉山望族的情況有所交代。其在《壽廷邁叔祖》中又説："吾宗譜牒祖通義，蟬聯到公十五世。五派之分同一源，如木有本瓜有蒂。"程氏安史之亂自河南伊水入蜀，始祖最初落脚點在今四川眉山市東坡區崇禮鎮境内蟆頤山下岷江邊蟆頤津，"潁昌舊第歸無日，且向蟆津穩僦居"，僦居即租房而居，種田謀生。通義是地名，即隋唐時期的眉州通義縣城（今東坡鎮）。程公許的母親孫氏爲眉山魚耶場人，魏了翁在程公許母親去世的挽詩中有提及。

考察三蘇祖上，也是唐朝移民在眉山的後代。蘇洵在《族譜後録上篇》中説，有先祖聖曆（698—699）初爲鳳閣侍郎，後貶爲眉州刺史，遷爲益州長史，未行而卒。有子一人不能歸，遂家焉。自是眉遂有蘇氏。余本田家和世農，曾祖父蘇杲最好善，事父母極于孝，與兄弟篤于愛，與朋友篤于信，鄉閭之人，無親疏皆敬愛之……到宋真宗大中祥符年間（1009）蘇洵出生，蘇氏已經扎根眉山土地三百餘年了。值得研究的是，1027 年，蘇洵與 18 歲的程氏姑娘結婚，不知此姑娘家眉山程氏與越溪河蟠龍書院程氏是怎樣一種聯繫。

岷江中下游自古文化發達，世家大族勃興，家風優良，家訓内容豐富。三蘇"讀書正業、忠孝仁愛、爲官清廉"的家訓精神内涵，形成巴蜀家風文化發展史的里程碑和巴蜀家風北斗星辰般的文化符號，影響了岷江下游一級支流越溪河流域蟠龍書院程氏"耕讀爲本、清正廉潔、立朝剛正"的家風的形成。

（作者單位：四川省人民政府文史研究館）

傳承三蘇家風　領悟中華文化

李正銀①

内容提要：三蘇家風是彌足珍貴的傳家寶。我們要深入貫徹習近平總書記關於注重家庭家教家風建設的重要論述，不斷弘揚三蘇家風精髓。

關鍵字：三蘇文化；中華傳統文化；家風

2022年6月8日，習近平總書記在眉山市三蘇祠視察時指出，"中華民族有着五千多年的文明史，我們要敬仰中華優秀傳統文化，堅定文化自信。要善于從中華優秀傳統文化中汲取治國理政的理念和思維，廣泛借鑒世界一切優秀文明成果，不能封閉僵化，更不能一切以外國的東西爲圭臬，堅定不移走中國特色社會主義道路。""家風家教是一個家庭最寶貴的財富，是留給子孫後代最好的遺産。要推動全社會注重家庭家教家風建設，激勵子孫後代增强家國情懷，努力成長爲對國家、對社會有用之才。"爲我們進一步弘揚中華優秀傳統文化、講好三蘇故事指明了方向。

"一滴水可以見太陽，一個三蘇祠可以看出我們中華文化的博大精深。"這是習近平總書記對考察眉山三蘇祠時的高度評價。可見，三蘇文化是我國優秀文化中不可或缺的一部分。《三字經》載："蘇老泉，二十七。始發憤，讀書籍。"眉山三蘇祠的門口仍懸挂一副楹聯："一門父子三詞客，千古文章四大家。"仍在向人們訴説着父子三人在北宋文學史上的輝煌成就。縱覽中國文學史，没有哪一家，能像蘇氏家族一樣，在"唐宋八大家"中占據三個席位，傳爲千古佳話。

中國現代著名作家林語堂先生曾説："蘇軾是一個偉大的人道主義者，黎民百姓的好朋友，一提到蘇東坡，中國人總是親切而温暖地會心一笑。"重家教、守家訓、正家風是中華

---

① 李正銀，四川省人民政府文史研究館特約館員。

民族的優良傳統，家風文化是中華優秀傳統文化的重要内容。

蘇東坡在詩、書、畫、文、詞五個方面都做到了極致，無數人崇拜不已，一千多年以來收穫了無數的“粉絲”。朱德題詩贊：“一家三父子，都是大文豪。詩賦傳千古，峨眉共比高。”毛澤東説：“蘇東坡用‘八面受敵’法研究歷史，用‘八面受敵’法研究宋朝，也是對的。”

“三蘇”是指北宋散文家蘇洵和他的兒子蘇軾、蘇轍。蘇洵因材施教、題硯教子；蘇軾學博才高、清風做人；蘇轍十年飲冰，難涼熱血。蘇氏一門良好的家風、學風造就出一輩又一輩才子能人，因而三蘇文化也成爲優良家風、學風、作風的重要代表之一，這樣的文化值得我們學習、傳承和弘揚。

一、察三蘇遺迹，奏時代强音

（一）走進三蘇祠尋文脉，守護好中華文明史。習近平總書記來川視察，其中考察了三蘇祠。習近平總書記瞭解了三蘇生平、主要文學成就、家訓家風以及三蘇祠歷史沿革、東坡文化研究傳承等，并對弘揚中華優秀傳統文化，堅定文化自信和道路自信，推動家教家風建設等作了重要講話。其中指出，“一滴水可以見太陽，一個三蘇祠可以看出我們中華文化的博大精深。中國有‘三蘇’，這就是一個重要例證”。三蘇文化是中華優秀傳統文化中耀眼的明珠。

（二）中央政治局學習時，强調文化道路自信。2022 年 5 月 27 日，習近平總書記在主持中央政治局第三十九次集體學習時强調“要積極推進文物保護利用和文化遺産保護傳承，挖掘文物和文化遺産的多重價值，傳播更多承載中華文化、中國精神的符號和文化産品。”我們説要堅定文化自信，總書記的這句話從國家層面、政治層面、歷史層面、文化層面道出了三蘇祠所承載的文化内涵，道出了三蘇崇高的歷史文化地位和深厚的當代價值，這既是對三蘇祠和三蘇的肯定，也是對三蘇祠的發展提出的更高目標和要求，更是對中華文化的敬畏和自信。

（三）黨的二十大報告中，加强家庭教育建設。黨的二十大報告提到，“實施公民道德建設工程，要弘揚中華傳統美德，加强家庭家教家風建設，加强和改進未成年人思想道德建設，推動明大德、守公德、嚴私德，提高人民道德水準和文明素養”。希望能有更多人瞭解三蘇的家風、家國情懷、治國理念、民本思想、人文精神，從三蘇祠打開一扇通往中華文化的大門。

二、繼三蘇家訓，續千古雋永

眉山市三蘇祠，百年銀杏，古木參天，三蘇祠透出的厚重，在千餘年的中華文化歷史長河中殷殷流淌，隔岸回首，蘇氏一族的家國情懷凝聚成點點星光，指引着當代青年的奮進之路。

“一門父子三詞客，千古文章四大家”，蘇軾、蘇轍、蘇洵在“唐宋八大家”中獨占三席，對中華民族文化的影響深刻雋永，一代代學者深入研究蘇氏家風家訓，總結出“讀書正業、忠孝仁愛、爲官清廉”的蘇氏家訓精神内涵。

（一）秉讀書正業，是終身所求。他們慎終如始，永遠走在虚心向學的路上，尤其是蘇軾，通讀百家，深諳爲學與爲官之道，被稱爲罕見的文史通才，兼具有中國文人最難能可貴的高尚人格，不畏權勢、以民爲本，在如畫的千里江山中，他雄姿英發，獨立于中華百年風雨飄摇的皎皎月光之下。除了文學家，蘇軾還有一個更重要的身份——政治家，出身于平民之家的蘇軾，在青年時期牢固樹立爲民請命的家國情懷，認爲“民者，天下之本”，這也是他一生篤行不怠的從政理念。“古之立大事者，不惟有超世之才，亦必有堅忍不拔之志”，蘇軾的詩文具有很强的當代價值，鼓勵着新時代黨員幹部“立鴻鵠志，做奮鬥者”，全心向學、志在千里。

（二）持忠孝仁愛，是行事之基。“昔我先君子，仁孝行于家”，有史記載，蘇軾的祖父蘇序在盗賊圍城之時，仍然依照中華傳統喪葬禮儀，爲父親舉辦喪事。嘉祐二年（1057），母親病逝，剛剛進士及第的蘇軾兄弟第一時間返回眉山，爲母親守孝；治平三年（1066），父親蘇洵病逝于京師，蘇軾兄弟又立即辭去官職，關山萬里，將其靈柩運送回眉山，爲父親守靈。“孝門出忠臣”，蘇軾兄弟二人一生以家國利益爲重，乃至蘇軾爲佞臣所害，身陷囹圄，仍報國初心不改，爲民之心不渝。東坡風骨每每讀之，都發人深省、催人奮進，引導一代代黨員幹部鋭意進取，走好每個時代的趕考之路。

（三）守爲官清廉，是從政之道。蘇軾在《六事廉爲本賦》中寫到“功廢于貪，行成于廉”，貪婪怠惰必會毁去一身功業，而清正廉潔纔是良好品行的出發點，所以爲官從政要以廉爲先、以廉爲首。官途40載，蘇軾秉持“爲官一任，造福一方”的理念，針砭時弊，主張“以民爲本”的改革，爲其他人所不容，屢遭貶謫，但無論在朝廷還是地方，他始終堅持“一蓑烟雨任平生”。三蘇家訓，源遠流長，東坡風骨，綿澤後世。我們要時刻保持清醒的頭腦，用千百年風雨凝成的深厚傳統文化武裝思想、鞭策行動，把使命銘刻心底，用青春書寫奮鬥，以功成不必在我的精神境界和功成必定有我的歷史擔當，努力在新的趕考之路上贏得更大的勝利和榮光。

三、傳三蘇家風，承家國情懷

“天下之本在國，國之本在家”，良好的家風家教是社會穩定的基石。通過瞭解三蘇生平及家訓家風，我們可以得知家風是寶貴的精神財富，是珍貴的文化傳承，更是“修身齊家治國平天下”的“根基”。因此，當下要推動全社會注重家風建設，就要從自身做起，激勵家國情懷，力行成爲對國家、對社會有用的棟梁之材。

（一）以“踔厲奮發”之家風，涵養“修身”的廉潔情懷。家風像燈，指引着我們前進的方向，好的家風不僅僅能塑造自己的人生，更能影響他人，共同進步。蘇軾曾寫下“功廢于貪，行成于廉”，主張“保民生”“與民同樂”，爲官一任、造福一方，這是蘇軾良好的家風教育，更是仕途經歷的感悟。家風建設是領導幹部和黨員幹事創業的保障綫，是直接反應廉潔文化建設的“直通車”，唯有築牢家風建設的基礎，“照明鏡以正衣冠”“守初心以定信念”“嚴自律以守底綫”，纔能蓋好家風建設的“高樓”“大厦”。

（二）以“衆志成城”之家風，涵養“齊家”的團結情懷。“人心齊，泰山移”。祇有團結，纔能有凝聚力、戰鬥力；祇有團結，纔能有智慧、出成績。我們黨之所以能够取得今天的勝利，與團結協作有着密不可分的關係。我們遭遇的風險挑戰風高浪急，有時甚至是驚濤駭浪，在黨中央堅强領導下，我們堅定信心、迎難而上、砥礪奮進，一仗接着一仗打，經受住了多方面考驗，歷史和實踐已經證明，團結就是力量，奮鬥開創未來，能團結奮鬥的民族纔有光明前途，能團結奮鬥的政黨纔能立于不敗之地。

（三）以“久久爲功”之家風，涵養“治國”的奮鬥情懷。家是每個人最早建立的社會關係，良好的家風家教有利于國泰民安。作爲一名共産黨員，要在日常生活工作中自奉節儉、情操自持、公正辦事，揚儉樸之風、學習之風、奮鬥之風，在言傳身教中帶領家人“修身、齊家”，更要以“久久爲功、善謀善爲、善作善成”爲圭臬，要大力倡導黨員幹部講實話、辦實事、出實招、求實效，把求真務實、真抓實幹的作風貫徹落實到日常工作中，切實做到以擔當彰顯初心、以作爲踐行使命。

四、推德治教化，崇創新轉化

蘇東坡的爲文、爲政、爲人，都被後人推崇爲理想的標杆，折射出讀書正業、孝慈仁愛、非義不取、爲政清廉的良好家風。重視耕讀傳家、詩書養性、崇文尚禮，人們讀書、藏書，學風蔚然。以三蘇文化爲魂，以文育德、以德促治，厚植底蘊、創優載體、强化規範，把德治教化融入社會治理全過程，能有效提升社會治理質效。

（一）傳承三蘇文脉，厚植德治底蘊。要想三蘇文化能影響千萬家、培養衆才人，就應該繼續深挖文化，鼓勵各界人士加强對三蘇文化的相關研究，深挖内容、價值，填補文史材料空白；深化拓展，以更有深度、更多維度、更高層次的整理、理解、挖掘“三蘇”所藴含的文化價值；與時俱進轉變宣傳形式，豐富文化傳播方式，合理利用數字化宣傳新渠道，加大對黨員幹部、青少年等群體的傳播力度，全面推動家風、學風、作風建設。

（二）弘揚三蘇家風，創優德治載體。弘揚三蘇家風家訓，實現古爲今用、成風化人。“以德换得”、章法有度，極大提升群衆獲得感、幸福感。培育優良家風，常態化開展好家風故事會、好家訓誦讀會等活動，挖掘三蘇廉政文化資源，引導黨員幹部廉潔從政、廉潔修身、廉潔齊家。建設和諧家庭，開展“最美家庭”活動，開設父母課堂、心理健康、情緒管理、親子關係調適、正向教育等家庭教育課程，引領廣大家庭成員牢固樹立文明立家、和諧興家的家庭建設理念。開展志願服務。組建家庭教育志願服務隊，開展法治宣傳、心理疏導、親子共讀、才藝展示等教育活動，服務城鄉家庭。

（三）升華法治文化，加强行爲規範。“刑德濟而陰陽合，生殺當而天地參”是蘇東坡法治文化的精髓，讓柔性約束與剛性約束同向發力，增强防範風險“免疫系統”。秉持“以法服人，和順親善，和善相交，停息訴争”的理念，以行和善、揚美德、立規矩，積極開展道德模範、新時代好少年、優秀志願者和見義勇爲英雄等評選表彰活動，用模範榜樣示範引領社會風尚。健全道德評議會、紅白理事會等基層群衆組織，常態化開展黨群集中活動日、鄰里百家論壇、鄉賢説事等群衆自治活動，實現民事民議、民事民辦、民事民管，激發廣大群衆參與基層治理的積極性。

三蘇家風是彌足珍貴的傳家寶。我們要深入貫徹習近平總書記關于注重家庭家教家風建設的重要論述，不斷弘揚三蘇家風精髓，將“注重家庭、注重家教、注重家風”作爲踐行社會主義核心價值觀、提升社會文明程度的重要抓手，不斷推進家庭家教家風建設規範化、制度化、常態化。

習近平總書記在四川眉山考察，前往三蘇祠瞭解歷史文化遺産保護等情况時指出的“敬仰”“汲取”“借鑒”三個關鍵詞意味深長。讓我們去追尋總書記的足迹，感受祠堂變遷、聆聽三蘇簡介、熟悉百世東坡，與三蘇完成一次隔空對話。聽三蘇感人故事、品三蘇家風家訓，學三蘇爲民情懷。

抓住一個“講”字，講三蘇感人故事。主要是以“三蘇”感人故事爲主綫，講清楚中華文化積澱着中華民族最深沉的精神追求，是中華民族生生不息、發展壯大的豐厚滋養；講清楚中華優秀傳統文化是中華民族的突出優勢，是我們最深厚的文化軟實力。

突出一個“品”字，品三蘇家風家訓。主要是品嘗蘇氏父子優秀的“讀書用世、忠孝仁愛、清正廉潔”家風家訓，繼承和弘揚中華優秀傳統文化和革命前輩的紅色家風，以實際行動影響帶動家人遵守黨紀國法，帶頭樹立良好家風。

堅持一個“學”字，學三蘇爲民情懷。持之以恒地學習蘇氏父子以及“爲官一任、造福一方”的爲民情懷，做一名弘揚“三蘇”家風家訓，緊跟時代步伐，有理想信念、有道德情操、有扎實學識、有仁愛之心的“四有”新人。

（作者單位：四川省人民政府文史研究館）

蘇軾、朱熹的家風建設

尹　波[①]

内容提要：宋代文化的兩座高峰——蘇軾、朱熹，一西（部）一東（部），一北（北宋）一南（南宋），區域不同，時間不同，但都身體力行，對中國傳統文化的家風建設做出詮釋。本文論述了蘇軾、朱熹的家風建設并對比二者異同。

關鍵字：蘇軾；朱熹；家風

家風，指家庭或家族的的傳統風尚或作風。家風一詞，最早見于西晋潘岳《家風詩》：“綰髮綰髮，髮亦鬢止。日祗日祗，敬亦慎止。靡專靡有，受之父母。鳴鶴匪和，析薪弗荷。隱憂孔疚，我堂靡構。義方既訓，家道穎穎。豈敢荒寧，一日三省。”南宋後期理學家魏了翁曰：“家云者，父父子子、兄兄弟弟、夫夫婦婦，無一不盡其道，然後志業而事修，聲和而氣感，無小大貴賤，習成矩則，心改形化，熏爲吉祥，曰慶曰仁，非自外致也。”故家風的核心始終圍繞着治家、睦親、教子、修身、處世展開，旨在培養家族成員仁、義、禮、智、信等道德品質，形成忠君報國、父慈子孝、兄弟和睦、鄰里團結、勤廉節儉的家庭氛圍。它既能錘煉個體道德品質，促進家庭内部團結，推動家庭整體發展，又能影響到家族之風、宗族之風、鄰里之風、社會之風，在家庭建設中具有特殊而重要的作用

中國文化的高峰——宋代，宋代文化的高峰——蘇軾、朱熹，二人一西（部）一東（部），一北（北宋）一南（南宋），區域不同，時間不同，但都身體力行，對中國傳統文化的家風建設做了很好地詮釋。

---

① 尹波：四川省人民政府文史研究館特約館員，四川大學古籍所教授。

一、蘇軾的家風建設

蘇軾（1037—1101），字子瞻，號東坡，四川眉山人，謚文忠。一生宦海沉浮，東飄西泊，仕履所及，北至山東、陝西，南到廣東、海南，宋朝的經濟發達地區與落後區域，皆已涉足。且歷典八州，在徐州、湖州、杭州、揚州、惠州、儋州等地爲官，最後病死常州。無盡的漂泊之中，最爲掛念的是鄉情、鄉音，是永遠揮之不去的家庭之聲，這也是支撑他活到64歲的最大動力。

蘇軾在著名的《六事廉爲本賦》中云："事有六者，本歸一焉。各以廉而爲首，蓋尚德以求全。……乃知功廢于貪，行成于廉。"所謂六事，即善（善良），能（能力），敬（敬畏），正（正直），法（守法），辯（明察）。清廉正直，首先是蘇門家風家教的重要內容。其次，蘇軾又在《司馬温公行狀》中說道："百年不變者，父慈子孝，兄友弟恭。"

當然，蘇軾不僅有理論説教，更受其父親蘇洵的影響，"絶知此事要躬行"，寓教育于具體事情中。送硯是蘇軾最爲看重的"見其成立"的禮物。《與徐德之十首》有云："得之晚得子，聞之喜慰可知，不敢以俗物爲賀，所用石硯一枚送上，須是學書時矣。知似太早計，然俯仰間，便自見其成立。"在長子蘇"邁往德興，贐以一硯，以此銘之"的《邁硯銘》中云："以此進道常若渴，以此求道常若驚，以此治財常思予，以此書獄常思生。"藉以此作爲爲官的座右銘，時時警省。

終其一生顛沛流離中，蘇軾一直手不釋卷，强調讀書、抄書。有詩云："小兒耕且養，得暇爲書繞。"又云："兒子到此（儋州），抄得《唐書》一部，又借得《前漢》欲抄。"是其真實情景的寫照。又説道："若了此二書，便是窮兒暴富也。"更是其讀書之秘訣。

對其侄孫輩，蘇軾也一以貫之，特别强調"讀書萬卷始通神""讀書不求官""讀史書爲益"。《與千之侄》云："獨立不懼者，惟司馬君實與叔兄弟耳。萬事委命，直道而行，縱以此竄逐，所獲多矣。因風寄書。此外勤學自愛。近來史學雕廢，去歲作試官，問史傳中事，無一兩人詳者。可讀史書，爲益不少也。"《與元老侄孫四首》云："侄孫近來爲學何如，恐不免趨時。然亦須多讀書史，務令文字華實相副，期于適用乃佳。"

家人的陪伴，既是教育的好時機，也是支撑蘇軾一路走來的精神支柱。《擷菜并引》云："吾借王參軍地種菜，不及半畝，而吾與過子終年飽菜。夜半飲醉，無以解酒，輒擷菜煮之。味含土膏，氣飽風露，雖粱肉不能及也。人生須底物，而更貪耶!"

當然，在教育中，蘇軾常常以鼓勵的方式表揚他們，《上巳日與二子迨過游塗山荆山記所見》云："小兒强好古，侍史笑流汗。"《游羅浮山一首示兒子過》云："小兒少年有奇志，中宵起坐存黄庭。近者戲作《凌雲賦》，筆勢仿佛《離騷》經。"

元豐二年，蘇軾正身處“烏臺詩案”的旋渦中，長子蘇邁每日探監送飯，并約定“魚獄之灾”的暗號。蘇軾被貶黄州後，蘇邁又陪同父親一起前往黄州。蘇軾被貶惠州後，蘇邁又主動向朝廷請求到韶州（今廣東韶關）任職，以方便照顧父親。蘇軾從海南北歸時，蘇邁自廣州陪伴父親北上，直到常州。

蘇軾被貶儋州時，蘇過當時年僅二十五歲，且已有妻兒。但他擔心年逾六旬的父親不能適應異鄉的生活，將妻兒留在惠州，托付兄嫂照料，獨自挑着書擔，跨越大海，隨父親義無反顧地來到了在當時還是荒蠻之地的儋州。

蘇軾之豁達通透、樂觀向上的態度也深深地影響着孩子。《過子忽出新意，以山芋作玉糝羹，色香味皆奇絶，天上酥陀則不可知，人間决無此味也》：“香似龍涎仍釅白，味如牛乳更全清。莫將北海金虀膾，輕比東坡玉糝羹。”龍涎是甲鯨腸中分泌物乾燥而成的一種香料，價格極昂；“金齏玉膾”是隋、唐、五代到宋時的一款名菜，蘇軾認爲都比不上蘇過的“玉糝羹”。

《二紅飯》云：“今年東坡收大麥二十餘石，賣之價甚賤，而粳米適盡，乃課奴婢舂以爲飯，嚼之嘖嘖有聲。小兒女相調，云是嚼虱子。日中飢，用漿水淘食之，自然甘酸浮滑，有西北村落氣味。今日復令庖人雜小豆作飯，尤有味。老妻大笑曰：‘此新樣二紅飯也’。”

在《食蚝》一文中，因煮食之，“每戒過子慎勿説，恐北方君子聞之，争欲爲東坡所爲，求謫海南，分我此美也”。

父慈子孝，其樂融融也。父業子承，方有“小坡”蘇過也。

二、朱熹的家風建設

朱熹（1130—1200），字元晦，又字仲晦，自號晦庵、晦翁，祖籍徽州婺源（今江西），出生于福建尤溪。卒謚文。在朝四十日，外任僅五次，一生孜孜于學，大多數時間都在福建度過。也正由于此，纔有了更多的時間陪伴子女成長。

朱熹有《童蒙須知》五則：“始于衣服冠履，次及語言步趨，次及灑掃涓潔，次及讀書寫文字，及有雜細事宜，皆所當知。今逐目條列。”

那著名的一千二百字長文《訓子帖》（載《朱熹文集編年評注》遺集卷一）曰：

途中事

離家後，凡事不得縱恣，如在父母之側。逐日食後或晚間三兩次出，則徐行，共約十餘里，以寬僕夫之力。登高歷險，皆須出轎，以防不測。遇過津渡，切勿争先，舟人已多，寧少須後。戒戢僕從，勿與人争。尋店不可太迫岩險及侵水際，晚間少食，夜間早睡，留親僕在房内，以防寇盗。過州縣市井，擇曠僻清浄店舍安泊，閉門静坐，不可出入離店，勿妄與人接。尋常到店肆，自有一種閑人來相問勞，但正色待之，勿與親接可也。若與之飲食或同行出入，未有不爲所誤者，可戒之。酒食之肆，博戲之場，皆不可輒往。推此類，則其餘可知，不得妄費錢物買飲食雜物。

到婺州

事師如事父，凡事諮而後行。聽受其言，切須下氣怡聲，不得輒有争辯。朋友年長以倍，丈人行也。十年，以長兄事之。年少于己而事業賢于己者，厚而敬之。初到，便稟先生合做甚功夫，自寫一節目，逐日早起夜眠，遵依僣趁。日間勿接閑人，説閑話。雖同學，亦衹可説義理、論文字而已。專意辦自己功夫，則自然習熟進益矣。課册隨衆趕了，不得拖延怠慢。

浦城路雖差徑，然過太湖，不可不見余姨夫、黄二十八丈。過臨江，不可不見諸徐丈、陳姨夫及百五叔兄弟。若但一見而行，亦不當留滯半日，況不止此，則何時可到？又轎夫亦不能候。不若衹從崇安去，衹道中見劉知府、王大姑，前路并無人可見，直到衢州。依舊衹從陸路去，不必登舟也。過鉛山，遣人投范宰書，書并深衣一角，不必相見。過衢州，見汪尚書。

婺州有邵台簿，是吾同年，恐知汝來。試問先生見之否，如見，亦當叙年家之契，請其納拜。吕家諸位，如舍人位，子弟不知同居否。如異居，少定，亦往見之。

所將去銀五兩八錢，可納先生處，乞令人買置金穀支用。先問看如何，或衹令人來取去買，不必送去也。茶一角三十斤，俟潘家借屋有定説，即自作來送去。過崇安見潘尉，問宋家黄通托問陸宰取《通鑑》。到信州，將林擇之書，去見上饒縣王丞，問他有回信，即付范富歸，或令范富回日取歸。更問他新知高州翁判院在此有事，今其家在甚處。其侄監丞自江西罷官赴召來此，今在甚處。如監丞尚在信州，即往見之。如衹在高州家，即買紙贈去上紙。狀上稱“表甥孫狀獻知府判院翁公”，汝見監丞及高州之子縣丞皆拜，唤他作表舅，説吾不知他尚在信州，不曾得寫慰書。并説媽致意監丞，昨承頒惠衣物，久不得拜問之意。汪尚書書可衹留家中，不用將去。如須要去見時，他是尊官，不可叙事契納拜，衹便叙寒暄畢，又叙：“晚進小生，服膺甚久，今日遂獲瞻望道德之光，豈勝榮幸。”就坐吃茶了，便起再叙：“某山野小生，無所知識，徒以大人幸得出入門下，遂獲竊聞德業之隆，不勝景仰。今者大人遣詣吕正字先生席下，經由此邦，本不敢僭越參候，敬慕之深，輒幹典謁。特蒙與進，下情不勝慰感之至。急于就學，即今遂行。無由再詣台墀，伏乞台察。”揖，就坐。少頃，再起，揖。須有此揖，方索湯矣。不起揖，坐無了時。湯畢便起，更不揖。今見達官多如此。降階兩三步，回揖，主人回。及出若欲見時須如此。

又一千三百餘字《與長子受之》這樣説道（《朱熹文集編年評注》續集卷八）：

早晚授業請益隨衆例，不得怠慢。日間思索有疑，用册子隨手札記，候見質問，不得放過。所聞誨語，歸安下處思省，要切之言，逐日札記，歸日要看。見好文字，亦録取歸來。

不得自擅出入，與人往還。初到，問先生有合見者見之，不令見則不必往。人來相見亦啓稟，然後往報之，此外不得出入一步。居處須是居敬，不得倨肆惰慢。言語須要諦當，不得戲笑喧嘩。

凡事謙恭，不得尚氣凌人，自取耻辱。

不得飲酒，荒思廢業。亦恐言語差錯，失己忤人，尤當深戒。

不可言人過惡，及説人家長短是非。有來告者，亦勿酬答。于先生之前尤不可説同學之短。

交游之間，尤當審擇。雖是同學，亦不可無親疏之辨。此皆當請于先生，聽其所教。大凡敦厚忠信，能攻吾過者，益友也。其諂諛輕薄，傲慢褻狎，導人爲惡者，損友也。推此求之，亦自合見得五七分，更問以審之，宜無所失矣。但恐志趣卑凡，不能克己從善，則益者不期疏而日遠，損者不期近而日親。此須痛加檢點而矯革之，不可荏苒漸習，自趨小人之域。如此則雖有賢師長，亦無救拔自家處矣。

見人嘉言善行，則敬慕而紀録之；見人好文字勝己者，則借來熟看，或傳録之而諮問之，思與之齊而後已。不拘長少，惟善是取。

以上數條，切宜謹守。其所未及，亦可據此推廣。大抵衹是勤謹二字，循之而上，有無限好事，吾雖未敢言，而竊爲汝願之。反之而下，有無限不好事，吾雖不欲言，而未免爲汝憂之也。蓋汝若好學，在家足可讀書作文，講明義理，不待遠離膝下，千里從師。汝既不能如此，即是自不好學，已無可望之理。然今遣汝者，恐汝在家汩于俗務，不得專意，又父子之間不欲晝夜督責，及無朋友聞見，故令汝一行。汝若到彼能奮然勇爲，力改故習，一味勤謹，則吾猶有望。不然則徒勞費，衹與在家一般，他日歸來，又衹是舊時伎倆人物，不知汝將何面目歸見父母親戚、鄉黨故舊耶。念之念之！夙興夜寐，無忝爾所生，在此一行，千萬努力。

到婺州，先討店權歇泊定，即盥櫛具刺，去見吕正字。初見便稟："某以大人之命遠來，親依先生講席之下，禮合展拜。倘蒙收留，伏乞端受。"便拜兩拜。如未受，即再致懇云："未蒙納拜，不勝惶恐，更望先生尊慈特賜容納。况某于門下，自先祖父以來事契深重，切望垂允。"又再拜起，問寒暄畢，又進言："某晚學小生，久聞先生德義道學之盛，今日幸得瞻拜，不勝慰幸。"坐定，茶畢再起，叙晚學無知，大人遣來從學之意："竊聞先生至誠樂育，願賜開允，使某得早晚親炙，不勝幸甚。"又云："來時大人拜意，有書投納。"即出書投之。又進説："大人再令拜稟，限以地遠，不得瞻拜郎中公幾筵。今有香一炷，令某拜獻。今參拜之初，未敢遽請，容來日再詣門下。令弟宣教大人亦有書，并俟來日請見面納。"揖退，略就坐，又揖而起。如問他事，即隨事應答。

如將來宿食，即云大人書中已具稟，更聽尊旨。次日，將香再去，仍具刺，并以刺謁其弟。問看同居有幾子弟，皆見之，衹問門下人可知也。見其兄弟皆拜。茶罷，便起稟："某昨日稟知，乞詣靈筵瞻拜，更俟尊命。"如引入，即詣靈筵前再拜焚香，又再拜訖，拜其兄弟兩拜，進説："大人致問，昨聞郎中丈丈奄弃明時，限以地遠，不獲奔慰，不勝慘愴之私，令某拜稟，切望以時節哀，爲道自愛。"又再拜，趨出。如問就學宿食去處，即説："昨蒙喻潘丈教授許借安泊，大人之意，不敢以某久累其家，恐兩不穩便。已自有書與之，衹欲就其家借一空闊房舍，或近宅屋宇安下，不知尊意如何。"看説如何。如令相見，即借人出去，并問其兄弟幾人，并見之。如不問，即且去，俟午間再去見問此事。見潘丈亦如此説。大抵禮數務要恭謹詳緩，不要張皇顛錯。

何丈托問婺州寄居前輩有姜子方者，是李中書之甥，在婺州住，建炎間曾從馬殿院伸辟，爲撫喻司屬官，今其家有何子弟。

間見先生，説吾同宗留守家子弟多有在婺州者，其家記録留守公事頗詳，不知可托借傳一本否。墓志似是曾侍郎作，吕家自必有本也。

此乃乾道九年六至八月間朱熹與其長子朱塾的書信數封。朱熹因朱塾"自不好學"，遂請好友、東南三賢之一的吕祖謙予以教學。都説兒行千里母擔憂，其實父親更擔憂，除了安全、生活之外，還有孩子的學習。文中所見，乃爲父者的細細叮囑，小到出行交游，住宿言語，大到禮節應對，人情世故，苦口婆心，娓娓道來，與我們平常所知剛直不阿、疾惡如仇的朱熹形象大相徑庭。但這纔是真實的朱熹，一個家長里短、一個有人情味的父親！日本朱熹研究著名學者山崎嘉《跋朱子訓子帖》云："道者天下之公共，而非聖賢之所得私也。然孔門疑伯魚之有異聞者有焉，朱門問敬之之有異聞者有焉。陋矣哉！古者易子而教之，所以全父子之恩，而亦不失其爲教也。晦翁令其子從東萊學，曾謂此也耳矣。其《訓子帖》一篇，乃爲受之而書焉，爲人父子者之所當讀也。"

其後，朱塾漸長成，成爲朱熹的得力助手，可惜英年早逝（38歲），讓朱熹不勝悲哀！當然，其幼子朱在的成長，最終完成了朱熹《晦庵先生朱文公文集》的編纂。

這些都是家風教育重要的組成部分。當然，對于其中的僞作，如舊題朱熹之《訓蒙絶句》《朱子家訓》之類，則應在仔細研究的基礎上合理使用，不能人云亦云，以免混肴視聽。

三、蘇軾、朱熹家風建設之異同

蘇軾、朱熹，都是中國歷史上的風雲人物，都歷經磨難（一爲"元祐黨人"，一爲"僞學之魁"），都以"直言"而不見用，都以文見長（一謚文忠，一謚文），都在身後獲得了莫大的榮譽，都有諸多經典名句，都有家風方面的經典之作，都繼承了中國文化優秀的家風教育（先是道德内容，然後纔是學習内容，并親歷實踐）。蘇軾“問汝平生功業，黄州惠州儋州”，朱熹“新知培養轉深沉，不信人間古今無”，各具特色。一因仕途坎坷，形成了以豪放爲主要風格，嬉笑怒駡皆成文章；一因長期家居，形成了以思辨爲主要特色，構建了完整的思想體系。他們根據各自的具體情況，因材施教，采用不同的家風教育方式：蘇軾之家風教育，常見于書信、詩文中的局部提及，居家時的詼諧幽默之語中，寓教于樂，有烟火氣，易于被年輕人所接受；朱熹之家風教育，則有長篇書信，細細道來，層次清晰，雖有烟火氣，但與蘇軾相比，略顯嚴謹呆板，不容易得到年輕人的喜愛。

蘇軾（第四子蘇遁未滿周歲而夭）、朱熹各有三個兒子。蘇軾三子蘇邁、蘇迨、蘇過，“長子邁作吏，頗有父風，二子（迨、過）作詩騷，殊勝咄咄，皆有跨灶之興”。幼子蘇過陪伴蘇軾最久，受蘇軾影響最深，被稱爲小坡，“過子詩似翁”，有《斜川集》傳世。朱熹三子朱塾、朱野、朱在，幼子朱在“收拾”朱熹文字，編成《晦庵先生朱文公文集》，爲現今朱熹文集的祖本，其功大焉。

衆所周知，每個家族的杰出者大都有各種不同的規約、家訓，以訓其子及從子，蘇軾、朱熹同樣如此，所以，父慈子孝的家風，子承父業的傳統，在這裏得到了完美的詮釋。

“一蓑烟雨任平生”，“萬紫千紅總是春”。作爲我們敬仰的前輩先賢，作爲中華五千年精華的代表人物，結合今天百年未有之大變局的時代，汲取傳統文化之家風精粹，取長補短，求實創新，繼往開來，“忠清許國”，讓“忠孝享之無窮”，定能譜寫出新時代的中國家風！

（作者單位：四川省人民政府文史研究館）

讀書正業，詩書傳家
——三蘇家風的一個側面

王燕飛①

内容提要："一門父子三詞客，千古文章四大家。"蘇洵、蘇軾、蘇轍三父子能在中國文化史和文學史上占據重要地位，與蘇家良好的家訓家風教育是分不開的。本文主要論述三蘇父子讀書心得與"讀書正業"的家風傳承。

關鍵字：三蘇文化；家風建設

紹聖四年（1097），62 歲的蘇軾被貶到儋州，在七月十三日的一個夜晚，他做了一個夢，醒來寫下了那首著名的《夜夢（并引）》：

> 七月十三日，至儋州十餘日矣，淡然無一事。學道未至，靜極生愁，夜夢如此，不免以書自怡。
>
> 夜夢嬉游童子如，父師檢責驚走書。計功當畢《春秋》餘，今乃始及桓莊初。怛然悸寤心不舒，起坐有如挂鉤魚。我生紛紛嬰百緣，氣固多習獨此偏。弃書事君四十年，仕不顧留書繞纏。自視汝與丘孰賢，易韋三絶丘猶然，如我當以犀革編。

夢中他回到了童年，像小孩子一樣嬉戲，而嚴厲的父親檢查他讀書的情況。按照學習計劃，當天應該讀完《春秋》，結果他纔剛開了個頭。父親的斥責讓他從夢中驚坐起，恍若"挂鉤魚"一樣的驚恐。由于嚴父的教育，雖然蘇軾一生被各種各樣的事情糾纏，但獨獨對讀書有所偏愛，即使至花甲衰年，衹有讀書這件事始終不忍捨弃。"起坐有如挂鉤魚"一句形象地描繪出"三蘇"家教之嚴，而這也是三蘇家風"讀書正業，詩書傳家"的一個體現。

古語云："耕讀傳家久，詩書繼世長。"眉山蘇氏一族有着濃厚的讀書傳統。蘇洵的父親

---

① 王燕飛：西華大學文學與新聞傳播學院中文系主任、副教授、碩士生導師。

蘇序并非讀書人，但他有感于北宋崇文興教之風，積極倡導諸子讀書，并定下“吾欲子孫讀書，不願富”的治家理念。

蘇序之子蘇涣“勤奮問學”，于宋仁宗天聖二年（1024）考中進士，成爲蘇家在宋代的首位進士，後官至利州路提刑。據蘇轍《伯父墓表》記載，蘇涣小時候“篤志于學，其勤至手書司馬氏《史記》、班氏《漢書》”。這種讀書方法影響到後來的蘇軾、蘇轍兄弟，蘇軾就曾抄過三遍《漢書》。在《伯父墓表》中，蘇轍還記載了一件事：“轍幼與兄軾皆侍伯父，聞其言曰：‘予少而讀書，師不煩。少長爲文，日有程，不中程不止。出游于途，行中規矩。入居室，無惰容。非獨吾爾也，凡與吾游者舉然。不然，輒爲鄉所擯曰：是何名爲儒？故當是時，學者雖寡，而不聞有過行。自吾之東，今將三十年，歸視吾裏，弦歌之聲相聞，儒服者于他州爲多，善矣。爾曹才不逮人，姑亦師吾之寡過焉可也。’皆再拜曰：‘謹受教。’”可見蘇涣的勤學苦讀直接影響到了蘇軾、蘇轍兄弟二人。

蘇洵不像二哥蘇涣那樣喜讀書，直到北宋景佑二年（1035），27 歲的蘇洵纔發奮讀書，故《三字經》云：“蘇老泉，二十七，始發憤，讀書籍。”蘇轍《藏書室記》云：“先君平居不治生業，有田一廛，無衣食之憂；有書數千卷，手緝而校之，以遺子孫。曰：‘讀是，内以治身，外以治人，足矣。此孔氏之遺法也。’先君之遺言今猶在耳。其遺書在櫝，將復以遺諸子，有能受而行之，吾世其庶矣乎！”可見蘇洵認爲讀書可以“内以治身，外以治人”。同時，他對兒子讀書要求甚是嚴格，上文所引蘇軾《夜夢》詩便是一個很好的例證。不僅如此，蘇洵還經常與兩個兒子一起讀經習文，共同探討“古今成敗得失”。父子三人曾共讀富弼的《使北語録》中關于勸説遼國主“用兵”與“爵賞”時，蘇洵有意發問：“古人有此意嗎？”于是父子三人各抒己見，展開了熱烈的討論。後來，蘇轍在《再祭亡兄端明文》中回憶道：“惟我與兄，出處共同。幼學無師，先君是從。游戲圖書，寤寐其中。”蘇軾在《送安惇秀才失解西歸》中也感慨地説：“我昔家居斷往還，著書不復窺園葵。”

蘇軾的母親程氏夫人，乃大理寺丞程文應之女，亦繼承家學，知書達理。在蘇洵多次外出游學時，她擔當起教育兩個兒子的重任。蘇轍《東坡先生墓志銘》云：“公生十年，而先君宦學四方。太夫人親授以書，聞古今成敗，輒能語其要。”其中最有名的程夫人教子故事載于《宋史・蘇軾傳》中：“程氏讀東漢《范滂傳》，慨然太息，軾請曰：‘軾若爲滂，母許之否乎？’程氏曰：‘汝能爲滂，吾顧不能爲滂母邪？’”程夫人用范滂的事例告誡兒子要以古人名節自勵。這個故事也被譽爲古代賢母教子的典範之一。

蘇軾不僅從小受到父母嚴格的教育，專心讀書，“著書不暇窺園葵”（《送安惇秀才失解西歸》），而且他還認爲書是世界上極其可貴的寶物，用不壞，取不完，人人都能從中有求必獲：“象犀珠玉怪珍之物，有悦于人之耳目，而不適于用。金石、草木、絲麻、五穀、六材，有適于用，而用之則弊，取之則竭。悦于人之耳目而適于用，用之而不弊，取之而不竭，賢不肖之所得各因其才，仁智之所見各隨其分，才分不同而求無不獲者，惟書乎！”（《李氏山房藏書記》）他還受到伯父蘇涣的影響，喜抄書。蘇軾《李氏山房藏書記》云：“余猶及見老儒先生，自言其少時，欲求《史記》《漢書》而不可得，幸而得之，皆手自書，日夜誦讀，惟恐不及。”宋代陳鵠《西塘集耆舊續聞》也記載着蘇軾抄書的故事：“某讀《漢書》，至此凡三經手抄矣。初則一段事抄三字爲題，次則兩字，今則一字。”手抄勤讀，可見其刻苦程度。書籍可謂蘇軾一生中重要的寄托和慰藉，即使被貶到當時最爲蠻荒的天涯海角之地海南儋州，“流轉海外，如逃深谷，既無以晤語者，又書籍舉無有，惟陶淵明一集，柳子厚詩文數册，常置左右，目爲二友”（《答程全父推官六首》之三）。蘇軾讀書還很勤奮，即使成爲一代宗師之後依然如此，秦少游之弟秦少章曾説：“公嘗言觀書之樂，夜常以三鼓爲率。雖大醉，歸亦必在展，至倦而寢。”（宋何薳《春渚紀聞》）因此，蘇轍在《東坡先生墓志銘》評價蘇軾“幼而好書，老而不倦”，爲知兄之言。

蘇轍也喜好讀書，他稱自己“平生無所嗜好，以圖史爲園囿，文章爲鼓吹”（《子瞻和陶淵明詩集引》）。兄弟二人不僅重視讀書，更積極將這一家風傳遞給蘇門後輩。蘇轍有詩云“吾兒生來讀書史”（《遜往泉城獲麥》），正是蘇氏讀書傳家的寫照。蘇軾曾教導侄孫蘇元老：“侄孫近來爲學何如？想不免趨時。然亦須多讀書史，務令文字華實相副，期于適用乃佳，勿令得一第後，所學便爲弃物也。海外亦粗有書籍，六郎亦不廢學，雖不解對義，然作文極俊壯，有家法。二郎、五郎，見説亦長進，曾見他文字否？侄孫宜熟看前、後漢史及韓、柳文。”（《與元老侄孫》）蘇轍晚年還把全部心血傾注在兒孫們的培育上。據蘇籀《欒城先生遺言》載：“公令籀作詩文，五六年後，忽謂籀曰‘汝學來學去透漏矣。’”又曰：“公爲籀講《老子》數篇”“公解《孟子》二十餘章，讀至‘浩然之氣’一段，顧籀曰：‘五百年無此作矣。’”正是通過這種共學，引導兒孫們讀書習文，綿延家學，傳承家風。

在“讀書正業”家風影響下，眉山蘇氏家族在兩宋時期涌現出了十多位進士。蘇軾三子蘇過有《斜川集》傳世、蘇轍之孫蘇籀有《雙溪集》傳世；蘇軾次子蘇迨、孫蘇符、曾孫蘇峴，蘇轍之孫蘇簡、曾孫蘇諤等也都著有詩文集，可謂文脉昌盛，頗壯“三蘇”家學之門風。

“一門父子三詞客，千古文章四大家”。蘇洵、蘇軾、蘇轍三父子能在中國文化史和文學史上占據重要地位，與蘇家良好的家訓家風教育是分不開的。習近平總書記在 2022 年考察三蘇祠時説：“家風家教是一個家庭最寶貴的財富，是留給子孫後代最好的遺産。要推動全社會注重家庭家教家風建設，激勵子孫後代增强家國情懷，努力成長爲對國家、對社會有用之才。”“三蘇”家風家訓更是需要一代一代去繼承發揚。

（作者單位：西華大學文學與新聞傳播學院）

三蘇家風家教

王晉川[①]

内容提要：2022 年 6 月 8 日，習近平總書記在眉山三蘇祠考察時對“家風家教”作出重要指示。三蘇家風家教流長源遠，是中華優秀傳統文化的重要組成部分，是華夏子孫的共同精神財富。傳承三蘇家風家教，增强家國情懷，堅定文化自信，是新時期實現中國夢的强大精神動力和思想源泉。

關鍵詞：三蘇；家風；家教

2022 年 6 月 8 日，習近平總書記在眉山三蘇祠考察時指出：“家風家教是一個家庭最寶貴的財富，是留給子孫後代最好的遺産。要推動全社會注重家庭家教家風建設，激勵子孫後代增强家國情懷，努力成長爲對國家、對社會有用之才。黨員、幹部，特别是領導幹部要清白做人、勤儉齊家、乾净做事、廉潔從政，管好自己和家人，涵養新時代共産黨人的良好家風。”

家是最小國，國是最大家。總書記這段講話分三個層次，對家風家教提出了新時期的傳承目標。一是對家庭而言，家風家教是最寶貴的遺産；二是對全社會而言，良好的家風家教會影響黨風民風；三是對領導幹部特别是黨員領導幹部提出了要求，要清白做人，乾净做事，管好自己和家人。

“一滴水可以見太陽，一個三蘇祠可以看見我們中華文化的博大精深。我們説要堅定文化自信，中國有三蘇，就是一個重要例證。”總書記對三蘇家風家教的肯定，指明了社會主義新時期家風家教的方向。在黨的二十大報告中，習近平總書記進一步强調：“弘揚中華傳統美德，加强家庭家教家風建設。”

① 王晉川：眉山市文學藝術界聯合會副主席。

什麽是家風家教？家風家教是一個家庭或一個家庭信仰的符號，是家庭的精神根基，是根植于家庭成員的行爲準則。家風家教的傳承和發揚關係到家庭穩定乃至國家興衰。

什麽是三蘇文化？三蘇文化是指以蘇軾爲代表的三蘇父子，以其深邃的哲學思想、卓越的政治思想、輝煌的文學成就和豐富的人生體驗而形成的獨具魅力的名人文化。

什麽是三蘇家風家教？三蘇家風家教是三蘇父子及其後代子孫在家族内部形成的讀書之路、史事之鑒、仁愛之心、廉潔之德、直言之性、賢内之助的良好風氣。

一

三蘇家風可概括爲四句話十六字：讀書正業，孝慈仁愛，非義不取，爲政清廉。

（一）讀書正業

三蘇的先祖、唐朝宰相蘇味道少小即愛讀書，與李嶠、崔融、杜審言合稱“文章四友”，成語“火樹銀花”即出自他的詩作《正月十五夜》：“火樹銀花落，星橋鐵鎖開。暗塵隨馬去，明月逐人來。游伎皆穠李，行歌盡落梅。金吾不禁夜，玉漏莫相催。”武則天神龍年間，蘇味道貶爲眉州刺史，眉山始有蘇氏家族。

蘇軾的祖父蘇序非常重視讀書，有個道士爲他選墓穴，一穴能致富，一穴能讓子孫讀書。他説：“吾欲子孫讀書，不願富。”

蘇轍在《藏書室記》裏這樣描寫父親蘇洵：“先君平居不治生業，有田一廛，無衣食之憂；有書數千卷，手緝而校之，以遺子孫，曰：讀是，内以治身，外以治人，足矣。”蘇洵舉進士、舉茂材異等不中後，“年二十七始大發憤”，悉焚往日舊稿，精研百家之説，終成“布衣大儒”。

母親程夫人“生而志節不群，好讀書，通古今，知其治亂得失之故”。

蘇軾兄弟在“門前萬竿竹，堂上四庫書”的良好家庭讀書氛圍中勤奮攻讀。蘇軾認爲知學不如好學，好學不如樂學，快樂學習，終生學習，“博觀而約取，厚積而薄發”。

東坡讀書的故事有很多，如改聯勵志，抄書，八面來風讀書法，最有趣的是海南驚夢：“父師檢責驚走書，起坐有如挂鈎魚。”

宋仁宗嘉祐二年，蘇軾兄弟同科進士及第。嘉祐六年參加制科考試，蘇軾入三等（最高等級），蘇轍入四等，從此踏上仕途，實現了治國安邦、致君堯舜的人生價值和理想抱負。

天才不可複製，先賢啓迪後人。

（二）孝慈仁愛

蘇軾在《司馬温公行狀》中寫道：“治身莫先于孝，治國莫先于公。”

蘇軾有《異鵲》詩：“昔我先君子，仁孝行于家。家有五畝園，幺鳳集桐花。是時烏與鵲，巢鷇可俯拿。憶我與諸兒，飼食觀群呀。”生動的記録了蘇家良好的仁愛家風。

俗話説，“百善孝爲先。”在一個家庭中，下對上謂孝，上對下謂慈。程夫人對蘇軾兄弟可謂慈愛有加，以身示範。“不殘鳥雀”“不發宿藏”，言傳身教，啓迪後人。程夫人親授以書，讀一篇《范滂傳》，便讓兒子們懂得了人生大義。

大史學家司馬光在爲程夫人撰寫的墓志銘中高度評價程夫人：“柔順足以睦其族，智能足以齊其家，斯已賢矣，况如夫人，能開發輔導成就其夫、子，使皆以文學顯重于天下，非識慮高絶，能如是乎？”

蘇軾一生，愛民尊民，因法便民，民胞物與，仁愛齊天。甫入仕途，他“早歲便懷齊物志，微官敢有濟時心”。蘇軾在鳳翔改革衙前役，在密州繞城拾弃兒，在徐州抗洪守城，在杭州修浚西湖。即使在無職無權的流放中，也不改仁愛之心。他在黄州建育兒會，惠州建東西兩橋，在儋州勸農護牛、開館辦學。可謂“一生功業，心繫黎民”。

（三）非義不取

蘇軾因“烏臺詩案”謫貶黄州時，寫下了著名的《赤壁賦》：“且夫天地之間，物各有主，苟非吾之所有，雖一毫而莫取。惟江上之清風，與山間之明月，耳得之而爲聲，目遇之而成色，取之無禁，用之不竭。是造物者之無盡藏也。”

從小良好的家風家教，讓蘇軾兄弟在漫長的宦海生涯中，始終保持勤廉清正的風骨。謫貶黄州前，蘇軾已在密州、徐州、湖州做過三任知州，“俸入所得，隨手輒盡”。到了黄州，他纔發現家中積蓄僅够開銷一年。于是掛錢梁上，每天僅 150 錢，倘有節餘，便存入罐中，以待客來。他討來東坡上的一塊廢營地精心躬耕，自嘲説：“吏民莫作長官看，我是識字耕田夫。”

面對物欲横流的世界，蘇軾始終保持着獨有的清醒和强大的内心，“至今不貪寶，凛然照塵寰”。因而纔有了“莫聽穿林打葉聲，何妨吟嘯且徐行。竹杖芒鞋輕勝馬，誰怕？一蓑烟雨任平生”的堅强定力。

（四）爲政清廉

爲政清廉的基礎是“爲人清正”。

蘇軾在長達四十年的宦海沉浮中，始終堅持“以廉爲本”，把“功廢于貪，行成于廉”作爲理政爲民的座右銘。

元豐六年，大兒子蘇邁將赴任德興縣尉。蘇軾送兒子一方墨硯，并作銘曰：“以此進道常若渴，以此求進常若驚。以此治財常思予，以此書獄常思生。”此銘可看作蘇軾的行政之道和爲官心得，是蘇門家風的高度概括。即使放在當下，也足具警示作用。

爲政清廉還有更深的一層意義在于擔當與作爲。蘇軾在黄州給好友李公擇的信中，展現了一個更真實、更勇敢、更擔當、内心更强大的生命個體：“吾儕雖老且窮，而道理貫心肝，忠義填骨髓，直須談笑于死生之際。……雖懷坎壈于時，遇事有可尊主澤民者，便忘軀爲之，禍福得喪，付與造物。”

後來，南宋大詩人陸游在《跋東坡帖》中，精準地概括了蘇軾的一生："公不以一身禍福，易其憂國之心。千載之下，生氣凜然。"

二

三蘇家教也可歸納爲四句話十六字：奮厲當世，循理無私，薄己厚人，浩然正氣。

（一）奮厲當世

蘇轍在《亡兄子瞻端明墓志銘》中寫道："太夫人讀《范滂傳》慨然嘆息。公侍側曰：'軾若爲滂，夫人許之否?'太夫人曰：'汝能爲滂，吾顧不能爲滂母耶?'"講的是東漢末年宦官專權，正直的范滂與之抗争，終被誅殺。程夫人從小對孩子進行家國情懷的教育："公亦奮厲有當世志。"

習近平總書記在新時期講奮鬥時指出："有信念，有夢想，有奮鬥，有奉獻的人生，纔是有意義的人生，纔稱得上幸福的人生。"

（二）循理無私

蘇軾在海南完成的《東坡易傳》裏講："君子之順，豈有他哉，惟循理無私而已。""火之所以盛者，風也，火盛而風出焉；家之所以正者，風也，家正而我與焉。"

所謂循理就是充分認識和充分尊重自然、尊重社會的發展規律，"循萬物之理，無往而不自得"。所謂無私是指凡事出于公心，維護社會公平正義。

循理無私在今天可以理解爲"樹理想，守初心，遵法紀，斷私欲"。即蘇軾在《杭州召還乞郡狀》中所言："守其初心，始終不變。"

（三）厚人薄己

蘇軾的高祖蘇杲"輕財好施，急人之難"，"最好善，事父母極于孝，與兄弟篤于愛，與朋友篤于信，鄉閭之人，無親疏皆敬愛之。"其祖父蘇序"謙而好施，甚于爲己"。蘇洵評價父親蘇序："性簡易，無威儀，薄于爲己而厚于爲人。"蘇家祖上除了耕讀傳家，更留給後代子孫仁愛謙讓，厚人薄己的優秀家教。

蘇軾曾言："吾上可以陪玉皇大帝，下可以陪卑田院乞兒，眼前見天下無一個不好人。"蘇軾一生，秉持家教，厚人薄己，天性純真，他心地善良，無論交友還是行事，都與人爲善，就連那些曾經誣陷攻擊過他的小人，他也都予以原諒，比如章惇、李定等人。衹有心地善良的人，纔能不把仇恨埋在心底，眼前一片燦爛光明。

（四）浩然正氣

三蘇祠饗殿有"養氣"匾，三蘇父子善于養氣，"吾善養吾浩然之氣"。蘇洵"愛此宇宙寬，浩然遂忘還"，蘇軾"以邁往之氣，行正大之言"。他在黄州快哉亭題詩："一點浩然氣，千里快哉風。”

蘇轍養氣别有心得：“文不可以學而能，氣可以養而至。”

蘇洵之妻程夫人相夫教子，其賢母形象被世人傳頌。蘇洵葬妻于眉山富牛鎮，作《老翁井銘》：“山空寂寥，或嘯而嬉，更千萬年，自潔自好。”蘇洵把一身清白、潔身自好的優秀家教，傳給了蘇家後人。

蘇軾在《潮州韓文公廟碑》中寫道：浩然正氣是“不依形而立，不恃力而行，不待生而存，不隨死而亡者矣。故在天爲星辰，在地爲河岳，幽則爲鬼神，而明則復爲人。”

後來，蘇軾寫下《六事廉爲本賦》：“事有六者，本歸一焉。各以廉而爲首，蓋尚德以求全。……乃知功廢于貪，行成于廉。”所謂六事，即善（善良），能（能力），敬（敬畏），正（正直），法（守法），辨（明察）。清廉正直，浩然正氣是蘇門家風家教的重要内容。蘇軾一生歷經坎坷，備嘗艱辛。“問汝平生功業，黄州惠州儋州。”但不論出處窮達，始終有四不變：

一、輔君治國，經世致用的抱負不變；

二、憐恤生民，爲民造福的思想不變；

三、襟懷坦蕩，獨立不阿的品節不變；

四、樂觀豁達，幽默風趣的心性不變。

傳承三蘇文脉，弘揚東坡精神，要從以下四個方面來加深理解。

一、愛國愛民，奮勵當世的崇高理想；

二、求實求真，探索創新的認知追求；

三、信道直前，獨立不懼的處世原則；

四、堅守節操，瀟灑自適的生活態度。

三蘇父子優秀的家風家教，不僅蔭庇蘇家子孫，更成爲千百年來人們爲人處世的圭臬。在新的歷史時期，我們當深入傳承三蘇文脉，弘揚東坡文化，涵養家國情懷，堅定文化自信，努力拼搏奮鬥，創造美好明天！

（作者單位：眉山市文學藝術界聯合會）

蜀學名人研究

杜甫咏物詩發微

康正果

内容提要：本文論述杜甫咏物詩，從其咏物詩上承的《詩經》《楚辭》傳統出發，分析杜甫在咏物詩創作上取得的成就。創作咏物詩必須從"感興"出發，進而熔鑄以體物工麗的筆致，纔能達到托物言志的效果。

關鍵詞：杜甫；感興；咏物詩

物微意不淺，感動一沉吟。——《病馬》

一

杜集中現存咏物詩一百多首，占全部杜詩的十四分之一。這些詩篇披露了詩人的身世遭遇和興會感慨，也含蓄委婉地抒發了他的好惡愛憎。其中有不少名篇佳句歷來傳誦人口，"其稱名也小，其取類也大"（《周易·繫辭》），直至今日，還以其雋永的詩意和閃光的哲理給讀者以審美的享受。

這些咏物詩上承《詩經》和《楚辭》"諷兼比興"的傳統，兼具六朝文學體物工麗的筆致，從而把"托物言志"的創作原則提高到新的水準。無論是在千彙萬狀的杜詩中，還是置之歷代各家的咏物篇什中，杜甫的咏物詩都占有獨特的地位，具有元稹所謂"盡得古今之體勢，而兼人人之所獨專"的特色。咏物詩是杜詩不可分割的一部分，是杜詩研究中一項有待開拓的課題。

古代文論歷來都很重視“感興”在詩詞創作中的性能和作用。鍾嶸《詩品》云：“氣之動物，物之感人，摇蕩性情，形諸舞咏。”劉勰《文心雕龍》云：“人稟七情，應物斯感，感物吟志，莫非自然。”二者的經典論述都在强調，因物起興和觸景生情是抒情詩創作的動因和契機。就旨在托物言志的咏物詩來説，感興的作用和意義顯然較其他種類的詩作更爲重要。因爲咏物詩所咏嘆的是詩人面對的外物，但所要表現的言外之意則源自詩人獨特的觀照。言志是一篇咏物詩創作的出發點和目的，所咏之物則是達成此目的之中介。創作之先，物我處於對峙和分離的狀態，創作完成，物我便相互交融。或托物言志，或以物比人，藉以言志或比人的所咏之物總是反映着詩人的情思意向。即使某些專務狀物，雕琢刻摹，而并無明顯寄托的咏物詩，也會折射出作者特有的興會情趣。

咏物詩的寫作有兩種需要檢討的情況。一種情况是，詩人本無深藏待發的思緒情結，僅出于刻意咏物的動機，所寫出的詩句即使狀物畢肖，描摹工巧，也難以産生感發的效果，不過徒事雕琢而已。另一種情况是，詩人心中確有藴積的思緒情結，但因對外物缺乏周密的觀察，尚未遇到感發的機緣，僅從抽象的概念出發，率爾描摹所咏之物。這種咏物詩即使有獨特的寓意，也會顯得晦澀乏味，難以感染讀者。前者的徒事描摹和後者的枯淡空泛互相對應，構成了咏物詩形式主義傾向的兩個極端，其所以如此，均因詩人没有從“感興”出發。

杜甫的咏物詩多屬有感而發。詩人既咏物，也寫人；既狀物逼真，也傳神生動。針對杜詩的這一特徵，歷來論者多持肯定贊賞之論。張戒《歲寒堂詩話》曰：“建安陶阮以前詩，專以言志；潘陸以後詩，專以咏物。兼而有之者，李杜也。”又曰：“子美之志，其素所積如此。而目前之景，適與意會，偶然發於詩聲，六義中所謂興也。”朱弁在《風月堂詩話》中説：“詩人體物之語多矣，而未有指一物爲題而作詩者。晋宋以來始命操觚，而賦咏興焉。皆仿詩人體物之語，不務以故實相誇也。”他進而獨對杜甫特别肯定，認爲杜詩“體物外又有影寫之功”。以上兩家的評論都强調杜甫的咏物詩不衹繼承了傳統的比興手法，且在具體的創作中有所開拓和創新。

《詩經》中并無專題咏物詩，但不乏體物工麗的名句。如《文心雕龍・物色》所稱道的“灼灼狀桃花之鮮，依依盡楊柳之貌”，詩人或點染花顔以烘托出嫁的歡樂氣氛，或描繪柳姿以牽惹離别的纏綿思緒。作爲一篇詩的起興，物和物的美感特徵常會通過對比、聯想和反襯來引起以下的所咏之詞，從而加强形象的感染力，暗示某種非平鋪直叙所能提供的言外之意。這種因物起興的表現手法常見于歌謡，它正是詩歌的魔力之所在。《詩經》中用以起興的物及其顯示的興象爲專題咏物詩奠定了比興的意趣和有意味的基本構件。比如以虹霓喻奔女，或以雎鳩的“摯而有别”象徵淑女的專一。值得進一步探討的是，虹霓或雎鳩作爲起興的物象，在暗示一定的意義時，人的觀念和認識即轉化爲人的感性存在，即把歷史所沉積下來的意藴結晶爲個人的興會，“因物起興”于是爲“托物言志”打下了基礎。

屈原在其〈離騷〉中自覺地發展了《詩經》中的比興手法，他用蘭菊比君子的内美，用蕭艾比群小，針對不同的物性，引申出更確切更顯明的人性特徵，賦予它們以特有的格致韻味。特别是他的《橘頌》，作爲專題咏物的樣板，詩人細膩逼真地刻畫了橘樹與橘實的外形美，贊美其“受命不遷生南國”的生態習性，藉以表白自己忠于楚國的赤誠。該詩的寫作可謂將體物與寫志和諧地融于橘的詩意形象，以橘的美質表現了詩人自己“壹志”的品格，達到了把“以微擬議”的“興”和“切類指事”的“比”融爲一體的效果：既没把“托物”固化爲“寫志”的符號，也没有陷入徒事雕琢的描摹。

正如劉勰所説，“中巧者獵其艷辭，童蒙者拾其花草”，漢魏六朝的辭賦更偏向《楚辭》“鋪采摛文”的一面，因致力于描繪性的體物，致使言志的成分十分稀薄。魏晋以降，以草木鳥獸和各種器物爲專題的辭賦泛濫文苑，屬文者“日用乎比，月亡乎興”，所謂托物言志，已漸淪爲泛泛空談。與此同時，五言詩勃興，咏物的癖好也感染詩壇，大量雕琢形似，講究用典的咏物詩應運而生，逐漸定型。翻開《文苑英華》，可以看到從日月星辰到草木蟲魚一系列隸屬事類的咏物詩。檢閲《初學記》，可以從同樣的分類條目下找到爲相應的咏物詩提供的辭藻和典故。類書爲拼凑咏物詩羅列出現成的材料，按照此一路徑製作成文的咏物詩幾成爲押韻的類書條目。此泛文之風一直延續到初唐。與杜甫的祖父杜審言同時代的李嶠寫了一百多首五言律咏物詩，按部就班，逐一題咏了現成的類書條目。咏物詩演進到這般境地，已成爲精緻的造句練習。難怪陳子昂發出了“彩麗競繁，興寄都絶”的慨嘆。遺憾的是，陳立論雖高超，出手却偏低，他的《修竹篇》遠未達到他所欲追求的境界。他對六朝華麗文風的批判未免過火，就他咏竹的文字而言，切象體物方面明顯較差，實在缺乏可讀性。其實在致力于“窮形極貌”方面，建安以來的詩文確實取得了體物工麗的成就。杜甫和四傑對齊梁文學并不妄加非薄，他們善于學習前人的清辭麗句，揚棄其失之東隅的浮華，收獲了得之桑榆的碩果。

杜集中除分别寫于秦州、草堂和夔州四大組咏物詩外，其他零星的咏物詩散見他一生的各個時期。或爲同一時期所作，題材與主題差異甚大，或題材與主題相同，却創作于不同時期。所以很難按照通常所劃分的幾個生活時期來論述他的咏物詩作。以下可以主題思想爲綱，兼顧某些題材的獨特内容，并考慮到詩人在不同的生活時期中基于思想情緒的變化而可能産生的創作動機，大體上從四個方面來解讀杜集中現存的咏物詩。

二

張戒在《歲寒堂詩話》中談及杜甫的咏物詩時説：“人才有分限，尺寸不可强。同一物也，而咏物之工有遠近。皆此意也，而用意之工有深淺。”他還説：“物類雖同，格韻不等。同是花也，而梅花與桃李異觀；同是鳥也，而鷹隼與燕雀殊科。咏物者要當高得其格致韻味，下得其形似，各相稱耳。”張戒的話觸及了咏物詩審美感受的核心問題。

不同的物類在形狀生態上的特徵是它的自然屬性，它的格致韻味，即它給予人的美感，雖受到其自然屬性的限制，但更多的取决于人對它的主觀評價。這種主觀評價并非來自某一詩人獨自任意的規定，而是有其一定的客觀標準，它受到具體歷史内容的限制，在很大的程度上反映了某一特定社會及其特定階層的審美趣味。就拿詩畫中常描繪的對象——鷹和馬來説，馬供人乘騎，鷹助人捕獵，人作爲它們的占有者和支配者，自然便從它們被人豢養、受人驅使的利用價值來規定它們的德性。當人對于某物的這種支配關係一旦被用來反映人與人互相聯繫的信念時，此物即被賦予了人類自己的道德觀念。孔子説：“驥不稱其力，稱其德也。”《左傳》上有這樣的比喻：“見無理于其君者，誅之如鷹鸇之逐鳥雀也。”早在春秋時代，古人就贊美馬的忠誠品格，欣賞鷹的嫉惡如仇。特别是用千里馬比良才，還流傳着伯樂相馬，燕王市骨和太行鹽車等爲世稱道的故事。這些言論和故事都對馬和鷹可被欣賞的形象賦予了富于人性的道德内容。

詩人的創作既植根于他所浸潤的詩教傳統，也會受到其所處時代流行風尚的影響。杜甫年輕時正逢開元盛世，唐王朝對外用兵屢屢獲勝，疆域的開拓遠達西域；番邦朝拜，胡漢雜居，一時間樂觀的尚武精神瀰漫朝野。白衣書生，從征入幕，開闢其另類的仕進之路，往往成爲彌補科場蹭蹬的冒險選擇。他們把斬將封侯的豪情寫入詩篇，用以宣泄懷才不遇的抑鬱，鷹或馬的勇猛形象常被文人寫入豪放的詩篇，成爲他們自我期許的象徵。需要進一步説明的是，這種尚武精神也與唐王朝當時大力發展騎兵戰備，大量養戰馬有一定的關係。特别是從西域引進的駿馬個頭高大，有龍駒之稱，遠勝于中國本土體型較小的蒙古馬。對豪放的年輕詩人來説，有機會跨上駿馬馳驅原野，也不失爲某種飛揚跋扈的體驗。

杜甫初次下第的年月中，曾放蕩齊趙，縱游梁宋，有過一段呼鷹逐兔，裘馬清狂的生活。早年的游獵活動令詩人與駿馬蒼鷹結下了不解之緣，二者的雄姿也在他的記憶中留下終生難忘的印象。這些有趣的感性經驗無疑充實了他詩歌創作的生活基礎。詩人在這一段漫游生涯中還結交了不少歌咏鷹與馬的著名詩人。李邕和高適都寫過《鶻賦》，高適還有《觀畫馬歌》和《畫馬篇》等詩。李白則有《天馬歌》《觀放白鷹》和《見人臂蒼鷹》等詩。縱馬擎鷹，咏馬咏鷹，畫馬畫鷹，咏畫馬畫鷹，拔刀砍地，詩酒唱和，一時間在文人豪士中蔚爲風尚。通觀這一類咏嘆鷹馬的詩篇，可以强烈列地感受到詩人自我肯定，召唤使命的聲音。杜甫正是在這種誇張豪情壯志的氛圍中唱起了他的鷹馬之歌：

胡馬大宛名，鋒稜瘦骨成。竹批雙耳峻，風入四蹄輕。所向無空闊，真堪托死生。驍騰有如此，萬里可横行。——《房兵曹胡馬》

素練風霜起，蒼鷹畫作殊。㩳身思狡兔，側目似愁胡。絛鏇光堪摘，軒楹勢可呼。何當擊凡鳥，毛血灑平蕪。——《畫鷹》

兩首詩都作于詩人三十歲左右，那時候他閲世尚淺，還没嘗盡仕途艱難的苦味，對個人前途尚抱有輕率的自信，對玄宗的禮下賢士，更滿懷一己之奢望。這種以事業功名唾手可得的樂觀情緒反映在詩篇中，就形成了早期鷹馬詩音節明快、氣勢飛騰的特色。堪托死生的駿馬和欲擊凡鳥的蒼鷹都被描繪得富有生氣和力度，表現了詩人所渴慕的理想人格。儘管這些豪言壯語多是空口吶喊，但詩人的呼喚畢竟是認真懇切的，千載之下，仍能引起讀者的共鳴。

在蒼鷹的健翮上發泄過剩的精力，于駿馬的逸足下顯示未折的鋒芒，這説明年輕的詩人尚處于舞墨弄文的自我陶醉中。然而現實生活并非任憑詩意想象馳騁的自由王國，千里馬不遇伯樂，一匹野馬而已。賢士未能與明君風雲際會，到頭來免不了挨餓。等到杜甫困居長安，向韋濟之流的達官貴人投謁求情，過着“朝扣富兒門，暮隨肥馬塵”的生活，吟到“老驥思千里，饑鷹待一呼”的境況時，那調子已經有些苦澀，甚至迸發出不滿和激憤了。命運儘管捉弄詩人，他的用世之心仍未絶望，于是在詩作中反復自我表白，以馬自比，向當道者發出呼籲：

> 雄姿未受伏櫪恩，猛志獨思戰場利。——《高都護驄馬行》
> 如今豈無騕褭與驊騮，時無王良伯樂死即休。——《天育驃騎圖歌》

杜甫在入仕的問題上既懷“待賈”的急迫感，又堅守“固窮”的原則，這就導致了他性格上的矛盾，所以既發出“有儒愁餓死”的乞求，又對“各有稻粱謀”的行徑表示不屑。自從他爲房琯鳴不平險遭身死，以至貶官華州，仕途的坎坷引起了他對個人命運的反省。特别是遷居秦州之後，身爲去國的逐臣，杜甫的心情及其創作也隨之發生變化。那時的感懷正如申涵光所説：“杜公每遇廢棄之物，便説得性情相關，如《病馬》《除架》是也。”咏物詩的調子逐漸由高昂轉向低沉，詩人對他從前所懷的仕途抱負始有所悔悟。同聲相應，同氣相求，詩人在被棄的病馬和憔悴的老馬身上體味到與自身遭遇相似的凄涼景況。

> 見人慘淡多哀訴，失主錯莫無晶光。天寒遠放雁爲伴，日暮不收烏啄瘡。誰家且養願終惠，更試明年春草長。——《瘦馬行》

這首詩作于貶官華州後，詩中受傷的戰馬多少令人聯想到詩人遭肅宗斥逐的下場。結尾兩句，爲馬設想，也是他還没完全看透政局的自慰。他替病馬呼籲收養，也隱約傳達了他本人尚未泯滅净盡的戀闕心。李清照有兩句詩剖析了杜甫此詩所流露的心情：“少陵也是可憐人，更待明年試春草。”在杜甫的咏馬詩中，這種癡情表現得十分執著。此後不久，詩人終于在秦州所寫的〈病馬〉一詩中對自己的老實如故流露出悔恨的慨嘆，目睹病馬，惺惺相惜，自況加自憐地吟哦出這首五律。馬的老境詩人猶憐之，然而詩人的遭遇，誰其憐之？

作爲“廢棄之物”的病馬頗具悲劇性格，該馬的命運不衹影射了詩人一己之仕途失意，也包括爲君主或上司賣力效勞的老實人可悲的歸宿。這是杜甫從個人遭遇中領會的深痛。唐代詩人曹唐曾賦五首《病馬詩》，他在所咏的病馬身上欣賞的却是“一朝千里心猶在，争肯潛忘秣飼恩”的榮幸感遇，被評家譏爲“乞兒語”。與這種老奴心態相比，杜詩所宣泄的不平就顯示出特有的沉鬱頓挫了。

《病馬》詩雖有所怨，但病馬的“塵中老盡力，歲晚病傷心。毛骨豈殊衆？馴良猶至今”仍流露了詩人性格中屈就圖全的癡念。他個性中勇猛精進的一面則更多地表現于咏鷹詩中。杜家先輩的英烈事迹及其家庭慘劇曾激勵過詩人年輕的雄心，早年曾一度游俠的經歷更養就他嫉惡如仇的剛腸。鶻也屬于鷹隼類的猛禽，杜甫似乎更喜愛這種富有野性、更爲凶狠的鷙鳥。他在《義鶻行》中叙述了一則寓言故事：白蛇吞噬了鷹雛，健鶻一擊搏殺了白蛇。“物情可報復，快意貴當前。”詩人爲除暴安良的復仇而歡呼。“功成失所往，用捨何其賢。”進而向俠義的行爲致敬叫好。如果説在馬的形象中，詩人過多傾注了他自勵的忠誠品格，進而對壓抑人才的現實提出温和的申訴，那麼他筆下的鷹鶻形象就更傾向于塑造俠士風格，寄托他未酬的英雄主義壯志，進而祛除自己無能爲力的寂寞感了。

> 側胸看清霄，寧爲衆禽没。長翮如刀劍，人寰可超越。——《畫鶻行》
> 干戈少暇日，真骨老崖嶂。爲君除狡兔，會是翻韝上。——《楊監又出畫鷹十二扇》

在以上詩句中，畫上的鷹隼美就美在具有高傲的孤獨感。搏擊的衝動似乎在暗燃着詩人不甘寂寞的心，這種衝動和難以衝破的寂寞感構成了杜詩沉鬱頓挫的張力。詩人早年曾自稱“疾惡懷剛腸”，垂老則“郁郁懷剛腸”，那滿懷無從施展的抱負衹有在畫上鷹鶻的竦身之勢中得以施展，幻化出奮飛的快感。

“思想構成了風格的内容。”杜詩中常跳蕩着失敗了仍在掙扎拼搏，垂死時猶不惜最後一擲的悲壯。且看這首作于流落湖南期間的《呀鶻行》：

> 病鶻孤飛俗眼醜，每夜江邊宿衰柳。清秋落日已側身，過雁歸鴉錯回首。緊腦雄姿迷所向，疏翮稀毛不可狀。强神迷復皂雕前，俊才早在蒼鷹上。風濤颯颯寒山陰，熊羆欲蟄龍蛇深。念爾此時有一擲，失聲濺血非其心。

寫這首詩的時候，杜甫老病纏身，投奔無門，一家人乘船漂泊江漢瀟湘之間，詩人一再目睹了戰亂和苛政造成的悲慘世界。“高馬達官厭酒肉，此輩杼柚茅茨空。”“况聞處處鬻男女，割慈忍愛還租庸。”（《歲晏行》）元結的詩篇引起他共鳴，蘇涣的豪氣感染了他的壯心。病鶻的困境具現了詩人的悲憤，他再次衝破自身的孤獨，把目光轉向現實。“落日心猶壯，秋風病欲蘇。古來存老馬，不必取長途。”（《江漢》）他不願放棄“老馬”的責任感，轉而把幽憤凝聚于朱鳳慈悲救世的形象：“下愍白鳥在羅網，黄雀最小猶難逃。願分竹食及螻蟻，盡使鴟鴞相怒號。”（《朱鳳行》）朱鳳的形象合仁愛與勇猛爲一，統一了馬和鷹的品質，堅定地站在“黄雀”和“螻蟻”這群弱小者一邊，將詩人的滿懷剛腸提升到仗義行道的高度。

現在可以就張戒所説的“人才各有分限”進一步討論不同的作者在審美感受上的個性差異了。自古以來，各家所寫的咏馬詩很多，爲什麼唯獨杜詩可達到“一洗萬古凡馬空”的境界？杜甫終其一生跌宕於迭相轉換的希望與失望，喜悦與痛苦，這些至性的流露灌注於他咏嘆鷹和馬的詩篇。他不衹通過題咏鷹馬的詩作鍾煉自己的人格價值，還常把馬和馬主人、畫中馬和馬畫家的性情及遭遇連帶寫入，既寄托自己的身世之感，同時也提及那一群同道者的遭遇。這些詩篇多側重藉咏物抒寫人的内心世界，發掘物性中的人性特徵。周濟所謂“非寄托不入，專寄托不出”，即辯證地指出，創作咏物詩，作爲賦詩的動機，寄托是自覺的和有目的的，但在具體的創作過程中，寄托又是戒執著和不沾滯的。一首富于深沉寄托的咏物詩衹有在超越「專寄托」的過程中纔能够企及“含不盡之意，見于言外”的效果。感情的自然流露之所以能與理性的原則若合符契，全賴詩人未發之中那堅實的個性，這一點遠非專門在雕琢形似上下功夫的作者所可企及。張戒所强調的“尺寸不可强”，正是杜甫的咏物詩與六朝、初唐諸人之作優劣差異的分界。

審美感受的個性差異也會决定不同的詩人選擇格致韻味不同的物類作爲各自咏物的對象，不能把這種選擇僅視爲單純的個人嗜好。詩人必須有能力把握所咏之物的格致韻味與其外形特徵的關係，纔能達到狀物逼真和富有韻味的化境。例如杜甫咏鷹，善于捕捉静態中的動態，即抓住那“富于包孕性的片刻”。請看他寫墻上的畫鷹：

高堂見生鶻，颯爽動秋骨。初驚無拘攣，何得太突兀。——《畫鶻行》

明明是畫中鶻，却把它當做活鶻看。寫它欲展的雙翅，勾畫它將要飛起的姿態，詩人所要達到的效果就是寫出自己當下的感受，讓讀者直觀上感受到這受拘的鳥兒必欲凌空飛去，桀驁不馴的性格。

寫活生生的獵鷹，杜甫則竭力誇張它飛行的神速，抓住它劈空衝向獵物的瞬間。杜甫的咏物詩大都是即興的和紀實的，若非身臨其境，就很難抓拍到如此驚心動魄的鏡頭：

角鷹倒翻壯士臂，將軍玉帳軒翠氣。二鷹猛腦絛徐墜，目如愁胡視天地。——《王兵馬使二角鷹》

看到鷹的飛騰與搏擊，令人爲之胸襟頓開，焕發出振奮的快感。杜甫的咏物詩就是這樣用外形的逼真和神態的生動顯現了鷹的格致韻味。

杜甫咏馬，偏重寫其骨骼的瘦硬和神態的俊逸，他不屑雕琢錦鞍玉勒之類刑具般的裝飾物，以免斲喪馬的神態。馬是負重和馳驅的的動物，它昂起的頭顱，屋脊般的項背，勁健的四肢，自然構成了它的外形框架。抓住此特徵，大筆粗揮，即可輪廓畢顯。“戲拈秃筆掃驊騮，欻見麒麟出東壁。”(《題壁上韋偃畫馬歌》) 與韋偃的畫筆相比，杜甫的詩筆頗具同等的神技。然而杜甫并不一味孤立地描繪馬的瘦硬，骨鯁而無風韻，枯骨而已。馬的俊逸體現于它的飛動之中。或四蹄騰躍，或鬃飄尾拂，馬的舉動總會給人以直欲乘風而去的感覺。因而杜甫寫馬，常用無形的風烘托馬的俊逸：

是日牽來赤墀下，迥立閶闔生長風。——《丹青引》

鳳臆龍鬐未易識，側身注目長風生。——《李鄠縣丈人胡馬行》

是何意態雄且傑，駿尾蕭梢朔風起。——《天育驃騎圖歌》

在杜甫的筆下，曹霸畫御馬，畫得真假難分，甚至超過真馬，竟看得圉人和太僕皆爲之惆悵。正如柳宗元所説："其狀甚怪，咸若騫如翔，若龍鳳麒麟。"（《觀八駿圖説》）藝術作品能創造出超越現實的美，杜甫咏馬詩所描繪的駿逸就是這種令人神往的風致。

三

"支離東北風塵際，漂泊西南天地間。"這聯詩句大體上可以概括杜甫後半生的奔波流亡地圖。安居的片時歡愉，還鄉的持久思念，弟妹分離，摯友契闊，寄詩無憑，音書渺然，以至漸行漸遠，欲北歸而遇隔阻，暫寄居而受冷遇，形影相吊，窮途末路，一直漂流到至死不得北返。詩人把這一切凄凉的境遇和難言的辛酸多寫入咏大雁和小燕的詩中。杜甫熟悉此類終年南北遷徙的候鳥，在他眼中，雁和燕似乎在隨同他四處流落，成爲他陌路上相逢的伴侶。可嘆的是，它們一年一度，或北飛，或南去，畢竟有各自的歸宿，詩人却長年流落，無家可歸。無可奈何，他衹好把這些鳥兒想象成信使，囑托其傳報消息。這樣的心理活動構成了杜甫咏大雁和小燕詩篇的基調。詩中寄托的雖爲詩人一己之漂泊身世，在交通與通訊不發達的古代社會，此類行旅之苦也是普天下游子所共有的感受。正因如此，杜甫有關雁和燕的咏物詩便顯得特别富有人情味，對後世的同類作品有所影響，起到了示範作用。

杜集有關雁與燕的專題咏物詩計有十多首，至于提到雁和燕的詩句，就多到不勝枚舉了。先看其中的名篇《孤雁》：

孤雁不飲啄，飛鳴聲念群。誰憐一片影，相失萬重雲。望盡似猶見，哀多如更聞。野鴨無意緒，鳴噪亦紛紛。

藉咏雁傷羈旅常見於前人詩作，要翻新此老調子，就得别出心裁。杜甫不再重復堆砌典故辭藻的舊習，而從白描入手，采用擬人的手法，用人的心情描摹雁的感覺。假若詩人并没目睹過孤雁，也没感受到離鄉脱群的孤獨，僅圍着前人的名句打轉，不去眼前的實景中直尋，那他寫出的咏雁詩就難免落入"補假"的俗套。

該詩作于夔州。詩人厭倦該處陰晦的天氣和荒凉的環境，幾度準備出峽，却礙于種種原因，一再淹留下來，不得不與周圍陌生的一群相與周旋。由此而生的焦慮心情與孤雁的"飛鳴聲念群"頗有相通之處。他想回長安，回到與他同道的從政圈子内，因此就更加厭煩在夔州的淹留。野鴨與大雁爲異類，其鳴噪自然不入大雁之耳，由此可以想見詩人與其所處環境的疏離隔膜。然而就連夔州這樣不宜久居之處，杜甫爲暫栖一枝，還得費盡周折而難以穩定落脚。于是他對遲歸的獨鳥特有甚深的感觸，情不自禁，流露于詩：

夜來歸鳥盡，啼殺後栖鴉。——《遣懷》
獨鶴歸何晚，昏鴉已滿林。——《野望》

詩人似乎在遲歸鳥的哀鳴伶俜中感受到失路客的苦況，因而寫出了人與鳥共有的焦急和煩躁。

與牽掛游子客心的大雁不同，小燕的形象則更多地給人以安居樂業的親暱感。它築巢人家，養子梁間，那穿帘的身影，明快的燕語，以及銜泥噙草的辛勤操勞，均給古代詩人留下咏嘆不盡的詩情畫意。杜甫平生深愛燕子，寫過不少咏燕警句。以體物工麗著稱者有："微風燕子斜"（《水檻遣心》），"銜泥點污琴書内，更接飛蟲打著人"（《絶句漫興九首》）等。流落川北期間，他寫有《雙燕》一首。詩人在客舍裏看到一雙哺子的小燕，聯想到自己爲避兵亂，與妻子楊氏輾轉蜀道，携兒帶女，經歷的艱難困苦。"應同避燥濕，且復過炎凉。養子風塵際，來時道路長。"句句咏燕，句句自况。體物寓意，十分貼切。由燕子的"避燥濕"想到自己的避戰亂，由燕子的"過炎凉"想到自己身歷的冷暖人間。安史之亂破壞了唐朝爲時甚短的繁榮，致使杜甫一家與千萬個家庭蒙受了流離失所的灾難。"一人之心，千萬人之心也。"杜甫對燕子築巢養子的鍾愛折射着他對四海息兵，安居樂業的向往。詩人常在自悲之同時進而悲人，比如他悲自己的茅屋雨漏，就想到天下寒士。從自己無家可歸起興，動情到爲追隨他的燕子流下眼泪。《燕子來舟中作》一詩便即興吟成于此一情景之下。

湖南爲客動經春，燕子銜泥兩度新。舊入故園嘗識主，如今社日遠看人。可憐處處巢居室，何異飄飄托此身。暫語船檣還起去，穿花貼水益沾巾。

杜甫出峽進入湖南後，處處碰壁。他初至湖南，即前往衡州投奔韋之晋。不料韋已移官潭州。及反棹長沙，韋忽病卒。"帟幕疑風燕，笳簫咽暮蟬……老來多涕泪，情在强詩篇。"（《哭韋大夫之晋》）此時的杜甫好比無處築巢的燕子，從此便以船爲家，萍迹瀟湘，直到身死。這首七律作于詩人逝世前的最後一個春天。那年暮春，杜甫與開元年間著名歌手李龜年相逢，異鄉遇故舊，不免勾起少年往事，心情是很沉痛的。因而連一隻逐舟而來的燕子也會引起詩人關注，覺得它有點眼熟，似乎曾經巢居他的故里。當然這衹是詩人自己一時的感受，等他再次轉眼看去，燕子又顯得對他有些生分。其實那燕子衹圖在桅桿上歇息片刻，對飛來飛去的燕子來説，一葉扁舟并非久留之地。在無情中發掘有情，把憐惜給予并不懂得領情的外物，這種"與花鳥共憂樂"的移情手法，杜甫慣用于他的咏物詩。正如他在詩中所自訴，"排悶强裁詩""遣興莫過詩"，藉咏物以怡情，就是精神上的自我療養，可在物我的彌合中得到一時的寬慰。對于詩歌既宣泄又約束的功能，杜甫一般都把握得較有分寸，即使寫很悲慘的境遇，也不至于墮入絶望，他總是會懷抱纏綿不已的思緒，對自然生機投去一絲眷戀。

四

不幸的遭遇玉成了杜甫的詩歌創作。正是在一波波延續下去的流落中，他隨處寄居，親歷民間疾苦，正視到社會上存在的種種弊病。他的詩作因而突破了感慨身世的狹小内容，開闢了咏物詩的新境界。在傳統的鷹、馬、雁、燕題材之外，他發掘出新的題咏對象，把未經人道過的卑微草木和弱小的動物羅致進咏物園地。在以下一組詩中，詩人從哀嘆個人身世轉入反映民間疾苦，從自傳性的感遇上升到針對現實的美刺諷喻。

四川有不少特産的草木，杜甫入蜀後，優游之暇，偶遇感興，輒形于吟咏，目睹某些異域方物，即興速寫下頗有寓意的素描。這些詩作有不少篇章都出于興到筆至，多屬借題發揮，未必有什麽"多識草木蟲魚之名"的博物學用意。後人不知出于什麽好奇的念頭，寫出連篇纍牘的詩作，爲杜集中無咏海棠之作而感到遺憾。此議由唐人薛能發起，宋人賦詩，常引以爲故實。有人竟臆斷説，杜甫母親名"海棠"，詩人出于避諱，因而付之闕如。海棠春睡不管多麽嬌艷，奈老杜素乏艷情趣味何！然而一株殊難引人注目的枯棕却觸動了杜甫的詩心。

> 蜀門多棕櫚，高者十八九。其皮割剥甚，雖衆亦已朽。徒布如雲葉，青青歲寒後。交横集斧斤，凋喪先蒲柳。傷時苦軍乏，一物官盡取。嗟爾江漢人，生成復何有？有同枯棕木，使我沉嘆久。死者即已休，生者何自守？啾啾黄雀啄，側見寒蓬走。念爾形影乾，摧殘没藜莠。——《枯棕》

棕櫚并非名貴的觀賞植物，既不顯得清雅，也無所謂香艷。杜甫所咏的棕櫚竟是一株枯棕，更談不上美觀。面對這株枯棕，杜甫所持的觀物態度其實無關唯美，而是在枯棕殘缺的樹身上看到了生機受損的慘狀。在憐惜此生意殆盡的樹木之同時，他不由得聯想到横徵暴斂下貧寒徹骨的黎民。詩人顯然不是爲咏物而咏物，咏物衹是起興和比況，接着就轉入直賦其事的議論，爲被盤剥的黎民憤然一呼。"山木自寇也"，按照莊子的邏輯，棕櫚受盡剥奪，是它的棕櫚皮有實用價值導致的結果。杜甫并不理會莊子的哲學命題，他衹面對現實存在的民生問題，因而立即把枯棕的命運與百姓的遭遇聯繫起來。勞動者創造的物質財富被剥奪太甚，自己却陷入貧困，是誰之罪歟？詩人指責的顯然是苛政。

歲貢方物便是王朝的苛政之一。四川盛産橘柚，每年都奉命給宫廷進貢。"龍洲無木奴"，這可口的地方特産反給蜀人帶來過分的騷擾。杜甫有感于斯，在《病橘》一詩中便向肅宗發出嚴峻的諫諍。橘病當然是果樹上的病蟲害造成的，針對這一自然現象，杜甫引用古人深信的“天人感應”理論作解釋，以具有威懾力的“灾異”警告當局。這種恐嚇性的勸誡是古代官員對皇帝慣用的諫諍手段。詩中的天意也就是民意，慨嘆橘病，也就是爲民請命，期盼在上者有所恐懼，寬免貢賦。

這首詩的後半段已轉入言事，作爲所咏之物的“病橘”，僅爲批評肅宗弊政的起興。杜甫常把咏物詩寫得不像咏物詩，或者説超越了那些不敢離單純咏物一步的狹義咏物詩，獨創了杜體的廣義咏物詩。咏物詩以狀物切象爲核心，對詩人的任意想像有一定的限制。但咏物若過于貴形似，賦詩必此詩，勢必陷入小家子氣。杜甫的才氣常迸發出戴着脚鐐飛騰的氣勢，他善于從咏物的題旨出發，隨機插入議論，順便聯繫到他關注的現實問題，《病橘》即屬于這方面的嘗試。因此在杜甫筆下，没有不可咏的物，無論何物，衹要他有所感觸，正好適合他借題發揮，即使前人很少顧及的對象，他都會看出可咏的詩意。正如鍾惺所説：“少陵如《苦竹》《蒹葭》《胡馬》《病馬》《瀏鶒》《孤雁》《促織》《螢火》《歸燕》《鸚鵡》《白小》《猿》《雞》《麂》諸詩，于諸物有贊羡者，有悲憫者，有痛惜者，有懷思者，有慰藉者，有嗔怪者，有嘲笑者，有勸誡者，有計議者，有我語詰問者，有代彼對答者，蠢者靈，細者巨，恒者奇，嘿者辯，咏物至此，神佛聖賢帝王豪傑俱此，難著手矣。”（見仇兆鰲《杜詩詳注》）

杜甫在房琯事件中險些送了性命，直至流亡四川，慘痛的經驗仍記憶猶新。“常恐性坦率，失身爲杯酒。”面對他不得不應酬的某些地方官員，他常懷警惕，謹言慎行。這種心理不時流露于他的咏物詩作。他告誡花鴨：“稻粱沾汝在，作意莫先鳴。”（《花鴨》）他提醒百舌，“過時如發口，君側有讒人。”（《百舌》）詩中告誡動物，意在提醒世人。正如他在《獨立》一詩中所云：“天機近人事，獨立萬端憂。”詩人觀物，情爲物移，吟咏之間，無意間泄露了心事，警惕到危機。此危機感不衹涉及詩人自身，也在對他人發出警戒。比如以下的咏鵝詩：

> 鵝兒黄似酒，對酒愛新鵝。引頸嗔船逼，無行亂眼多。翅開遭宿雨，力小困滄波。客散曾城暮，狐狸奈若何。——《舟前小鵝兒》

這首詩展現的是眼前即景，重在突出鵝兒討人喜歡的憨態。“嗔船”句賞其幼稚，“亂眼”句喜其好奇。一群初下水的小鵝兒忽然進入游客的視野，衹見它們爛漫好奇，又顯得有所自衛。尚無罹害經驗的群鵝渾不知逃避，反靠近游客嬉戲。然而宿雨的侵襲，滄波的困擾，業已觸及群鵝的羽毛。更何况日暮之後，還有狐狸出穴，可不慎哉！詩人替鵝兒擔心的同時，自然也有他自己的憂生之慮。如果要體會該詩的寄托，應該就是這種既憐惜弱者，又自我警戒的心情吧。即使詩人的用意未必如此，讀者未嘗不可以這樣“以意逆志”。詩人的寄托是有限度的，詩中形象給予讀者的感受則是超限度的。形象可感發到什麽程度，其含義就會豐富到什麽程度。“賦詩必此詩，定知非詩人。”解詩若一定要落到實處，就是禪家所譏笑的“參死句”了。比如有人説詩中的鵝兒是諷房琯客養的琴師董廷蘭。之所以作這樣的影射式解讀，無非基于該詩作于房琯官衙的湖上，于是就穿鑿到六年前那一段公案中坐空落實了。這種影射論解釋當然是無稽之談了，讀解咏物詩，尤忌此類對號入座的思維。

在戰亂年代，人們可以警惕灾難的降臨，却未必能逃脱厄運的吞噬。可以置人于死地的機會實在太多，《白馬》一詩中所謂“喪亂死多門”即此意也。仇兆鰲注曰：“喪亂一語慘極，或死于盜寇，或死于官兵，或死于饑餒，或死于寒暑暴露。”對此類慘死，杜甫已見得很多，因而爲此感到極度的憤慨。《麂》這首咏物詩所哀嘆的慘劇就是對“喪亂死多門”所作的生動概括。

> 永與清溪别，蒙將玉饌俱。無才逐仙隱，不敢恨庖厨。亂世輕全物，微聲及禍樞。衣冠兼盜賊，饕餮用斯須。

詩人以被獵殺的麂比况任人宰割的小人物，貪饞美味的“肉食者”顯然是直指王公大人。前四句模擬麂的口吻，以自悔自謙的語氣冷刺統治者的以理殺人。古代君殺臣曰賜死，臣受刑曰伏誅。韓愈竟有所謂“臣罪當誅兮，天王聖明”的告白。横遭慘死者的受害仿佛順理成章，成了獻給嗜血者的犧牲，明明是被人吃掉，却委婉地自稱“蒙將玉饌俱”，以至于雖死無怨——“不敢恨庖厨”。後四句一反前四句温柔敦厚的詩教口吻，忽轉爲破口大駡，直指披戴衣冠的盜賊。麂肉直喻人肉，亂世的暴政就是吃人的筵席。

五

永泰二年三月，杜甫從雲安東下夔州，大曆三年正月出峽，蒙夔州都督柏茂琳照顧，詩人全家安居夔州將近兩年。他處于幾乎與世隔絶的峽中，十分寂寞，有太多的閑暇和精力寫詩，此期間所寫的詩篇占其全部詩作的三分之一。其中有不少篇什屬于官場中迎來送往，宴飲間參與奉陪的應酬之作。試讀他出峽後所寫一首排律的以下片段：

> 苦摇求食尾，常曝報恩腮。結舌防讒柄，探腸有禍胎。蒼茫步兵哭，展轉中宣哀。饑藉家家米，愁徵處處杯。休爲貧士嘆，任受衆人咍。——《秋日荆南抒懷三十韻》

從以上詩句不難看出，爲了在夔州安家謀生，杜甫平日參與官場交際，應酬詩文唱和，確有不少辛酸的難言之隱。在某些稱頌他人的贈詩中，難免因有求于人或受惠于人而間或敷衍些虚美之詞。所謂“苦摇求食尾，常曝報恩腮”，所自嘲的就是這種尷尬處境。也許衹有熬到夜晚，摒除白日的煩擾，詩人獨自安静下來，仰視星空，月下徘徊，纔有了純净的詩興。于是他苦覓精美的詞句和空靈的意境，藉以抒發其嘆老傷離的情懷。

此期間詩作的特徵之一是大量吟咏雲雨星月，其中專題咏雨和月的詩就有二十首左右。詩人眼花耳聾，衰病纏身，常在失眠之夜苦熬時光："天寒不成寢，無夢寄歸魂。"(《東屯月夜》)，或泪目望月："爽合風襟静，高當泪臉懸。"(《月三首》之三)，或明月當頭，哀嘆被照亮的滿頭白髮："入河蟾不没，搗藥兔長生。衹益丹心苦，能添白髮明。"(《月》)"若無青嶂月，愁殺白頭人。"(《月三首》之一)，吟咏到最後，總是落筆到哀嘆流落，渴望北歸："故園當北斗，直指照西秦。"(《月三首》之一)。大曆二年，從八月十五到十七連續三夜，杜甫對月吟哦，寫成咏月五律達四首之多。

杜集中有一首入選的咏月名篇最爲各家贊賞，現全録入下：

> 四更山吐月，殘夜水明樓。塵匣元開鏡，風帘自上鈎。兔應疑鶴髮，蟾亦戀貂裘。斟酌姮娥寡，天寒耐九秋。——《月》

這是一首徹夜失眠所覓得的佳作，從"四更""殘夜"兩句可以看出，詩人直熬夜到天快亮的時分，纔得以看到殘月從山背後突現天際，照亮了映入水面的樓影。首聯起興，饒有韻味，蘇東坡譽爲"古今絶唱"，曾奉和續作達五篇之多。頷聯承接纖巧，杜詩仇注曰："月魄留痕，如匣邊露鏡，此承吐月。彎月掛檐，如鈎上風帘，此承明樓。"鏡匣擺在妝臺上，玉鈎掛於珠帘外，這兩句以彼物比此物的精美詩句頗有閨房情景的意味。沿襲李善注《文選》"無一字無來處"的通例，仇兆鰲注杜詩，從頭至尾，一直不惜篇幅，窮搜杜詩的造句來歷，大肆羅列出處。他特拈出沈雲卿《月》詩"臺前疑掛鏡，帘外自懸鈎"一聯，指證塵匣二句所本。胡應麟因而評點頷聯曰："太巧，類初唐。"儘管如此，但比較而言，沈詩的造句顯得較死板，杜詩雖受沈詩啓發，却點化得富有動態效果。先是"元開鏡"，接着"自上鈎"，一個"開"字，再加上一個"上"字，連續的動態立刻突現出殘月從山背後升起，照到了樓前的過程。杜甫自稱是"頗學陰何苦用心""清詞麗句必爲鄰"的，他的咏物詩在體物工麗上的確狠下了研習前人佳作的功夫。頸聯寫詩人在月下的自憐。仇注曰："月色臨頭，恐兔疑白髮。月影隨身，如蟾戀貂裘。"本來衹是寫月光照人這回事，爲避免詩句中重復出現"月"字，按照"詩緣情而綺靡"的傾向，咏月詩詞多傾向排比疊用月的代稱。搬弄代稱乃咏物詩常用的修辭手段，所謂説柳不得直接説柳，須用"灞岸"或"隋堤"替代，玉兔和蟾蜍即爲月的代稱。兔蟾兩句的可圈可點之處在于，詩人借玉兔的俯視突現了他垂老的白髮，寫蟾蜍的欲襲貂裘襯托出他的體弱畏寒。月宫廣寒與峽中清冷于是上下接通，烘托出物我互憐的效果。尾聯中的"姮娥"仍是月亮的代稱，黄生曰："寡婦孤臣，情況如一，故藉以類比。"另有一首《江月》尾聯曰："誰家挑錦字，滅燭翠眉顰。"此詩由咏月轉入閨怨，也被注家解釋爲"寓思君之意"。"男女君臣"的類比乃是傳統修辭的慣性思維，沿襲此陳陳相因的解釋，未免削弱了尾聯中姮娥獨處耐秋的孤高形象。通觀全詩，末句的力度端在這一個"耐"字，李商隱有兩首咏月詩曰："姮娥無粉黛，衹是呈嬋娟。"(《秋月》)"青女素娥俱耐冷，月中霜裏鬥嬋娟。"(《霜月》)其"呈嬋娟""鬥嬋娟"的耐冷姿態，可謂延續了杜甫這首《月》詩高處勝寒的餘韻。黄生評杜甫此詩曰："寫景精切，布格整密，運意又極玲瓏……疊用鏡鈎、蟾兔、姮娥，他人且入目生厭矣，一經公筆，顧反耐思，由其命意深而出語秀也。"

自然景物衹有在作爲人類生息勞作的環境，對應着人的喜怒哀樂時，纔足以"摇蕩性情，形諸舞咏"。杜甫在咏物詩創作上取得的成就向後學者昭示，創作咏物詩必須從"感興"出發，進而熔鑄以體物工麗的筆致，纔能達到托物言志的效果。若一味"爲文造情"，僅刻鏤出精美的詩句，堆砌繁複的代稱，必墮入嘲風月弄花草的末路。

（作者單位：耶魯大學）

杜甫秦州贈友詩的“政治情結”

楊勝寬

内容提要：杜甫在肅宗乾元二年放棄朝廷命官，舉家前往秦州，開啓了其後半生飄蕩流寓的艱難生活。其在秦州地界居住的數月間，作有贈友詩十七首，雖然跟其他時期所作贈友詩一樣都具有表達真摯友情的一般性特徵，但這十多首詩所贈之友人，絶大多數是因肅宗朝重大政治事件而受到不公正處罰的士大夫，被視爲玄宗舊臣誣以朋黨之罪名而遭清算的占絶大多數。杜甫作爲這些事件的見證者和受害者，所表達的友情蘊含了十分濃郁的“政治情結”，因爲這種友情，是建立在頗相類似的政治遭遇與家國情懷基礎之上的。

關鍵字：杜甫；秦州贈友詩；房琯案；朋黨清算；“政治情結”。

杜甫自華州棄官西行前往秦州，這是其首次以遷客身份要去尋求衣食生計與生存空間的第一站，浦起龍稱秦州爲其“作客之始”[①]，不僅此後他再也無緣回過京師長安，而且標志着其後半生以此爲起點，將在無休止的漂泊遷徙中度過。初客秦州，對于杜甫及其家人的生活方式改變影響巨大，與此相關聯，杜詩的創作也由此進入一個新階段，臻于一種新境界。筆者已就詩人“始客”秦州的身份改變所帶來的複雜心態變化進行了專門探討[②]，其中一部分内容涉及了該時期杜甫詩中所反映的親情與友情，并且認爲其贈友詩中所抒發的情感，大多與彼此相似的遷謫遭遇聯繫起來，使這種友情帶有惺惺相惜的身世之悲。限于篇幅，問題没有充分展開，考察也不很深入全面，尚有進一步拓展分析的必要。

杜甫在秦州地界停留的時間總計衹有四個多月，并且换了三處居所，僅此就可以見到其起居無定的栖惶之狀。加之時值戰亂之中，流離失所的詩人一家來到遠離京城的秦州，幾乎

① 浦起龍：《讀杜心解·卷首》，中華書局1981年版，第27頁。

② 楊勝寬：《杜甫“始客”秦州的身份與心態》，《天水師範學院學報》2020年第1期。

處在人事資訊的“盲區”之中，其與外界，尤其是與京城故舊之間音訊完全隔絶。故其對于友人的惦記，屢屢形于筆端，所謂“時來故舊少，亂後别離頻”①；“舊好腸堪斷，新愁眼欲穿”②；“相望無所成，乾坤莽回護”③；“爲報鴛行舊，鷦鷯在一枝”④。説這些詩句反映了詩人對故舊充滿深摯感情固然不錯，説詩人因爲亂離頻仍處境艱難故而對友情更加珍視也不錯，但如果我們深入地品味杜甫秦州的贈友詩，其不同于其他時期贈友詩的最明顯之處，在于詩人所表達的與故舊之間的友情，總是基于一種彼此直接或間接關聯的政治因素，甚至是同病相憐的無辜政治受害者。因此，政治事件、政治打擊、政治命運成爲詩人傾訴這種感情的連接紐帶；他們之間的悲歡離合，不是各自身世發展的自然結果，而是特殊時代背景下重大政治事件的影響所致。從這個角度看，杜甫秦州贈友詩所凸顯的“政治情結”，就大大超越了一般意義上的友情内涵，而具有了值得關注的政治色彩與特殊意味。

一、杜甫秦州贈詩之“友”

研究杜甫秦州詩不難注意到，其在秦州居留期間所創作的詩歌，絶大多數爲遣興述懷，咏物紀行之作，酬贈詩衹占其創作總數的較少部分。這不僅跟詩人舉家奔逃不遑啓居的經歷處境相吻合，也與其在此地親故鮮少、戰亂中又與京城等地友人中斷資訊聯繫的特殊情況密切相關。除開其寫贈寄居東柯的族侄杜佐以及懷念弟妹以表達親情的幾首詩外，嚴格意義上的贈友詩，總數共計十七首，在其秦州詩總數中占比約百分之十四强。其中包括贈李白四首，贈贊上人四首，贈鄭虔二首，贈阮昉二首，贈張彪一首，贈吴鬱一首，贈薛據、畢曜一首，贈高適、岑參一首、贈嚴武、賈至一首。

至于其在秦州，實際上衹與贊上人、阮昉二人保持了較爲密切的來往。從其寫贈贊上人的詩看，杜甫不僅在贊上人住持的寺廟裏過了夜，還由其陪同到兩個地方考察其打算建立居所的環境條件。而阮昉是杜甫到秦州以後新結識的一位隱居者，觀其詩所謂“尋我草徑微，褰裳踏寒雨，更議居遠村，避喧甘猛虎”⑤，知阮昉曾親自登門拜訪杜甫，并且二人交談中議及一起選擇僻遠山村相伴爲鄰的事宜。估計阮昉感受到杜甫生活的困難，故回去以後，主動送上三十束薤菜，令杜甫非常感動，故致詩道謝謂：“盈眶承露薤，不待致書求”，“衰年

① 〔唐〕杜甫：《寄張十二山人彪三十韻》，蕭滌非主編：《杜甫全集校注》卷六，人民文學出版社 2014 年版，第 1667 頁。

② 〔唐〕杜甫：《寄岳州賈司馬六丈、巴州嚴八使君兩閣老五十韻》，蕭滌非主編：《杜甫全集校注》卷六，人民文學出版社 2014 年版，第 1644 頁。

③ 〔唐〕杜甫：《寄岳州賈司馬六丈、巴州嚴八使君兩閣老五十韻》，蕭滌非主編：《杜甫全集校注》卷六，人民文學出版社 2014 年版，第 1644 頁。

④ 〔唐〕杜甫：《有懷台州鄭十八司户》，蕭滌非主編：《杜甫全集校注》卷五，人民文學出版社 2014 年版，第 1367 頁。

⑤ 〔唐〕杜甫：《貽阮隱居》，蕭滌非主編：《杜甫全集校注》卷六，北人民文學出版社 2014 年版，第 1611 頁。

關鬲冷，味暖并無憂"[①]。既感激于對方理解自己的困頓處境，又謂此菜不僅充饑，而且有温補作用，特别適宜體衰之人除寒熱、散結氣。

以外，杜甫在同谷居處的約一個月時間裏，唯一有過交往者是李銜一人。他在《乾元中同谷縣作歌七首》裏説："山中儒生舊相識，但話宿昔傷懷抱。"[②] 這位儒生應是杜甫以前就認識的故舊，彼此相見交談的話題，主要是過去兩人相似的遭遇回憶，故不免一起爲之"傷懷"。至于何以憶及這段往事就頗感傷懷，清人張溍的解釋是："但話夙昔，又憶到獻《三大禮賦》爲權奸所抑及救房琯被謫事。"[③] 當代學者聶大受據此判斷："看來在同谷時二人關係是相當密切的。"[④] 説關係相當密切自然不錯，但主要因爲彼此乃是故交，且可能還有類似的仕途遭遇，所以相見時有容易引起共鳴互訴情懷的話題，如果衹論其在同谷時的彼此交往，短短一月時間，恐怕也不過一面之緣而已。

在杜甫贈詩涉及的十二人中，可以發現一個值得注意的突出特徵。除了隱者張彪、阮昉以外，其中至少八人與肅宗即位以後發生的一些重大政治事件有關聯，比如李白是因爲參與永王李璘討逆幕府而被肅宗定性爲謀反罪名遭到流放的；嚴武、賈至、薛據、畢曜、高適、岑參、鄭虔、贊上人，均不同程度與肅宗處置房琯一案存在直接或間接關係。而那位有舊宅在兩當縣的侍御吴鬱，曾與杜甫在肅宗鳳翔行在一起共事（杜任左拾遺，吴爲侍御史），當時因抓捕軍中間諜，吴鬱爲其中的良民辯誣而被貶謫長沙。就連那位希望隱居得越遠越安全的同谷隱者李銜，也可能與肅宗清算玄宗舊臣的政治圖謀存在某種關聯。可以説，除了兩位已經不問世俗是非的隱居者以外，其他都與肅宗朝的政治事件密切相關。

由此看來，杜甫流寓秦州而念念不忘的這些友人，并不單純因爲彼此是詩文同好，或者是過去相識的故人，而是帶有突出的同被肅宗貶斥而仕途命運大略相似的政治色彩，杜甫正是曾經因疏救房琯激怒肅宗而被懲罰的當事人之一。此時的杜甫儘管爲全家生計而自顧不暇，但一直抱有强烈政治情懷，依然在所創作的贈友詩中，三復致意地表達着對他們的牽掛，對他們所遭遇的不幸深表同情，自然也借爲友人鳴不平的筆觸，抒發着自己流離失所的牢騷和政治失意的怨氣。仔細品味，杜甫的這種牢騷或怨氣，并不衹是爲一己進退榮辱而發，而是帶有爲時局、爲朝廷、爲百姓而深深憂慮喟嘆的豐富内涵，這是詩人時時刻刻都難以割捨的政治擔當與家國情懷在這些贈友詩中的顯著體現。

---

① 〔唐〕杜甫：《秋日阮隱居致薤三十束》，蕭滌非主編：《杜甫全集校注》卷六，人民文學出版社 2014 年版，第 1614—1615 頁。

② 〔唐〕杜甫：《乾元中同穀縣作歌七首》其七，蕭滌非主編：《杜甫全集校注》卷七，人民文學出版社 2014 年版，第 1690 頁。

③ 蕭滌非主編：《杜甫全集校注•乾元中同穀縣作歌七首》其七注（三）引，人民文學出版社 2014 年版，第 1691 頁。

④ 聶大受：《杜甫秦州交游及詩作》，天水綫上，2008 年 5 月 28 日。

二、從“房琯案”看杜甫的情感和行爲變化

肅宗對房琯一案的處置，因《舊唐書·房琯傳》全文具載了貶謫房琯“黨人”的詔書及事情的前後經過，今天的研究者可以就其是非曲直以及背後的深刻原因進行觀察評判，看看杜甫對他這幫友人的不平則鳴是否有其道理，也可以更好理解詩人何以具有如此强烈的不滿情緒及揮之不去的政治情結。就詔書看，肅宗責罰房琯的全部理由，可一言以蔽之，即指責其結黨營私。如言：“房琯素表文學，夙推名器，由是釁階清貴，致位台衡。而率性自任，怙氣恃權。虚浮簡傲者進爲同人，温讓謹令者捐於道路。所以輔佐之際，謀猷匪弘。頃者時屬艱難，擢居將相。朕永懷仄席，冀其成功。而喪我師徒，既虧制勝之任；升其親友，悉彰浮誕之迹。”[①] 這番話，把房琯輔佐君王未盡臺衡之責，以及平叛中陳濤斜一戰之敗，全部歸咎於其黨與同人，任人唯親。後文復言：“或云緣其切直，遂見斥退。朕示以堂案，令觀所以。咸知乖舛，曠於政事。誠宜效兹忠懇，以奉國家。而乃多稱疾疹，莫申朝謁。……又與前國子祭酒劉秩，前京兆少尹嚴武等潛爲交結，輕肆言談，有朋黨不公之名，違臣子奉上之禮。”[②] 在房琯被貶邠州刺史的同時，劉秩貶爲閬州刺史，嚴武貶爲巴州刺史。但從詔書裏的一個“等”字可知，被歸入房琯朋黨之列的，并不僅僅劉、嚴二人。可能因爲以“房黨”罪名大肆清算玄宗舊臣，會引起朝野不利于自己的議論，故將其餘人員作不點名和分步處理。

這裏不妨以杜甫秦州贈友詩裏涉及的賈至爲例作一些考察，來看看肅宗對所謂“房黨”的打擊手段。關于賈至被貶岳州司馬的原因，朱鶴齡引據史料作出如下分析：“按《新書·肅宗紀》，九節度師潰，汝州刺史賈至奔於襄、鄧，其貶岳州必因此。本傳謂坐小法，史文未詳耳。……《杜詩博議》：‘至貶岳州，實因棄汝州之故。’吴縝《唐書糾謬》有辨甚詳。”廖仲安等注《寄岳州賈司馬六丈、巴州嚴八使君兩閣老五十韻》詩，“題解”引述了朱氏之説，表示完全贊同其觀點[③]。但考察《新唐書·肅宗紀》相關内容，恐怕其説不一定靠得住。首先，所謂九節度，在《肅宗紀》具名者依次是郭子儀、李光弼、李嗣業、王思禮、魯炅、李涣、許叔冀、董秦、季廣琛[④]，賈至并不在其列。其次，在叙述九節度之敗時，其文云：“（乾元二年）三月壬申，九節度之師潰於滏水……東京留守崔圓、河南尹蘇震、汝州刺

① 〔後晋〕劉煦：《舊唐書》卷一百一十一，中華書局1986年版，第3323頁。

② 〔後晋〕劉煦：《舊唐書》卷一百一十一，中華書局1986年版，第3324頁。

③ 〔唐〕杜甫：《寄岳州賈司馬六丈、巴州嚴八使君兩閣老五十韻》，蕭滌非主編：《杜甫全集校注》卷六，人民文學出版社2014年版，第1642頁。

④ 〔宋〕宋祁等：《新唐書》卷六，二十五史本，上海古籍出版社1991年版，第24頁。

史賈至奔於襄、鄧，郭子儀屯於東京。”[①] 表明九節度兵敗，作爲地方軍政長官的崔圓、蘇震、賈至，均朝襄陽、鄧州一帶潰退，連領銜此次征討行動的郭子儀都衹好暫時退至東京（今河南洛陽，而九節度與叛軍交戰于相州，即今河南安陽）屯兵，其他節度使也紛紛各自敗逃本鎮，假如真要追責，也應首先從九節度開始，但《肅宗紀》并無處罰他們的記載，也未見將崔圓、蘇震與賈至一併處罰。怎麽會到了是年六月，又因賈至棄汝州之事而給予單獨的貶謫重罰？再次，九節度以絶對優勢兵力圍困安慶緒的叛軍，本來已經勝利在望，後來戰場局面發生逆轉，功虧一簣，根本原因在于肅宗因不信任節度使而不設軍事統帥，又派宦者魚朝恩在軍中進行牽制，纔導致遭遇突發情况時不能統一行動，互相照應，故而被史思明的數萬叛軍所敗。肅宗應該對這次失敗負重大責任，怎麽好因地方長官見官軍潰敗而奔逃對其進行有選擇的嚴厲責罰？

其實，賈至遭貶的真正原因，恐怕與其爲奔幸途中的唐玄宗起草重要詔書有更密切關係。安史之亂起，玄宗倉皇往蜀中奔逃，到達普安郡（今四川劍閣縣）時，房琯趕到，君臣立即商議時局并部署平叛事宜。玄宗按照房琯建議，布置諸王經略天下、分鎮要地以圖收復之業，其所頒布的詔書，正是賈至所擬[②]。肅宗聽信了賀蘭進明的讒言，視賈至爲效忠于玄宗而對己不忠的“房黨”，對其加以責罰成爲必然。關于賀蘭進明讒毁房琯，在《舊唐書·房琯傳》中記載甚詳：“（進明曰）‘陛下待琯至厚，以臣觀之，琯終不爲陛下用。’上問其故。進明曰：‘琯昨於南朝爲聖皇制置天下，乃以永王爲江南節度，潁王爲劍南節度，盛王爲淮南節度。《制》云：命元子北略朔方，命諸王分守重鎮。且太子出爲撫軍，入曰監國，琯乃以枝庶悉領大藩，皇儲反居邊鄙，此雖於聖皇似忠，於陛下非忠也。琯立此意，以爲聖皇諸子，但一人得天下，即不失恩寵。又各樹其私黨劉秩、李揖、劉彙、鄧景山、竇紹之徒，以副戎權。推此而言，琯豈肯盡誠於陛下乎？’上由是惡琯。”[③] 賀蘭進明意在挑撥肅宗與玄宗父子之間的關係并激化雙方權力之争的矛盾，雖然直接目的在于打擊房琯，但真正用意乃是讓肅宗徹底清算玄宗舊臣，重用忠于自己的一幫人馬。這個建議正中心胸狹隘，且對玄宗舊臣有所不滿的肅宗下懷，故其對“房黨”的打擊絶不放過任何機會。賈至既是所謂“不利于”皇儲經略北方安排詔書的起草者（實際上詔書不僅明確李亨爲天下兵馬元帥，而且賦予其“與諸路及諸副大使等計會，南收長安、洛陽”的特殊地位與總其事的重要職責，根本不存在賀蘭進明所説的“居邊鄙”被邊緣化之用意），又是隨後玄宗派往靈武册立肅宗的使團成員之一，其被肅宗嫉恨而遭貶，纔是最根本和最直接原因[④]。杜甫贈賈、嚴詩有“賈筆論孤憤”之句，廖仲安等注謂以賈誼喻賈至，是對的，但説賈至保留下來的文章“未

---

① 〔宋〕宋祁等：《新唐書》卷六，二十五史本，上海古籍出版社 1991 年版，第 24 頁。

② 〔宋〕宋祁等：《新唐書·賈至傳》：“從玄宗幸蜀，拜起居舍人、知制誥。”二十五史本，上海古籍出版社 1991 年版，第 442 頁。《全唐文》卷三百六十六載有賈至《元宗幸普安郡制》。

③ 〔後晋〕劉煦：《舊唐書》卷一百一十一，中華書局 1986 年版，第 3322 頁。

④ 魏耕原：《杜甫與唐玄宗、肅宗、代宗》一文對此有所論列，見《杜甫研究學刊》2019 年第 1 期。

見有如賈誼痛陳時弊之作，杜詩所言孤憤之筆，蓋亦推想之詞”[①]，則似未能理解杜甫此時的特殊心情與特別用意。賈至既因爲玄宗草擬平定安史叛亂之詔而與房琯、嚴武一併遭貶，且被誣以“朋黨”之名，其遭遇與賈誼心繫君國而被貶謫長沙正相類似，杜甫爲之鳴不平和深表同情，詩中所謂“孤憤”之語，正是此意。清人錢謙益箋注該詩，對此有一段頗爲深刻的分析，其云：“至以出守汝州，在乾元元年。《舊書》不載，皆無可考。此詩云：‘秉鈞方咫尺，鎩翮再聯翩。’當是與公及武後先貶官也。按十五載八月，玄宗幸普安郡，制置天下之詔，房琯建議，而至當制。琯將貶而至先出守，其坐琯黨無疑矣。至父子演綸，受知於玄宗。肅宗深忌蜀郡舊臣，其再貶岳州，雖坐小法，亦以此故也。‘每覺升元輔，深期列大賢。’蓋琯等用事，則必將引用至、武，故其貶也，亦聯翩而去。‘貝錦’以下，憂讒畏譏，雖移官州郡，相戒不敢忘也。”[②] 可以看出他們之間一榮俱榮、一損俱損的政治因緣。

杜甫在秦州于乾元二年（1059）秋得知房琯、嚴武、賈至皆遭貶謫，特作《寄岳州賈司馬六丈、巴州嚴八使君兩閣老五十韻》，這是杜甫這一時期所作的最長一首五言排律詩，其中言及房、嚴、賈諸友及自己命運與時局的關係一段云：“每覺升元輔，深期列大賢。秉鈞方咫尺，鎩翮再聯翩。禁掖朋從改，微班性命全。青蒲甘受戮，白髮竟誰憐。……舊好腸堪斷，新愁眼欲穿。翠乾危棧竹，紅膩小瑚璉。賈筆論孤憤，嚴詩賦幾篇。定知深意苦，莫使衆人傳。貝錦無停織，朱絲有斷弦。浦鷗防碎首，霜鶻不空拳。”[③] 意謂像房琯這樣一心一意爲國家殫精竭慮的忠耿之臣，本應該被拔擢和重用，嚴武、賈至等賢良之士繫衆望所歸，正該在國家處于危難之際發揮才智經驗以盡其用，却在緊要關頭遭遇聯翩貶謫，鎩翮而去；自己作爲他們曾經的同列，被出爲華州司功參軍，雖得以保全性命，但顯然已被肅宗視爲房黨成員而無情拋棄。至于何以被拋棄，杜甫自己明言繫因上疏勸諫肅宗不應因細故而罷免宰相房琯，故詩有“青蒲甘受戮”之句，表明當時他就清楚，疏救房琯可能有“就戮”的風險[④]，下定了“見時危急，敢愛生死”的决心[⑤]。結果不出所料，果然惹得肅宗暴怒，立即詔下三司推問，大有以刑戮加之之勢。“定知”數句，宋人羅大經《鶴林玉露》卷十以爲是詩人對嚴、賈等友人的“深戒”之語[⑥]，浦起龍注亦云：“諄諄以詩文之禍爲誡。世故不深

① 〔唐〕杜甫：《寄岳州賈司馬六丈、巴州嚴八使君兩閣老五十韻》，蕭滌非主編：《杜甫全集校注》卷六，人民文學出版社 2014 年版，第 1656 頁。

② 〔清〕錢謙益：《錢注杜詩》卷十《寄岳州賈司馬六丈、巴州嚴八使君兩閣老五十韻》，上海古籍出版社 2019 年版，第 346—347 頁。

③ 〔唐〕杜甫：《寄岳州賈司馬六丈、巴州嚴八使君兩閣老五十韻》，蕭滌非主編：《杜甫全集校注》卷六，人民文學出版社 2014 年版，第 1644 頁。

④ 〔唐〕杜甫：《奉謝口敕放三司推問狀》，蕭滌非主編：《杜甫全集校注》卷三十二，人民文學出版社 2014 年版，第 6385 頁。

⑤ 〔唐〕杜甫：《祭故相國清河房公文》，蕭滌非主編：《杜甫全集校注》卷三十二，人民文學出版社 2014 年版，第 6453 頁。

⑥ 蕭滌非主編：《杜甫全集校注》卷六《寄岳州賈司馬六丈、巴州嚴八使君兩閣老五十韻・集評》，人民文學出版社 2014 年版，第 1659 頁。

者不能言，交情不篤者亦不肯言。”[①] 其實，“深戒”不過是文字表面之義，其蘊藏于字裏行間者，乃意在彰顯政治環境之異常險惡，讒害者可以任意翻覆其手，而掌握殺生之柄者，又與這些人沆瀣一氣[②]，對自己和友人打擊毫不留情，這纔是詩人所最擔心的，也是其詩發泄最强烈怨怒之情的根本原因！

《新唐書·房琯傳》對房琯的一生功過榮辱有如下一番評論：“唐名儒多言房琯德器有王佐才，而史載行事亦少貶矣，一舉喪師，訖不復振。原房琯以忠誼自奮，片言悟主而取宰相，必有以過人者。用違所長，遂無成功。然盛名之下，爲難居矣。夫名盛則責望備，實不副則訾咎深。使琯遭時承平，從容帷幄，不失爲名宰；而倉卒濟難，事敗隙生，陷於浮虛比周之罪，名之爲累者，戒哉！”[③] 作者對《舊唐書·房琯傳》不滿之意甚明，并且點明“用違所長，遂無成功”，説明陳濤斜之敗，責任主要在肅宗；又謂事敗而君臣生隙，竟以浮虛、比周爲其罪名，均不失爲有見之言；但其論房琯之一生進退榮辱，歸咎于盛名之累，并没有看到肅宗處置房琯案的陰險政治用心，猶未達一間。杜甫後來在爲房琯所作祭文中，把其事肅宗的一段經歷説得十分清楚：“太子即位，揖讓倉卒。小臣用權，尊貴倏忽。公實匡救，忘餐奮發。纍抗直詞，空聞泣血。時遭祲沴，國有征伐。車駕還京，朝廷就列。盜本乘弊，誅終不滅。高義沉埋，赤心蕩折。貶官厭路，讒口到骨。致君之誠，在困彌切。”[④] 可見房琯無論是對靈武時期的肅宗，還是還京以後的肅宗，都是忠心耿耿的，甚至一再委曲求全，以君國大局爲念。這有力反駁了賀蘭進明説房琯“於聖皇（玄宗）爲似忠，於陛下（肅宗）爲非忠”的讒言。反倒是肅宗朝的政治，因爲忠奸不分，黑白顛倒，不僅平叛大業成效不彰，而且偏信讒言，重用小人，一門心思算計想象中的政治對手，令忠義之士屢遭不幸。

杜甫對肅宗的態度，經歷了一個從充滿期望到徹底失望的巨大變化過程。這一過程的完成，既有其自身遭遇不公的切身感受，又有包括對肅宗處置“房琯案”在内的一系列朝政失措所形成的清醒觀察判斷。當初從長安麻鞋去鳳翔行在所拜見肅宗，歷盡艱辛與危險，需要具有多大的勇氣與内在動力！這一行動本身，即蘊含着期盼抓住拜見新君機會，欲在國家危難之際有一番作爲的殷切抱負。他在解除三司推問向肅宗上奏的謝狀中自白：“臣以陷身賊庭，憤惋成疾；實從間道，獲謁龍顔。猾逆未除，愁痛難過，猥厠衮職，願少裨補。”[⑤] 這絶不是事後説説的漂亮話，而是當時詩人的真實心聲。畢竟李亨是玄宗派遣使團正式册立的

---

① 〔清〕浦起龍：《讀杜心解》卷五之二《寄岳州賈司馬六丈、巴州嚴八使君兩閣老五十韻》，中華書局1981年版，第725頁。

② 學友鄧小軍《杜甫疏救房琯墨制放歸鄜州考》（上）認爲房琯與賀蘭進明的矛盾，是清流士大夫與濁流士大夫之間的政治鬥争，“罷免房琯事件，標志着一度爲衆望所歸的肅宗，實際上已與濁流士大夫合流。”《杜甫研究學刊》2003年第1期。

③ 〔宋〕宋祁等：《新唐書·房琯傳》，二十五史本，上海古籍出版社1991年版，第482—483頁。

④ 〔唐〕杜甫：《祭故相國清河房公文》，蕭滌非主編：《杜甫全集校注》卷三十二，人民文學出版社2014年版，第6452頁。

⑤ 〔唐〕杜甫：《奉謝口敕放三司推問狀》，蕭滌非主編：《杜甫全集校注》卷三十二，人民文學出版社2014年版，第6386頁。

大唐天子，平叛的艱巨任務，國家的前途命運，都全部寄托在他的身上。杜甫要尋求報國的途徑，自然選擇新的權力中心之所在。況且當時被授予拾遺之職，這在杜甫看來，是一個難得的拾遺補缺、建言獻策大好機遇，他既十分珍惜，又想積極作爲。就在當月，房琯因肅宗聽信賀蘭進明讒言而罷相，而擺上臺面的理由是房琯門客董庭蘭“大招納貨賄，奸贓頗甚”[①]。杜甫并非因爲房琯是自己的舊友而上疏爲之陳情，而是認爲門客爲非，房琯雖擺脱不了責任，但不至于嚴重到罷其相位，故其在謝狀中以“棄細録大”爲辭[②]，努力替房琯申辯。實際上，肅宗罷免房琯，真正的原因可能不在董庭蘭受人貨賄本身，而在于如《舊唐書・房琯傳》所揭示的資訊：“大招集琴客筵宴，朝官往往因庭蘭以見琯。”[③] 無論是房琯與劉秩、李揖、何忌等人聚集在相府高談虛論，還是朝官們通過董庭蘭結交房琯，這些都被肅宗視爲“潛爲交結”的結黨營私舉動，是其絶不能容忍的不忠行爲。這就是爲什麽職在諫諍的杜甫，出于公心爲房琯申辯却激怒肅宗而治其罪；也是杜甫爲什麽始終不理解肅宗要大動干戈將其下三司推問，并不理會其“直臣”的苦心，甚至有加以罪戮之意，他一直難于接受。即使最終因爲張鎬爲之説情而免于治罪，但後來出爲華州司功參軍，在杜甫看來，根本就是肅宗换一種方式“秋後算賬”，無異于宣布其政治命運的終結。他接到這個任命，心裏極爲不平，當時有詩云：“近侍歸京邑，移官豈至尊？無才日衰老，駐馬望千門。”[④] 歷來解此詩者均謂不敢就移官之事指斥至尊。筆者以爲，作是觀者，蓋囿于所謂杜詩温柔敦厚的認識上。詩人用如此長的一個詩題，對比至德二載和乾元初同出金光門之物是人非，且鄭重與親故道别，絶不是温柔敦厚的情緒狀態，“移官豈至尊”用反詰語出之，正在于强調移官之非同尋常，若非出于至尊之意，何至于發出“無才日衰老，駐馬望千門”那樣近似于生離死别的痛絶聲音？盧世㴶《杜詩胥鈔餘論》謂“極痛深悲亦莫有過於此詩者”；汪灝《樹人堂讀杜詩》更曰：“華州在京師東一百八十里，時公從京移官往華，何必出此門？又恐被人窺破，遂托與親故别以掩之。詩是痛移官今事，題却是云悲逃亂往事。隱隱見得奔行在時，拼却性命以謁聖主，今乃翻得此貶黜耳！”[⑤] 這倒把杜甫作詩時的心境與用意體貼得比較真切。乾元二年，房琯等人被以朋黨的罪名貶謫四方，杜甫因與房琯的故舊關係及之前曾上疏營救，自然被視爲“房黨”之列，他自覺更無政治上的翻身之日。從其所經歷的關乎自己與關乎時局的兩個政治事件上，杜甫對肅宗已經徹底失望，故不久就棄官西行，寧願做一介流民，漂泊流寓，也決心與肅宗朝廷自行脱鈎，可見其思想變化之巨大，情緒反映之激烈，付諸行動之堅決。

---

① 〔後晋〕劉昫：《舊唐書》卷一百一十一，中華書局 1986 年版，第 3323 頁。

② 〔唐〕杜甫：《奉謝口敕放三司推問狀》，蕭滌非主編：《杜甫全集校注》卷三十二，人民文學出版社 2014 年版，第 6386 頁。

③ 〔後晋〕劉昫：《舊唐書》卷一百一十一，中華書局 1986 年版，第 3323 頁。

④ 〔唐〕杜甫：《至德二載，甫自京金光門出，間道歸鳳翔。乾元初，從左拾遺移華州掾，與親故别，因出此門，有悲往事》，蕭滌非主編：《杜甫全集校注》卷五，人民文學出版社 2014 年版，第 1129—1130 頁。

⑤ 〔唐〕杜甫：《至德二載，甫自京金光門出，間道歸鳳翔。乾元初，從左拾遺移華州掾，與親故别，因出此門，有悲往事・集評》，蕭滌非主編：《杜甫全集校注》，人民文學出版社 2014 年版，第 1131—1133 頁。

三、杜甫秦州贈友詩所藴含的“政治情結”

歷來論杜詩者，均認同其堪爲記録唐王朝由盛入衰的“詩史”，其詩“慨身”亦以“慨世”出之，故其中的政治意藴深厚而豐富，是同時代其他詩人難與倫比的。而單看其秦州所作的贈友詩，雖然也有與其他時期、其他題材相一致的濃郁政治色彩，但透過這些詩，讀者可以清楚看到肅宗朝政治失明、是非顛倒，在外患燃眉之際猶斤斤然忙于内部權力之争，甚至爲了清除異己無所不用其極，即使將會危及國家安危和民衆前途也在所不惜。詩人用“贈友”這種詩歌表達方式，充分揭示了這些政治陰謀，并爲這種陰謀的受害者鳴不平，詩人所表露的惺惺相惜的濃郁情懷，成爲其最具“政治情結”的一大鮮明特色。

杜甫秦州贈友詩的“政治情結”，主要包含了以下幾方面的内容。

首先表現在對友人因受到政治打壓而遭遇人生不幸的深切同情。肅宗至德二年，對于杜甫及其友人而言，算得上一個極不尋常的特殊年份。就杜甫本人而言，他四月從落入叛軍之手的京城長安逃脱，從金光門出城，衫履襤褸地直奔鳳翔，見到了期盼已久的新皇帝肅宗(前年他從鄜州奔靈武，也是因聽到肅宗新即位的消息，便不顧一切地奔赴行在所，結果被叛軍俘虜，押往長安)，肅宗對其不辭艱險而來，確實甚爲感動，故于五月授予杜甫左拾遺之職，成爲可以接近皇帝建言匡失的近侍之一，這是他多少有些出乎意料而且非常滿意的職務，故其自言“涕泪受拾遺，流離主恩厚”①。但就在其志得意滿、急于想有一番作爲之時，他的故舊房琯被突然罷相。杜甫認爲，其被罷免的理由根本不充分，況且國家正處于危難之際，罷免宰相不衹是牽涉房琯個人的進退去留，還會對國家政治生活及平叛大業造成不小衝擊，所以杜甫因其職在諫諍，遂“冒死稱述”②，極力勸阻肅宗收回成命。結果不僅没有達到其預期目的，相反却招來龍顔大怒，將其下三司推問。一方面由于張鎬、韋陟等人勸説，另一方面肅宗也可能確實不願擔“阻塞言路”的惡名，衹好將杜甫暫時放置不問。在友人方面，二月，永王李璘兵敗被殺，李白因入其幕府而被逮捕，繫于潯陽監獄；“房琯案”所牽連之人，如賈至、嚴武、贊上人等，都將紛紛開啓被貶謫的途程；十二月，鄭虔因曾被授僞職，貶爲台州司户。杜甫乾元二年到秦州，先後得知一系列不幸消息，遂有其贈友詩諸篇之作。

友人們所遭遇的貶謫，是不是没有政治算計的咎由自取？事實顯然并非如此。上文已對肅宗處理“房琯案”的背景和手段進行了剖析。需要補充一個值得注意的細節是，北海太守

① 〔唐〕杜甫：《述懷一首》，蕭滌非主編：《杜甫全集校注》卷三，人民文學出版社 2014 年版，第 841 頁。

② 〔唐〕杜甫：《奉謝口敕放三司推問狀》，蕭滌非主編：《杜甫全集校注》卷三十二，人民文學出版社 2014 年版，6386 頁。

賀蘭進明從河南來，被授予南海太守、攝御史大夫、充嶺南節度使，本來屬于提拔使用，對于賀蘭進明而言，應該是够滿足的了。當其到肅宗那裏辭謝時，肅宗别有用意地開口説道："朕處分房琯與卿正大夫，何爲攝也?"[①] 居然把這種絶密的人事安排内幕向當事人透底，這無論古今都是違背"組織原則"的不當行爲。我們今天固然已經無法弄清何以皇帝交代任命賀蘭進明爲御史大夫，房琯所管的中書省擬詔却變成了"攝"御史大夫，但按照古代朝廷命官的程式，詔書擬好後須經皇帝過目認可纔能正式頒布。肅宗的目的，擺明瞭就是煽動其對房琯的不滿情緒，激化二人的對立情緒，拉攏一方來打擊異己。果然，對肅宗用意心領神會的賀蘭進明，便開始肆無忌憚地攻擊房琯，其讒毀言語中，許多都是無中生有或顛倒黑白的，正常智力者都不難分辨，肅宗居然將這些讒毀之辭全部采信，并且從此就更加憎惡房琯了。當時杜甫自然不知道"房琯案"背後這些見不得天的"暗箱操作"，但他憑着一個剛履新的"直臣"直覺，毫不猶豫地上疏陳詞，試圖諫阻肅宗的無道行爲，却遭到一并清算。

對于自己與友人的這種不幸遭遇，杜甫自然于心難平，于情難忍。李白因入永王幕府而先繫獄再流放，在研究者看來，乃是肅宗朝廷"窮追"不放的結果[②]，杜甫似乎嗅到了當權者欲置之死地的政治訊息，故其《夢李白二首》，托爲二人夢中相見情景，表達對故人不幸遭遇的深切擔憂，其一云："故人入我夢，明我長相憶。恐非平生魂，路遠不可測。魂來楓林青，魂返關塞黑。君今在羅網，何以有羽翼?"其二云："三夜頻夢君，情親見君意。告歸常局促，苦道來不易。江湖多風波，舟楫恐失墜。出門搔白首，若負平生志。冠蓋滿京華，斯人獨憔悴。孰云網恢恢，將老身反累。千秋萬歲名，寂寞身後事。"張溍評此詩末二句云："不獨以大名許之，亦見他日嘆慕不得同時，而生前無容身地爲可悲矣。"浦起龍評此詩則曰："次章純是遷謫之感。爲彼耶，爲我耶? 同聲一哭。"[③]《寄李十二白二十韻》有句云："才高心不展，道屈善無鄰。處士禰衡俊，諸生原憲貧。稻粱求未足，薏苡謗何頻。五嶺炎蒸地，三危放逐臣。幾年遭鵩鳥，獨泣向麒麟。"爲李白遭讒謗放逐而大爲不平。汪灝《樹人堂讀杜詩》評此詩云："他處贈李詩多錯綜，獨此章未免直叙，何也? 蓋公忿李之無罪受冤，竟欲叩九閽而代爲申訴，明是一道奏疏。"[④]《有懷台州鄭十八司户》詩，則以自己與鄭虔曾經杯酒言歡爲話題，引出時事無常，身世零落之悲情。故詩云："昔如水上鷗，今如罝中兔。性命由他人，悲辛但狂顧。……從來禦魑魅，多爲才名誤。夫子嵇阮流，更被時俗惡。海隅微小吏，眼暗發垂素。黄帽映青袍，非供折腰具。平生一杯酒，見我故人遇。相望無所成，乾坤莽回互。"趙次公解末四句云："公言徒有平生一杯酒，欲見我故人，與之相遇而同飲，故有末句相望無所成而天地變移，以言時事之反覆矣。"王嗣奭論此詩云："説到離别之傷，死生之痛，從肺腑交情流露出來，幾於一字一哭。"[⑤] 杜甫之所以如此爲鄭虔悲傷，

① 〔後晋〕劉煦：《舊唐書》卷一百一十一，中華書局 1986 年版，第 3322 頁。
② 詹鍈：《李白詩文繫年・贈張相鎬二首》，人民文學出版社 1984 年版，第 122 頁。
③ 蕭滌非主編：《杜甫全集校注》卷五《夢李白二首・集評》，人民文學出版社 2014 年版，第 1364 頁。
④ 蕭滌非主編：《杜甫全集校注》卷六《寄李十二白二十韻・集評》，人民文學出版社 2014 年版，第 1691 頁。
⑤ 蕭滌非主編：《杜甫全集校注》卷五《有懷臺州鄭十八司户・集評》，人民文學出版社 2014 年版，第 1371 頁。

是因爲他受到肅宗朝廷的不公正處置。據史料記載，鄭虔在叛軍占領長安後，迫以僞職，他托疾謝絶而不可得，但同時緊急“潛以密章達靈武”①，以説明原委，表明心迹，絶非自願降賊者。可最終仍然與王維等被降職或貶官，鄭虔却要比王維處罰重得多。他在得知鄭虔遠貶台州司户而作的送行詩裏曾言：“萬里傷心嚴譴日”②，認爲肅宗對鄭虔的處罰過于嚴厲。分析其原因，恐怕與玄宗偏愛其書畫才能，特爲之新置廣文館，以廣文博士優處之有着一定因果聯繫，是肅宗清算玄宗舊臣系列行動的組成部分。

其次表現在對當權者專注于權位之争，大肆排擠異己士人的强烈不滿。安史之亂爆發，固然是玄宗晚年治國昏聵荒政所導致的，當負將國家推向覆滅邊緣的主要責任。其逃亡途中所發詔書，沉痛自責：“愧無帝堯之聖德，而有寄體之不明，致令賊臣，内外爲患，蔽朕耳目，遠朕忠良，或竊弄威權，或厚斂重賦。泉壤一漏，成此滔天。……使衣冠奔走於草莽，黎庶狼狽於鋒鏑。伊朕薄德，不能守厥位，貽禍海内，負兹蒼生。是用罪已責躬，寤寐戰灼，上愧乎天地，下愧乎庶人，外愧乎四海，内愧乎九族，乾乾惕厲，思雪大耻。”③ 雖説悔之已晚，但其與房琯積極布置經略四方，希望早日平息叛亂，挽救國家危亡命運，也算做了將功抵罪的緊要之事。而此時遠在西北，肩負着“收復長安”使命的太子李亨，行次靈武，却在裴冕等人的慫恿下，急忙登基做起了皇帝。《舊唐書·肅宗紀》謂裴冕等勸進，凡六上牋乃從，似有情非得已之意④。但仔細尋味裴冕等人勸進的理由，以及天子即位的方式，却有不盡然者。裴冕本是玄宗在幸蜀途中任命的御史中丞兼左庶子，讓其作爲天下兵馬元帥李亨的副手，輔佐其承擔光復之業。但不知何故，隨即又有“詔赴朝廷”之命⑤，要求其奔赴玄宗所在。裴冕没有接受玄宗的命令，而是在平凉見了太子，他在向李亨分析了形勢之後，勸其前往朔方，打算在這裏完成其盤算中的“大事”，却突遇天氣變化，他們一行便到了靈武。立足未穩，裴冕等人便開始勸進，其言曰：“主上厭勤大位，南幸蜀川，宗社神器，須有所歸，天意人事，不可固違。若逡巡退讓，失億兆心，則大事去矣。臣等猶知之，况賢智乎！”⑥ 説玄宗厭倦了大位，宗廟神器無有所歸；太子即位，完全是天意人心所向，若退讓遲緩，就會壞了取得皇位的“大事”。這些話，根本就是提醒李亨趕緊搶班奪權，不然將追悔莫及。説如此明顯的事態，他們都看得很清楚，難道太子還不懂？其實，裴冕等人的勸進之辭，正與李亨的心意相合。試看其即位詔書的説辭：“朕聞聖人畏天命，帝者奉天時。知皇靈睠命，不敢違而去之；知歷數所歸，不獲已而當之。在昔帝王，靡不由斯而有天下者也。乃者羯胡亂常，京闕失守，天未悔禍，群凶尚扇。聖皇久厭大位，思傳眇身，已有

---

① 〔宋〕宋祁等：《新唐書·文藝傳·鄭虔傳》，二十五史本，上海古籍出版社1991年版，第616頁。

② 〔唐〕杜甫：《送鄭十八虔貶臺州司户，傷其臨老陷賊之故，闕爲面别，情見於詩》，蕭滌非主编：《杜甫全集校注》卷四，人民文學出版社2014年版，第990頁。

③ 〔唐〕賈至：《玄宗幸普安郡制》，《文苑英華》卷四百六十二，中華書局1982年版，第2351頁。

④ 〔後晋〕劉煦：《舊唐書》卷十，中華書局1986年版，第242頁。

⑤ 〔後晋〕劉煦：《舊唐書·裴冕傳》，中華書局1986年版，第3353頁。

⑥ 〔後晋〕劉煦：《舊唐書·裴冕傳》，中華書局1986年版，第3353頁。

成命，予恐不德，罔敢祗承。今群工卿士僉曰：‘孝莫大於繼德，功莫大於中興。’朕所以治兵朔方，將殄寇逆，務以大者，本其孝乎！”① 説天命所歸是胡言，説其父久厭大位是謊話，説玄宗早有成命根本不是事實，説其搶奪父親的皇位是有德的大孝之舉，更顯得恬不知耻。如果真如所言，就應該等到玄宗册命使團依照皇位傳承的程式即位（事實上玄宗正在計畫此事），即使時間緊迫和情况特殊，也應該遣使報告玄宗，獲得認可後再正式繼位登基。這些在肅宗那裏似乎都等不及，或者根本無意這樣做，就倉卒上位了。至于裴冕等人屢次勸進，當然有爲自己盤算的野心與回報，他因勸進成功而當上了宰相，彼此之間完成了“雙赢”的政治交易。

兩京克復，平叛在望，本應上下同心，内外協調，再接再厲，共克時艱。但肅宗車駕還京以後的所作所爲，却没有朝這方面加力，而是忙于清算舊賬，對那些潰退、陷賊、“結黨”的前朝士大夫進行嚴厲處罰。尤其是以是否效忠于肅宗個人爲標準，區分忠奸、新舊，把大量看不順眼的士大夫外放、貶謫出朝，讓他們受到不公正的懲罰。一生富有政治情懷的杜甫，對此自然既敏感又憤怒，其在秦州的贈友詩中，這種情緒表現得相當明顯。對于受到“房琯案”牽連的故舊，杜甫由他們及自己的不公遭遇，看到了肅宗朝異常的政治氣候，狹隘偏執的用人導向，以及爲打擊異己所用的高壓手段。還在其任左拾遺之職時，這種感覺就在詩人的腦海裏縈繞，揮之不去。他把寫給同巷居住的畢曜的一首詩命名爲《逼仄行》，詩中有云：“逼仄何逼仄，我居巷南子巷北。可恨鄰里間，十日不見一顔色。自從官馬送還官，行路難行澀如棘。我貧無乘非無足，昔者相過今不得。實不是愛微軀，又非關足無力。徒步翻愁官長怒，此心炯炯君應識。曉來急雨春風顛，睡美不聞鐘鼓傳。東家蹇驢許借我，泥滑不敢騎朝天。已令請急會通籍，男兒性命絶可憐。”歷來解此詩者均謂杜甫嘆所居之巷簡陋、狹窄，唯清人夏力恕《杜詩增注》云：“篇中不敢觸人之怒，不敢輕己之命，不敢聽年華之去，皆逼側意也。獨有相聚一飲，得以暫游方外耳。”② 似乎比較接近杜甫作詩心意。試想，二人同住一巷，却大談相見不易，謂“行路難行澀如棘”“男兒性命絶可憐”，其生出這些感嘆，恐怕不單是相邀飲酒那麽簡單，應該與詩人對時事變化莫測，即便住在近處的友人也不敢隨意相見，害怕招惹政治上的麻煩這種政治異常環境有關，故其詩借題發揮，抒發沉重的牢騷情緒。對比之前就任時的滿腔政治熱情，現在已經蕩然無存，甚至有飲酒一醉以求暫游方外的逃避心思，這變化背後的緣故可以不言而喻。

到了秦州，詩人的這種情緒更加强烈，在其贈友詩中多所表現。《寄彭州高三十五使君適，虢州岑二十七長史參三十韻》云：“故人何寂寥，今我獨凄凉。老去才難盡，秋來興甚長。物情尤可見，辭客未能忘。海内知名士，雲端各異方。”雖然高、岑有官可做，但已經左遷外放，屬于被朝廷排擠之列，如此老去，怎麽能盡其才用呢？而這種遭遇，并非高、岑

① 〔後晋〕劉昫：《舊唐書》卷十，中華書局1986年版，第242頁。
② 蕭滌非主編：《杜甫全集校注》卷四《逼仄行·集評》，人民文學出版社2014年版，第1099頁。

爲然，海内知名之士，多遭擯棄，天各一方，處境皆然。雖然他自己已成一介草民，但眼見朝廷如此輕視人才，排斥異己，怎麽不令人痛心呢。張溍評此詩，有“似悲似慰，亦羡亦嘲”之語[①]，表明詩人的感情雖因高、岑二友而發，但又不僅止于此，“海内知名士，雲端各異方”，正是此詩之“悲”“嘲”用意所在。《秦州見敕目，薛三據授司議郎，畢四曜除監察，與二子有故，遠喜遷官，兼述索居，凡三十韻》有云：“法駕初還日，群公若會星。宫臣仍點染，柱史正零丁。官忝趨栖鳳，朝回嘆聚熒。唤人看騕褭，不嫁惜娉婷。掘劍知埋獄，提刀見發硎。侏儒應共飽，漁父忌獨醒。”詩用夾叙夾議的方式，借古諷今，揭示朝廷政治風氣日趨異常，詩所表現的中心意思，是諷喻肅宗還京以後用人無道，賢不肖無差别，獨醒者遭猜忌，使得有用之才被埋没，想爲國效力却無用武之地。這當然是肅宗堅持區分新舊、排斥異己使然的。

再次表現在與友人繼續秉持共同的家國情懷而相慰勉。杜甫雖然因對肅宗朝政治的失望而毅然棄官，舉家流離，但其關心時局發展，以天下蒼生苦樂爲念的情懷并未因一己之失意而有所改變，甚至有時顯得更加深切和强烈。因爲他知道自己已經無緣直接爲國效力，國家、民衆的前途、命運，得托付給還在體制内的志士仁人，包括他的這些故人們，勉勵以各自可能的方式，爲此共同盡責盡力。這是杜甫作爲千古詩聖的偉大處，也是其後半生堅持踐行的不變目標。其寫詩贈高、岑二友時，在鄜州、華州皆患過的瘧疾，再次找上了流離秦州的杜甫，他于貧病交加境遇中，雖深切爲二人的政治遭遇不公打抱不平，但寫到詩的後幅，依然振作精神，勉勵故人：“濟世宜公等，安貧亦士常。蚩尤終戮辱，胡羯漫倡狂。會待妖氛静，論文暫裹糧。”最難得的是詩人具有安貧樂道的精神和叛亂必平的信念，這不僅是詩人身處逆境而向友人傳遞着積極向上的正能量，而且表達了其對正義必然戰勝無道的光明前景之美好冀盼。盧世㴶《杜詩通》論此詩有言：“以子美清心青眼，舉物態世局，俱洞若觀火，知之爛熟，就中高低冷暖，徑可相忘，所不能忘情者，詞客耳。是何等肝腸，何等襟韻!”[②] 蓋杜甫并非衹知舞文龍墨的一般詞客，他是胸懷天下，抱有崇高政治理想和强烈社會良知的偉大詩人，故其肝腸襟懷自不同于俗流。其對跟房琯一同遭貶的賈至、嚴武兩位友人，在表達同情的同時，贈詩的末尾寫道：“親故行時少，兵戈動接聯。他鄉饒夢寐，失侣自迍邅。多病加淹泊，長吟阻静便。如公盡雄俊，志在必騰騫。”儘管自己既多病又漂泊，但鑒于兵戈未已、時局未安的嚴峻形勢，詩人依然勉勵故人，不要灰心氣餒，應以天下大局爲重，志在有爲，相信必有爲國效命之時。浦起龍評此詩末十二句云：“作在遠憂時語。見已身終廢，而世患方殷，故寄詩慰勉，終以‘雄俊’‘騰騫’勖之。”[③] 杜甫身爲流民，又舉

① 蕭滌非主編：《杜甫全集校注》卷五《寄彭州高三十五使君適，虢州岑二十七長史參三十韻・集評》，人民文學出版社 2014 年版，第 1639 頁。

② 蕭滌非主編：《杜甫全集校注》卷五《寄彭州高三十五使君適，虢州岑二十七長史參三十韻・集評》，人民文學出版社 2014 年版，第 1639 頁。

③ 〔清〕浦起龍：《讀杜心解》卷五之二《寄岳州賈司馬六丈、巴州嚴八使君兩閣老五十韻》，中華書局 1981 年版，第 725 頁。

家奔走於僻遠之地，但他心裏所裝的，依然是天下大事，叛亂一日未平，詩人便一日憂心無已，他勉勵雄俊如賈、嚴諸友，要隨時做好報效國家的準備，相信終有受到重用的一天。

當然，他的友人們能否如其所願受到重用，最終取决于掌握着最高權力的肅宗本人。杜甫雖然對肅宗的政治作爲已經絶望，但嚴峻的動亂現實，使他衹得把個人榮辱喜怒放置一邊，爲國家和民衆的前途命運計，在詩中大聲疾呼：容不得再搞政治清算那套嚴重内耗的卑劣手段了。他在贈友詩中殷切期望，朝廷大政方針有所改變，不分親疏地選賢任能，使所有忠義才智之士，都能够發揮所長，各盡其用。故其贈薛、畢二友詩末云："羽書還似急，烽火未全停。師老資殘寇，戎生及近坰。忠臣辭憤激，烈士涕飄零。上將盈邊鄙，元勳溢鼎銘。仰思調玉燭，誰定握青萍?"他鄭重告誡要從過去的失敗中吸取教訓，在國家危難未已、急需用人之際，要擯棄成見，和衷共濟，廣攬忠賢，爲有志于功名者提供有利機會，這取决于最高掌權者的正確抉擇。廖仲安等注"仰思"二句引陳琳《答東阿王牋》："君侯體高世之才，秉青萍、干將之器，拂鐘無聲，應機立斷。"而仇兆鰲注則云："欲調玉燭，青萍誰屬?言當專任李（光弼）、郭（子儀）以致太平。"[①] 所謂"仰思調玉燭"，希望肅宗發揮好"燮理"天下的作用，人事和才能四時調，無疑是對肅宗的直言諫誡。可知已是一介草民的杜甫，其當年所持的"拾遺補闕"以利于國家民衆的"政治情結"，仍然未曾消解。

（作者單位：樂山師範學院）

① 蕭滌非主編：《杜甫全集校注》卷六《秦州見敕目，薛三擄授司議郎，畢四曜除監察，與二子有故，遠喜遷官，兼述索居，凡三十韻》注（二七），人民文學出版社 2014 年版，第 1636 頁。

北宋名宦楊令問生平及家世考

劉濤

内容提要：圍繞新舊地方志所載蜀人楊令問生平、家世、祖先譜系與祖源叙事等真僞問題深入考察。針對楊令問生平，考證其官至興化軍知軍事，離任後于宋仁宗天聖元年寓居漳州長泰，移葬其父楊仕休墓。針對楊令問家世，考辨楊令問之弟楊令緒與楊令望生平及譜系、楊令問之孫楊友諒生平及譜系。針對楊令問祖先譜系與祖源叙事，還原其建構與重構過程。據此揭示楊令問後裔閩學淵源，提出巴蜀歷史名人、科舉文化、移民史研究應重點進行文本分析的建議。

關鍵字：楊令問；名門望族；科舉世家；祖先譜系；祖源叙事

目前，學術界關于楊令問研究，雖有述及，却存在文獻搜集不够，文本分析不足的問題。黄藝娜《宗族勢力的消長與清初地方秩序的重建——以福建漳州碧溪、玉蘭宗族械鬥爲例》一文述及漳州府龍溪縣碧溪楊氏宗族（楊令問之弟楊令望後裔）祖源叙事，局限于重述歷經譜系重構的清代族譜記載層面，認爲其是陳政、陳元光父子部將楊統後裔，却既未考證楊統爲何未見明清《漳州府志》所載陳政、陳元光將卒名單，又未發現還原楊氏祖先譜系存在建構與重構問題①。黄藝娜《唐宋以降九龍江北溪中下游區域社會研究》一文述及碧溪楊氏流傳其是“北溪四喬木”之一的祖源叙事，仍停留在碧溪楊氏宣稱陳政、陳元光部將楊統後裔層面，未能揭示碧溪楊氏緣何并非陳政、陳元光部將後裔而宣稱陳政、陳元光將卒後裔？② 魏思燕《試論宋代川峡四路科舉人才的分布——以〈宋登科記考〉爲中心》一文引用龔延明、祖慧《宋登科記考》所載，仍誤以爲楊令問籍貫蜀州以及官至職方員外郎，既未查

① 黄藝娜：《宗族勢力的消長與清初地方秩序的重建——以福建漳州碧溪、玉蘭宗族械鬥爲例》，《福建師範大學學報（哲學社會科學版）》2016年第5期。

② 黄藝娜：《唐宋以降九龍江北溪中下游區域社會研究》，福建師範大學博士學位論文，2017年。

閱蜀州舊志未載楊令問，又未述及楊令問實則官至興化軍知軍事[①]。拙作《首輪修志人物傳記存在的問題及其對策——以2005年〈長泰縣志〉爲例》一文考證長泰第一位進士并非楊令問，而是楊棫，雖述及楊令問四川故里，却未提及楊令問曾知福建興化軍及其離任後寓居漳州長泰縣[②]。

楊令問是寓居長泰縣及其所屬漳州的首位進士，其後裔成爲長泰縣首個科舉世家，楊令問曾孫楊博與朱熹高足真德秀交往密切，楊令問之弟楊令緒後裔楊棫考取長泰縣首位進士，楊令問之弟楊令望後裔楊汝南是南宋名宦、閩南理學名家，其家族具有重要的學術研究價值與現實意義。鑒于此，本文搜集正史、地方志、文集、族譜等史料，通過考證楊令問生平事迹、家世、祖先譜系與祖源叙事，還原楊令問宗族應有的歷史地位。

一、生平事迹

（一）仕履

楊令問字號、生卒年、享年等均未載史志。《碧溪楊氏家譜》稱楊令問"壽七十六"[③]，2005年《長泰縣志》稱楊令問生卒年爲"962—1038年"[④]。此説未見史書與舊志，北宋時人壽命爲虚數計算，楊令問享年若確爲七十六歲，亦是七十六虚歲，而非七十六周歲。所謂生于962年，應根據楊令問中進士時間進行推算，以"三十而立"逆推其生年，繼而推算其卒年，實則不足爲據。

楊令問功名説法有二：

其一，淳化三年（992）三月考中第一甲進士。"淳化三年三月四日，帝御崇政殿，試禮部奏名進士""得孫何已下三百五十三人，第爲五等，并賜及第、出身"[⑤]，正德《大明漳州府志》載楊令問爲"第一甲"[⑥]，楊令問爲第一甲進士，應在淳化三年三月中進士。

其二，淳化三年四月獲賜及第。《宋會要輯稿》載："淳化三年四月五日，鄧州録事參軍楊令問""并鎖廳舉，各賜及第""令問爲本州觀察支使"[⑦]，"本州"指鄧州，此楊令問在鄧

---

① 魏思燕：《試論宋代川峽四路科舉人才的分布——以〈宋登科記考〉爲中心》，貴州師範大學碩士學位論文，2018年。

② 劉濤：《首輪修志人物傳記存在的問題及其對策——以2005年〈長泰縣志〉爲例》，《上海地方志》2020年第1期。

③ 〔清〕楊振北修：《碧溪楊氏家譜》第2册卷八《世系録》，政協漳州市委員會海峽文史資料館藏，編號：華安9022，清乾隆三十五年（1770）抄本複印件，第43頁。

④ 長泰縣地方志編纂委員會編：《長泰縣志》卷三七《人物》第一章《人物傳·楊令問》，方志出版社2005年版，第1009頁。

⑤ 〔清〕徐松輯：《宋會要輯稿》第110册《選舉七·親試》，中華書局1957年版，第4358頁。

⑥ 〔明〕陳洪謨修，中國人民政治協商會議福建省漳州市委員會整理：正德《大明漳州府志》上册卷一五《科目志·宋·宋進士科》，厦門大學出版社2012年版，第830頁。

⑦ 〔清〕徐松輯：《宋會要輯稿》第113册《選舉十四·鏁廳》，中華書局1957年版，第4486頁—4487頁。

州録事参軍任上獲賜及第，由此擔任鄧州觀察支使。

第一甲進士楊令問是否是獲賜及第楊令問？楊令問在淳化三年三月中進士第一甲，不可能在四月再獲賜及第，第一甲進士楊令問與獲賜及第的楊令問實則同名同姓的兩個人。

楊令問仕履存在闕載問題。楊令問曾任職方員外郎。《大明一統志》載楊令問，“宋淳化中進士，爲職方員外郎”①。《八閩通志》僅載楊令問任“職方員外郎”②，從而出現楊令問官至職方員外郎的印象。正德《大明漳州府志》稱其擔任“職方令聞”③，此“令聞”即楊令問，該志稱楊令聞任“職方令”有誤，應作“職方員外郎”，究其原因應是脱漏“員外郎”所致。

楊令問曾任防禦使。《大明一統志》載楊令問在宋真宗時爲抵禦契丹，被任命爲防禦使，“真宗時，契丹入寇，以爲防禦使”④，正德《大明漳州府志》載楊令問在宋真宗咸平、景德年間（998—1007）曾任防禦使，在任期間獲得宋真宗多次褒奬，“真宗咸平、景德間，北虜寇邊，選任防禦，璽書褒寵者三”⑤，此“北虜”指契丹；該志稱楊令問獲任“防禦”，實則漏載“使”字。

楊令問曾任福建興化軍知軍事。《八閩通志》載楊令問乾興元年（1022）知興化軍，“楊令問，乾興初任”⑥。《重刊興化府志》載楊令問在乾興元年壬戌（1022）以職方員外郎知興化軍，于天聖元年癸亥（1023）離任，“（天禧六年）壬戌，改乾興元年”“楊令問，以職方員外郎知”⑦，其繼任“癸亥，仁宗天聖元年”“陳覃，以職方員外郎知”⑧。《續資治通鑑長編》載楊令問在宋真宗乾興元年（1022）十月知興化軍任上遭王耿彈劾，真宗乾興元年冬十月己亥“知邵武軍江拯、知興化軍楊令問亦責監杭州樓店務、南劍州酒税，皆坐耿劾章也”⑨，“耿”指王耿，時任“提點刑獄、御史”⑩。

① 〔明〕李賢修：《大明一統志》卷七八《福建布政司·漳州府·流寓·楊令問》，中國國家圖書館藏，索取號：地87/734，明天順五年（1461）内府刻本，第21頁。按，該志原文作“楊合問”，有誤，應改作“楊令問”，據此修訂。

② 〔明〕黄仲昭修纂，福建省地方志編纂委員會主編：《八閩通志》下册卷五一《選舉·科第·漳州府》，福建人民出版社1991年版，第181頁。

③ 〔明〕陳洪謨修，中國人民政治協商會議福建省漳州市委員會整理：正德《大明漳州府志》上册卷一五《科目志·宋·宋進士科》，厦門大學出版社2012年版，第859頁。

④ 〔明〕李賢修：《大明一統志》卷七八《福建布政司·漳州府·流寓·楊令問》，中國國家圖書館藏，索取號：地87/734，明天順五年（1461）内府刻本，第21頁。

⑤ 〔明〕陳洪謨修，中國人民政治協商會議福建省漳州市委員會整理：正德《大明漳州府志》上册卷一五《科目志·宋·宋進士科》，厦門大學出版社2012年版，第859頁。

⑥ 〔明〕黄仲昭修纂，福建省地方志編纂委員會主編：《八閩通志》下册卷五一《選舉·科第·漳州府》，福建人民出版社1991年版，第181頁。

⑦ 〔明〕周瑛、（明）黄仲昭著，蔡金耀點校：《重刊興化府志》卷二《吏紀二·府官年表（宋、元、國朝）》，福建人民出版社2007年版，第25頁。

⑧ 〔明〕周瑛、（明）黄仲昭著，蔡金耀點校：《重刊興化府志》卷二《吏紀二·府官年表（宋、元、國朝）》，福建人民出版社2007年版，第26頁。

⑨ 〔宋〕李燾撰，上海師範大學古籍整理研究所、華東師範大學古籍研究所點校：《續資治通鑑長編》第8册卷九九《真宗·乾興元年》，中華書局1985年版，第2298頁。

⑩ 〔宋〕李燾撰，上海師範大學古籍整理研究所、華東師範大學古籍研究所點校：《續資治通鑑長編》第8册卷九九《真宗·乾興元年》，中華書局1985年版，第2298頁。

楊令問未獲封上柱國、黎城縣開國男。萬曆癸丑《漳州府志》始載楊令問被封爲“上柱國、黎城縣開國男”[①]，康熙《漳州府志》、乾隆《漳州府志》、光緒《漳州府志》均沿此説[②]。2005年《長泰縣志》稱楊令問“上疏《禦邊安邦》，深受朝廷賞識”“立下戰功，又升”“上柱國，鎮守黎城”[③]。

此説實不可信，理由有二：

其一，上柱國爲正二品，楊令問曾任防禦使、知軍事均爲從五品，存在官階不符。《宋史》載：“上柱國，爲正二品”“防禦使”“諸州刺史”“爲從五品”[④]。豈有擔任從五品官職者獲封正二品勳官？

其二，若此説屬實，緣何未見載《宋史》以及較早刊行的《大明一統志》、正德《大明漳州府志》、羅青霄萬曆元年（1573）修成的《漳州府志》？羅青霄《漳州府志》楊令問傳采自“《嘉靖志》”[⑤]，“《嘉靖志》”指嘉靖《漳州府志》，羅青霄《漳州府志》既然未載楊令問獲封爵位記載，嘉靖《漳州府志》亦無楊令問獲封爵位記載。

事實上，萬曆癸丑《漳州府志》此説不可信，康熙《漳州府志》、乾隆《漳州府志》、光緒《漳州府志》以訛傳訛。2005年《長泰縣志》據此闡發，聲稱楊令問曾上疏，實不可信，又不識“開國男”封爵，尤不可信。

楊令問未獲封宣奉大夫。今存楊令問之父楊仕休墓道，上刻“宋始祖殿中丞仕休楊公暨誥封一品夫人懿範胡氏墓道”，落款“乾隆十四年孟春重建，長房男賜進士宣奉大夫令問”[⑥]，該墓道即重建于清乾隆十四年（1749）。2005年《長泰縣志》稱楊令問“立下戰功，又升宣奉大夫”[⑦]。

此説實不可信，理由如下：

---

① 〔明〕閔夢得修，中國人民政治協商會議福建省漳州市委員會整理：萬曆癸丑《漳州府志》下册卷一九《人物志四・宋列傳》，厦門大學出版社2012年版，第1418頁。

② 〔清〕魏荔彤修：康熙《漳州府志》卷二一《人物志一・宋列傳・循良・楊令問》，中國國家圖書館藏，索取號：地310.87/132，清康熙五十四年（1715）刻本，第32頁；（清）李維鈺修：乾隆《漳州府志》卷三六《人物志一・宋列傳・楊令問》，中國國家圖書館藏，索取號：310.87/134，清嘉慶十一年（1806）特通阿刻本，第33頁；（清）沈定均修：光緒《漳州府志》卷二八《人物一・宋列傳・楊令問》，中國國家圖書館藏，索取號：地310.87/139，清光緒四年（1878）刻本，第33頁。按，關於光緒《漳州府志》出版時間，中國國家圖書館認爲該志出版時間爲“清光緒三年（1877）”，有誤，應以該志所載漳州知府白毓璋《序》落款時間“光緒四年歲次戊寅秋九月”爲是，據此修訂爲清光緒三年（1878）刻本。

③ 長泰縣地方志編纂委員會編：《長泰縣志》卷三七《人物》第一章《人物傳・楊令問》，方志出版社2005年版，第1009頁。

④ 〔元〕脱脱等撰：《宋史》第12册卷一六八《志一百二十一・職官八（合班之制）》，中華書局1977年版，第4014頁。

⑤ 〔明〕羅青霄修纂，福建省地方志編纂委員會整理：《漳州府志》下册卷二四《長泰縣下・人物志・寓賢・宋寓賢傳・楊令問》，厦門大學出版社2010年版，第950頁。

⑥ 陶塘洋世德堂西厝花坂洋楊氏族譜編修理事會編：《陶塘洋世德堂西厝花坂洋楊氏族譜》，政協漳州市委員會海峽文史資料館藏，編號：長泰9019，2007年版2007年版機器印刷複印件，第3頁。

⑦ 長泰縣地方志編纂委員會編：《長泰縣志》卷三七《人物》第一章《人物傳・楊令問》，方志出版社2005年版，第1009頁。

宣奉大夫遲至宋徽宗大觀年間（1107—1110）設置，楊令問如何在宋真宗時獲封?《宋史》載："宣奉大夫，大觀新置"[①]，"大觀"指大觀年間。2005年《長泰縣志》援引楊仕休墓落款"宣奉大夫"，加以闡發，亦不可信。

楊令問未被進階光禄大夫，食邑五百户。《碧溪楊氏家譜》載：楊令問"進階光禄大夫，食邑五百户，賜老歸致仕"[②]。2005年《長泰縣志》稱："天聖元年（1023），楊令聞告老還鄉""在漳州定居。朝廷賜璽書，授予楊令聞光禄大夫，食邑五百户"[③]。

此説實不可信，理由有二：

其一，《宋史》載："光禄大夫，從二"[④]，豈有從五品防禦使、知軍事被進階爲從二品光禄大夫者?

其二，楊令問若獲封光禄大夫，何以未見載正史以及較早刊行的正德《大明漳州府志》、羅青霄《漳州府志》、萬曆癸丑《漳州府志》、康熙《漳州府志》、乾隆《漳州府志》、光緒《漳州府志》?

2005年《長泰縣志》所謂"朝廷賜璽書"根據舊志所載"璽書褒寵者三"而闡發，却不顧舊志所載"璽書褒寵者三"實則關于楊令問擔任防禦使期間，并非告老還鄉所得，尤不可信。

楊令問實則在淳化三年三月中進士，宋真宗咸平、景德年間曾任防禦使，乾興元年（1022）以職方員外郎知興化軍，是年十月遭彈劾，天聖元年（1023）離任。

（二）寓居漳州長泰由來

楊令問寓居漳州長泰縣時間説法有三：

其一，天聖中。《大明一統志》載楊令問在"天聖中，居於漳，遂移葬父中丞於長泰縣陳塘洋浮山"[⑤]，此"漳"指漳州，長泰縣隸屬漳州。

其二，天聖初。正德《大明漳州府志》始載楊令問在"仁宗天聖初，奉旨居漳"[⑥]，"漳"指漳州。

其三，天聖元年。嘉靖《龍溪縣志》始載楊令問在"仁宗天聖元年，奉旨居漳"[⑦]，萬

---

① 〔元〕脱脱等撰：《宋史》第12册卷一六九《志一百二十一·職官九（叙遷之制）》，中華書局1977年版，第4052頁。

② 〔清〕楊振北修：《碧溪楊氏家譜》第2册卷八《世系録》，政協漳州市委員會海峡文史資料館藏，編號：華安9022，清乾隆三十五年（1770）抄本複印件，第43頁。

③ 長泰縣地方志編纂委員會編：《長泰縣志》卷三七《人物》第一章《人物傳·楊令問》，方志出版社2005年版，第1009頁。

④ 〔元〕脱脱等撰：《宋史》第12册卷一六九《志一百二十一·職官九（叙遷之制）》，中華書局1977年版，第4049頁。

⑤ 〔明〕李賢修：《大明一統志》卷七八《福建布政司·漳州府·流寓·楊令問》，中國國家圖書館藏，索取號：地87/734，明天順五年（1461）内府刻本，第21頁。

⑥ 〔明〕陳洪謨修，中國人民政治協商會議福建省漳州市委員會整理：正德《大明漳州府志》上册卷一五《科目志·宋·宋進士科》，厦門大學出版社2012年版，第830頁。

⑦ 〔明〕劉天授修：嘉靖《龍溪縣志》卷八《人物》，中國國家圖書館藏，索取號：地310.87/275，中華書局上海編輯所1965年影印本，第51頁。

曆癸丑《漳州府志》采此説：楊令問在“仁宗天聖元年，奉旨居於漳”[①]，康熙《漳州府志》沿此説[②]。乾隆《漳州府志》改“奉旨”爲“奉詔”，仍稱：“天聖元年，奉詔居於漳”[③]，光緒《漳州府志》沿此説[④]。

上述三説孰是孰非？楊令問在天聖元年（1023）離任興化軍知軍事，同年寓居漳州長泰。所謂楊令問在“天聖中”“天聖初”寓居漳州長泰的説法均不準確，應據此改爲“天聖元年”。

楊令問入漳原因説法有二：

其一，“奉旨”居漳。正德《大明漳州府志》始稱楊令問“奉旨居漳”[⑤]。稍後的嘉靖《龍溪縣志》、嘉靖《長泰縣志》均沿此説，未明確記載楊令問奉旨原因。嘉靖《龍溪縣志》稱楊令問“仁宗天聖元年，奉旨居漳”[⑥]，嘉靖《長泰縣志》亦云楊令問在“仁宗天聖奉旨居漳”[⑦]。

其二，“謫居”漳州。羅青霄《漳州府志》稱楊令問謫居漳州，該志雖采“《嘉靖志》”所云，却稱楊令問“奉旨居漳”[⑧]，嘉靖《漳州府志》仍稱楊令問爲“奉旨居漳”，直至羅青霄《漳州府志》述及“宋楊令聞墓”稱其“仁宗時爲防禦使，謫居陶塘洋鄉”[⑨]，“陶塘洋鄉”位于長泰縣。康熙《長泰縣志》載楊令問“仁宗天聖初，奉旨謫居漳”[⑩]，乾隆《長泰縣志》亦云：楊令問“仁宗天聖初，奉旨謫居漳”[⑪]。

上述二説均不可信，理由如下：

《大明一統志》始載楊令問寓居長泰未提“奉旨”，僅稱“天聖中，居於漳”，若楊令問

---

① 〔明〕閔夢得修，中國人民政治協商會議福建省漳州市委員會整理：萬曆癸丑《漳州府志》下册卷一九《人物志四・宋列傳・楊令問》，厦門大學出版社2012年版，第1418頁。

② 〔清〕魏荔彤修：康熙《漳州府志》卷二一《人物志一・宋列傳・循良・楊令問》，中國國家圖書館藏，索取號：地310.87/132，清康熙五十四年（1715）刻本，第32頁。

③ 〔清〕李維鈺修：乾隆《漳州府志》卷三六《人物志一・宋列傳・楊令問》，中國國家圖書館藏，索取號：310.87/134，清嘉慶十一年（1806）特通阿刻本，第34頁。

④ 〔清〕沈定均修：光緒《漳州府志》卷二八《人物一・宋列傳・楊令問》，中國國家圖書館藏，索取號：地310.87/139，清光緒四年（1878）刻本，第34頁。

⑤ 〔明〕陳洪謨修，中國人民政治協商會議福建省漳州市委員會整理：正德《大明漳州府志》上册卷一五《科目志・宋・宋進士科》，厦門大學出版社2012年版，第830頁。

⑥ 〔明〕劉天授修：嘉靖《龍溪縣志》卷八《人物・宋・寓賢・楊令問》，中國國家圖書館藏，索取號：地310.87/275，中華書局上海編輯所1965年影印本，第51頁。

⑦ 〔明〕張傑夫修：嘉靖《長泰縣志》之《人物・流寓・楊令問》，《天一閣藏明代方志選刊續編》第38册，上海書店1990年版，第867頁。按，該志原署作者“佚名”，實則張傑夫所修，據此修訂；又該志未標卷數。

⑧ 〔明〕羅青霄修纂，福建省地方志編纂委員會整理：《漳州府志》下册卷二四《長泰縣下・人物志・寓賢・宋寓賢傳・楊令問》，厦門大學出版社2010年版，第950頁。

⑨ 〔明〕羅青霄修纂，福建省地方志編纂委員會整理：《漳州府志》下册卷二四《長泰縣下・雜志・冢墓》，厦門大學出版社2010年版，第974頁。

⑩ 〔清〕王珏修：康熙《長泰縣志》卷八《人物志・流寓・宋・楊令問》，中國國家圖書館藏，索取號：地310.97/32，清康熙二十六年（1687）刻本，第91頁。

⑪ 〔清〕李維鈺修，(清）雙鼎修：乾隆《漳州府志》卷三六《人物志一・宋列傳・楊令問》，中國國家圖書館藏，索取號：310.87/134，清嘉慶十一年（1806）特通阿刻本，第34頁。

確曾"奉旨"遷入漳州，何以未載《大明一統志》？楊令問入漳實因興化軍任上遭彈劾旋而離職，寓居漳州長泰。所謂楊令問"奉旨""謫居"居漳説法，實際上由於楊令問遭彈劾而改稱。楊令問以職方員外郎謫知福建興化軍，在當年十月遭彈劾，而後在翌年離任。楊令問仕途不順，既不便就地安家興化軍，亦不便返回蜀地故里，僅能另擇漳州山區長泰定居，楊令問如何"奉旨"？楊令問離任興化軍後寓居漳州長泰，既未任職漳州長泰，何以"謫居"漳州長泰？所謂楊令問"奉旨"安家實則美化結果。由于楊令問"奉旨"説法于史無徵，且無法説明楊令問"奉旨居漳"緣由，而被改稱爲"謫居"。《大明一統志》《八閩通志》以及正德《大明漳州府志》均避而不談楊令問曾知興化軍，僅載楊令問知興化軍之前的官職職方員外郎，又强調楊令問曾在抵禦契丹中立功。

（三）籍貫

楊令問籍貫説法有五：

其一，泉州晋江縣人。《寰宇通志》載泉州府科甲人物有楊令問"俱晋江人""俱宋淳化三年孫何榜進士"[①]，《八閩通志》載："楊令問""俱晋江人"[②]，《萬曆重修泉州府志》載："淳化三年"進士有"楊令問""已上晋江人"[③]。乾隆《晋江縣志》載："淳化三年壬辰孫何榜"進士有"楊令問"[④]。道光《晋江縣志》載"淳化三年壬辰孫何榜"進士有"楊令問"[⑤]。

其二，漳州龍溪縣人。《寰宇通志》載漳州府科甲人物有楊令問"龍溪人，宋淳化三年孫何榜進士"[⑥]。嘉靖《龍溪縣志》載"宋進士"有"楊令問""淳化三年孫和榜第一甲"[⑦]，"和"字應作"何"字。

其三，蜀人。《大明一統志》載漳州府"流寓"人物楊令問爲"蜀人"[⑧]，正德《大明漳州府志》載楊令問"其先蜀人"[⑨]，即起初是蜀人。

---

① 〔明〕彭時等纂修：《寰宇通志》第17册卷四六《福建等處承宣布政使司·泉州府·科目》，天津圖書館藏，明景泰七年（1456）刻本，第32頁。

② 〔明〕黄仲昭修纂，福建省地方志編纂委員會主編：《八閩通志》下册卷五十《選舉·科第·泉州府》，福建人民出版社1991年版，第151頁。

③ 〔明〕陽思謙修，（明）徐敏學、（明）吴維新纂：《萬曆重修泉州府志》卷一四《人物志（上之上）·宋科目志》，劉兆祐主編：《中國史學叢書三編》第4輯，臺灣學生書局1987年版，第1079頁。

④ 〔清〕方鼎等修，（清）朱升元等纂：福建省《晋江縣志》卷八《選舉志·科目》，《中國方志叢書》第82號，臺北成文出版社1967年版，第156頁。

⑤ 〔清〕吴之鋘修，（清）周學曾、（清）尤遜恭等纂：道光《晋江縣志》卷三十《選舉志·進士》，上海書店出版社編：《中國地方志集成·福建府縣志輯》第25輯，上海書店2000年版，第406—407頁。

⑥ 〔明〕彭時等纂修：《寰宇通志》第18册卷四七《福建等處承宣布政使司·漳州府·科甲》，天津圖書館藏，明景泰七年（1456）刻本，第27頁。

⑦ 〔明〕劉天授修：嘉靖《龍溪縣志》卷七《選舉·宋·進士》，中國國家圖書館藏，索取號：地310.87/275，中華書局上海編輯所1965年影印本，第2頁。

⑧ 〔明〕李賢修：《大明一統志》卷七八《福建布政司·漳州府·流寓·楊令問》，中國國家圖書館藏，索取號：地87/734，明天順五年（1461）内府刻本，第21頁。

⑨ 〔明〕陳洪謨修，中國人民政治協商會議福建省漳州市委員會整理：正德《大明漳州府志》上册卷一五《科目志·宋·宋進士科》，厦門大學出版社2012年版，第830頁。

其四，漳州長泰縣人。《八閩通志》始載楊令問爲“長泰人”[①]。

其五，蜀州人。魏思燕《試論宋代川峽四路科舉人才的分布——以〈宋登科記考〉爲中心》一文所附《北宋時期明確時間進士人數統計表》述及楊令問籍貫：“楊令問，纍官職方員外郎，蜀州”[②]，該文備注“以上表格來源均根據傅璿琮主編，龔延明、祖慧等撰《宋登科記考》，南昌：江蘇教育出版社，2009，整理而來”[③]，“南昌”應作“南京”。

上述五説孰是孰非？《寰宇通志》《八閩通志》竟同一本志書存在兩個不同説法。從楊令問謫知興化軍及其任上遭彈劾轉而離任來看，楊令問離任興化軍後，既不方便寓居泉州治所晋江縣，亦不方便寓居漳州治所龍溪縣，位于漳州山區的長泰縣反而可作爲楊令問成寓居目的地。

所謂楊令問是晋江人説法，源于楊令問之弟楊令緒被認爲是晋江人，楊令問由此被認爲是晋江人。《寰宇通志》載泉州府科甲人物有“楊令緒”“俱晋江人”“俱咸平三年陳堯咨榜進士”[④]。然而，《大明一統志》首次爲楊令問立傳，未述及楊令問與晋江關係，且乾隆《泉州府志》未再記載楊令問，楊令問實非晋江人。

所謂楊令問是龍溪人説法，源于《大明一統志》載楊令問“天聖中，居於漳”[⑤]，根據漳州治所爲龍溪而闡發。然而，《大明一統志》所載楊令問“天聖中，居於漳，遂移葬父中丞於長泰縣陳塘洋浮山”，該志認爲楊令問寓居漳州，由此將其父楊仕休墓遷葬漳州長泰縣。此前所修《寰宇通志》述及楊令問是“龍溪人”，究其原因應與誤讀文獻有關。正德《大明漳州府志》基于《寰宇通志》所載楊令問是“龍溪人”，而未完整引用《大明一統志》所載楊令問傳，僅稱：“仁宗天聖初，奉旨居漳”，未提楊令問將其父楊仕休墓移葬長泰縣。嘉靖《龍溪縣志》所載楊令問及其爲楊令問立傳，深受正德《大明漳州府志》記載的影響。但乾隆《龍溪縣志》不再述及楊令問，可見楊令問實則并非龍溪人。

所謂楊令問是“長泰人”説法，并不準確，究其原因，應與楊令問晚年寓居長泰有關。但楊令問遲至天聖元年（1023）方才寓居長泰。

所謂楊令問是“蜀州人”説法，實則源於楊令問“蜀人”説法而闡發。《大明一統志》僅知楊令問是“蜀人”，具體位於蜀地何地却無從可考。蜀州在清代爲崇慶州，然而光緒

① 〔明〕黄仲昭修纂，福建省地方志編纂委員會主編：《八閩通志》下册卷五一《選舉·科第·漳州府》，福建人民出版社1991年版，第181頁。

② 魏思燕：《試論宋代川峽四路科舉人才的分布——以〈宋登科記考〉爲中心》，貴州師範大學碩士學位論文，2018年。

③ 魏思燕：《試論宋代川峽四路科舉人才的分布——以〈宋登科記考〉爲中心》，貴州師範大學碩士學位論文，2018年。

④ 〔明〕彭時等纂修：《寰宇通志》第17册卷四六《福建等處承宣布政使司·泉州府·科甲》，天津圖書館藏，明景泰七年（1456）刻本，第32—33頁。

⑤ 〔明〕李賢修：《大明一統志》卷七八《福建布政司·漳州府·流寓·楊令問》，中國國家圖書館藏，索取號：地87/734，明天順五年（1461）内府刻本，第21頁。

《增修崇慶州志》根據“舊志”所載宋代進士名單無楊令問[①]，另據“《通志》補遺”宋代進士名單亦無楊令問[②]，此“《通志》”指《四川通志》。楊令問實非崇慶州人，亦非蜀州人。

楊令問實則蜀人，其具體是何州縣人？雍正《四川通志》宋代進士名單無楊令問記載[③]，實則楊令問具體是四川哪個州縣無考。楊令問晚年寓居漳州長泰縣，其故居世德堂位于漳州市長泰區陳巷鎮雪美村西厝社，1996 年被長泰縣人民政府以“長泰第一進士故居”列爲第四批縣級文物保護單位[④]。所謂“長泰第一進士”之説，實則不確，不能稱楊令問考取長泰第一位進士，由于楊令問考取進士之際尚爲蜀人，即四川籍進士，而非長泰籍進士，因此，應理解成楊令問是寓居長泰的第一位進士。康熙《長泰縣志》、乾隆《長泰縣志》均未將楊令問列爲長泰進士[⑤]。楊令問被奉爲“長泰第一進士”雖不可信，却反映了歷史上楊令問後裔與其他姓氏宗族之間的族群互動過程。楊令問後裔在明末曾遭衛所軍户出身的盧岐嶷宗族援引兩廣總督戴燿宗族的壓制[⑥]，究其原因，應與楊令問後裔在明代未有人中進士有關。實際上，楊令問後裔希望通過拔高楊令問的歷史地位，來達到凝聚宗族成員之間關係的目的。

楊令問其名説法有二：

其一，楊合問。《大明一統志》載“楊合問”“合問”[⑦]，實則有誤，應作“楊令問”。

其二，楊令聞。正德《大明漳州府志》始載：“職方令聞”[⑧]，羅青霄《漳州府志》載“楊令問，一作“聞”，并同”[⑨]，又云：“宋楊令聞墓。”[⑩] 2005 年《長泰縣志》亦稱楊令問爲“楊令聞”[⑪]。

---

① 〔清〕沈恩培修：《增修崇慶州志》卷七《選舉·科目·進士·宋》，中國國家圖書館藏，索取號：地 280.43/139.1，清光緒十年（1884）刻本，第 2 頁。

② 〔清〕沈恩培修：《增修崇慶州志》卷七《選舉·科目·進士·宋》，中國國家圖書館藏，索取號：地 280.43/139.1，清光緒十年（1884）刻本，第 3 頁。

③ 〔清〕黄廷桂，（清）憲德總裁：雍正《四川通志》卷三三《選舉·進士》，中國國家圖書館藏，索取號：地 280/33.1，清乾隆元年（1736）刻本，第 2—105 頁。

④ 陶塘洋世德堂西厝花坂洋楊氏族譜編修理事會編：《陶塘洋世德堂西厝花坂洋楊氏族譜》，政協漳州市委員會海峽文史資料館藏，編號：長泰 9019，2007 年版機器印刷複印件，第 5 頁。

⑤ 〔清〕王珏修：康熙《長泰縣志》卷七《人物志·科名·進士·宋》，中國國家圖書館藏，索取號：地 310.97/32，清康熙二十六年（1687）刻本，第 1 頁；（清）張懋建修：乾隆《長泰縣志》卷八《選舉志·科名·進士·宋》，中國國家圖書館藏，索取號：地 310.97/34，中華民國二十一年（1932）漳州三川印書館鉛印本，第 1 頁。

⑥ 劉濤：《明代兩廣總督戴燿年譜》，《閩臺文化研究》2018 年第 4 期。

⑦ 〔明〕李賢修：《大明一統志》卷七八《福建布政司·漳州府·流寓·楊令問》，中國國家圖書館藏，索取號：地 87/734，明天順五年（1461）内府刻本，第 21 頁。

⑧ 〔明〕陳洪謨修，中國人民政治協商會議福建省漳州市委員會整理：正德《大明漳州府志》上册卷一五《科目志·宋·宋進士科》，厦門大學出版社 2012 年版，第 859 頁。

⑨ 〔明〕羅青霄修纂，福建省地方志編纂委員會整理：《漳州府志》下册卷二四《長泰縣下·人物志·寓賢·宋寓賢傳·楊令問》，厦門大學出版社 2010 年版，第 950 頁。

⑩ 〔明〕羅青霄修纂，福建省地方志編纂委員會整理：《漳州府志》下册卷二四《長泰縣下·雜志·冢墓》，厦門大學出版社 2010 年版，第 974 頁。

⑪ 長泰縣地方志編纂委員會編：《長泰縣志》卷三七《人物》第一章《人物傳·楊令問》，方志出版社 2005 年版，第 1009 頁。

上述二説孰是孰非？歐陽修《潭州録事參軍楊令聞可太子中舍致仕制》述及：

> 敕具官楊令聞：向因疾病，自請退休。少有間焉，復思從政。今其决矣，可以止哉。俾升朝序之榮，以爲歸老之美。可①。

此爲歐陽修在慶曆四年（1044）任知制誥所作，此“楊令聞”曾任潭州録事參軍，以太子中舍致仕，漳州地方志未載楊令問曾任潭州録事參軍、太子中舍，楊令問在淳化三年（992）中進士，何以在慶曆四年仍僅任潭州録事參軍？且楊令問在天聖元年（1023）即已離任興化軍而寓居漳州長泰，何以遠赴潭州任職？

楊令問實無楊令聞别名，所謂楊令問的“問”字又作“聞”字的説法實則有誤，淳化三年第一甲進士楊令問僅有“令問”一名，未有“令聞”别名，其“問”字未曾被寫作“聞”字。之所以有楊令問的“問”字一作“聞”字，實則源于正德《大明漳州府志》筆誤，萬曆元年《漳州府志》以訛傳訛，誤將楊令問與楊令聞兩人相混淆。2005 年《長泰縣志》直接用“聞”字代替“問”字，且未備注别名“令聞”，實不可信。

二、家世

（一）楊令問之父楊仕休

楊仕休其人，《大明一統志》始載：楊令問“父仕休，殿中丞”②。直至萬曆癸丑《漳州府志》方纔明確其所仕朝代爲北宋，所仕皇帝爲宋太祖，楊令問“父仕休，宋太祖時任殿中丞”③。

楊仕休與長泰關係説法有二：

其一，楊仕休墓遷葬長泰。《大明一統志》載：“天聖中，居於漳，遂移葬父中丞於長泰縣陳塘洋浮山”④。楊仕休寓居漳州長泰，由此將其父楊仕休墓遷葬長泰，楊仕休生前未遷居長泰。萬曆癸丑《漳州府志》亦云：“楊中丞墓，宋殿中丞楊仕休，其先蜀人，子令問入

---

① 〔宋〕歐陽修撰：《歐陽文忠公集》第 11 册卷八十《外制集》卷二《制五十首》，中國國家圖書館藏，善本書號：03573，明天順六年（1462）刻本，第 7 頁。

② 〔明〕李賢修：《大明一統志》卷七八《福建布政司·漳州府·流寓·楊令問》，中國國家圖書館藏，索取號：地 87/734，明天順五年（1461）内府刻本，第 21 頁。

③ 〔明〕閔夢得修，中國人民政治協商會議福建省漳州市委員會整理：萬曆癸丑《漳州府志》下册卷一九《人物志四·宋列傳·楊令問》，厦門大學出版社 2012 年版，第 1418 頁。

④ 〔明〕李賢修：《大明一統志》卷七八《福建布政司·漳州府·流寓·楊令問》，中國國家圖書館藏，索取號：地 87/734，明天順五年（1461）内府刻本，第 21 頁。

漳，移公葬長泰之陳塘洋浮山。”[①] 此“公”指楊仕休。康熙《漳州府志》稱楊令問“天聖元年，奉旨居於漳，遂移其父中丞仕休於長泰陳塘洋浮山，爲長泰人”[②]，此處未提楊仕休墓，既非楊仕休墓，楊令問如何能移？顯然該志本意應是“楊仕休墓”，于此脱漏“墓”字，其原文應作“天聖元年，奉旨居於漳，遂移其父中丞仕休墓於長泰陳塘洋浮山，爲長泰人”。

其二，楊仕休隨其子楊令問遷居長泰。乾隆《漳州府志》始稱楊令問奉父楊仕休遷入漳州而入籍長泰，“天聖元年，奉詔居於漳，遂奉其父中丞仕休，籍於長泰陳塘洋浮山，爲長泰人”[③]，“中丞”應作殿中丞，“籍”指入籍。光緒《漳州府志》沿此説：“天聖元年，奉詔居於漳，遂奉其父中丞仕休，籍於長泰陳塘洋浮山，爲長泰人。”[④]

上述二説孰是孰非？首先，楊令問將楊仕休遷葬長泰，可見楊仕休此前未葬長泰，楊仕休生前未到長泰。楊仕休未到長泰既已去世，但具體葬于何處，則未有説明。所謂楊令問奉楊仕休寓居長泰，實則改自楊令問將其父楊仕休遷葬長泰説法。2005年《長泰縣志》誤認爲楊令問“與父楊仕休”“在漳州定居”“居漳一載”[⑤]。

其次，楊仕休曾任殿中丞，楊令問由職方員外郎知福建興化軍，楊令問應在北宋京城汴梁贍養楊仕休。楊令問從北宋國都汴梁遠赴福建興化軍任職，不可能携帶楊仕休靈柩赴任，楊仕休應隨楊令問前往福建興化軍任職。楊令問在福建興化軍任職僅一年，離任後未返回京城，亦未返回四川故里。楊仕休若在楊令問知福建興化軍任上去世，楊令問應在福建興化軍爲之守孝三年，楊令問似乎不可能在離任福建興化軍當年寓居漳州長泰，而是要在三年後方能寓居漳州長泰。

楊令問將楊仕休墓遷葬長泰實則可信，衹是《大明一統志》不便提及楊仕休墓此前安葬地，楊仕休墓此前應葬于興化軍。楊仕休應在楊令問離任興化軍之際去世，衹能暫時安放在興化軍，由于楊令問不可能寓居興化軍，衹能另擇他處，待擇居長泰後，就將楊仕休墓移葬長泰。楊令問在長泰，爲楊仕休墓守孝三年，并由此寓居長泰。

之所以出現《大明一統志》不便提及楊仕休墓此前葬于興化軍，究其原因，應與楊令問後裔有關。既然述及楊令問將其父楊仕休墓遷葬長泰，此説實則出自楊令問後裔，《大明一統志》據此采編入志。萬曆癸丑《漳州府志》采自《大明一統志》所載。康熙《漳州府志》根據《大明一統志》所載而改。乾隆《漳州府志》楊仕休故里四川與長泰相距較遠，無法遷

---

① 〔明〕閔夢得修，中國人民政治協商會議福建省漳州市委員會整理：萬曆癸丑《漳州府志》下册卷三一《古迹志下・冢墓》，厦門大學出版社2012年版，第2097頁。

② 〔清〕魏荔彤修：康熙《漳州府志》卷二一《人物志一・宋列傳・循良・楊令問》，中國國家圖書館藏，索取號：地310.87/132，清康熙五十四年（1715）刻本，第32頁。

③ 〔清〕李維鈺修，（清）雙鼎修：乾隆《漳州府志》卷三六《人物志一・宋列傳・楊令問》，中國國家圖書館藏，索取號：310.87/134，清嘉慶十一年（1806）特通阿刻本，第34頁。

④ 〔清〕沈定均修：光緒《漳州府志》卷二八《人物一・宋列傳・楊令問》，中國國家圖書館藏，索取號：地310.87/139，清光緒四年（1878）刻本，第34頁。

⑤ 長泰縣地方志編纂委員會編：《長泰縣志》卷三七《人物》第一章《人物傳・楊令問》，方志出版社2005年版，第1009頁。

墓，楊仕休應隨楊令問遷居長泰，爲此修改康熙《漳州府志》記載。光緒《漳州府志》楊令問傳采自乾隆《漳州府志》楊令問傳，故而二志所載相同，光緒《漳州府志》卷二十八載“《乾隆志》卷三十六”[①]，此“《乾隆志》”指乾隆《漳州府志》，即光緒《漳州府志》卷二十八采自乾隆《漳州府志》卷三十六記載。

楊仕休墓今存楊仕休墓道，爲乾隆十四年（1749）所立，上刻“宋始祖殿中丞仕休楊公暨誥封一品夫人懿範胡氏墓道”，“乾隆十四年孟春重建，長房男賜進士宣奉大夫令問、次房太常寺太祝令緒、三房男封泰岳先生令望”[②]。殿中丞非一品官階，胡氏何以獲封“一品夫人”？此墓碑未據北宋楊令問所立楊仕休墓葬碑銘而重立。

（二）楊令問之弟楊令緒與楊令望

楊令問與楊令緒、楊令望譜系關係説法有二：

其一，楊令問與楊令緒、楊令望是兄弟關係。正德《大明漳州府志》始載楊令問二弟楊令緒、楊令望，楊令問“其弟令緒，官至奉禮郎；令望，不願仕，封泰岳先生”[③]，“令緒”即楊令緒，“令望”即楊令望。

其二，楊令問與楊令緒、楊令望是父子關係。嘉靖《長泰縣志》載：楊令問“有子二人，曰令緒，官至奉禮郎；次曰令望，不願仕，封泰岳先生”[④]，該志認爲楊令問有二子楊令緒、楊令望。

此二説孰是孰非？實則應以較早刊行的正德《大明漳州府志》所載爲是，即楊令緒、楊令望是楊令問之弟，并非其子。且楊令問與楊令緒、楊令望其名中間均是“令”字，同爲“令”字輩，宋代漢人傳統社會豈有父子同一字輩者？嘉靖《長泰縣志》將楊令問“有弟二人”誤作“有子二人”。

楊令緒籍貫説法有二：

其一，泉州晋江縣人。《寰宇通志》載“楊令緒”“俱晋江人”[⑤]。《八閩通志》采此説：“楊令緒”“俱晋江人”[⑥]。《萬曆重修泉州府志》沿此説：“楊令緒”“俱晋江人”[⑦]。

---

① 〔清〕沈定均修：光緒《漳州府志》卷二八《人物一·宋列傳·楊令問》，中國國家圖書館藏，索取號：地310.87/139，清光緒四年（1878）刻本，第1頁。

② 陶塘洋世德堂西厝花坂洋楊氏族譜編修理事會編：《陶塘洋世德堂西厝花坂洋楊氏族譜》，政協漳州市委員會海峽文史資料館藏，編號：長泰9019，2007年版機器印刷複印件，第3頁。

③ 〔明〕陳洪謨修，中國人民政治協商會議福建省漳州市委員會整理：正德《大明漳州府志》上册卷一五《科目志·宋·宋進士科》，厦門大學出版社2012年版，第830頁。

④ 〔明〕張傑夫修：嘉靖《長泰縣志》之《人物·流寓·楊令問》，《天一閣藏明代方志選刊續編》第38册，上海書店1990年版，第867—868頁。

⑤ 〔明〕彭時等纂修：《寰宇通志》第17册卷四六《福建等處承宣布政使司·泉州府·科甲》，天津圖書館藏，明景泰七年（1456）刻本，第32—33頁。

⑥ 〔明〕黄仲昭修纂，福建省地方志編纂委員會主編：《八閩通志》下册卷五十《選舉·科第·泉州府》，福建人民出版社1991年版，第151頁。

⑦ 〔明〕陽思謙修，（明）徐敏學、（明）吴維新纂：《萬曆重修泉州府志》卷一四《人物志（上之上）》，劉兆祐主編：《中國史學叢書三編》第4輯，臺灣學生書局1987年版，第1079頁。

其二，蜀人。正德《大明漳州府志》載楊令問“其先蜀人”“其弟令緒”①，楊令問既然最初是“蜀人”，其弟楊令緒自然亦是“蜀人”。

上述二説孰是孰非？泉州及晋江地方志未載楊令緒任職情况，僅正德《大明漳州府志》載“令緒，官至奉禮郎”②，若楊令緒是泉州晋江人，其官職何以未見載泉州及晋江地方志？楊令問之弟楊令緒實則蜀人。然而，長泰楊氏族譜稱楊令緒之子“棫”③是紹興二十一年（1151）進士④，南宋初進士楊棫如何成爲北宋初楊令緒之子？顯然楊棫實非楊令緒之子，但在楊令問後裔心目中，楊棫出自楊令緒房頭，即楊令緒後裔曾經生活在長泰，却未提及晋江。

楊令緒功名説法有二：

其一，咸平三年進士。《寰宇通志》載“楊令緒”“俱咸平三年陳堯咨榜進士”⑤。《八閩通志》采此説：“咸平三年庚子陳堯咨榜”進士“楊令緒”⑥。《萬曆重修泉州府志》沿此説：“咸平三年楊令緒”⑦。2005年《長泰縣志》認爲楊令緒是“咸平三年”進士⑧。

其二，大中祥符七年服勤詞學科。《楊氏紀略》載：“次子令緒，真宗祥符七年登服勤詞學科。”⑨

上述二説孰是孰非？漳州及長泰舊志未載楊令緒功名，正德《大明漳州府志》未載與楊令緒功名，楊令緒功名實則無從可考。

楊令緒官職説法有二：

其一，官至奉禮郎。正德《大明漳州府志》載：楊令問“其弟令緒，官至奉禮郎”⑩。

其二，歷任清池縣令、觀察使判官、奉禮郎、太常寺太祝。《楊氏紀略》載：楊仕休“次子令緒，真宗祥符七年登服勤詞學科，初試清池令，政（改）觀察使判官，轉奉禮郎，

① 〔明〕陳洪謨修，中國人民政治協商會議福建省漳州市委員會整理：正德《大明漳州府志》上册卷一五《科目志·宋·宋進士科》，厦門大學出版社2012年版，第830頁。

② 〔明〕陳洪謨修，中國人民政治協商會議福建省漳州市委員會整理：正德《大明漳州府志》上册卷一五《科目志·宋·宋進士科》，厦門大學出版社2012年版，第830頁。

③ 陶塘洋世德堂西厝花坂洋楊氏族譜編修理事會編：《陶塘洋世德堂西厝花坂洋楊氏族譜》，政協漳州市委員會海峽文史資料館藏，編號：長泰9019，2007年版機器印刷複印件，第45頁。

④ 劉濤：《首輪修志人物傳記存在的問題及其對策——以2005年〈長泰縣志〉爲例》，《上海地方志》2020年第1期。

⑤ 〔明〕彭時等纂修：《寰宇通志》第17册卷四六《福建等處承宣布政使司·泉州府·科甲》，天津圖書館藏，明景泰七年（1456）刻本，第32—33頁。

⑥ 〔明〕黄仲昭修纂，福建省地方志編纂委員會主編：《八閩通志》下册卷五十《選舉·科第·泉州府》，福建人民出版社1991年版，第151頁。

⑦ 〔明〕陽思謙修，（明）徐敏學、（明）吴維新纂：《萬曆重修泉州府志》卷一四《人物志（上之上）·宋科目志》，劉兆祐主編：《中國史學叢書三編》第4輯，臺灣學生書局1987年版，第1079頁。

⑧ 長泰縣地方志編纂委員會編：《長泰縣志》卷三七《人物》第二章《人物表》，方志出版社，2005年版，第1047頁。

⑨ 〔清〕楊祖周修：《白石楊氏家譜》第1册，政協漳州市委員會海峽文史資料館藏，編號：龍海9083，清道光二十八年戊申（1848）抄本複印件，第13頁。

⑩ 〔明〕陳洪謨修，中國人民政治協商會議福建省漳州市委員會整理：正德《大明漳州府志》上册卷一五《科目志·宋·宋進士科》，厦門大學出版社2012年版，第830頁。

尋進太常寺太祝”[①]，“祥符七年”應作“大中祥符七年”，“清池令”指清池縣令。《快然居士行實》又云：楊令緒在“天禧三年，改觀察使判官，乾興元年轉奉禮郎，尋晋太常守太祝，明道三年賜致仕，享壽七十有四”[②]，“觀察使判官”應作“觀察判官”，《宋史》則載“觀察判官”[③]；“太常守”實則應作“太常寺”。

上述二説孰是孰非？楊令緒若以太常寺太祝致仕，何以未見正德《大明漳州府志》記載？所謂楊令緒曾任清池令、觀察使判官、太常寺太祝等均無從可考，楊令緒官職僅知其官至奉禮郎。2005 年《長泰縣志》未載楊令緒官職[④]，實則未查閲康熙《長泰縣志》、乾隆《長泰縣志》所致[⑤]。

楊令望，正德《大明漳州府志》始載：“令望，不願仕，封泰岳先生。”[⑥] 楊令望墓位于長泰，《碧溪楊氏家譜》載：“二世祖敕封泰岳先生令望公墓，在長泰彰信里洪山之麓”[⑦]，《快然居士行實》又云：“令望，字子振，文學節行見稱，不願仕，郡守方公慎從延教州校，門人林曼等十二人聯登進士科。嘉祐丙申年，安撫使李啓勉以教育有功奏。越明年丁酉，封泰岳先生。享壽七十有二。”[⑧] 此説實不可信，理由有四：

其一，所謂方慎從延請楊令望從教州校。“郡守方公慎從”指漳州知州方慎從，正德《大明漳州府志》稱方慎從傳未述及其關注文教，且其“宦業不可考”[⑨]，且州校部分未提及方慎從，“宋學校，本州，慶曆四年（宋志誤作二年）始奉詔建立”[⑩]，方慎從“景祐初任”“皇祐再任”[⑪]，方慎從若延請楊令望應在第二任期，即皇祐年間，州學教授名單最早記載始

---

① 〔清〕楊祖周修：《白石楊氏家譜》第 1 册，政協漳州市委員會海峽文史資料館藏，編號：龍海 9083，清道光二十八年戊申（1848）抄本複印件，第 13 頁。

② 〔清〕楊祖周修：《白石楊氏家譜》第 1 册，政協漳州市委員會海峽文史資料館藏，編號：龍海 9083，清道光二十八年戊申（1848）抄本複印件，第 16 頁。

③ 〔元〕脱脱等撰：《宋史》第 12 册卷一六九《志一百二十一・職官九（叙遷之制）》，中華書局 1977 年版，第 4048 頁。

④ 長泰縣地方志編纂委員會編：《長泰縣志》卷三七《人物》第二章《人物表》，方志出版社 2005 年版，第 1047 頁。

⑤ 〔清〕王珏修：康熙《長泰縣志》卷 8《人物志・流寓・宋・楊令問》，中國國家圖書館藏，索取號：地 310.97/32，清康熙二十六年（1687）刻本，第 91 頁；（清）張懋建修：乾隆《長泰縣志》卷 9《人物志・流寓傳・宋・楊令問》，中國國家圖書館藏，索取號：地 310.97/34，中華民國二十一年（1932）漳州三川印書館鉛印本，第 36 頁。

⑥ 〔明〕陳洪謨修，中國人民政治協商會議福建省漳州市委員會整理：正德《大明漳州府志》上册卷一五《科目志・宋・宋進士科》，厦門大學出版社 2012 年版，第 830 頁。

⑦ 〔清〕楊振北修：《碧溪楊氏家譜》第 1 册卷 6《墳墓》，政協漳州市委員會海峽文史資料館藏，編號：華安 9021，清乾隆三十五年（1770）抄本複印件，第 69 頁。

⑧ 〔清〕楊祖周修：《白石楊氏家譜》第 1 册，政協漳州市委員會海峽文史資料館藏，編號：龍海 9083，清道光二十八年戊申（1848）抄本複印件，第 16 頁。

⑨ 〔明〕陳洪謨修，中國人民政治協商會議福建省漳州市委員會整理：正德《大明漳州府志》上册卷一四《紀傳志・宋・方慎從》，厦門大學出版社 2010 年版，第 756—757 頁。

⑩ 〔明〕陳洪謨修，中國人民政治協商會議福建省漳州市委員會整理：正德《大明漳州府志》上册卷一三《學校志・學校》，厦門大學出版社 2010 年版，第 716 頁。

⑪ 〔明〕黄仲昭修纂，福建省地方志編纂委員會主編：《八閩通志》上册卷三三《秩官・曆官・郡縣・漳州府》，福建人民出版社 1990 年版，第 699 頁。

於“紹興間任”[①]。

其二，福建安撫使始于南宋建炎年間，《八閩通志》所載福建安撫使名單未有李姓者[②]。

其三，所謂楊令望門人林曼等十二人聯登進士説法不可信。《八閩通志》載：“廣曆二年楊寘榜：林曼，龍溪人，《寰宇志》無此名”[③]，“廣曆”應作“慶曆”，即慶曆二年。但慶曆二年到嘉祐二年丁酉（1057），漳州僅有六名進士，分别是慶曆六年陳箴、林修，皇祐元年蕭漢臣、黄華旦，皇祐五年特奏名林載周[④]，何來十二人聯登進士？

其四，所謂獲封“泰岳先生”説法未見史書記載。此封號未必需要獲封，實則時人所稱，猶如陳淳别號北溪，人稱北溪先生。

（三）楊令問之孫楊友諒及其子楊應、楊博

楊令問後裔科甲聯翩，形成科舉世家。楊令問與楊友諒譜系説法有三：

其一，楊友諒是楊令問之孫。《大明一統志》載：楊令問“孫友諒、應、博，皆登進士”[⑤]。

其二，楊友諒是楊令問三世孫。《八閩通志》載楊友諒是“令問三世孫”[⑥]，正德《大明漳州府志》又云：楊友諒是“職方令聞三世孫”[⑦]，羅青霄《漳州府志》引嘉靖《漳州府志》載：“楊友諒，令冏三世孫”[⑧]，此“令冏”應作“令問”。

其三，楊友諒是楊令問五世孫。萬曆癸丑《漳州府志》載：“楊友諒，長泰人，令問孫”[⑨]。楊友諒是楊令問五世孫。正德《大明漳州府志》載：楊令問“五世孫友諒”[⑩]，萬曆元年《漳州府志》引“《嘉靖志》”載楊令問“五世孫友諒”[⑪]，嘉靖《漳州府志》亦作楊友

① 〔明〕黄仲昭修纂，福建省地方志編纂委員會主編 1：《八閩通志》上册卷三三《秩官·曆官·郡縣·漳州府》，福建人民出版社 1990 年版，第 701 頁。

② 〔明〕黄仲昭修纂，福建省地方志編纂委員會主編：《八閩通志》上册卷三一《秩官·曆官·方面》，福建人民出版社 1990 年版，第 622 頁。

③ 〔明〕黄仲昭修纂，福建省地方志編纂委員會主編：《八閩通志》下册卷五一《選舉·科第·漳州府》，福建人民出版社 1991 年版，第 181 頁。

④ 〔明〕黄仲昭修纂，福建省地方志編纂委員會主編：《八閩通志》下册卷五一《選舉·科第·漳州府》，福建人民出版社 1991 年版，第 181 頁。

⑤ 〔明〕李賢修：《大明一統志》卷七八《福建布政司·漳州府·流寓·楊令問》，中國國家圖書館藏，索取號：地 87/734，明天順五年（1461）内府刻本，第 21 頁。

⑥ 〔明〕黄仲昭修纂，福建省地方志編纂委員會主編：《八閩通志》下册卷五一《選舉·科第·漳州府》，福建人民出版社 1991 年版，第 185 頁。

⑦ 〔明〕陳洪謨修，中國人民政治協商會議福建省漳州市委員會整理：正德《大明漳州府志》上册卷一五《科目志·宋·宋進士科》，厦門大學出版社 2012 年版，第 859 頁。

⑧ 〔明〕羅青霄修纂，福建省地方志編纂委員會整理：《漳州府志》下册卷二四《長泰縣下·人物志·選舉·科目·宋科目表》，厦門大學出版社 2010 年版，第 930 頁。

⑨ 〔明〕閔夢得修，中國人民政治協商會議福建省漳州市委員會整理：萬曆癸丑《漳州府志》上册卷一六《人物志一·宋列傳·楊令問》，厦門大學出版社 2012 年版，第 1148 頁。

⑩ 〔明〕陳洪謨修，中國人民政治協商會議福建省漳州市委員會整理：正德《大明漳州府志》上册卷一五《科目志·宋·宋進士科》，厦門大學出版社 2012 年版，第 830 頁。

⑪ 〔明〕羅青霄修纂，福建省地方志編纂委員會整理：《漳州府志》下册卷二四《長泰縣下·人物志·寓賢·宋寓賢傳·楊令問》，厦門大學出版社 2010 年版，第 950 頁。

諒爲楊令問“五世孫”。

上述三説孰是孰非？實則應以較早刊行的《大明一統志》所載爲是，即楊友諒是楊令問之孫。之所以正德《大明漳州府志》、嘉靖《漳州府志》、羅青霄《漳州府志》出現兩種不同記載，究其原因，應與正德《大明漳州府志》有關。正德《大明漳州府志》所載楊令問述及楊令問與楊友諒譜系世次將“三”誤作“五”，導致嘉靖、羅青霄《漳州府志》楊令問傳以訛傳訛。正德《大明漳州府志》所載楊友諒述及楊友諒與楊令問譜系沿用《八閩通志》所載正確内容，嘉靖、萬曆元年《漳州府志》沿此説，因此均是正確的。萬曆癸丑《漳州府志》沿用《大明一統志》所載，仍稱楊友諒是楊令問之孫。

楊友諒及其子楊應、楊博的功名説法有二：

其一，三人均是進士。《大明一統志》載：楊令問“孫友諒、應、博，皆登進士”[①]。

其二，楊友諒、楊博是進士，楊應是特奏名。首先，楊友諒。《寰宇通志》載：“楊友諒”“宋淳熙二年詹騤榜進士”[②]，康熙《長泰縣志》又云：“淳興二年”進士有楊友諒[③]。其次，楊應。《八閩通志》載：紹定二年己丑（1229）。紹定二年己丑黄樸榜特奏名“楊應，友諒之子”[④]，康熙《長泰縣志》又云：“開慶元年己未”特奏名有“楊應”[⑤]。最後，楊博。《八閩通志》載：慶元二年己未曾從龍榜進士“楊博，友諒之子，《寰宇志》無以上四人”[⑥]，“《寰宇志》”指《寰宇通志》。

上述二説孰是孰非？根據特奏名與正奏名有區别，應以第二種説法爲是，即楊友諒是淳熙二年進士，楊應是紹定二年特奏名，楊博是慶元二年進士。康熙《長泰縣志》將楊友諒中進士時間“淳熙”誤作“淳興”。康熙《長泰縣志》將楊應特奏名時間“紹興二年己丑”誤作“開慶元年己未”。《寰宇通志》漏載楊博中進士。2005 年《長泰縣志》未備注楊應是“特奏名”[⑦]。

楊應與楊博是同科舉人，且分别名列第二、第一。正德《大明漳州府志》載：“博，魁鄉書；應，次之”[⑧]，“鄉書”指中舉，“魁”指榜首，“次之”指第二名。

---

① 〔明〕李賢修：《大明一統志》卷七八《福建布政司・漳州府・流寓・楊令問》，中國國家圖書館藏，索取號：地87/734，明天順五年（1461）内府刻本，第 21 頁。

② 〔明〕彭時等纂修：《寰宇通志》第 18 册卷四七《福建等處承宣布政使司・漳州府・科甲》，天津圖書館藏，明景泰七年（1456）刻本，第 28 頁。

③ 〔清〕王珏修：康熙《長泰縣志》卷八《人物志・科名・進士・宋》，中國國家圖書館藏，索取號：地 310.97/32，清康熙二十六年（1687）刻本，第 2 頁。

④ 〔明〕黄仲昭修纂，福建省地方志編纂委員會主編：《八閩通志》下册卷五一《選舉・科第・漳州府》，福建人民出版社 1991 年版，第 187 頁。

⑤ 〔清〕王珏修：康熙《長泰縣志》卷八《人物志・科名・進士・宋》，中國國家圖書館藏，索取號：地 310.97/32，清康熙二十六年（1687）刻本，第 2 頁。

⑥ 〔明〕黄仲昭修纂，福建省地方志編纂委員會主編：《八閩通志》下册卷五一《選舉・科第・漳州府》，福建人民出版社 1991 年版，第 186 頁。

⑦ 長泰縣地方志編纂委員會編：《長泰縣志》卷三七《人物》第二章《人物表》，方志出版社 2005 年版，第 1047 頁。

⑧ 〔明〕陳洪謨修，中國人民政治協商會議福建省漳州市委員會整理：正德《大明漳州府志》上册卷一五《科目志・宋・宋進士科》，厦門大學出版社 2012 年版，第 859 頁。

楊友諒籍貫説法有二：

其一，龍溪人。《寰宇通志》載：“楊友諒，俱龍溪人。”①

其二，長泰人。《八閩通志》載：楊友諒“長泰人”“《寰宇志》以爲龍溪人”②。“《寰宇志》”指《寰宇通志》。

上述二説孰是孰非？應以《寰宇通志》所載爲是，即楊友諒雖是楊令問之孫，却以龍溪籍考取進士。《八閩通志》認爲楊令問是長泰人，因此認爲楊友諒亦應是長泰人，實則有誤。

楊友諒、楊應、楊博父子生平事迹。首先，楊友諒，《八閩通志》載：楊友諒“官至推幕”,。正德《大明漳州府志》載：楊友諒“初調興寧尉，以捕盜，賞轉惠州推幕”③，楊友諒中進士後，初任興寧縣尉，以捕盜有功，轉任惠州推幕。康熙《長泰縣志》又云：楊友諒“升惠州府推官”④，所謂“惠州府”有誤，惠州在南宋時尚未爲府，惠州府爲明清時期行政區劃。

其次，楊應、楊博兄弟。正德《大明漳州府志》載：

> 博，登進士，與真西山同榜，歷知潭州醒醴縣。適真西山帥潭，甚重之。應游鄉校，職糾録，紹定特奏，准敕授宜州文學，尋監潭州南岳廟，趙守伯駿以年德俱高，延爲學正⑤。

“真西山”指真德秀，號西山，是朱熹晚年高足。“醒醴縣”有誤，應改作“醴陵縣”。“趙守伯駿”指時任潭州知州趙伯駿。

事實上，楊應曾管理鄉校，紹定二年特奏名，敕授宜州文學，監潭州南岳廟，潭州知州趙伯駿以其年高德劭，延請其擔任學正。楊博擔任潭州醴陵縣令期間，其同榜進士真德秀擔任湖南安撫使、知潭州，非常器重他。2005 年《長泰縣志》將楊應官職誤作“宜川州文學”，漏載“潭州學正”官職⑥。

---

① 〔明〕彭時等纂修：《寰宇通志》第 18 册卷四七《福建等處承宣布政使司·漳州府·科甲》，天津圖書館藏，明景泰七年（1456）刻本，第 28 頁。

② 〔明〕黄仲昭修纂，福建省地方志編纂委員會主編：《八閩通志》下册卷五一《選舉·科第·漳州府》，福建人民出版社 1991 年版，第 185 頁。

③ 〔明〕陳洪謨修，中國人民政治協商會議福建省漳州市委員會整理：正德《大明漳州府志》上册卷一五《科目志·宋·宋進士科》，厦門大學出版社 2012 年版，第 859 頁。

④ 〔清〕王珏修：康熙《長泰縣志》卷八《人物志·科名·進士·宋》，中國國家圖書館藏，索取號：地 310.97/32，清康熙二十六年（1687）刻本，第 2 頁。

⑤ 〔明〕陳洪謨修，中國人民政治協商會議福建省漳州市委員會整理：正德《大明漳州府志》上册卷一五《科目志·宋·宋進士科》，厦門大學出版社 2012 年版，第 859 頁。

⑥ 長泰縣地方志編纂委員會編：《長泰縣志》卷三七《人物》第二章《人物表》，方志出版社 2005 年版，第 1047 頁。

三、祖先譜系與祖源叙事

楊令問祖先譜系最初僅追溯到楊令問之父楊仕休，見載《大明一統志》，正德《大明漳州府志》、嘉靖《漳州府志》、萬曆元年《漳州府志》均沿此説，萬曆癸丑《漳州府志》增載楊令問的祖父楊蠲。民國《長泰縣新志》增載楊令問祖先爲楊統，聲稱爲唐初戍閩將領陳政部將楊統十五世孫，勾勒出楊統自河南固始隨遷漳州，繼而由福建避難入蜀，北宋時再由蜀返回漳州，定居長泰的遷徙路綫。2005 年《長泰縣志》沿此説。如此，楊令問雖是四川人，祖先却是河南固始人，楊令問成爲了祖籍河南固始的四川人。楊令問祖先定居漳州，從而楊令問定居漳州長泰，成爲了楊令問返回漳州祖地。

楊令問祖先是否由河南固始遷居四川？楊令問祖先是否曾居漳州？這就要從史料來源説起，據此揭示文獻内容的變化内容，還原文本書寫的過程。

《楊氏紀略》述及楊令問祖先定居河南固始，繼而遷居漳州，而後又由漳州遷居四川始末：

> 堅弟賢，見兄子不軌，不願受王爵，逃之河南汝寧府光州固始縣，以業農爲事。賢子伺。伺子美。美子受。受子應。應子元。元子惠。惠子統，唐高宗時中郎將，陳元光襲父政玉鈐衛將軍職，出鎮泉潮間，統隨將軍奉策命以入閩開疆闢界，官於閩，授玉鈐衛昭信校尉。則天垂拱四年，又隨將軍奉革綏安之舊號，更立漳浦之郡名，因擇於永寧鄉桂林村芝山之東北隅，即今之霞城東接官亭也。統子承。承子朝。朝子新。新子命。命子程。程子子斌。斌子唐。唐子快。快子願。願子英。英子守，固以卑職弱兵討留從效不克，被主帥程贇罹其族，殺殆盡，僅存其子真卿、重卿。重卿，官建寧屬主簿，與郡守蜀人同姓，曰偉公，會有同宗之好。及宗族被誅，隨建守偉公入蜀，立貫潞州黎城縣。子蠲，周防禦使，世宗以曾略薦，入官昭武軍節度使。蠲子仕休，宋任殿中丞①。

此“堅”指隋文帝楊堅，“襲父爵，興隋。在位二十四年”②，所謂“子不軌”指楊廣篡位，楊堅“子廣，在位十二年”③。該譜認爲楊賢是楊堅之侄，不願接受楊廣所封王爵，逃往河南。楊令問并非隋文帝楊堅之侄楊賢後裔。之所以有此説，源于楊姓是隋朝國姓而

① 〔清〕楊祖周修：《白石楊氏家譜》第 1 册，政協漳州市委員會海峽文史資料館藏，編號：龍海 9083，清道光二十八年戊申（1848）抄本複印件，第 12—13 頁。

② 〔清〕楊祖周修：《白石楊氏家譜》第 1 册，政協漳州市委員會海峽文史資料館藏，編號：龍海 9083，清道光二十八年戊申（1848）抄本複印件，第 12 頁。

③ 〔清〕楊祖周修：《白石楊氏家譜》第 1 册，政協漳州市委員會海峽文史資料館藏，編號：龍海 9083，清道光二十八年戊申（1848）抄本複印件，第 12 頁。

闡發。

所謂“河南汝寧府光州固始縣”爲明清時期行政區劃。“玉鈴衛”不確，應作“玉鈐衛”。所謂楊統追隨陳元光入閩開漳，實不可信，理由有二：

其一，楊統其人未見載陳政、陳元光將卒名單。陳元光將卒名單自萬曆元年《漳州府志》根據陳元光家譜《龍湖譜》采編入志，到康熙《漳州府志》根據陳元光家譜所載《宋紹興二十年封册》采編入志，歷經乾隆《漳州府志》、光緒《漳州府志》，均無楊統其人記載，實不可信①。

其二，若楊統是楊令問祖先，何以未見明清漳州府志記載？反而稱楊令問祖先爲“蜀人”？

之所以出現祖先追隨陳元光由河南固始入閩開漳的祖源叙事，實則源于萬曆癸丑《漳州府志》始載漳州府及其屬縣流傳陳元光將卒由河南開基漳州的祖源叙事，而被畲民稱之爲“河老”②。促使楊氏在漳州不得不入鄉隨俗，隨波逐流，亦聲稱祖籍河南固始，祖先追隨陳元光入閩開漳。所謂楊統定居“永寧鄉桂林村芝山之東北隅，即今之霞城東接官亭也”，此“永寧鄉”位于龍溪縣，“霞城”指漳州城，因漳州古稱霞漳而有此稱。此説實不可信，理由如下：

《八閩通志》載：龍溪縣“隋開皇九年，屬泉州。唐嗣聖十六年，屬武榮州，州尋廢，縣還屬泉州。十七年，復置武榮州，縣仍屬焉。景雲二年，改屬泉州。開元二十九年，始以來屬。貞元二年，徙州治於此”③，龍溪縣遲至唐開元二十九年（741）始由泉州改屬漳州，貞元二年（786）纔將漳州州治遷于龍溪縣，如何在垂拱四年（688）定居并非漳州屬地的龍溪？

之所以出現曾居漳州城東説法，源于楊令望曾居漳州城東，《碧溪楊氏家譜》載：“令望公設教州校，徙居霞東”④，署名潘榮《碧溪楊氏家譜序》述及：“始祖十五公，由霞城東北隅徙居碧溪”⑤，“十五公”即十五郎。

《碧溪楊氏家譜》載：

> 開漳始祖統公，光州固始人，唐官河東玉鈐衛昭信校尉，高宗顯慶中奉朝命從將軍陳政帥閩，越三年，總兵討廣賊陳謙，戰没於陣，子孫皆襲蔭武職，防禦邊寇，撫綏新

---

① 劉濤：《“陳元光將卒”由來及其演變》，《長江文明》2021年第4期。

② 劉濤：《閩南漳州畲民與香菇淵源考述》，《古今農業》2021年第3期。

③ 〔明〕黄仲昭修纂，福建省地方志編纂委員會主編：《八閩通志》上册卷一《地理·建置沿革·漳州府》，福建人民出版社1990年版，第12頁。

④ 〔清〕楊振北修：《碧溪楊氏家譜》第1册卷3《家廟》，政協漳州市委員會海峽文史資料館藏，編號：華安9021，清乾隆三十五年（1770）抄本複印件，第25頁。

⑤ 〔清〕楊振北修：《碧溪楊氏家譜》第1册，政協漳州市委員會海峽文史資料館藏，編號：華安9021，清乾隆三十五年（1770）抄本複印件，第2頁。

民，因家於漳[①]。

羅青霄《漳州府志》始載：陳元光前往潮州平定苗自成、雷萬興之亂，因援兵未至，而被藍奉高殺害，“已而，蠻寇苗自成、雷萬興之子復起於潮，潛抵岳山。公率輕騎討之。援兵後至，爲賊將藍奉高所刃而死”[②]，“潮”指潮州。

所謂楊守，《碧溪楊氏家譜》稱其名爲“守固”[③]，即楊守固，該譜稱楊守固僅存一子，“殺存子一：重卿”[④]，而非上文所云有二子楊真卿、楊重卿幸存。

所謂楊氏遭程贇族誅説法亦不可信。程贇，《碧溪楊氏家譜》誤作“程斌”[⑤]，述及程贇，實則源于程贇曾任漳州刺史。《新五代史》載：朱文進以“程贇守漳州”“稱晋年號，時開運元年也”[⑥]。所謂攻打留從效不克，而遭程贇滅族的説法亦不可信。《新五代史》載：

> 泉州軍將留從效詐其州人曰：“富沙王兵收福州矣。吾屬世爲王氏臣，安能交臂而事賊乎?”州人共殺紹頗，迎王繼勳爲刺史，漳州聞之，亦殺贇，迎王繼成爲刺史[⑦]。

此“王氏臣”指王審知建立的閩國政權。“紹頗”指黄紹頗，朱文進“以紹頗守泉州”[⑧]。此處僅云留從效鼓動泉州人維護王審知建立的閩國政權，促使泉州人殺死黄紹頗。消息傳到漳州，漳州人殺死程贇，并無程贇派楊守攻打留從效，亦無因楊守攻打留從效不利而程贇滅族的記載。之所以述及遭程贇滅族，源于突出楊氏忠於王審知建立的閩國政權，强調楊氏與王審知均是固始同鄉，聲稱楊氏由于愛國愛鄉而遭滅族。

所謂楊重卿追隨四川人楊偉由閩遷蜀説法亦不可信。所云楊偉是“建寧”“郡守”，其時尚無“建寧”地名，應稱建州，建州先後屬閩國、南唐，嘉靖《建寧府志》所載閩國、南唐建州刺史名單既無楊姓，亦無名偉者[⑨]。直至北宋時有建州知軍州事楊璧，其前任幹成昂在“端拱初任”[⑩]，遲至端拱元年（988）以後擔任建州知州的楊璧亦無法成爲後周世宗官員楊

---

① 〔清〕楊振北修：《碧溪楊氏家譜》第 2 册卷八《世系録》，政協漳州市委員會海峽文史資料館藏，編號：華安 9022，清乾隆三十五年（1770）抄本複印件，第 43 頁。

② 〔明〕羅青霄修纂，福建省地方志編纂委員會整理：《漳州府志》上册卷四《秩官志下·名宦·唐名宦傳·刺史陳元光》，厦門大學出版社 2010 年版，第 144 頁。

③ 〔清〕楊振北修：《碧溪楊氏家譜》第 2 册卷八《世系録》，政協漳州市委員會海峽文史資料館藏，編號：華安 9022，清乾隆三十五年（1770）抄本複印件，第 43 頁。

④ 〔清〕楊振北修：《碧溪楊氏家譜》第 2 册卷八《世系録》，政協漳州市委員會海峽文史資料館藏，編號：華安 9022，清乾隆三十五年（1770）抄本複印件，第 43 頁。

⑤ 〔清〕楊振北修：《碧溪楊氏家譜》第 2 册卷八《世系録》，政協漳州市委員會海峽文史資料館藏，編號：華安 9022，清乾隆三十五年（1770）抄本複印件，第 43 頁。

⑥ 〔宋〕歐陽修撰，（宋）徐無黨注：《新五代史》第 3 册卷六八《閩世家第八》，中華書局 1974 年版，第 853 頁。

⑦ 〔宋〕歐陽修撰，（宋）徐無黨注：《新五代史》第 3 册卷六八《閩世家第八》，中華書局 1974 年版，第 853 頁。

⑧ 〔宋〕歐陽修撰，（宋）徐無黨注：《新五代史》第 3 册卷六八《閩世家第八》，中華書局 1974 年版，第 853 頁。

⑨ 〔明〕夏玉麟、（明）郝維岳等修，（明）汪佃等纂：嘉靖《建寧府志》上册卷五《官師》，《天一閣藏明代方志選刊》第 27 册，上海古籍書店 1982 年版，第 5—6 頁。

⑩ 〔明〕夏玉麟、（明）郝維岳等修，（明）汪佃等纂：嘉靖《建寧府志》上册卷五《官師》，《天一閣藏明代方志選刊》第 27 册，上海古籍書店 1982 年版，第 6 頁。

鐲之父追隨的上司。

所謂遷蜀入籍潞州黎城縣説法亦不可信。黎城縣與潞州歷史上均未隸屬四川，何以“入蜀”而“立貫潞州黎城縣”?

之所以出現“入蜀，立貫潞州黎城縣”之説，原因有二：

其一，源于楊氏是蜀人。

其二，源于陳元光曾被視爲河東人①，而潞州在唐時隸屬河東道。但陳元光爲河東人，出于郡望所云，此“河東人”實則河東郡，并非指河東道。《碧溪楊氏家譜》又云：重卿“乃隨建守偉入蜀，立貫於山西之潞州黎城縣”②，既然明知潞州黎城縣隸屬山西，爲何又要述及入蜀？豈有入蜀後，立貫山西，繼而又是蜀人?

所謂楊仕休之父楊鐲曾任後周防禦使説法亦不可信。萬曆癸丑《漳州府志》載楊仕休之父楊鐲，楊令問“祖鐲”③。

楊鐲生平事迹説法有二：

其一，曾任後周防禦使。周防禦使”④，此“鐲”指楊鐲，“周”指後周。該志認爲楊鐲曾任後周時期的防禦使。《楊氏紀略》載：“鐲，周防禦使，世宗中以曾略薦，入官昭武軍節度使”⑤，該譜認爲楊鐲不僅曾任後周防禦使，在後周世宗時，經曾略推薦，曾任昭武軍節度使。

其二，仕于西蜀政權的楊鐲，曾奉西蜀孟昶之命前往汴梁搜集情報，而後被宋太祖赦免，充當宋太祖伐蜀的向導。《宋史・趙崇韜傳》載：“乾德中，昶遣與興國軍討擊使孫遇及楊鐲爲諜至都下”“太祖并赦遇、鐲，出師西討，并以爲鄉導”⑥，“都下”指北宋國都汴梁。

楊仕休、楊令問父子是蜀人，楊鐲曾仕于西蜀，是有可能的。楊鐲在宋太祖乾德二年(964)前往北宋國都搜集情報，其時趙匡胤早已取代後周，楊鐲如何仕于後周？此二説孰是孰非？楊鐲若曾任後周世宗昭武軍節度使，何以未見載萬曆癸丑《漳州府志》？楊鐲事迹應以《宋史》所載爲是。楊令問祖父即使是楊鐲，亦是後蜀孟昶派遣到汴梁搜集情報的楊鐲，并非于史無徵的後周世宗官員楊鐲。

之所以出現楊鐲曾任後周時期防禦使之説，原因有二：

其一，源于楊令問曾任防禦使，據此認爲若稱楊鐲搜集情報則不雅，從而將楊令問曾任

---

① 劉濤：《武周時期嶺南首領陳元光河東人記載考述》，《大慶師範學院學報》2022年第2期。

② 〔清〕楊振北修：《碧溪楊氏家譜》第2册卷八《世系録》，政協漳州市委員會海峽文史資料館藏，編號：華安9022，清乾隆三十五年（1770）抄本複印件，第43頁。

③ 〔明〕閔夢得修，中國人民政治協商會議福建省漳州市委員會整理：萬曆癸醜《漳州府志》下册卷一九《人物志四・宋列傳》，厦門大學出版社，2012年版，第1418頁。

④ 〔明〕閔夢得修，中國人民政治協商會議福建省漳州市委員會整理：萬曆癸丑《漳州府志》下册卷一九《人物志四・宋列傳》，厦門大學出版社2012年版，第1418頁。

⑤ 〔清〕楊祖周修：《白石楊氏家譜》第1册，政協漳州市委員會海峽文史資料館藏，編號：龍海9083，清道光二十八年戊申（1848）抄本複印件，第13頁。

⑥ 〔元〕脱脱等撰：《宋史》第40册卷四七九《列傳第二三八世家二・西蜀孟氏》，中華書局1977年版，第13888頁。

官職亦安在楊鐲身上，造成楊令問孫承祖業，先後擔任防禦使，爲國戍邊的形象。

其二，源於北宋之前爲後周，後周世宗爲後周政權明君。修譜者認爲楊令問之父楊仕休仕於宋太祖，宋太祖之前爲後周，由此聲稱楊鐲仕於後周，爲後周明君所重用。

所謂楊令問祖先譜系，僅楊令問之父楊仕休可考，楊仕休以上祖先譜系均不可信。康熙十九年庚申（1680）《續修家譜叙》落款“康熙庚申冬十月望日，十三世孫亮光謹識”①，述及：“明户部郎中直庵公修家譜，作《楊氏紀略》，原所自出，則河南光州固始人也。隨唐將軍入閩，授玉鈐衛昭信校尉職統公者，始開閩之一世祖，而非冒認者”②，此“直庵公”指楊紹，號直庵，龍溪縣人，正統十三年（1448）進士③。《楊氏紀略》落款“明賜進士第出身、户部廣東清吏司郎中，前奉命總督德州等處地方糧賦考績，晋階承德郎、奉議大夫，碧溪裔孫紹謹識”④。楊紹爲楊令望房頭後裔，《楊氏紀略》出自楊紹之手，實則托名楊紹之作，理由有二：

其一，若是楊紹所撰，何以楊統之名未見載萬曆元年《漳州府志》?

其二，直至正德《大明漳州府志》仍云楊令問本是蜀人，并未述及楊統及其河南祖地。之所以托名楊紹，源于楊紹是漳州楊氏明代首位進士，由此聲稱楊紹修有族譜。

上述楊氏祖先譜系由三部分組成：

其一，隋朝宗室遷居河南固始譜系，即：賢—伺—美—受—應—元—惠—統。

其二，河南固始遷居漳州譜系，即：統—承—朝—新—命—程—斌—唐—快—願—英—守。

其三，漳州經建州入蜀譜系，即：守—重卿—鐲——仕休。

楊氏後裔之所以建構該祖先譜系，源于楊仕休是蜀人，在楊仕休之前起初攀附後蜀歷史人物楊鐲，繼而增加明末以降漳州地方社會流傳的陳元光將卒由河南開基漳州的祖先叙事，最後根據楊姓與隋朝皇帝同姓而聲稱是隋朝宗室後裔。《碧溪楊氏家譜》聲稱楊令問“三上疏乞歸故土”⑤，“故土”指漳州，即乞求“回漳”。

從萬曆癸丑《漳州府志》始載楊鐲來看，托名楊紹所撰《楊氏紀略》述及楊鐲部分出自萬曆中後期，而楊鐲以上祖先譜系則出自康熙十九年庚申（1680）所撰，實則楊亮采托名之作，但其時僅有籠統世次，未有具體譜系。《碧溪楊氏家譜》載：“統公至守固公，凡十一

---

① 〔清〕楊祖周修：《白石楊氏家譜》第1册，政協漳州市委員會海峽文史資料館藏，編號：龍海9083，清道光二十八年戊申（1848）抄本複印件，第6頁。

② 〔清〕楊祖周修：《白石楊氏家譜》第1册，政協漳州市委員會海峽文史資料館藏，編號：龍海9083，清道光二十八年戊申（1848）抄本複印件，第6頁。

③ 劉濤：《二輪志書地情記述問題分析及其史實重建的路徑——以閩南千年古縣漳浦、長泰爲例》，《上海地方志》2021年第3期。

④ 〔清〕楊祖周修：《白石楊氏家譜》第1册，政協漳州市委員會海峽文史資料館藏，編號：龍海9083，清道光二十八年戊申（1848）抄本複印件，第14頁。

⑤ 〔清〕楊振北修：《碧溪楊氏家譜》第2册卷八《世系録》，政協漳州市委員會海峽文史資料館藏，編號：華安9022，清乾隆三十五年（1770）抄本複印件，第43頁。

世，元季譜帙殘缺，當益齋、直庵修譜時，已無可考矣"[①]，該譜稱到楊紹修譜時，對開漳始祖楊統到入蜀始祖楊守固已無從可考。所謂楊令望及其兄長楊令問祖先來自河南固始托名楊紹，實則出自楊令望後裔之手，明末清初爲楊令問後裔所接受，從而出現楊令望以及楊令問兄弟是陳政部將河南固始人楊統後裔的説法。

民國《長泰縣新志》稱楊令問遷自河南固始：

> 按此傳，舊志列置流寓。查《氏族》門：楊氏陶唐洋始祖爲楊仕休，以宋仁宗天聖元年遷自河南固始，而此傳楊令問且爲仕休之子，則其爲本縣人，已無疑義。舊志置諸流寓殊失考[②]。

此段文字出自該志主纂鄭豐稔之手，民國《長泰縣新志》卷六《氏族》落款"鄭豐稔纂"[③]。"本縣人"指長泰縣人。"《氏族》門"指民國《長泰縣新志》卷六《氏族》。

民國《長泰縣新志》卷六《氏族》述及楊令問祖先譜系：

> 陶塘洋始祖仕休，乃統之十五世孫。統籍隸河南固始，佐陳將軍政戍閩，肇基漳東。迨十二世，因避禍入蜀。至仕休乃於宋仁宗天聖元年由蜀遷來，現傳三十三世[④]。

"陶塘洋"又作"陶唐洋"，即今漳州市長泰區陳巷鎮雪美村。"統"指楊統。"陳將軍政"指陳政。"漳東"指漳州城東。"十二世"指楊統十二世孫楊守固。

鄭豐稔根據楊令問族譜記載，認爲楊仕休已定居漳州長泰，其子楊令問自然是長泰人，就不存在楊令問遷居長泰的問題，楊令問亦非流寓長泰。鄭豐稔根據楊令問族譜所載祖先來自河南固始，進而提出楊令問自"河南固始"遷入漳州長泰，全然不顧所引民國《長泰縣新志》卷六《氏族》所載"河南固始""戍閩肇基漳東"，繼而"入蜀"，再"由蜀遷來"漳州長泰。

鄭豐稔所謂楊令問由于是楊仕休之子，據此認爲其是長泰人，不可信。《大明一統志》明確記載楊令問將其父楊仕休墓遷葬長泰，楊仕休生前未遷長泰，方有楊令問遷墓之舉。所謂楊仕休自"河南固始"遷來，明清漳州及長泰地方志均無楊令問來自"河南固始"記載，亦不可信。

所謂楊統是陳政抑或陳政之子陳元光部將之説實不可信，理由有二：

---

① 〔清〕楊振北修：《碧溪楊氏家譜》第2册卷八《世系録》，政協漳州市委員會海峡文史資料館藏，編號：華安9022，清乾隆三十五年（1770）抄本複印件，第43頁。

② 〔民國〕陳文照刊、（民國）鄭豐稔纂：民國《長泰縣新志》卷二十《列傳·宋·楊令問》，上海書店出版社編：《中國地方志集成·福建府縣志輯》第33輯，上海書店出版社2000年版，第628頁。

③ 〔民國〕陳文照刊、（民國）鄭豐稔纂：民國《長泰縣新志》卷六《氏族》，上海書店出版社編：《中國地方志集成·福建府縣志輯》第33輯，上海書店出版社2000年版，第521頁。

④ 〔民國〕陳文照刊、（民國）鄭豐稔纂：民國《長泰縣新志》卷六《氏族》，上海書店出版社編：《中國地方志集成·福建府縣志輯》第33輯，上海書店出版社2000年版，第522頁。

其一，鄭豐稔修纂民國《長泰縣新志》未述及明清時期《漳州府志》所載陳政、陳元光將卒名單，未揭示此舊志均無記載楊統其人，實則未查閱相關舊志所致。既然楊統未見載陳政、陳元光父子部將，何以成爲陳政、陳元光父子部將？楊統既非陳政、陳元光父子部將，緣何來自“河南固始”？又如何由“河南固始”遷居漳州？

其二，鄭豐稔修纂民國《長泰縣新志》，未查閱明清時期地方志均無楊令問來自“河南固始”的記載，楊令問族譜所載河南固始祖籍説法實無明清時期漳州舊志支持；僅參考晚近“舊志”，而未查閱早期舊志《大明一統志》以及采自《大明一統志》記載的萬曆癸丑《漳州府志》所載楊令問遷居漳州長泰由此將其父楊仕休墓遷葬長泰。

2005 年《長泰縣志》稱楊令問“其先祖楊統系陳元光部將”①，又將楊統作爲陳政部將改成陳政之子陳元光的部將，實則根據楊氏族譜記載而闡發，尤不可信。

楊令問祖先實則并非來自河南固始，亦未曾居漳州，目前僅知楊令問是四川人。楊令問祖先到底由何地遷居四川，楊令問故里具體位于四川何地，仍須待日後深入考察。

四、結語

綜上所述，可歸納爲以下三點結論。

第一，楊仕休、楊令問、楊令緒是四川籍官員，楊令問、楊令緒是四川籍科舉名人，其後裔雖入鄉隨俗，在原有的四川祖先譜系之前增加所謂陳政、陳元光部將楊統譜系，仍保留四川故里印記。楊仕休後裔通過重構祖先譜系、流傳其祖先追隨陳政、陳元光父子入閩開漳的祖源叙事，方能繁衍至今，并由此成爲閩南名門望族。楊令問雖非閩南漳州長泰縣籍科舉名人，却是寓居長泰縣的首位進士，激發楊令問之弟楊令緒後裔楊棫考取長泰縣首位進士。楊令問後裔雖是閩南科舉名人，却是四川科舉名人後裔。楊令問寓居福建，既促進了四川科舉文化的傳承與發展，又有利于蜀學與閩學的交流。楊令問曾孫楊博與真德秀交游，既是在湖湘做官的福建同鄉同科進士之間的交往，又是蜀學與閩學之間的交流。楊令問之弟楊令望後裔楊汝南直接成爲閩學傳人，享譽閩南。

第二，楊令問抵禦契丹有功，實則文武兼備的名宦。楊令問雖未名列福建興化軍名宦，却對福建興化軍産生了深遠的影響，否則不會出現《大明一統志》以及福建首部通志《八閩通志》、漳州首部府志正德《大明漳州府志》采取選擇性失憶處理楊令問曾知福建興化軍的現象。纂有正德《大明漳州府志》的周瑛祖籍福建興化府，曾與纂有《八閩通志》的福建興

① 長泰縣地方志編纂委員會編：《長泰縣志》卷三七《人物》第一章《人物傳·楊令問》，方志出版社 2005 年版，第 1009 頁。

化府同鄉黄仲昭共同修纂弘治《興化府志》[1]，對福建興化軍知軍事楊令問應有所知。楊令問謫知福建興化軍，難免在任期間遭到彈劾，促使其旋而離任寓居閩南。

第三，新時期巴蜀歷史名人與名門望族研究，應在文獻分析的基礎上，重點進行文本分析，從而重建史實。既要回到歷史現場，又要置身于更廣闊的時空當中深入考察。應還原文本的書寫過程，并分析其成因與目的。既要翔實考證真僞，又要對古人所采取的文化策略抱之以同情與理解，充分認識到其文本書寫的時代意義。如此方能更好地達到圍繞四川，跳出四川，最終實現深入研究四川的目的。

（作者單位：肇慶學院肇慶經濟社會與歷史文化研究院、龍岩學院閩臺客家研究院）

① 劉濤：《閩南漳州畲民與香菇淵源考述》，《古今農業》2021年第3期。

清代蜀中著名詩人張問安初探

胡傳淮

内容提要：清代蜀中遂寧張氏家族，號稱“清代巴蜀第一家”。在其二百餘年的發展歷程中，産生了張鵬翮、張懋誠、張勤望、張顧鑒、張問安、張問陶、張問彤、張問萊、陳慧殊、林頎、楊繼端、張問端、張筠、張知簡等以詩文、書畫著稱于當世的文化名人，有詩文流傳于世者，多達50餘人，名揚詩壇，領一代風騷。張問安與弟問陶，皆一時之傑，以詩名世，號稱“二難”；又與弟問陶、從弟問彤，合稱“遂寧三張”。

關鍵字：巴蜀詩歌；張問安；張問陶；亥白詩草

清代蜀中第一家——遂寧張氏家族，是一個頗具特色的文學藝術世家，在其二百餘年的發展歷程中産生了張鵬翮、張懋誠、張勤望、張顧鑒、張問安、張問陶、張問彤、張問萊、陳慧殊、林頎、楊繼端、張問端、張筠、張知簡等以詩文、書畫著稱于當世的文化名人。民國《四川儒林文苑傳·張問陶傳》載：“先生父耐舫（張顧鑒）太守，以被議歸，家無餘蓄，而子女皆教以聲律之學，故張氏一門，風雅稱盛。”清代遂寧張氏家族，有詩文流傳于世者，多達50餘人，名揚詩壇，領一代風騷。張氏家族成員中，文學成就最高的是張問陶，他是清代巴蜀詩冠，東坡之後，一人而已。其次則是張問安，與弟問陶，皆一時之傑，以詩名世，號稱“二難”。又與弟問陶、從弟問彤，合稱“遂寧三張”。

一、張問安生平

張問安（1757—1815），字悦祖，一字季門，號亥白。清初名相張鵬翮玄孫、大詩人張問陶兄。一生六次應鄉試，七次應會試，足迹半寰宇，到過嶺南、蘇杭、荆楚、齊魯、中州、三秦、燕趙等地，遍覽名山勝水，格律益進。清乾隆五十三年（1788）考中舉人，例授教職不就，後家居奉母，以圖史自娱。曾主講四川華陽、温江書院，誘掖後進，多所成就。詩才超逸，撰有《亥白詩草》8卷，存詩840餘首。

清代學者李星根《張亥白先生傳》云：

> 亥白先生者，蜀詩人船山太史之兄也。先生姓張氏，名問安，字亥白，遂寧人。遂寧相國以經濟顯名于仁皇帝之朝，迄先生五世矣。而獨昌其詩，兄弟競爽，旗鼓相當，雖天才雄放，文采風流，照映四國，若稍稍遜乃弟一籌。至於撫山范水，刻畫杜陵，唐突康樂，真力彌滿，萬象在旁，殆有過之無不及焉。先生兄弟生長東南，既舉京兆，卒不得志，宜其倦于游矣。故自粤游以後，收拾山水，入奚囊中，歸而奉母，博膝下之歡。雖授館時有鄰縣之役，而終非其志也。惟一室琴書，母妻静對，人生之樂覺無以逾；而殊不偶，屢斷朱弦，雖歷聘名媛，有同聲之樂，究之彩雲易散，曇花愛空，荀粲傷神，微之悲遣，又數數焉。以視船山閨咏，幾於頻見不鮮矣。至如宛若中論四聲，又似婦爲巨擘，倘亦亥白之所爲，回首而慰藉者乎？

張問安生平事迹載《清史稿》卷四八四《文苑》二張問陶附傳、《清史列傳》卷七二《文苑傳》三張問陶附傳、嘉慶本《四川通志》、《益州書畫録》、《中國文學家大辭典》（清代卷）等文獻。清代孫桐生《國朝全蜀詩鈔》、張應昌《清詩鐸》，民國徐世昌《晚晴簃詩匯》，當代錢仲聯《清詩紀事》、胡傳淮《張問安詩選》《張問安研究》録有其詩。

二、張問安詩歌

張問安與弟問陶，享譽清代詩壇，皆一時之傑。時人將張氏兄弟二人比擬爲西晋的兄弟文學家陸機、陸雲和宋代的兄弟詩人蘇軾、蘇轍。張問安的詩歌在清代詩壇影響較大。傅亦舟（光緒年間遂寧知縣）序云："船山天才秀拔，亥白學養深雋"；"《亥白詩鈔》古藻紛披，遺音孤戛，沉鬱頓挫，卓有本源。"其季弟張問萊云："余伯兄亥白、仲兄船山皆以詩名於世。"清詩人王學浩評亥白詩云："讀之但覺其語淡而味腴，節短而韻長，蓋將韋孟之外，另闢一徑，以與唐人争席也。"清代學者李星根《張亥白先生傳》云："兄弟競爽，旗鼓相當，雖天才雄放，文采風流，照應四國，若稍稍遜乃弟一籌。至於撫山范水，刻畫杜陵，唐突康樂，真力彌滿，萬象在旁，殆有過之，無不及焉。"《歸田老人詩話》云："張問安，字亥白，船山兄也。詩魄沉摯，如《劍門關》詩，少陵以後無敢作者。"清人范溶《論蜀詩絶句》評張問安："昌谷蘇門今不見，風懷澄淡更誰知？梧桐夜雨燈前讀，道是韋郎五字詩。"

張問安之詩，内容廣泛，寄慨深遠，有時事詩、山水詩、咏史詩、悼亡詩、憂憤詩、題贈詩等。其詩品格超勝，筆意清新，咏蠶叢鳥道、三峽險灘之詩，屢見不窮，嶺南詩亦有獨至。嘗同吴錫麒、洪亮吉、孫星衍、王學浩等人掉鞅文壇，角藝相逐，寄贈頻仍。《讀莊子》《讀程史》《西藏畫佛歌》《天慶宮劉鑾塑像歌》《明銅鈔》《題梧門圖》《題閔貞奉饌圖》《羅兩峰以梅花卷子贈行賦謝》《孫刑部墜車行》等詩，不事雕鏤，落落不凡。

（一）時事詩

張問安詩是現實的記録，動蕩時代的畫卷。張問安從十八歲（1774）始爲詩，直到嘉慶二十年（1815）年去世，前後經歷近四十年時間。這段時期又恰恰是乾隆盛世走向嘉慶中衰的動蕩之期。雖然詩人出生于世代書香和官宦之家，但到了他們這一代，與國勢一樣，江河日下，正是夕陽，已向西山墜落。尤其是詩人足迹歷湖北、湖南、江西、廣東、廣西、江西、江蘇、安徽、浙江、陝西、河南、河北、天津、北京等地，親眼目睹了所謂“乾隆盛世”下的蒼凉荒蕪，民不聊生，貧窶四處可見。由北京去廣東的途中，見一苦命孤獨的老媪，書所見寫下了《悲哉行》，記述了老媪無依無靠，社會人情冷淡，各自掙扎保命的殘酷現實，“道旁老媪筋骨臒，負手向山號且呼。哀音絜絜慘不舒，縱横涕泪沾衣襦”。人間辛苦事，莫過縴夫，作者頻繁奔波于各地：或步行于崇山峻嶺，穿行于羊腸小徑；或乘舟渡河，經歷風高浪險，對船夫及縴夫的倍于常人的辛苦勞動和死裏求生印象極爲深刻，感觸良多，那首《牽船夫》活畫出下層勞動人民的辛酸苦難，爲了生活，他們還是日復一日，年復一年地拿自己的生命與水鬥。“釣魚公（地名）前波怒號，急流直瀉掀洪濤。扁舟舟倒曳萬牛尾，舟意與水相争高。牽夫爬沙手拄地，尺寸不得移分毫。”詩的結尾“人世風波少快意，艱辛莫辭據平地。”顯然，社會的不平，引起紛争擾攘，不可能是粉飾現實的詩人筆下的那種盛世祥和和國泰民安，此詩直接透露出詩人關心民瘼、隱憂現實的思想感情。

隨着清政府的逐漸衰敗，乾隆末年至嘉慶初，由于乾隆帝的驕奢，王室的估詐享樂，大臣的巧取豪奪，民不堪命，官逼民反，故而爆發了湖北、四川、陝西的勢如破竹的川楚白蓮教起義，直接威脅到中央政權，而黎民百姓爲避戰火，流離失所，輾轉他鄉。嘉慶四年（1799）四川總督額勒登保、德楞泰調兵合擊四川白蓮教首領羅其清。營山、蓬溪、遂寧、閬中、巴州爲交戰的主要戰場，這些州縣的百姓早已避難逃外，十室九空，張問安此時家居，也是走投無路，家有年邁的老母及一個年幼的女兒，爲避兵亂，從遂寧西行逃命去成都，爲記其事，專門寫有兩首詩，即《九月三十日自遂寧赴成都道中作》。一家三口老中幼，艱難跋涉，膽顫心驚，故有：“蕭條行李出城闉”“眼前三世僅三人”的慨嘆。窮鄉難捨，故土難離，爲保身家性命又不得不離開養育自己的這片熱土，詩人抑制不住鄉土情結，悲苦地寫下了記實性的沉鬱詩句：“故園十載小勾留，到處溪出足釣游。此日兵戈憐父老，百年涕泪戀松楸。去自無端留不得，烟波浩蕩羡輕鷗。”在成都衹待了幾個月，戰火更爲猛烈，省城成都形勢吃緊。次年又携家人離開成都，由樂山乘船而下，直奔京師，有詩《十月六日發成都寄船山京師、壽門杭州》内有“去路連群嶂，全家共一舟”，“生計無多日，歸來十五年。開頭辭蜀水，買棹上吴船”等句紀其事。又在《大風泊蘆溪口有懷船山壽門》一詩中，描寫了一個離亂的痛苦與煎熬的場面，真是饑寒交迫，難以爲繼，“嗟哉遠行人，何以慰煩擾?”從心底裏發出“人生苟自立，那免饑與寒”。詩人都如此窮困而忍饑挨餓，而一般社會下層人民就更悲慘了。

在動蕩時期，由于社會的不安寧，百姓的生活自然不安定，岌岌可危的清政權處于風雨飄摇之中，在這特定的歷史畫卷中，能審視到作家寄希望于某些官吏的善政養廉，清除官逼民反的隱患，居滯在湖北時親眼所見一知州春荒時糶穀濟民，不無感慨，寫下了《糶穀謡》詩，詩題注文云：“與客話春時所見，歌善政、刺里豪也。”詩中對這一舉動滿懷激情地贊頌：“官符忽下來，開倉預籌算”；“賢哉使君心，十日罷歡宴”；“始如賢者心，到處泯憂患。”然而在那個險惡的時代，這種官吏實在太少了，正因其少，詩人用詩加以張揚，對不關心民瘼的里豪則鞭撻。《亥白詩草》中呼號現實，記寫動蕩年代生活的詩篇，構成了乾嘉年間濃墨畫卷。

（二）山水詩

千古文人山水情，《亥白詩草》中山水詩占却一半，詩人凡經歷一地，所見所思所感，擁抱自然，繪物狀景，淺唱低吟，或五言，或七言，隨物賦形，臨境結構，描繪壯麗山河，抒發愛國愛鄉情結。

張問安詩風秉承家傳，淡定質實，詩意超遠，詩思流麗婉轉，而餘味極醇厚。張問安因詩歌缺乏張問陶英氣通人的豪放感，所以他的詩壇名望比張問陶相去甚遠，但這不影響他和張問陶在山水詩創作上的互補性與相容性。從互補的角度看，張氏昆仲不但山水詩風略有差别，而且山水詩題材亦呈現交叉態勢，張問陶所歷，乃張問安所短，質言之，張問安所經，即張問陶所闕，比如張問安筆下的嶺南山水，張問陶就没有涉足；同樣，張問陶扈駕巡守的塞上風情，亦是張問安所欠。這種無論題材還是風格的差異互補，既顯示了家族詩學同源異流的多樣性，又體現了同一詩學背景下不同個體間的内在差異，由此形成了遂寧張氏在山水詩創作上的繁盛局面。就相容性觀察，張問陶與張問安手足情深，二人詩藝相切磋，風月相邀賞，他們比肩連袂觀山臨水，吟弄自然的影迹留遍巴山蜀水的每個角落，凡張問陶激情洋溢的筆墨所至，亦張問安澹然自若的詩情所駐。《亥白詩草》卷二之《入蜀集》《下峡集》《衣塵集》；卷四之《上計集》基本收録詩人出川入蜀時所作的江行、棧道山水詩，其中包括大量和張問陶同題唱和的吟誦山川之作，比如《除日同船山登豆積山游張果祠》《游葱嶺同船山作》《劍州道中回望大劍山》《同船山游元山寺》《洛陽道上同船山作》等。張問安山水詩既瓣香性靈詩風，顯得清新自然、流暢生動，如：“疏林叢薄近郊坰，萬仞雲梯接玉屏。太白西來勢雄絶，騾綱小隊入青冥。”（《岐山道中》）“疏林摇曛黄，天寒遠沙退。曠野不逢人，昏鴉立牛背。水凫接天飛，回翔下藪澤。涪江似湘江，波流自然碧。”（《涪江道上》）“悠悠西林下，隔嶺聞鐘聲。……峰轉露精舍，灌木當前楹。……愛兹雲木秀，遠遺塵世情。”（《廣德寺》）又能自出機杼，于性靈之外，别闢一番境界，其造語遒勁，嘎曝有聲，寫景精緻微妙，有工筆劃的效果，如“石根裂厚地，遠岫摩蒼穹。飛瀑激怒湍，終古懸琤琮。……岸如古丈夫，森立垂孱容”《黄牛峽》）“嶄岩但絶壁，峭拔倚天半。……猙獰欲崩石，駭露壓人面。仰窺絶圭景，茫昧天一綫。……石氣黯然青，淒其集風霰。”（《巫峽》）“朝雲起東嶺，舒捲當晴空。……凌晨陟山岡，忽墜鴻蒙中。……連山浸波濤，似欲開長風。……紛變極萬態，一氣無始終。”（《曉行鳳嶺望雲氣》）其他如《豆積山》《心紅峽》《馬鞍嶺》《七盤嶺》《五丁峽》《朝天關》《劍門關》等，詩人皆用象形的比譬、巉刻的筆法，將三峽兩岸連山、濃蔭蔽日；秦蜀古道關隘險仄、萬峰聳峙的江山形勢刻劃得如鬼神夜哭、商飆突至，給人極强的心靈撼動。從張問安這一路數的山水詩風辨察，他有錢載、杭世俊、胡天游等人筆勢凌厲、造語奇戛而不循常規的特點，與張問陶一以貫之的性靈風尚有些微差異，正是這個迥異説明了張問安在詩學上“于韋、孟之外另闢一徑，以與唐人争席”的不凡氣概。

三、山水詩選析

《亥白詩草》八百餘首詩歌中，山水詩數量最多，成就最高，今特選析數首，嘗鼎一臠，可知張詩之妙旨也。

張問安《定州道中》云：

班馬蕭蕭下碧灣，一林楓柏染秋山。
數聲啼鳥不知處，人在清風明月間。

這首詩作于乾隆四十五年（1780）。這是詩人應京兆試，返回居住地湖北漢陽途中所寫的山水詩。詩中描寫的是詩人經過定州時的所見所聞所感，借助詩情畫意般的美景，表現了詩人熱愛大自然和對前途充滿信心的精神面貌。

詩的前兩句寫旅途所見。大致意思是一匹離群的馬馱着它的主人，一路嘶叫狂奔着，來到了長滿水草的水灣。詩人舉眼望去，衹見漫山遍野柏樹參天青翠欲滴，滿地的楓葉恰如一抹紅霞，把深秋的山峰染得通紅，煞是好看。“班馬蕭蕭下碧灣”，點明了詩人歸途的匆忙之態。“班馬蕭蕭”化用了唐代詩人李白在《送友人》中有“揮手自兹去，蕭蕭班馬鳴”的詩意，詩人告别友人，獨自匆匆踏上歸途的情景。“下”表明詩人自上而下，策馬而過。“碧灣”，指碧緑的村莊或長滿水草的水灣。一個“碧”字初步展示了景色之美。“一林楓柏染秋山”，形象地描寫了所見之景：碧緑的松樹蒼翠欲滴，金黄的楓葉染紅了山峰。楓葉有意將秋山染成金紅色。一個“染”字賦予了楓葉以生命力，着意將秋山染成金紅之色。

詩的後兩句寫所聞、所感。大致意思是：不知何處傳來陣陣鳥叫聲，明朗的月亮把那脉脉銀輝遍灑在人間，清新的風吹在旅行人那充滿疲憊的臉上，格外清爽怡人。在這樣幽美的圖畫中行走是多麽的愜意和舒坦。“數聲啼鳥不知處”，在那密林深處，不知道什麽地方傳來陣陣鳥兒的叫聲。嘰嘰喳喳的鳥叫聲給這“一林楓柏”的“秋山”平添了許多生機、活力和樂趣。正如宋代文學家歐陽修在《醉翁亭記》中所描述的那樣“樹林陰翳，鳴聲上下，游人去而禽鳥樂也”，而這首詩是通過鳥啼聲寫鳥之樂，寫鳥之樂實寫人之樂。因爲，詩人這次是初次參加考試，雖然不知結果如何，但詩人對自己的才華與前程是充滿了信心的。再者，也交代了時間的推移，此時已到鳥兒歸巢之時。“人在清風明月間”，清爽的秋風吹着大地，也凉爽着詩人的心；明朗的秋月照着萬物，也明亮着詩人前面的路。這清幽寧静的山水風月讓人心情倍感舒暢。

詩人采用了白描的手法，即用最樸素、最簡練的筆墨，不事雕飾，不加烘托，抓住物件的特徵進行描寫。這首詩借助“碧灣”“楓柏”“啼鳥”“清風明月”等色彩鮮明的意象，生動形象地描繪了一幅秋山流金、群鳥歡唱、風清月明的美景。既是詩人細緻觀察的直接描寫，又是自己真情感情的自然流露。天然去雕飾，意境優美，含義豐富，而語言平淡自然，充分體現了性靈詩派“自磨碎墨寫天真”的特點。

詩人高度集中、多角度來表現主題。時間集中在一天以内，我們可以想見詩人清晨告别友人，踏上歸途，直到夜幕降臨，啼鳥歸巢，自己還行進在“清風明月”之中。從所見、所聞、所感多角度生動描寫了秋日景象斑斕的色彩、蓬勃的生機。一反古人秋風蕭瑟、秋景衰敗、令人悲戚之感。“景語皆心語”，這正是詩人愉快的心境所致。

張問安《魏城驛》云：

照影寒流欲上潮，一林松檜雪初消。
曉風殘月丹沙岸，古驛斜臨金帶橋。

魏城驛，位于今四川省綿陽市游仙區魏城鎮。這首詩作于乾隆五十四年（1789）十二月。詩人于十二月十日與其弟船山一起從成都出發，再次上京師參加庚戌恩科會試。詩人着重描寫了在魏城驛道所見之景，表現了詩人悲喜交加的心理狀態。

詩的前兩句：照影，對着鏡子照自己的影子，這裏是指對着小河或小溪的水面，看自己的影兒。這裏含有“瘦影自臨春水照”（明馮小青《春水照影》）的意味。這兩句的大意是：在清冷的小河邊照個影兒是多麽愜意的事，小河好像馬上就要漲潮的樣子；整片的松檜樹上，積雪剛剛開始融化。“寒流欲上潮”“雪初消”，均是初春特有的景致。把静態的景物寫得具有動感，充滿生機。“寒流”可“照影”，既寫出了春水的清澈，又寫出了人的快樂之態。“欲上潮”寫出了春天水面將平、漸約上漲的情態。“一林”描寫了松檜數目之多，面積之廣。“雪初消”描寫了晶瑩的積雪在青翠的松檜上將消未消即化未化的白緑相間，緑托白、白蓋緑，白緑掩映的美麗壯觀的景象。

後兩句描寫的是遠觀之景。大意是：殘月將落的時候，拂曉的凉風吹拂着小河那紅色沙土築成的堤岸，古老的驛道歪歪斜斜地通向金帶橋。“曉風殘月”意境冷落清涼。“丹沙岸”與“金帶橋”色調鮮明，“丹”代表熱烈、喜悦、奔放，表現着快樂、力量、熱情；“金”象徵高貴、光榮、華貴、輝煌。它們與前面的“曉風殘月”在所表現的感情色調上形成了很大的反差，透露着詩人心中的不快和悲涼。

詩人在乾隆五十三年（1788）八月參加戊申恩科四川鄉試，中式第七名舉人。此次及第，欣喜異常。次年三月與其弟船山參加會試落第後，十二月再次上京師參加會試的途中寫下了這首詩。在詩人大喜（參加過六次鄉試，此次方及第）與大悲（參加會試落第）之際，又赴京會試，中與不中未可料知。所以，詩中在初春清新、積極的影像中，又透露着一絲對前途迷惘的感傷。

這首詩寫作特點有二：其一，色彩豐富。清澈的河水、蒼翠的松檜、晶瑩的殘雪、丹紅的沙岸、金色的橋梁，構成了一幅色彩斑斕的山水圖。給人以色調明快之感。但是，春水的冷寒、殘雪的行將消亡、曉風殘月的蒼涼，營造了一種冷落清涼的意境。其二，采用了意象組合法（即意象名詞羅列法）。如：“曉風殘月丹沙岸”一句是由“曉風”“殘月”“丹沙岸”三個意象名詞羅列組成，使描寫更像特寫鏡頭，營造了一種冷落、清涼的特定意境。

張問安《泊重慶》云：

人家高出翠微間，石上層城匝地環。
一種市樓燈火夜，清輝寒到月中山。

這首詩又名《重慶夜泊》，寫于乾隆五十七年（1792）。詩人十一月二十八日同其弟船山等一起從成都出發，沿水路，由嘉州、重慶、涪陵、萬縣沿長江出川，赴京師參加次年三月舉行的會試。這是詩人經歷了兩次會試落第之後，再一次赴京參加會試，這首詩就作于此行途中。本詩通過詩人細緻的觀察，着重描寫了美麗的山城夜景，突出山城重慶的特點。

詩的前兩句由遠及近展示了山城的特色。大意是重慶的地理位置很高，住家人户都在青翠的群山之間，圍繞山坡岩石上排列着高低錯落、參差不齊的街道。“高出翠微間”描寫出了“人家”居住的位置之高。從下向上看，確有“白雲深處有人家”（唐杜牧《山行》）之感。“層城”寫出了山城街道的高低錯落、參差不齊的情態。“匝地環”寫出了山城依山而建，隨勢而走，螺旋而上的特點。重慶山即是城，城即是山。

詩的後兩句由近及遠地描寫了山城之夜燈火輝煌的勝景及感受。大意是每當夜幕降臨，整個山城萬家燈火映紅藍天，映紅江水，金碧輝煌，煞是好看；清麗的月光照着山城的山山水水，溝溝坎坎，城郭回廊。然而，月光的清冷，讓人心生寒意，祇覺得月亮中的山嶺溝壑都充盈着寒氣。“一種市樓”是指整個城市。“燈火”點明了描寫的對象。“夜”交代了時間，山城的夜色最具特色的。重慶市區三面臨江，一面靠山，倚山築城，建築層疊聳起，道路盤旋而上，由此形成綺麗夜景。憑高眺遠，萬家燈火起伏錯落，銀霞明滅，與兩江粼粼的波光、滿天閃爍的星斗交相輝映，其景奇麗醉人。山城夜景得益於兩江環抱，雙橋相鄰，江中百舸争流，流光溢彩。橋面千紅萬紫，宛如游龍，動静有别，有似不夜之天。“清輝”，月光的别稱。清，清麗、清冷。“清輝寒到月中山”誇張地描寫了月光“寒”的程度之深，連月亮中的山嶺都“寒”冷了。這兩句前一句是寫實，是描述；後一句是寫虚，是抒情。詩人通過月光之“寒”，間接寫出了自己心中的“寒”。詩人遭遇了兩次會試落第的打擊，這第三次會試會不會迎來“春風得意馬蹄疾，一日看盡長安花”（唐孟郊《登科後》）及第後的喜悦，雖然還是一個未知數，但前兩次落第的打擊着實讓人備感心寒。所以，這“清輝寒到月中山”，實際是詩人此時對會試既向往，又悲觀，怕再次落第，接受“辛勤誤功名”“飄零到妻子”（《九日》）的後果。事實上，這次會試詩人落第。連其弟船山都十分悲傷，“我昨下第時，弟泣不可住”（《亥白詩草》卷四）。其從弟問彤在《秋懷・謂亥白》詩中説：“（詩人）四十不求官，嗟嗟鬢欲斑。”詩人的悲傷程度是可想而知的。

這首詩在寫法上特點有二：一是采用了多種角度描寫景物。先由遠及近，從仰視的角度寫山城人家住户高居于翠微之間；再到近處，從平視的角度寫“匝地環”築的“石上層城”。然後由近及遠，從平視的角度寫近處的燈火輝煌之“夜”；再到遠處，從仰視的角度寫寒到月中山的“清輝”。二是采用了虚實結合、寓情于景的手法抒發感情。詩的前三句寫的是實景，最後一句寫的是虚景。詩着一“寒”字，既與“清輝”之“清”（清冷）一脉相承，更是詩人前途未卜的迷茫心情的具體體現。

張問安《嘉定道中》云：

> 天然圖畫枕江開，碧樹丹楓綉作堆。
> 才過嘉州棹歌起，一聲欸乃萬灘來。

這首詩寫于嘉慶五年（1800）。詩人通過在嘉定道中所見所感，抒發了作者熱愛大好河山和對時局的擔憂之情。

嘉慶元年（1796）二月，湖北襄樊一帶爆發了以王聰兒爲首的白蓮教起義。九月至十二月四川達縣、宣漢、通江、巴中等地也燃起了白蓮教起義的大火，詩人謀劃全家遷徙避難。九月三十日從遂寧赴成都尋找栖身之地。十一月二十四日詩人奉母携女極其悲傷和惶恐地離開了養育自己的故土，赴成都避難。十二月，船山在京師得知其奉母移居成都，建議詩人奉母就養京華。次年正月，白蓮教起義軍從四川定遠（今武勝縣）過嘉陵江，由蓬溪向遂寧，兼及射洪、鹽亭、三台、樂至諸縣，烽烟所及，勢如燎原。六月，船山再次建議詩人奉母離開成都赴京師。于是在十月初六日，詩人從成都出發，由水路奉母出川，赴京師其弟船山處避難。這首詩就寫于赴京途中。

詩的前半部分寫的是嘉定道中所見的景色。大意是（江岸上）佳木葱蘢，層疊有致。幽美的景物像一幅自然生成的美麗畫卷臨近江邊徐徐展開；特别是那碧緑的樹叢、金紅的楓葉，宛如簇簇錦綉團花堆疊在畫卷之上。“天然圖畫”，盡情贊美這裏的美景完全是大自然的造化，并非人工雕琢而成。“圖畫”，比喻景致的美麗。“枕江開”，描寫了“天然圖畫”所在的位置和展開的方式。詩人猶如一個經驗豐富的導游，首先總的簡潔而又生動的介紹了嘉定道中自然風光的全景，然後又隆重推出兩個重要景點："碧樹""丹楓"。因爲林木葱蘢，楓葉丹紅，宛如團團錦綉，美不勝收。"綉作堆"，既指"碧樹""丹楓"，又是形容"天然圖畫"的。

詩的後半部分寫的是詩人所聞所感。所聞的是剛剛響起的"棹歌"，所感的是"萬灘來"。大意是剛剛過了嘉州地界，就聽見了漁民在撑船、劃船時候唱的漁歌；隨着一聲劃槳聲，船兒飛奔向前，即將迎來很多激流險灘。這兩句既交代了詩人一家行程的路綫："過嘉州"、來萬灘，又寫出了船行速度之快，還暗示了詩人一家躲避白蓮教之禍心情的迫切，更透露了詩人對時局的擔心與憂慮。過了嘉州，迎來了險灘密布的危局。從另一個側面反映了詩人心中的憂慮。因爲此船能否闖過這萬重險灘踏上風正帆懸的坦途，就像詩人一家能否成功避開白蓮教戰火，順利到達京師一樣，詩人忐忑不安，十分憂慮。世道紛亂，戰火遍地，詩人要保護家人平安抵京，責任是多麼重大。憂從中來，我們可以體味個中艱難。

這首詩采用了大量的修辭手法來寫景抒情。首先運用生動、貼切的比喻寫景，增强了詩的感染力。如：用"天然圖畫"比喻沿途江岸景色的美麗。用"綉作堆"來比喻"碧樹丹楓"的多彩多姿，美不勝收。其次運用鮮明的對比手法表現主題。如果説詩的前半部分描寫的是静態之美，是一種静如止水、宛若處子的文静、端莊之美的話，那麼詩的後半部分則描寫的是動態之美，那是一種天地翻覆、猛虎下山、乘奔禦風之美，以此突出了詩的主題。

張問安《黄州道中》云：

> 蕭蕭風竹隔溪灣，白鷺臨流自往還。
> 一帶春林茅屋外，菜花黄處有青山。

黄州，位于今湖北黄岡市黄州區。這首詩是嘉慶十年張問安四十九歲時，在杭州作别其季弟問萊、古雪夫婦奉母將赴成都途經湖北黄岡時所作。詩歌勾畫出了一幅色彩明麗清新的春景圖，抒發了詩人熱愛自然、怡情山水的情趣。

詩歌的題目就點明了詩中所描繪的具體地點在湖北黄州境内。這裏的春景如何呢？作者以生花之妙筆勾畫出：在溪流的對面有一片茂密的竹林迎風作響，一隻隻白鷺在溪水與竹林之間歡快地嬉戲翱翔。農家的茅屋外有許許多多剛冒出嫩芽的各種樹木，遠處一片片金黄的菜花與背後的青山相映成趣。"青山、緑水、白鷺、黄花"，一幅清新、淡雅、静謐的畫面，充滿了盎然的春意、生長的歡樂。在這四句詩中，作者寫到了七種事物，有無生命的、有有生命的、有動的、有静的，詩人把它們巧妙地融合在一起，静中有動，動中有静，一派生機躍然紙上。

本詩聲調和諧、自然，色彩明麗而不嫵媚，語言清晰流暢、樸實無華，没有渲染和雕琢的痕迹，有"清水出芙蓉，天然去雕飾"的美學情趣。詩的字裏行間充溢着詩情畫意，構建了一個空靈、清静之境，高遠深邃。視覺、聽覺、感覺并用，淡墨的輕染，出色地描繪了一幅色彩明快而優雅静謐的“春日山水圖”，讓人心往神馳，浮想聯翩，“春色”歷歷在目。該詩有唐代山水田園詩派大家摩詰之風，堪稱問安山水詩中的精品。

張問安《劍州》云：

百里梁山道，天涯感慨同。
凄然武連雨，橫絶劍州風。
溪水猶前度，吾生竟轉蓬。
年時憶歸路，紅透萬山楓。

劍州，位于今四川廣元市劍閣縣。這是一首抒寫旅愁歸思的詩，大概作于詩人會試落第後歸鄉途經劍州時所作。

在此次會試落第之前，詩人已幾次參加過會試未果，心中的愁悶與傷感是可想而知的。當他到達劍閣梁山之時，眼望着那蜿蜒的山道，蒼茫的山色，感慨怎能不生呢？首聯“百里梁山道，天涯感慨同”，因景生情，由眼前曲折綿延的梁山道，生發出“天涯何處不感慨”之情。詩人以“百里”對“天涯”，是從地理概念上寫身處異鄉、歸路迢迢的處境。頷聯“凄然武連雨，橫絶劍州風”，進一步詮釋那種“感慨”。以“凄然”“橫絶”之詞，修飾“武連之雨”“劍州之風”，把心中的那份孤凄、悲凉很好地宣泄出來。而眼前的“風雨”又怎能遮擋過心中的“風雨”呢？

頸聯中的“前度”“吾生”二詞又從時間概念上抒寫出自己飄零、孤寂的境地。眼前的溪水還是同往常一樣，然而自己竟然如同蓬草一般，飄零于天涯。“吾生竟轉蓬”一語，巧用比喻，把詩人心中的孤苦、無奈和失落刻畫得入木三分。一位在秋風秋雨中，滿懷凄苦、酸楚、考場失意的讀書人孑然獨行于深山巨谷之中的形象頓時躍然紙上。

尾聯“年時憶歸路”道出了天涯漂泊失意之人的思鄉之情，一年將盡，秋已深，萬山楓葉紅盡，還是想着回家能讓人温暖。寫到“紅透萬山楓”這裹，詩人的情緒終得以緩解，望着四圍高山楓葉盡紅，心中的低落情緒已慢慢消退，變得高昂起來，對未來仍充滿信心與希望。“紅透萬山楓”這樣一個純景色描寫的句子安排在篇末，這是一種“以景結情”的寫法，把歸途的哀情與對前路的憧憬都寄寓在這漫山的紅葉之中。南宋沈義父在《樂府指迷》中説：“結句須要放開，含有餘不盡之意，以景結情最好。”這首詩的結句就有宕出遠神，耐人尋味之妙。

整首詩在藝術上做到了抒情與寫景相結合，交織成篇，詩中的情與景互相作用，彼此滲透，融爲一體。詩首的失意、抑鬱之情，正因“風”“雨”的渲染而加濃了它的悲愴色彩；而篇末的“萬山楓紅”之景又宕開一筆，爲詩歌注入了新的情感元素。該句與李白詩《行路難》末句“長風破浪會有時，直掛雲帆濟滄海”異曲同工，言淺意深，頗有餘味。

（作者單位：四川省蓬溪縣政協）

李調元詩的藝術淵源與風格

謝桃坊

内容提要：清代詩史上，李調元的詩是被忽略的，而且在當時與後世的詩壇上的影響并不大。本文分析造成其詩的成就與影響的强烈反差的原因，并肯定其詩論及詩的藝術成就，以還原童山詩在清詩史上的應有的地位。

關鍵詞：李調元；詩歌；藝術風格

一

在清代乾嘉詩壇上，李調元（1734－1802）曾是具有特殊藝術風格的詩人。近世學者張舜徽説："調元早歲嗜吟咏，與袁枚、越翼相頡頏。時人有謂調元與袁枚，正如華岳二峰，遥相對峙，風雲變幻，兩不可測……可知調元之詩，在當時已有定價。"[①] 李調元著述豐富，于經學、蜀學、文學理論、民俗學和文學創作皆有成就，而所編輯的《函海》叢書在學術界甚有影響。他的歷史定位是詩人兼學者，其詩歌創作自十四歲迄至去世，歷時五十餘年，存詩二千四百餘首，其《雨村詩話》尤爲重要的詩學論著。他的好友程晋芳的《童山詩集序》云：

> 吾友李君雨村，生峨眉秀異處，卓犖自負，於書無所不讀，發爲詩歌，嶔崟磊落，肖其爲人。入冠中乙科，三十而成進士，授庶常既而改官文選主事，君素不好吏事，獨

① 張舜徽：《清人文集别録》卷七，中華書局 1980 年版，第 207 頁。

以翰林爲易讀書；即不得以此終，則又往往以詩自雄。雖然悲詫不形，然其中鬱折往復之致多矣。歲己丑遭尊人石亭先生大故，先生爲北路同知權密云事，其歿事雖由疫病，亦有憂患逼之使然者。雨村力疾居表，摒擋後事，艱難怛悼，半載之間，得詩三百餘首，以寫其悲哀靡訴之情，餘三複其詩，泫然閔然，而告之曰：合觀全集，大矣美矣，而就其大指論文，改官後工於翰林時，近作則又工於改官時，非所謂逆則成文，非有無憀不平即不能出奇以驚世者耶！雨村相視而笑，以余爲知言[①]。

這叙述了李調元詩創作發展過程及其藝術特色，李調元亦表示同意此論。中國詩體作爲民族古典文學的重要形式，它同其他諸種文藝形式一樣，存在繼承與發展的關係。詩歌的創作若不學習傳統的古典名作，不懂得詩體格律規範，則不可能征服此種古典文學形式。我們縱觀中國詩歌範式的發展可分爲兩個時期：一是唐代以前《詩經》《離騷》和漢魏五言詩所建構的古詩範式；二是唐代以來以唐宋著名詩人所建構的近體範式。從元代至清代的詩人們是以學習唐宋著名詩人的作品爲藝術淵源而力求形成個人藝術風格的。李調元的詩歌的藝術淵源亦是如此。他的詩學主張是："格調宗唐律，抒機采宋人。"[②] 這是提倡風格學習唐人律詩，詩法學習宋詩。關于取法唐宋詩的具體對象，李調元説：

詩者，天地之花也。花閲一春而益新，詩閲一世而益盛。穠桃繁李比艷争妍，而最高者爲梅蘭竹菊。唐宋元明，分壇列坫，而大者爲李、杜、韓、蘇[③]。

以花比喻詩體因其是植物之最美者，詩體則是諸種文學形式中之最美者。中國文人認爲花卉中格調最高者爲梅蘭竹菊。李調元以爲唐代以來詩之成就最高者爲李白、杜甫、韓愈和蘇軾，故以他們的詩作爲自己取法的範式和淵源。這四家之詩并非李調元獨宗之藝術淵源，自北宋詩歌革新運動以來，它們實爲詩人們學習古典詩體的取法對象。北宋詩歌革新運動在于反對宋初學習白居易及李商隱和晚唐的淺近柔靡的詩風，歐陽修主張學習韓愈的詩文，而蘇軾則提倡學習李白、杜甫、韓愈和陶淵明之詩。王安石提出的四家詩説的影響尤爲深遠。王安石于唐詩最推崇李白、杜甫和韓愈之詩，他説："詩人各有所得，'清水出芙蓉，天然去雕飾'，此李白所得也。'或看翡翠蘭苕上，未掣鯨魚碧海中'，此老杜所得也。'横空盤硬語，妥帖力排奡'，此韓愈所得也。"[④] 他曾編《唐百家詩選》和《四家詩選》，尤以後者引起詩壇的關注，范正敏《遁齋閑覽》云：

荆公《百家詩選序》云："予與宋次道同爲三司判官，次道出其家所藏唐百家詩，

① 〔清〕程晋芳：《童山詩集序》，《續修四庫全書》第1456册，上海古籍出版社2003年版，第149頁。

② 〔清〕李調元：《答王梅溪問詩》，《童山詩集》卷十五，《續修四庫全書》第1456册，第258頁。自此以下凡引用李調元詩篇，均見《童山詩集》，不再一一詳注。

③ 〔清〕李調元：《雨村詩話序》，《童山文集》卷四，《續修四庫全書》，上海古籍出版社2003年版，第1456册，第519頁。

④ 〔宋〕胡仔：《苕溪漁隱叢話》前集卷五引王安石語，人民文學出版社1984年版，第30頁。

> 請予擇其善者，廢日力於此，良可悔也。雖然，欲觀唐人詩，觀此是矣。”今世所傳《百家詩選》印本，已不載此序矣，然唐之詩人，有如宋之問、白居易、元稹、劉禹錫、李益、韋應物、韓翃、王維、杜牧、孟郊之流，皆無一篇入選者。或謂公但據當時所見之集詮擇，蓋有未見者，故不得而遍録，其實不然。公選此詩，自有微旨，但恨觀者不能詳究耳。公選杜、歐、韓、李别有《四家詩選》，則其意可見[①]。

此四家詩是王安石以爲從唐代到北宋詩歌成就最高者，其所排列的順序是獨特的，亦引起詩界的争議，但其中李白、杜甫、韓愈三家詩并加上宋代的蘇軾詩却成爲宋以後詩人們學習的主要對象。李調元同時的趙翼是學者兼詩人和詩論家，他談李白詩説："若論文沉刻，則不如杜；雄摯，亦不如韓。然杜、韓與之比較，一則用力而不留痕迹，一則不用力而觸手生春：此仙與人之别也。"他論及蘇軾與唐詩三家之關係説："以文爲詩，自昌黎始，至東坡益大放厥詞，别開生面，成一代之大觀。今試平心讀之大概才思横溢，觸處生春，胸中書卷繁富，又足以供其左旋右抽，無不如志。尤其不可及者，天生健筆一枝，爽如哀梨，快如并剪，有必達之隱，無難顯之情，此所以繼李、杜後爲一大家也。而其不如李、杜處，亦在此。蓋李詩如高雲之游空，杜詩如喬岳之矗天，蘇詩如流水之行地。讀詩者於此處着眼，可得三家之真矣。"[②] 這比較了四家詩之優劣異同，取四家之長，可得唐宋詩之菁華，故成爲宋以後詩人們學詩的途徑，而在清初以來尤其是一種普遍的傳統的風尚。李調元沿襲清初以來的傳統，并不像王士禎、翁方綱、沈德潛和袁枚等那樣標新立異，别開途徑，仍取法唐宋詩的四家傑出詩人，樹立高標，構成自己詩歌的藝術淵源。

二

自宋代以來雖然許多詩人學習李白、杜甫、韓愈和蘇軾之詩，但認識與學習方法都很難相同。李調元對此四家詩有自己的認識，在學習方面亦善于取捨。

關于李白詩，李調元的評價極高，他説："太白詩根柢風騷，馳驅漢魏，以遺世獨立之才，汗漫自適，志氣宏放。故其言縱恣傲岸，飄飄然有凌雲馭風之意，以視乎循規蹈矩，含宫咀商者，真塵飯土羹矣。蓋其仙風道骨，實能不食人間烟火，故世之負屍載肉而行者，望之張目咋舌，譬如天馬行空，不施控勒，其能絶塵而追者幾人哉！且太白亦非徒闊落浩蕩而無涯涘也，今之人半以子美沉酣六籍，集古今大成，爲風雅正宗，使追步者有徑可尋，有方

① 〔宋〕胡仔：《苕溪漁隱叢話》前集卷三六引，人民文學出版社 1984 年版，第 242 頁。
② 〔清〕趙翼：《甌北詩話》，人民文學出版社 1981 年版，第 3、56 頁。

可窺，故譚藝家迄今奉爲矩矱，視太白若登天然不可企及者，此大謬也。”① 李調元自少年時代學詩便最喜愛讀李白詩，晚年刻印李白詩集，甚至以爲學詩“先從太白問津可也”。他因對李白偏愛故對其評價過高，又因許多詩人以爲李白才氣縱橫，其詩難學，而李調元却以爲宜先學李白詩。他説：“唐詩首推李、杜，前人之論詳矣，顧多以杜律爲順，而於李則云仙才不能學，何其自畫之甚也。大約太白工於樂府，讀之奇才絶艷，飄飄如列子御風，使人目眩心驚；而細按之，無不有段落脉理可尋，所以能被之管弦也。若以天馬行空，不可控勒，豈五音六律亦可雜以不中度之樂章乎？故余以爲學詩者必以太白入手，方能長人才識，發人心思。”② 他特别指出李白詩的結構及段落脉理是謹嚴的，有法度可尋，故可學；學李白詩可以增長才識和思想。這亦是他學詩取法李白的精深的見解。李調元今存少年時代的詩篇主要是學李白樂府詩的，例如《巫山高》：

巫山高，高入雲。雲中十二峰，五色何氤氲。琪花雲樹紛難詳，遥見碧城開天閶。黄金爲門白玉墻，中有雲鬟明月璫。含情異態若相望，亦猶藐姑射山旁。飄飄似仙雲中翔，陽臺何山無斜陽。爲雲爲雨山之常，底事誣山誣襄王。

李調元作此詩用樂府古題，全憑想象，將巫山描繪得神奇瑰麗，有如仙宫，而詩的結尾却又否定了神話傳説的虚幻。《古劍篇》亦是李調元早年作的七言古詩，首四句云：“夜來雷雨吼飛泉，鋒芒上與星斗纏。揭來放出琉璃匣，青霜一道翀雲烟。”全詩尤富于神奇的想象。他與李白樂府同題之作的《將進酒》則抒寫了青年時代的豪情：

我不如張校尉李輕車，封侯高建牙。復不如談天衍雕龍奭，於擱相印爲説客。不文不武竟何成，旅進旅退終無益。東家車馬闐門前，西家歌吹聲沸天。壺中有酒且須酌，莫教酒盡求人憐。華亭鶴唳悔何晚，咸陽牽犬事不返。地下應無賣酒壚，世間何事擎空盞。人心如面安可窺，旁人側目君不知。大江流水有窮日，白衣蒼狗無盡時。我當酌，君當斟。呼牛呼馬隨君意，清聖濁賢知我心。

詩中陸機事，李斯事，直用李白《行路難其三》“華亭鶴唳詎可聞，上蔡蒼鷹何足道”；又咏酒事襲李白《將進酒》“人生得意須盡歡，莫使金尊空對月”。然而此詩又有李調元憤世嫉俗的情緒和冷静而理性的特點，這是他善學李白的詩的傑出作品。

關于杜甫詩，李調元甚看重其藝術成就。他説：“杜詩之妙，有意勝者，有以篇法勝者，有以俚質勝者，有以倉卒造次勝者。”③ 他更看重杜甫的詩法，以爲：“作詩之法，少陵嘗自言之矣，曰‘熟精《文選》理’，言有根抵也；曰‘前輩飛騰入，餘波綺麗爲’，曰‘篇終接

① 〔清〕李調元：《重刻太白集全序》，《童山文集》卷五，《續修四庫全書》第1456册，上海古籍出版社2003年版，第523—524頁。

② 〔清〕李調元著，詹杭倫、沈時蓉校正：《雨村詩話校正》，巴蜀書社2006年版，第12頁。

③ 〔清〕李調元著，詹杭倫、沈時蓉校正：《雨村詩話校正》，巴蜀書社2006年版，第16頁。

混茫’言有收束也；曰‘新詩改罷自長吟’，曰‘老去漸覺詩律細’，夫以李白之才，雄奇跌宕而猶欲細論文，然則細之一字，其詩學之金針乎！”① 從杜詩而求作詩的法度這是學杜的普遍現象。李調元是曾熟讀杜詩的，從而求得詩法的謹嚴和細密。《錢塘懷古》是其青年時代的作品：

> 宋家事業已全銷，漫把餘杭説故朝。江上祇應寒月照，湖邊偏見暮雲饒。王師不抵黄龍府，帝子空餘白馬潮。日落諸陵何處是，冬青樹老雨瀟瀟。

此詩結構謹嚴，對偶工穩，用典貼切，歷史滄桑之感表達得沉鬱頓挫，深得杜詩之法。此外如《清明二首用杜工部韻》《游杜少陵草堂》《謁杜少陵草堂祠》等篇也是學杜并表示景仰之情的。乾隆二十七年（1763）李調元于孔廟見古柏作的七言古詩《古柏行》用杜甫詩題，在描述孔廟古柏的霜皮黛色及歷史滄桑之後，詩有云：

> 成均子弟雍容至，摩挲想見先賢意。蒼幹欞門映日寒，誰人不向此中庇。君不見漢家崇臺何森森，青棠赤樟皆成林。材非骨重誰能器，人至寒凋始見欽。國子先生偶來止，摘葉攀枝吟不已。勸文諸生即爾師，豫章七年正如此。

杜甫于唐代大曆元年（766）在夔州咏孔明廟古柏表達“志士幽人莫怨嗟，古來材大難爲用”之意。李調元則表達“材非骨重誰能器，人到寒凋始見欽”之意，詩之結尾奉勸青年士子，由古柏而悟得大木“豫章之生七年而後知”的成材之艱難。此詩學杜并且同題，但却超越杜詩而有新意。

關于韓愈詩，李調元對其險怪詩風有特别的見解。他説：“韓昌黎詩云：‘險語破鬼膽，高詞媲皇墳。’此是公自先贊其詩，不可傳作贊他人詩篇。然皆經籍光芒，故險而實平。”② 韓愈以文爲詩，特點突出，很難學習，李調元深有體會地説：“昌黎云：‘氣盛則言之長短與聲之高下皆宜。’此可與知者道，難與不知者言也。詩以氣行，氣盛則詩奇：有奇氣者，必能傳也。但空疏者不可言氣，糅雜者不可言氣。以空疏言氣，則白話而已；糅雜言氣，則粗鹵而已。方且抹之批之不暇，何暇觀其氣乎？空疏者必入打油，粗鹵者必墮惡道，勢所必至也。”③ 此所謂“氣”是指創作主體的深厚的藝術與學識的積纍而于創作中表現的充沛的才華和宏大的氣魄。韓詩有突出的“奇氣”而形成險怪的風格。李調元指出學韓詩易流于油滑與粗惡。他深知此弊病，故其學人之詩及險怪之風皆顯示出學習的成功。乾隆三十四年（1769）李調元在河南孟縣作的《謁韓文公墓》贊頌韓愈是“孔孟相傳後，惟公是替人”。乾隆四十三年（1778）李調元在廣東潮州作《率諸生謁韓文公祠》云：

---

① 〔清〕李調元著，詹杭倫、沈時蓉校正：《雨村詩話校正》，巴蜀書社 2006 年版，第 18 頁。
② 〔清〕李調元著，詹杭倫、沈時蓉校正：《雨村詩話校正》，巴蜀書社 2006 年版，第 19 頁。
③ 〔清〕李調元著，詹杭倫、沈時蓉校正：《雨村詩話校正》，巴蜀書社 2006 年版，第 71 頁。

先生教澤至今聞，濟濟英才畫不群。官吏尚携鸜鵒字。兒童能頌噩魚文。天留砥柱山長仰，地歷回瀾水欲分。史部遺風誰似續，還看滿壁走烟雲。

李調元時在廣東學政任，考試諸生。他對韓愈在嶺南傳播中國傳統文化表示欽敬，欲繼遺風。乾隆二十七年（1762）李調元在京都任國子監學録，繼韓愈和蘇軾之後作《石鼓歌》，刻意學習韓詩典重和平、體制宏偉的風格。石鼓是我國的國寶，共十豉，每鼓刻有篆書四言詩一首，製作年代曾以爲周宣王時，但實爲秦刻石。它歷經戰亂，在明清時代仍保存于京都國子監内。韓詩着重叙述石鼓的歷史，稱頌朝廷之盛世。李調元詩在叙述周宣王刻石紀功之後，對尚能見到的古文形象描述云："彭亨菌蠢半隱霧，蒼蘚剥出玉釵刻漏痕。紛如松藤轇轕大蚖走，坐見草蟲阜趯相蠶蟫。冰蛇雪鼠蜷宛不知數，中有萬歲蟠龍昂首噴。古來鳥迹蝌蚪亦半妄，獨與銅盤彝鼎光羲軒。"這是繼蘇軾之後的描述，形象怪異，多用僻字，甚爲險怪。詩的結尾表示對中華神物的敬畏："君看正襟危坐體自正，肯隨諸子拱於禮拜駢肩跟。方今群彦莘莘胄楚楚，八方騏驥各各争雲騫。安得博雅江淹識冢器，不教鐘山甸服傳礽孫。若問吾儕食古誰能化，或者瘦羊博士今尚存。"（後漢建武中，每臘詔賜博士一羊，博士甄宇自取最瘦者）此在韓詩之後寫出新意。李調元其他咏金石碑刻的古體詩，甚有韓詩的險怪。

關于蘇軾詩，李調元説："余雅不好宋詩而獨愛東坡，以其詩聲如鐘吕，氣若江河，不失於腐，亦不流於郛。由於天分高，學力厚故縱筆所之，無不精警動人，不特在宋無此一家手筆，即置之唐人中，亦無此一家手筆也。公集中無論長篇短幅，任舉一句皆具大魄力。如《有美堂暴雨》起筆云：'游人脚底一聲雷，滿座頑雲撥不開。天外黑風吹海立，浙東飛雨過江來。'其聲直震百里，誰能有此？"[①] 蘇詩爲宋詩之冠冕，在李調元看來不僅其氣魄宏大，而尤富于學識，饒有理趣。他説："嚴滄浪云：'詩有别才，非關書也；詩有别趣，非關理也。'然廬陵文章爲有宋一代巨制，劉原父尚譏其不讀書。大蘇詩雄一代，而與程子言理不合。若非多讀書，多窮理，安能善其才與趣乎！"[②] 自清代初年學者們整理和研究蘇詩以來，學蘇詩成爲一時風尚，但無博大的學識與才華是難以學習的。在李調元詩集中用東坡韻者最多，計十餘首，如《登黄樓》《登八境臺》《再游峽山飛來寺》《謁南海廟登浴日亭》《二月初一蒙思發伊犁當差是日出獄》等詩。今存李調元詩最早的是十四歲時作的《雜興》九首皆是寄興言理的，如其四：

佛氏談因果，來世生福地，幾見初生人，盡記前生事。老子稱太上，長生應在世。何以血肉軀，飛升不見墜。吾儒慎追遠，禮重宗祖祭。追封拜墳頭，安知魂果至。人睡言小死，所異在無氣。如與睡其同，死亦可不泪。

此是學蘇詩以議論爲詩，以理性看待死生問題，批判儒佛道三家之虚妄，但欠乏理趣。

---

① 〔清〕李調元著，詹杭倫、沈時蓉校正：《雨村詩話校正》，巴蜀書社 2006 年版，第 20 頁。

② 〔清〕李調元著，詹杭倫、沈時蓉校正：《雨村詩話校正》，巴蜀書社 2006 年版，第 188 頁。

其《小孤山》云：

> 何年海風刮瀛州，蓬萊吹入西江頭。青天浩蕩元鼉吼，黑衣浪撼蛟龍怒。丹霞門立三千丈，斬絶夤緣莫可上。危亭水閣誰扶持，蚪木蔓花空依傍。昔人以孤言其形，今人以姑實其名。洛神湘妃皆被謗，石湖誠齋同此情。我來正值朔風阻，禱神却不禱神女。山靈點頭旗脚回，占風舟子夜深語。

此詩結構與思路甚受蘇詩《泗州僧伽塔》的影響，由現實觀景而引發理性思考，頗得理趣。乾隆二十二年（1757）李調元作《游金山寺》與蘇詩同題。詩以紀游爲順序抒寫所見景物，不如蘇詩之奇幻，但結尾無歸隱之意，而是再寫江中奇絶之景："中流復見江豚拜，浪花滾起海鳥鴿。回看壁立飛霞散，杳乎巧錯天工鑱。"這在蘇詩之後寫出了新意，乃學蘇之佳作。

從上述可見，李調元是認真研究與學習過四家詩的，但有自己的獨特認識和選擇，又常常出以己意；這成爲其創作的基本的藝術淵源。

三

李調元的詩歌創作，追求高遠宏深的藝術境界，故在淵源上取法唐宋大家，樹立高標，由此形成個人的獨創的藝術風格。關于傳統與創新的問題，他説："作詩須自成一家言，若徒東摹西仿，千百世後又安知我爲誰乎？曾記康熙中，新城最盛，時有戊辰編修金補山以成，會稽進士，未第前以百韻長篇投新城王公。公曰：'詩家上乘，全在妙悟。'取所訂《唐賢三昧集》貽之。補山忽悟曰：'新誠一生衹得到王、孟境界。杜之《北征》、韓之《南山》，豈是一味妙悟者？蓋敏妙出自靈府，而沉酣資於學力。'於是獨持一論，縱覽典籍，刻意闢新，遂成一家。"[①] 關于詩的獨創性，李調元特舉了清初詩壇的實例。當時王士禎提倡神韻説，主張妙悟，學習王維和孟浩然之詩。金以成指出王士禎之詩缺乏獨創，主張妙悟而乏學力，因而成就不高。因此李調元力求詩的創作自成一家。他曾以花之妍麗比喻詩歌，志于創新：

> 夫花既以新爲佳，則詩須陳言務去。大率詩有恒裁，思無定位；立言先知有我，命意不必猶人。詩充於理，要有理趣，勿墮理障；詩通於禪，要得禪意，忽墮禪機。言近而指出，節短而韻長，得其一斑，可窺全豹矣[②]。

---

① 〔清〕李調元著，詹杭倫、沈時蓉校正：《雨村詩話校正》，巴蜀書社 2006 年版，第 179 頁。
② 〔清〕李調元：《雨村詩話序》，《續修四庫全書》第 1456 册，上海古籍出版社 2003 年版，第 519 頁。

他于詩學是固守傳統的，未提出新的理論，但特别强調表達主體的思想，而于藝術構思必須有自己的特點，要有理趣和禪意，詩意含藴而有韻味，此即是詩的新意所在。顯然此論是精于詩藝的，雖不時髦却是藝術的正途。自近世以來詩學界論清詩往往將李調元詩歸入性靈詩派，即以爲他曾與性靈詩派的領袖有一段交情，因而屬于袁枚一派[①]。我們僅以此兩家詩之藝術淵源的異趣便可否定此説。當時性靈詩派的三大家是袁枚、蔣士詮和趙翼，李調元評論云：

近時詩惟推袁、蔣、趙三家，然皆宗宋人。子才學楊誠齋，而能各開生面，此殆天授，非人力也。心餘詩學山谷，而去其艱澀，出以響亮，亦由天人兼之。子才自云："余不喜山谷而喜誠齋，心餘不喜誠齋而喜山谷。"雲松則立意學蘇，專以新造爲奇異，而稗家小説拉雜皆來，視子才稍低一格，然視心餘，則殆有過之無不及矣[②]。

袁枚詩學南宋楊萬里，蔣士銓詩學江西詩派黄庭豎，趙翼詩則學蘇軾。這三家皆學宋人詩，而李調元詩乃取唐宋四大家詩；他們的藝術淵源是不同的。李調元曾與袁枚的書簡中又歷評性靈派三家詩，最後談到與袁詩之異説："先生論詩曰新，調論詩曰爽，先生有《隨園詩話》，調有《雨村詩話》，不相謀也。"[③] 他們的詩歌理論是不同的，但這并不妨礙相互的推重與交往。李調元的詩在當時的神韻説、格調説、肌理説和性靈説前後流行一時之際，而有自己的獨創風格。兹試舉數例，如《鴻門懷古》：

野火飛入阿房宇，共逐秦鹿如飛蓬。項王蓋世雙重瞳，呼吸八千來江東。赤蛇白蛇争關中，廣武連兵决雌雄。亞父碎斗氣填胸，筵前劍舞心不同。生前堯肩目如銅，死且不懼况酒中。兩龍不并成漢功，撥亂乃屬大度公。至今壁壘頽層穹，戰場殺氣耿長虹。猛虎嘯壑鷹鳴空，翔雲繞陣號饑鴻。籲哉腐肉安可通，杯羹一語真英雄。

鴻門在陝西臨潼東，秦末項羽與劉邦宴會處。此詩爲七言古詩，每句用韻之柏梁體。詩在叙述鴻門宴史事之後，抒發懷古之情，意象蒼茫，而結句表達了卓越有史識而具深刻的意義。《登泰山》二首乃佳作，其一云：

果是陽晴各異形，芙蓉朵朵變青冥。雞鳴海日三更赤，鳥入齊烟九點青。地府意昏飛夜雨，天門白晝走風霆。昨霄偶到層巔宿，親見雲軿信有靈。

此乃描寫泰山觀日出，表現出神奇變幻的難狀之景，借杜詩之意而展開，甚具李調元特色。乾隆四十八年（1783），李調元五十歲，因受陷害入獄，革職，發遣伊犁充當苦役。他

① 謝桃坊：《李調元與學人之詩及性靈詩派》，《西華大學學報》2020年第1期。

② 〔清〕李調元著，詹杭倫、沈時蓉校正：《雨村詩話校正》，巴蜀書社2006年版，第33頁。

③ 〔清〕李調元：《寄袁子才先生書》，《童山文集》卷十，《續修四庫全書》第1456册，上海古籍出版社2003年版，第560頁。

作的《五十歲和祝芷塘見祝原韻四首》詩情悲憤激烈，其二云：

平生性烈如夏日，有樹絶不言温室。但知慎密口若箝，坐此令人嗛入骨。手足皆非應世具，坦途著我皆坑窟。衹有一心思致身，不懼三褫奪綬紱。向持此論百不移，今知巧宦始悟必。倘使繞指化爲柔，何有鋒芒頓吴粤。名者造物之所忌，文章豈果遭天罰。細忖萬事不如人，未知减福是何節。邇來頓悟回圈理，前因後果纔一瞥。得失雞蟲了何時，争持蚌鷸力空竭。風波已過淡如無，成事不説如周粟。愁來心火正相煎，惟應釋氏談寂滅。每聽然灰輒摇頭，羞爲斗米再腰折。感君同心言多中，出語直如矢貫虱。

此詩流暢奇崛，揭露了漢族士人在清王朝政治環境中的艱險，并表現了主體的孤高品格和决心離棄仕途的意志，真正做到立言有我，命意不猶人。

李調元詩在體制與題材方面甚有特點。他的《南宋宫詞百首》《送别王夢樓先生由翰林侍讀出守臨安一百韻》《恭祝萬壽一百韻》《哭陳蘊山一百韻》《讀岳忠武傳三十絶句》皆是體大思精的鴻篇巨制，體現出詩才横溢。他咏金石碑刻的長篇《琉球刀歌》《秦鏡歌》《宋錢歌》《石鏡屏歌》《九曜古歌》《頳碑歌》《青羊官觀銅鼎歌》《禹碑歌》《石鼓歌》等，皆體現了博物多識的學者之詩的特點。他描寫民間技藝的《弄譜百咏》，以及關注民間底層人民生活和社會民俗的作品如《悼僕朱貴》《乞兒行》《石匠行》《窯户行》《擔炭行》《觀繩妓歌》《筒車》《豆腐》《龍骨車》《河村戲場》《草鞋》《觀高蹺燈歌》等，皆爲新題材的開拓。我們可見李調元詩的藝術風格和内容題材是很豐富的。他的詩篇中我們能見到李白詩的飄逸，杜詩的謹嚴整飭、韓詩的險怪、蘇詩的理趣，而又有其新的藝術個性，形成了博雅沉雄的藝術風格。當時李調元的好友程晋芳和趙翼對其詩評價甚高。著名的詩人兼《四庫全書》修纂余集致書云：

老前輩與隨園老人，正如華岳二峰，遥遥相峙，風雲變幻，兩不可測。而老前輩著述既富，兼之好古闡幽，多刻前人遺佚，此又尤勝隨園之僅刻其家集矣[①]。

這表明在乾隆時期李調元與袁枚爲很有影響的兩大詩人，而李調元兼爲學者則是袁枚所不及的。乾隆四十二年（1777）朝鮮國副使徐浩修對李調元詩的評價尤高，他説：

詩學之亡久矣。夫自明末諸君子寫景輒動引唐人，叙事輒稱蘇調，風神或似雋永，淘洗或近精工，而驟讀則牙頰爽然，徐看則意趣索如。其弊至於音節噍殺，氣象凄短，全失温柔敦厚之義。蓋學唐而失其天趣，學宋而去其才情，是皮膜而已，雕琢而已。乃執事之詩，則即以《皇華》諸篇觀之，超脱沿襲之陋，一任淳雅之真，非唐非宋，獨成執事之言，而若其格致蒼健，音韻之高潔，無心於山谷、放翁，而自合山谷、放翁，亦

① 余集致李調元書見《童山文集》卷十附録，《續修四庫全書》第1456册，上海古籍出版社2003年版，第564頁。

可謂歐陽子之善學太史公。三復之餘，不勝敬嘆[①]。

這突出稱贊了李調元詩的獨創精神與很高的成就。然而在清代詩史上，李調元的詩是被忽略的，而且在當時與後世的詩壇上的影響并不大。這造成其詩的成就與影響的强烈反差，究其原因應是：一，李調元詩傳統的根基源厚，但創新缺乏，尤其是詩學理論的特點不突出，故不如王士禎、沈德潛、翁方綱和袁枚的新奇的詩風與詩論受到詩壇的關注；二，他在政治與文學上的地位不如以上四家顯耀，尤其晚年僻居西蜀而脱政治與文化的主流，失去社會性的優勢；三，他在社會政治思想方面亦固守傳統，缺乏先進思想的光照，以致對社會現實的認識并不深刻。雖然如此，但其詩論及詩的藝術成就，就學理與詩藝而言仍達到了某種高境。這值得我們進一步的探討，并有待重新的評價，以還原童山詩在清詩史上的應有的地位。

（作者單位：四川省社會科學院文學所）

① 徐浩修致李調元書見《雨村詩話校正》附録，巴蜀書社 2006 年版，第 11—12 頁。

論清代巴蜀詩人李調元的悼亡詩

劉　淋　王燕飛

内容提要：李調元是清代乾嘉時期巴蜀籍著名的詩人和學者，在諸多領域均有建樹，現存詩兩千餘首，其中悼亡詩在李調元的詩歌中占有重要地位。李調元共娶了一位妻、納了七位妾，育有五子六女。在妾萬氏、馬氏、林氏逝世後均有詩悼之，共有 28 首。這些悼亡詩抒發痛失愛妾的悲傷與悔恨之情、回憶姬妾的容貌與德行，通過記述子女、寫遺物對亡妻進行悼念。在藝術上則善于通過意向的選擇營造淒清的意境，用典較多，語言平實質樸，情真性篤，感人至深。

關鍵詞：李調元；妻妾；悼亡詩

引　言

李調元（1734－1802）字羹堂，號雨村，别號童山、蠢翁等，今四川羅江縣人。李調元在文學創作、文學理論、戲曲研究、文獻整理等方面均有建樹，清人袁枚贊其“才力豪猛”①。李調元一生著述頗豐，涉及經、史、詩、文、詞、戲曲、民俗等多個領域，尤其爲巴蜀文化的傳承與發展做出了很大貢獻。

據知網檢索，目前研究李調元的論文共有 100 多篇，主要集中于其生平、交游、戲曲、詩學思想、民俗文化等方面；專著方面，則有蔣維明編著《李調元》（四川教育出版社 1991 年版）；羅焕章主編，陳紅、杜莉注釋《李調元詩注》（巴蜀書社 1993 年版）；詹杭倫《李調

① 〔清〕袁枚：《隨園詩話》，人民文學出版社 1982 年版，第 801 頁。

元學譜》（天地出版社 1997 年版）；鄭家治、尹文錢《李調元戲曲理論研究》（巴蜀書社 2011 年版）；孫文剛《乾嘉才子李調元研究》（中國社會科學出版社 2017 年版）；劉平中《李調元與清代蜀學復興研究》（四川人民出版社 2018 年版）。在詩歌方面，孫文剛《乾嘉才子李調元研究》中用一章對李調元的詩歌創作與詩學體系做了專門討論其樂府詩，并分析了他與性靈派的關係；梁芳《李調元詩歌研究》（暨南大學 2017 年碩士學位論文），概括了李調元詩歌的分期、分類及不同時期創作特點；王紀波《〈雨村詩話〉詩學思想研究》（安徽大學 2013 年碩士學位論文），結合李調元的詩歌考察其詩學理論“性情論”與性靈説、神韻説、格調説的聯系與區别，并認爲李調元《雨村詩話》應歸屬格調派。

由此可見，學界對李調元的研究成果較多，對其詩歌也有一定研究，但對于創作了兩千多首詩的學者型詩人李調元來説，研究深度還遠遠不够。比如悼亡詩是李調元詩歌中的重要内容，但學界對其關注甚少。本文即以悼亡詩爲研究對象，結合李調元的生平，考證其婚姻狀况，分析其悼亡詩的内容和特色，以期推動李調元詩歌的進一步研究。

一、李調元婚姻狀况簡述

根據李調元《童山詩集》①、《童山文集》② 與《童山自記》③，再結合詹杭倫《李調元學譜》④，現將李調元婚姻情况進行梳理。見表 1：

表 1　李調元婚姻狀况簡表

西元紀年	年齡	重要事件
1734 年	1 歲	調元生。
1751 年	18 歲	娶妻胡氏。
1771 年	38 歲	納妾萬氏。
1775 年	42 歲	弟鼎元來京，携調元子石兒、妾周氏。
1777 年	44 歲	夢先君，哭，妾馬氏唤醒。
1782 年	49 歲	妾桐城姚氏生三子朝夔。
1786 年	53 歲	妾王氏生四子書香（朝堯）。
1798 年	65 歲	妾林氏卒，有詩悼之。
1802 年	69 歲	調元卒于南村故里。

① 〔清〕李調元：《童山詩集》，《清代詩文集匯編》第 384 册，上海古籍出版社 2010 年版，第 207—420 頁。
② 〔清〕李調元：《童山文集》，《清代詩文集匯編》第 384 册，上海古籍出版社 2010 年版，第 608 頁。
③ 鄭家治、尹文錢：《李調元戲曲理論研究》，巴蜀書社 2011 年版，第 336—337 頁。
④ 詹杭倫：《李調元學譜》，天地出版社 1997 年版，第 3—128 頁。

結合上表及《童山詩集》中相關詩篇，我們可推斷李調元一生娶了一位妻、納了七位妾，即正妻胡氏與七位妾：萬氏、周氏、馬氏、姚氏、王氏、林氏、趙氏。在李調元的這八位妻妾中，可考的衹有正妻胡氏與愛妾萬氏。

胡氏是李調元奉父親之命娶的妻子。乾隆十六年（1751），李調元十八歲，娶妻胡氏，十一月完婚。胡氏是與調元同鄉的庠生胡公昇的女兒。李調元與胡氏共生育了兩個孩子：朝礎與汪官。乾隆二十年（1755）正月，長子朝礎生。調元上京後，在乾隆三十年（1765）二月，又得一子汪官，未足半月便不幸夭折。李調元没有爲正妻胡氏作過悼亡詩詞，也未見墓志銘或祭文。筆者猜測可能是調元先于胡氏去世，因而未作悼念妻子的詩歌，但尚無文獻可供考證。但是在詩中，他不時提到自己的這位妻子。比如《感懷二首》其一云："仕宦亦何謂，田園胡不歸？半生妻子累，一死友朋稀。"①《和墨莊弟清明詩》云："清明忽動兩眉愁，抛棄家山萬里游。有母有妻懸故里，無衣無食寄他州。牛眠墳墓誰爲掃？雞肋功名衹合休。不見燈前兒女笑，相思白盡老夫頭。"②《出獄再用東坡韻寄墨莊二首》其二云："書藏萬卷留愚子，田衹三塍托老妻。"③《除夕》云："生令山妻憎，負此賢内助。"④ 不僅誇妻子是"賢内助"，對她"半生累"也表示同情，可見二人感情深厚。

萬氏是李調元納的第一位姬妾。《童山自記》云："辛卯（1771），是年五月，余至邛州訪曹秋漁，始食荔支。娶妾萬氏。十一月束裝携子朝礎、妾萬氏上京。"⑤ 萬氏是調元的愛妾兼紅顔知己，嫻于吟咏，二人育有一女，後因難産而死。乾隆三十八年（1773）夏，萬氏卒，二人共度了三年美好時光。她去世後，李調元爲其作悼亡詩 20 首，在妻妾中位居榜首，可見其對萬氏一往情深。

又，李調元《石亭府君行述》云："……孫二：長朝礎十五歲，不孝調元出；次朝盤，甫周歲，不孝譚元出。孫女三：長字現任，劍州訓導何諱人麟長子；次字壬午，科舉人吕諱林三子；三未字。俱不孝調元出。"⑥ 再據表 1 中兒女的婚姻嫁娶情況，我們大致推測：李調元一共有十二個孩子。詳見表 2：

表 2　李調元子女情況

排行	名字	備注
長子	朝礎	小字阿竹，正妻胡氏出。
次子	朝龍	養子，本姓俞，買妾趙氏時其前夫俞忠遺腹之子。
三子	朝夔	妾姚氏出。

① 〔清〕李調元：《童山詩集》，《清代詩文集匯編》第 384 册，上海古籍出版社 2010 年版，第 207 頁。
② 〔清〕李調元：《童山詩集》，《清代詩文集匯編》第 384 册，上海古籍出版社 2010 年版，第 241 頁。
③ 〔清〕李調元：《童山詩集》，《清代詩文集匯編》第 384 册，上海古籍出版社 2010 年版，第 326 頁。
④ 〔清〕李調元：《童山詩集》，《清代詩文集匯編》第 384 册，上海古籍出版社 2010 年版，第 378 頁。
⑤ 鄭家治、尹文錢：《李調元戲曲理論研究》，巴蜀書社 2011 年版，第 337 頁。
⑥ 〔清〕李調元：《童山文集》，《清代詩文集匯編》第 384 册，上海古籍出版社 2010 年版，第 608 頁。

續表

排行	名字	備注
四子	朝堯	小名書香，妾王氏出。
早夭的兩子	汪官、石兒	汪官爲正妻胡氏出，不足兩歲卒。
長女	字現任	與何玉書長子何巽齋成婚。
次女	字壬午	與吕林三子成婚。
四女		妾馬氏所出，與張雲谷之子張玉溪成婚。
六女		與陳韞山之子觀林成婚。
三女與五女		無其他記載，暫不可考。

綜上可見，李調元共娶了一位妻、納了七位妾，并同她們生育了五子六女（次子朝龍并非親生）。其中，李調元爲亡妾萬氏、馬氏、林氏分别寫了悼亡詩。除了爲妻妾所寫的狹義悼亡詩，李調元還爲師友、親人、僕人等作有廣義上的悼亡詩，具體見下文。

二、李調元悼亡詩創作概况

悼亡詩，即“撫存悼亡，感懷今昔”[1] 之詩。悼亡詩有狹義和廣義之分。狹義的悼亡詩，即胡旭在《悼亡詩史·緒論》中所説：“在中國文學史上，悼亡實際上被賦予了特定的含義，即悼念已經去世的妻妾。”[2] 廣義的悼亡詩還包括哀悼除妻妾外的其他人或物的詩。

李調元一生交游廣泛，與其中一些人建立了深情厚誼。在多位師友逝世後，他均寫有悼亡之作，以表哀思。除了哀悼親人與師友，在僕人朱貴、宋通死後，他也爲二人作有悼亡詩，還爲朱貴寫了墓志銘。由此可見，李調元悼亡詩創作範圍之廣泛。根據《童山詩集》，我們整理出李調元廣義悼亡詩的創作概况。見表 3：

表 3　李調元廣義悼亡詩創作情况統計

題目	詩體	寫作時間	數量
卷八《挽易州牧李文耀芰裳繼配烈婦氏覺羅安人》	七言絶句	乾隆三十年（1765）	1
卷八《哭亡兒汪官用東坡哭幹兒韻二首》	五言排律	乾隆三十年（1765）	2
卷八《悼僕朱貴》	五言律詩	乾隆三十三年（1768）	1
卷十二《宿崇慶州吊何愚廬》	五言排律	乾隆三十六年（1771）	1

① 〔唐〕李延壽：《南史》，中華書局 1975 年版，第 207 頁。
② 胡旭：《悼亡詩史》，東方出版中心 2010 年版，第 1 頁。

續表

題目	詩體	寫作時間	數量
卷十四《挽冼馬史怵堂先生貽謨二首并序》	五言律詩	乾隆三十八年（1773）	2
卷十四《悼亡詩二十首爲妾萬氏作》	七言絶句	乾隆三十八年（1773）	20
卷十四《哭金川死事趙損之吴鑒南諸人和程魚門韻》	七言律詩	乾隆三十八年（1773）	1
卷十五《挽大司寇錢文端公陳群》	七言律詩	乾隆三十九年（1774）	4
卷十五《傷二僕》	五言律詩	乾隆三十九年（1774）	1
卷二十二《挽兄寅工變元》	七言律詩	乾隆四十四年（1779）	1
卷二十三《悼妾馬氏四首》	七言律詩	乾隆四十七年（1782）	4
卷二十四《挽唐母孔太恭人詩在開歸道唐芝田侍陛署中作》	七言律詩	乾隆四十九年（1784）	1
卷二十四《哭程魚門四首》	五言律詩	乾隆四十九年（1784）	4
卷二十四《哭大名太守靳菉溪榮藩仍用前韻并序》	五言律詩	乾隆四十九年（1784）	2
卷二十六《挽劉一飛先生》	五言排律	乾隆五十三年（1788）	1
卷二十七《哭陳蘊山一百韻》	五言排律	乾隆五十四年（1789）	1
卷二十九《挽故泰安何明府瑞庵人麟》	七言律詩	乾隆五十六年（1791）	1
卷二十九《南籠太守唐堯春自湖南扶丹櫬至重慶卒喪過什邡不及吊遥作挽詩二首》	五言律詩	乾隆五十六年（1791）	2
卷三十二《挽計性成》	七言律詩	乾隆五十八年（1793）	1
卷三十三《哭大婿候選廣文何巽齋耀茹》	七言律詩	乾隆五十九年（1794）	2
卷三十五《悼僕宋通》	七言絶句	嘉慶二年（1797）	1
卷三十六《悼亡妾林氏廣東人》	七言絶句	嘉慶三年（1798）	4
卷三十六《哭袁子才前輩用前韻二首》	七言律詩	嘉慶三年（1798）	2
卷三十七《恭擬高宗純皇帝挽詩四首》	五言律詩	嘉慶四年（1799）	4
卷三十七《挽大司農沈雲椒同年二首》	五言律詩	嘉慶四年（1799）	2
卷三十七《聞四弟編修驥元赴，大慟，率男朝礎設位，北向祭之，哭詩二首》	七言律詩	嘉慶四年（1799）	2
卷四十《哭吴壽庭二首聞卒於鹹陽旅店》	七言律詩	嘉慶五年（1800）	2
卷四十一《挽楊孺人》	七言律詩	嘉慶六年（1801）	1
卷四十二《讀南籠遺稿有感太守唐堯春》	七言律詩	嘉慶七年（1802）	1
卷四十二《哭原任臨安太守房師王夢樓先生二首》	七言律詩	嘉慶七年（1802）	2
總計	74		

由上表可知，李調元廣義悼亡詩具有以下特點：

第一，李調元廣義的悼亡詩一共 74 首。從詩歌形式上看，律詩 48 首，約占總數的 65%，包含 18 首五言律詩、4 首五言排律、25 首七言排律。其次是七言絶句 26 首，約占 35%。可見李調元善用律詩悼亡，這與他同時代的詩人畢沅的悼亡詩創作情況十分相似，畢沅 32 首狹義悼亡詩中律詩有 26 首之多。需要注意的是，排律是李調元悼亡詩中較爲特殊的現象，如《哭陳藴山一百韻》。陳藴山（名琮）是乾嘉時期的治水專家，與調元相識于錦江書院。在調元蒙冤入獄期間，他出資贖回將遭銷毀的《函海》雕版，後二人結爲姻親。李調元在《哭陳藴山一百韻》中歷數三十餘年來二人相交的種種往事，對逝者的品德作出高度評價，表達對摯友的深切懷念。李調元的排律創作或許受到杜甫律詩影響。莫礪鋒先生指出，杜甫對排律藝術的貢獻有四，其中之一是使排律形式更加規範，即以雙韻爲正體，三十韻以上者則喜用“整數”，這種約定俗成的規則正是杜甫開始建立的①。李調元悼亡詩中的 4 首排律，均符合用雙韻且三十韻以上的取“整數”的基本原則。又，李調元《雨村詩話》（二卷本）下卷 54 條詩論中，有 26 條談及杜甫，其中 4 條論及杜甫的律詩，足見其對杜律的推崇。

第二，悼亡對象的豐富性。在李調元的 74 首悼亡詩中，悼亡對象有三十餘位，爲妻妾和師友而作的有 59 首，約占總數的 80%。其中，哀悼師友的有 31 首，約占悼亡詩總數的 42%。此外，李調元還爲皇帝、親人、僕人等作有悼亡詩。其中，寫給僕人的悼亡詩較有特色。如《悼僕朱貴》回顧了僕人朱貴辛勞的一生并對其表示同情，也贊揚了僕人吃苦耐勞與忠誠的品質，表達了詩人對朱貴的感激與哀悼之情。

一般的悼亡詩專指悼念去世妻妾的詩歌，而李調元悼念妻妾的詩有 28 首，約占 38%，數量較豐富。因此，下文主要對其狹義悼亡詩進行分析。

三、李調元悼亡詩的内容

李調元寫給三位亡妾的悼亡詩共 28 首，分别爲《悼亡詩二十首（爲妾萬氏作）》《悼妾馬氏四首》《悼亡妾林氏》（4 首）。從詩體來看，這些悼亡組詩均采用七言近體詩的形式，包括 24 首七言絶句和 4 首七言律詩。從寫作時間看，這些悼亡詩大多作于愛妾剛離世不過一個月的時間内，這也是詩人悲痛之情最强烈的時候。具體來説，主要有以下幾個方面内容：

（一）抒發痛失愛妾的悲傷與悔恨之情

先秦時期已經出現悼亡詩，如《詩經·國風》中的詩篇《緑衣》與《葛生》，前者爲鰥夫悼念亡婦，後者爲寡婦悼念亡夫。東晋潘岳作有《悼亡詩》三首，首次以“悼亡”爲題，“悼亡”的意義纔得以確立，即悼念亡妻②。其後的悼亡詩，主要内容之一就是表達失去妻

① 莫礪鋒：《文學史視野中的杜甫排律》，《文學遺産》2018 年第 1 期。

② 李聰聰：《唐朝悼亡詩研究》，山東大學 2015 年碩士學位論文。

妾的悲痛之情。李調元在失去愛妾的深悲劇痛中，爲她們寫了 28 首悼亡詩，如《悼亡詩二十首（爲妾萬氏作）》其二十：

聞道身爲一聚塵，百年哀樂總非真。誰知痛到傷心處，和血詩成又示人①。

萬氏是李調元納的第一位姬妾，也是調元的紅顏知己，才貌俱佳，嫻于吟咏，日常與調元均有唱和。可惜紅顔命薄，隨調元上京不過三年，萬氏便因難産與世長辭。在詩中，面對萬氏的溘然離世，調元試圖以人死後化爲塵埃、一切歸于虛無的説法來開導自己，但入骨相思已使他痛徹心扉，衹能以血泪和詩排遣内心的痛苦。此詩直接抒發了李調元失去愛妾的深悲劇痛，字字沉痛，聲聲泣血。可見萬氏離世給他造成的打擊之大，亦可知二人感情之篤。

又如《悼亡詩二十首（爲妾萬氏作）》其十九云：

每逢春暮及秋朝，不是詩招即酒招。始悔歡娱全誤却，兩年辜負可憐宵②。

調元一生交游甚廣、遍結才士，平日與朋友們的交往比較頻繁，每年春暮和秋朝都以詩酒會友，少有陪伴萬氏的時間。而今與萬氏陰陽相隔，他纔悔悟：本應屬于二人的歡愉時光全被詩酒耽誤，本該給予萬氏的良宵都被自己辜負。字裏行間，無不透露出李調元對愛妾的愧疚與悔恨。

（二）回憶姬妾的容貌與德行

古代社會的姬妾多是爲補正妻在生育、容顏等方面之不足而納，因此妾室多有貌美的特點。李調元的一些悼亡詩便是通過回憶姬妾的姣好容貌，來表達對她們的懷念與哀悼之情，如《悼亡詩二十首（爲妾萬氏作）》其一：

漫説傾城絶代無，佳人本自出魚梟。忽然物故真堪詫，豈是山精又武都③。

其十三：

當年七夕武擔山，聘得仙姬玉比顔。轉恨佳期當日誤，未聞織女在人間④。

這兩首詩都提到了萬氏的美貌，説她“傾城絶代無”“仙姬”，將其比作下凡的“織女”。李調元爲萬氏作有《艷詩四首》，亦可見萬氏之美貌。詩云：“人間正色奪胭脂，獨有峨眉世鮮知。家在薛濤村裏住，枇杷依舊向門垂。”“文園底必用琴挑，無語無言倍覺嬌。故借威蕤通一語，要看樊素露櫻桃。”“朱履三千客滿堂，笙歌如沸擁紅妝。麒麟乍説從天降，笑向流

① 〔清〕李調元：《童山詩集》，《清代詩文集匯編》第 384 册，上海古籍出版社 2010 年版，第 251 頁。
② 〔清〕李調元：《童山詩集》，《清代詩文集匯編》第 384 册，上海古籍出版社 2010 年版，第 251 頁。
③ 〔清〕李調元：《童山詩集》，《清代詩文集匯編》第 384 册，上海古籍出版社 2010 年版，第 250 頁。
④ 〔清〕李調元：《童山詩集》，《清代詩文集匯編》第 384 册，上海古籍出版社 2010 年版，第 250 頁。

黄帳裏藏。”“春風側側入簾櫳，長見微螺戚遠峰。一朵海棠初睡起，似經猛雨損花容。”①如此傾城絶色、才貌俱佳之人，陪伴李調元不到三年便香消玉殞，李調元怎能不傷懷悲痛？美好生命的凋殘更讓詩人覺得人生無常。

先唐的悼亡詩中基本不涉及妻子德行方面的内容，自中晚唐韋應物和元稹開始在悼亡詩中寫妻子的德行，後世詩人循此例，亦在悼亡詩中寫妻妾的品德②。李調元在悼亡詩中對姬妾的德行也進行了歌頌。如《悼亡詩二十首（爲妾萬氏作）》其十二云：

父母頻呼泪海傾，孝心真見出中誠。掌珠自幼親恩重，死去家書衹説生③。

這首詩强調萬氏的“孝心”。孝敬父母是中華民族的傳統美德，也是古代女德對妻妾身份的要求。真誠孝敬父母的萬氏突然逝世，李調元的父母聽聞後呼天喊地，老泪縱横。

又如《悼亡妾林氏》其一：

六如塔下始逢君，十載歸來井臼勤。總爲殤兒埋玉早，前身竊恐是朝雲④。

這首詩寫林氏的勤儉持家。“井臼”即汲水舂米，泛指操持家務，出自西漢劉向《列女傳·周南之妻》：“家貧親老，不擇官而仕；親操井臼，不擇妻而娶。”⑤“朝雲”即王朝雲，是蘇軾的侍妾。蘇軾被貶廣東惠州時，朝雲一直陪伴在他身邊，被蘇軾引爲知己。朝雲德才兼備、聰穎賢惠，最終病死惠州。蘇軾在其墓上築六如塔。據此可知，李調元的這組詩作于廣東任上。詩中將林氏比作“朝雲”，可見林氏之于調元的重要性。“埋玉”，指埋葬有才華的人，語本南朝宋劉義慶《世説新語·傷逝》：“庾文康亡，何揚州臨葬云：‘埋玉樹箸土中，使人情何能已已？’”⑥此處指埋葬女子，即林氏。

再如《悼亡妾林氏》其二云：“能撫他生倍所生，去年婚嫁倍艱辛。”⑦寫林氏生前撫養他人的孩子比自己親生的更加愛護、細心。非愛之深而不能及，林氏深愛調元，所以愛屋及烏，足以見其無私奉獻的美德。

（三）通過記述子女來悼亡

李調元寫給三位亡妾的悼亡詩中，都提到了子女，還有數首記録了姬妾懷孕時的情景。如《悼亡詩二十首（爲妾萬氏作）》其三云：

六甲長愁怯弱身，幸能設帨更何嗔。昨宵一語真傷骨，命薄偏難産石麟⑧。

---

① 〔清〕李調元：《童山詩集》，《清代詩文集匯編》第384册，上海古籍出版社2010年版，第230頁。
② 王燕飛、馬燕：《論尤侗的悼亡詩》，《常熟理工學院學報》2017年第6期。
③ 〔清〕李調元：《童山詩集》，《清代詩文集匯編》第384册，上海古籍出版社2010年版，第250頁。
④ 〔清〕李調元：《童山詩集》，《清代詩文集匯編》第384册，上海古籍出版社2010年版，第420頁。
⑤ 〔漢〕劉向：《列女傳》，中華書局1985年版，第34頁。
⑥ 余嘉錫：《世説新語箋疏》，上海古籍出版社，1993年版，第563頁。
⑦ 〔清〕李調元：《童山詩集》，《清代詩文集匯編》第384册，上海古籍出版社2010年版，第420頁。
⑧ 〔清〕李調元：《童山詩集》，《清代詩文集匯編》第384册，上海古籍出版社2010年版，第250頁。

這首詩寫萬氏懷孕即難産時的情景。“六甲”即“身懷六甲”，指萬氏懷孕。李調元回憶愛妾萬氏懷孕時，常常爲她孱弱的身子擔憂。“設帨”即“設帨之辰”，指女子的生日，典出漢代《禮記·内則》：“子生，男子設弧于門左，女子設帨于門右。”[①] 指萬氏誕下一女，不幸難産，危在旦夕。

又如《悼亡詩二十首（爲妾萬氏作）》其四云：

> 死去原知百物輕，香奩處處足傷情。更餘一事堪腸斷，愁聽呱呱索乳聲[②]。

人死如燈滅，睹物更傷情，聽着孩子的呱呱啼哭索乳聲，李調元千愁萬恨一起涌上心頭。以上兩首詩，分别從悲傷回憶和凄慘現實兩個角度，表達了詩人對亡妾的哀悼與思念。

又如《悼妾馬氏四首》其三云：

> 三日歸來八百程，蓋棺猶見面如生。原知魂氣之難返，苦恨音容夢不明。老泪那禁河似瀉，深閨尚記岳爲盟。呱呱兒女雖分托，索母纔聞又失聲[③]。

此詩寫調元聽聞馬氏逝世的消息日夜趕路，最終也没能見到馬氏最後一面。幼小兒女雖已經分别托付，但聽到他們啼哭喊媽媽的聲音，詩人再次失聲痛哭。

（四）通過寫遺物悼念

遺物即死者遺留下來的物品，這最易讓生者睹物思人。悼亡大家如潘岳、元稹等人在悼亡詩中均采用睹物思人的方式寫悼亡。李調元的悼亡詩亦通過寫遺物來悼亡，如《悼亡詩二十首（爲妾萬氏作）》其四云：

> 死去原知百物輕，香奩處處足傷情。更餘一事堪腸斷，愁聽呱呱索乳聲[④]。

詩寫李調元看見萬氏遺留的香奩而傷情。首句“死去原知百物輕”化用南宋詩人陸游《示兒》中的“死去元知萬事空”一句，同時和第二句形成對比：百物雖輕，却處處傷情。看到萬氏生前所用的香奩，想起她梳妝的模樣，又想到她遺留的女兒，李調元肝腸寸斷。

又如《悼亡詩二十首（爲妾萬氏作）》其十八云：

> 榴裙褶子是新裁，疊在空箱未忍開。今夜葳蕤渾不鎖，恐防怯冷攬衣來[⑤]。

此詩通過寫萬氏遺留下來的榴裙褶子表達對其無限的思念之情。衣服還是新的，還没來得及穿上，而人已故去。詩人不敢將衣箱上鎖，惟恐夜深寒冷，萬氏無衣可穿。此詩想象奇

① 〔漢〕鄭玄注、（唐）孔穎達疏：《禮記正義》，上海古籍出版社1990年版，第489頁。
② 〔清〕李調元：《童山詩集》，《清代詩文集匯編》第384册，上海古籍出版社2010年版，第250頁。
③ 〔清〕李調元：《童山詩集》，《清代詩文集匯編》第384册，上海古籍出版社2010年版，第316頁。
④ 〔清〕李調元：《童山詩集》，《清代詩文集匯編》第384册，上海古籍出版社2010年版，第250頁。
⑤ 〔清〕李調元：《童山詩集》，《清代詩文集匯編》第384册，上海古籍出版社2010年版，第251頁。

特，詩人渴望萬氏起死回生，能穿上這件新裁的衣服抵禦寒冷，也可見他對萬氏的一片深情。

除以上内容，李調元的悼亡詩還通過寫與姬妾相識、成婚以及她們瀕死的場景，表達自己對姬妾們的哀思。如《悼亡詩二十首（爲妾萬氏作）》其十四云："迨吉當年賦摽梅，楊梯占得轉顔開。報他絡秀心中事，方幅聯姻許後來。"[①] 寫李調元與萬氏相識和成婚過程。又如《悼亡詩二十首爲妾萬氏作》其六云："誤汝君臣藥不宜，竟無扁鵲一良醫。垂危對我猶强笑，想是肝腸欲斷時。"[②] 寫萬氏臨死前對我勉强微笑的情景。

四、李調元悼亡詩的特色

李調元提倡詩道性情、性篤情真，《雨村詩話》開篇即言："詩有三字訣，曰響、朗、爽。響者，音節鏗鏘，無沉悶堆塞之謂也；爽者，正大光明，無囁嚅不出之謂也；而要歸於朗，朗者，冰雪聰明，無瑕瑜互掩之謂也。言詩者不得此訣，吾未見其能詩也。"[③] 李調元的悼亡詩多至情至性之作，精心選取與組織意象以營造孤寂凄清的意境，善于用事，語言平實質樸、自然流暢，情真意切。

（一）意象選擇與凄清意境營造

"古詩之妙，專求意象。"[④] 意象的精心選擇與組合，能够營造出獨特的意境，使詩歌韻味無窮。葉嘉瑩先生在《中國古典詩歌中形象與情意關係例説》中大致將意象概括爲三大類："其一是取象於自然界的物象；其二是取象於人世間之事象；其三是取象於假想中之喻象。"[⑤] 李調元悼亡詩中的意象主要包括自然物象、社會事象和主觀喻象。通過這些意象的選擇，他在詩中營造了凄清悲凉的意境。

1. 自然物象

自然物象包括植物、動物、景象、時空等。花鳥蟲魚、霧雨雷電、時令季節等都是詩歌中的常見意象，悼亡詩也離不開這些意象，不過清冷、寂寞的特點更甚。

李調元悼亡詩中的自然物象不外乎上述幾類。如《悼亡詩二十首（爲妾萬氏作）》其二："匆匆曾共觸霜風，拜别諸親月正冬"[⑥]，霜風、冬的意象給人以寒冷之感，在詩中則渲染出萬氏與調元拜别諸親上京的清冷環境與悲傷心情。其十五："如何猛雨朝朝有，易落偏逢是

① 〔清〕李調元：《童山詩集》，《清代詩文集匯編》第 384 册，上海古籍出版社 2010 年版，第 250 頁。
② 〔清〕李調元：《童山詩集》，《清代詩文集匯編》第 384 册，上海古籍出版社 2010 年版，第 250 頁。
③ 〔清〕李調元著，詹杭倫、沈時蓉：《雨村詩話校證》，巴蜀書社 2006 年版，第 27 頁。
④ 〔明〕胡應麟：《詩藪》，中華書局 1962 年版，第 1 頁。
⑤ 耿建華：《詩歌的意象藝術與批評》，山東大學出版社，2010 年版，第 344 頁。
⑥ 〔清〕李調元：《童山詩集》，《清代詩文集匯編》第 384 册，上海古籍出版社 2010 年版，第 250 頁。

好花"[①]，雨和花等自然物象本不帶感情，但詩人將其形容爲“猛雨”和“好花”，前者一言大雨天氣使人心情煩擾、落寞，又言萬氏人較體弱經不得病痛折磨（難産）；後者用以比喻萬氏，形象地展現了萬氏的貌美如花以及調元對其的喜愛。猛雨催折、好花易落，實是李調元對紅顔命薄發出的悲嘆。

2. 社會事象

社會事象包括死者的遺物、墳墓等物象，也有床、枕、帷帳等生活意象，還包括與生者相關的病、老等身體狀況以及哭、泣等情感狀態。在李調元的悼亡詩中，遺物和墳墓這兩類社會事象涉及較多。關于“遺物”已在第三部分詳述，此不贅述，下面主要説墳墓。

墳墓是人死後的葬身之處，是陰陽相隔、祭奠死者之地。通過對墳墓的描寫，引發生者的哀思和對生死哲理的感慨，富有感染力。如《悼亡詩二十首（爲妾萬氏作）》其二“豈意竟成青冢恨，萬山萬水隔重重”[②]，《悼妾馬氏四首》其四“玉樹園中聊窆汝，此間誰遣守塋門”[③] 之中的青冢、塋門都是對墳墓的描寫，姬妾逝世後，詩人獨自對着她們的墓穴悲泣，何其凄凉！

3. 主觀喻象

在詩歌意境的構建中，除了上述可感的意象參與外，還有虚構之象發揮作用，如夢境、神話、幻想等，稱爲主觀喻象。李調元詩中的主觀喻象主要指夢境、鬼魂（魂魄）。

歷代悼亡詩常書以“記夢”的形式。詩人無法與摯愛在現實中見面，衹能寄希望于夢中相會。如《悼亡詩二十首（爲妾萬氏作）》其十一：“月上紗窗恰二更，如何夢亦不分明。”[④] 寫李調元對月懷人，妄圖與萬氏在夢裏再會。奈何思念至極，物極必反，即便意識朦朧、不甚清醒時，萬氏也未入夢。全詩有一種朦朧、凄迷的美感，與詩人憂鬱的内心相互映襯。

鬼、魂等爲幻覺意象，是詩人一瞬間的心理感受所産生的錯覺。如《悼亡詩二十首（爲妾萬氏作）》其十一“芳魂艷質歸何處？風動簾帷似有聲”[⑤]，《悼妾馬氏四首》其四“河東獅子雖聞吼，隴上牛眠應返魂”[⑥]，芳魂、魂魄都是主觀性很强的意象，是詩人的幻想，其主觀色彩之濃厚，恰表現詩人在姬妾死後仍念念不忘。“意象是幻象，是想象中的象，但感覺却是真實的。這就是以虚象、幻象來表現心理的真實、内在感覺的真實。”[⑦] 這一系列的主觀喻象，表現出詩人對愛妾離世、世事劇變的内心感受。

上述各具特色的意象經過李調元的精心組織與安排，營造出一種凄冷悲凉的氛圍，成爲他宣泄喪妾之痛與思念之苦的憑借，悲痛之情噴薄而出。

---

① 〔清〕李調元：《童山詩集》，《清代詩文集匯編》第 384 册，上海古籍出版社 2010 年版，第 250—251 頁。
② 〔清〕李調元：《童山詩集》，《清代詩文集匯編》第 384 册，上海古籍出版社 2010 年版，第 250 頁。
③ 〔清〕李調元：《童山詩集》，《清代詩文集匯編》第 384 册，上海古籍出版社 2010 年版，第 316 頁。
④ 〔清〕李調元：《童山詩集》，《清代詩文集匯編》第 384 册，上海古籍出版社 2010 年版，第 250 頁。
⑤ 〔清〕李調元：《童山詩集》，《清代詩文集匯編》第 384 册，上海古籍出版社 2010 年版，第 250 頁。
⑥ 〔清〕李調元：《童山詩集》，《清代詩文集匯編》第 384 册，上海古籍出版社 2010 年版，第 316 頁。
⑦ 葉嘉瑩：《迦陵論詩叢稿》，中華書局 1984 年版，第 46 頁。

（二）善于用典

用典也叫用事。在《雨村詩話》中，李調元論及用事時説道："詩不可用僻事，亦如醫家不可用僻藥。善醫者不得已而用藥，必擇其品之善、用之良，如參苓、耆术可以久服而無害者，必無不驗；善詩者不得已而用事，必擇其典之雅、詞之麗，如經史、諸子可以共知而無晦者，必無不精。"① 可見李調元提倡典故的選擇要高雅而不鄙俗、要選取經史子集中廣爲人知而不生僻的，他在用典時大多也貫徹了這一點。筆者將李調元的 28 首狹義悼亡詩中的用典情況作簡要統計。見表 4：

表 4　李調元狹義悼亡詩的用典情況統計

名稱	時代	出處
魚凫	西漢	揚雄《蜀王本紀》
武擔山精	東晋	常璩《華陽國志》
設帨之辰	西漢	《禮記・内則》
天上石麟	唐	李延壽《南史・徐陵傳》
病入膏肓	先秦・春秋	左丘明《左傳・成公十年》
織女	西漢	司馬遷《史記・天官書》
摽梅	先秦	《詩經・召南・摽有梅》
輔車相依	先秦・春秋	左丘明《左傳・僖公五年》
河東獅吼	北宋	蘇軾《寄吴德仁兼簡陳季常》
牛眠地	唐	房玄齡等《晋書・周光傳》
井臼	西漢	劉向《烈女傳・周南之妻》
埋玉	南朝宋	劉義慶《世説新語・傷逝》
王朝雲	北宋	蘇軾《蘇軾詩文集》
柏舟之誓	先秦	《詩經・鄘風・柏舟》
莊周夢蝶	先秦・戰國	莊周《莊子・齊物論》
子都	先秦	《詩經・鄭風・山有扶蘇》
登徒子	先秦・戰國	宋玉《登徒子好色賦》
秦羅敷	東漢	無名氏《陌上桑》
羅敷有夫	東漢	無名氏《陌上桑》

據上表統計，李調元的狹義悼亡詩中用典共計 18 處（"秦羅敷"與"羅敷有夫"算作一處），大多數是唐以前的典故，有 14 處，約占總數的 78%。其中，先秦時期的典故有 8 處，大都出自先秦經史諸子類著作，且都是爲人熟知的典故；其次是漢代的典故，有 5 處。還有

① 〔清〕李調元著，詹杭倫、沈時蓉：《雨村詩話校證》，巴蜀書社 2006 年版，第 40 頁。

一點引人注意，即李調元多次使用與蜀地相關的典故，如“魚鳧”“武都山精”“牛眠地”以及巴蜀文化名人蘇軾之詩文，這可能與他生長于巴蜀地區有關，對地方的歷史文較熟悉，因而創作時信手拈來，某種程度上也促進了巴蜀文化的傳播與發展。

（三）平實質樸、自然流暢的語言風格

李調元《雨村詩話》云：“人有性而自汩之，有情而自漓之，似乎智而愚孰甚？毛嫱、麗姬雖粗服亂頭，無損其爲天質之美也。捧心效顰，人望而却走矣聲……古人不朽者以此，所以詩最忌艱澀也。”[①] 認爲抒發真性情的詩句自有天然之美。詹杭倫先生也認爲李調元“鴻才博雅，覃心撰述”，尤工于詩文，“所爲詩文，天才横逸，不假修飾”[②]。可見李調元詩歌語言明白曉暢，不飾雕琢，用情真摯。如《悼亡妾林氏》其二：

能撫他生倍所生，去年婚嫁備艱辛。如今萬事都無恨，去報黄泉付托人[③]。

全詩無一字晦澀，少有描繪性語詞或修辭手法，叙述簡潔精煉，語言自然質樸，情感真率。林氏嫁作調元婦十餘載，應是所有姬妾中在世時間最長的一位。此詩體現了林氏甘爲他人做嫁衣、無私奉獻的美德，語言質樸、自然流暢。

結束語

李調元廣義的悼亡詩數量較多，内容豐富，悼亡對象主要是師友與姬妾，多采用五七言律詩形式。其中 28 首悼念亡妾的詩作内容豐富多樣，通過寫姬妾的美貌與德行、寫遺物、寫子女等，表達痛失摯愛之悲、生離死别之悔。在這些悼亡詩中，李調元善于選擇各色意象包括自然物象、社會事象、主觀喻象等入詩，來營造凄清悲涼的意境，抒發真摯的情感。同時，詩中多次使用與蜀地相關的典故，可能與他生長于巴蜀地區，對地方的歷史較爲熟悉有關。李調元雖不是創作悼亡詩最多的詩人，但其悼亡詩語言平實曉暢，性篤情真，别具特色，也取得了一定成就，具有一定研究價值。

（作者單位：西北師範大學文學院；西華大學文學與新聞傳播學院）

---

① 〔清〕李調元著，詹杭倫、沈時蓉：《雨村詩話校證》，巴蜀書社 2006 年版，第 12 頁。
② 詹杭倫：《李調元學譜》，天地出版社 1997 年版，第 48 頁。
③ 〔清〕李調元：《童山詩集》，《清代詩文集匯編》（第 384 册），上海古籍出版社 2010 年版，第 420 頁。

蜀文獻研究

《長楊賦》與成帝、哀帝、王莽時期的揚雄

嘉瀨達男

内容提要：揚雄四大賦（《甘泉賦》《河東賦》《校獵賦》《長楊賦》）中《長楊賦》占有特殊位置。《長楊賦》跟三賦之間有文體、諷諫性的差異。成帝時期揚雄寫賦和頌，到《長楊賦》爲止放棄獻賦。哀帝時期揚雄著述術數學方面的著述。王莽時期没有寫獻賦和術數學方面的著述，基本上寫儒家著述。本文認爲揚雄的著作趨勢符合各個時期主君的宗旨。班固批評揚雄説："三世不徙官"，這又意味着在成帝、哀帝、王莽三世的時局動蕩之中，揚雄的宫廷生活很踏實，可以説一直守"玄"安定。

關鍵字：揚雄；獻賦；《甘泉賦》；《河東賦》；《校獵賦》；《長楊賦》；諷諫；成帝；哀帝；王莽

前　言

揚雄有四篇大賦，被稱爲四大賦。它們是《漢書・揚雄傳》所收的《甘泉賦》《河東賦》《校獵賦》和《長楊賦》。在《揚雄傳》裏，揚雄本人對這四篇賦作了《自序》，説明四賦的制作經緯和目的，所以看《揚雄傳》，可以理解這四大賦的來龍去脉。然而《長楊賦》與《甘泉賦》《河東賦》《校獵賦》之間存在重大的差異。比如《長楊賦》以外的三篇賦主要是描述性的，三篇賦描繪郊區的儀式和狩獵，而《長楊賦》則用問對形式來討論狩獵的是非。這四篇賦都是爲了諷諫成帝，但《長楊賦》以外三篇賦的諷諫都很委婉，很難讀懂，而《長

楊賦》的諷諫很明顯，容易理解。

加上到《長楊賦》爲止，揚雄放棄獻賦，哀帝時寫術數學著述《太玄》，王莽時寫儒家著述《法言》。獻上《長楊賦》後，揚雄將著述立場轉向。因而本文研討《長楊賦》所有的意義，探討揚雄著述傾向的變化。

我們先對比《漢書・揚雄傳》的説明和《甘泉賦》《河東賦》《校獵賦》的内容，研討三賦的諷諫如何。然後討論《長楊賦》的諷諫和文體，成帝、哀帝、王莽時期的揚雄著述趨勢。

一、《長楊賦》與其他三大賦

《揚雄傳》中《甘泉賦序》裏譴責甘泉宫的過度奢侈説："此非人力之所爲，黨鬼神可也。"[①] 然而看到《甘泉賦》，衹能發現讓人聯想到鬼神世界的描寫，不能發現對過度奢侈的批評。另外，趙昭儀受到成帝的寵愛，陪同成帝到甘泉宫，于是揚雄序裏指責爲人多勢衆説："聊盛言車騎之衆，参麗之駕，非所以感動天地，逆釐三神。"[②] 序裏還説："屏玉女，却虙妃"[③]，以微戒齊肅之事，可是《甘泉賦》裏没有寫"屏玉女，却虙妃"的主語，不清楚是誰"屏玉女，却虙妃"，而且也没有寫玉女、虙妃是否爲趙昭儀。如此，揚雄《甘泉賦》的比喻比較委婉，諷諫意圖不明顯。

關于《河東賦》，《揚雄傳》記載成帝到汾陰祭后土後，行游殷周之虚，想念上古遺風，揚雄回朝廷奏上《河東賦》勸説："臨川羡魚不如歸而結罔。"[④] "臨川羡魚不如歸而結罔"是見于《淮南子・説林訓》的成語。這句比喻衹有願望而没有措施，對事情毫無益處[⑤]。揚雄想勸成帝不要耽于妄想，應該付諸行動。但《河東賦》裏描寫成帝到汾陰祭后土，行游各地，想念上古遺風的樣子，諷諫内容不明顯。而且揚雄没有明示要成帝付諸行動的意願。衹是《河東賦》最後有"既發軔於平盈兮，誰謂路遠而不能從"一文[⑥]，這似乎表達希望成帝積極行動的心願。不過這種微辭勸説過于婉轉，達不到勸諫之目的，成帝恐怕也難于理解揚雄的諷諫之意。《河東賦》的諷諫意味不濃，如果没有《揚雄傳》的説明，我們很難理解《河東賦》的諷諫意圖。

---

① 〔漢〕班固：《漢書》卷八十七上，商務印書館 1937 年版，第 1059 頁。

② 〔漢〕班固：《漢書》卷八十七上，商務印書館 1937 年版，第 1059 頁。

③ 〔漢〕班固：《漢書》卷八十七上，商務印書館 1937 年版，第 1059 頁。

④ 〔漢〕班固：《漢書》卷八十七上，商務印書館 1937 年版，第 1059 頁。

⑤ 〔漢〕劉安：《淮南鴻烈解》卷十七，《四部叢刊》本，商務印書館 1919 年版，第 12 頁，有"臨河而羡魚、不如歸家織網"。

⑥ 〔漢〕班固：《漢書》卷八十七上，商務印書館 1937 年版，第 1060 頁。

《揚雄傳》所收《校獵賦》的序言有如下内容：在古代聖王統治時期，打獵是一件很簡單的事情，但漢武帝華麗而奢侈打獵，揚雄希望成帝能糾正武帝的錯誤，勸其不要模仿武帝，隨同成帝的校獵後，作《校獵賦》諷諫。然而讀《校獵賦》本文，可知揚雄描寫校獵的整個過程，車馬器械奢麗誇大。在《校獵賦》最後部分揚雄贊揚成帝德高，婉言諷刺其校獵之奢侈。還有揚雄要勸諫成帝學古鑒今，但在賦文開頭衹有“各亦并時而得宜，奚必同條而共貫”的一句[①]。如此，《校獵賦》的諷諫跟《甘泉賦》《河東賦》同樣使用婉言微辭，雖然可以瞭解揚雄的意圖，但無法確定成帝是否能理解。

如上所述，《甘泉賦》《河東賦》《校獵賦》的諷諫都是極其委婉和牽强的，很難相信成帝理解揚雄的諷諫意圖并正確地接受揚雄的暗示。相比之下，正如下章將討論的那樣，在《長楊賦》的序言和正文中，論點非常明確，容易理解揚雄的諷刺意圖。

二、《長楊賦》的諷諫

關于《長楊賦》，《揚雄傳》有如下《自序》：

明年，上將大誇胡人以多禽獸，秋，命右扶風發民入南山，西自褒斜，東至弘農，南驅漢中，張羅罔罝罘，捕熊羆豪豬虎豹狖玃狐菟麋鹿，載以檻車，輸長楊射熊館。以罔爲周阹，縱禽獸其中，令胡人手搏之，自取其獲，上親臨觀焉。是時，農民不得收斂。雄從至射熊館，還，上《長楊賦》，聊因筆墨之成文章，故藉翰林以爲主人，子墨爲客卿以風[②]。

上文説明成帝誇贊胡人禽獸多，發民畋獵，揚雄也跟隨成帝。那時秋天，要是農民從事校獵，就不能收割穀物。于是揚雄回朝後獻上《長楊賦》，借翰林主人和子墨客卿的問答諷諫。《長楊賦序》裏可以理解爲勸説停止畋獵，讓農民自由收割。

讀《長楊賦》，内容如下。子墨客卿問翰林主人：“獵長楊……頗擾于農民……豈爲民乎哉”，批評成帝的長楊校獵“非人主之急務”[③]。子墨客卿的見解明顯表現揚雄的諷諫。而翰林主人却對子墨客卿説：“知其一未睹其二，見其外不識其内者”，“今朝廷純仁，遵道顯義”，“恐後世迷於一時之事，常以此取國家之大務”[④]。翰林主人再反駁子墨客卿説：“客徒

① 〔漢〕班固：《漢書》卷八十七上，商務印書館 1937 年版，第 1061 頁。
② 〔漢〕班固：《漢書》卷八十七下，商務印書館 1937 年版，第 1065 頁。
③ 〔漢〕班固：《漢書》卷八十七下，商務印書館 1937 年版，第 1065 頁。
④ 〔漢〕班固：《漢書》卷八十七下，商務印書館 1937 年版，第 1065—1066 頁。

愛胡人之獲我禽獸，曾不知我亦已獲其王侯。”① 翰林主人的反駁則是對成帝行爲的諷刺。

不過賦文裏翰林主人的反駁將近九成，子墨客卿提的意見不多。翰林主人在《長楊賦》裏所描述的狩獵的内容，顯然與《長楊賦序》和子墨客卿所描述的内容完全不同。《長楊賦序》和子墨客卿描述狩獵的宏偉和收穫的豐富，子墨客卿甚至將其稱爲“天下之窮覽極觀”②。子墨客卿還提到，由于狩獵，農民没有收穫，據他説，狩獵不符合人民的利益，因爲它没有給農民超過三十天的辛勤勞動以獎勵。與此相反，翰林主人説，因爲他們匆匆忙忙地打完獵就回朝，所以農民能够繼續耕種，人民能够安居樂業。與《長楊賦序》和子墨客卿所説的内容相比較，翰林主人的主張不能説是真實的，被認爲是對其古代理想的狩獵方式的描述③。如果這個影射是爲了諷刺，可以理解爲揚雄讓翰林主人説的是反話，與事實相反。然而最後子墨客卿聽完翰林主人的空言虚詞，子墨客卿同意翰林主人的斷言，他再拜稽首説：“允非小子之所能及也。乃今日發矇。廓然已昭矣。”④

總之，《長楊賦》的諷諫意圖比較明顯，在揚雄四篇獻賦中，《長楊賦》的諷諫性最强。不過我們不能確定成帝是否確實閱讀或聽取《長楊賦》，而且也不能確定成帝是否看懂《長楊賦》的諷諫意圖。

揚雄獻上《長楊賦》後，放棄獻賦諷諫。《長楊賦》的諷諫意圖明顯，而可能對成帝“勸而不止”，因此揚雄瞭解到“賦勸而不止明矣”，獻上《長楊賦》後，放棄獻賦諷諫⑤。

三、《長楊賦》的文體

《長楊賦》是用問對文體的。客人提出問題，主人澄清答案而進行討論。這與《甘泉賦》《河東賦》和《校獵賦》有區别。後者都是描述郊區儀式、郊游和狩獵，叙述性和描寫性十分强。何焯認爲《長楊賦》的藍本是司馬相如《難蜀父老》⑥，《難蜀父老》也是“蜀父老”和“使者”討論的問對形式文章。揚雄制作《長楊賦》後，不久就寫了《解嘲》，《解嘲》也是用“客人”和“揚子”的問對來討論“太玄”的意義。《揚雄傳》的《解嘲》後登載《解

① 〔漢〕班固：《漢書》卷八十七下，商務印書館 1937 年版，第 1067 頁。

② 〔漢〕班固：《漢書》卷八十七下，商務印書館 1937 年版，第 1065 頁。

③ 天子的理想打獵方式在《禮記・王制》中有所描述説，如果國家没有大事，爲了用于祭祀陵墓和客人與宫廷補充食物供應，天子每年會打三次獵。但他不會包圍獵物，也不會攻擊牧群，而是在取完所需數量後就結束，讓人們打獵。原文如下“天子諸侯無事則歲三田。一爲乾豆，二爲賓客，三爲充君之庖。無事而不田曰不敬，田不以禮曰暴天物。天子不合圍，諸侯不掩群。天子殺則下大綏，諸侯殺則下小綏，大夫殺則止佐車。佐車止則百姓田獵”。〔漢〕鄭玄注，〔唐〕孔穎達疏：《禮記正義》，中華書局 1980 年版，1333 頁。

④ 〔漢〕班固：《漢書》卷八十七下，商務印書館 1937 年版，第 1067 頁。

⑤ 〔漢〕班固：《漢書》卷八十七下，商務印書館 1937 年版，第 1070 頁。

⑥ 〔清〕于光華：《重訂文選集評》卷二，世壽堂 1781 年版，第 30 葉，有“何義門曰：《羽獵》擬《上林賦》，《長楊》擬《難蜀父老文》”。

難》，《解難》也是問對文體。其中又用“客”和“揚子”問對來解釋《太玄》的艱深。如此，揚雄在作《長楊賦》《解謿》《解難》時一直采用問對文體。

問對文體以問對讓主人和客人們討論問題，增加語境的多樣性，句子也没有陷入平淡的風格，而是具有很强的口語性。除了《長楊賦》《解謿》和《解難》之外，在成帝時期揚雄的作品《酒箴》中也可以找到問答式的傾向。《酒箴》見于《漢書·游俠傳》，黄門郎揚雄通過“酒客”和“法度之士”的對話來創作，諷刺成帝[①]。

另一部揚雄的問答文體作品《逐貧賦》，雖然創作日期不詳，但它與《酒箴》有一些相似之處。這部作品被收録在《藝文類聚》《初學記》《太平御覽》和《古文苑》中，由“揚雄”和“窮神”之間的對話組成。揚子批評窮神，而窮神則通過解釋自己的優點説服揚子[②]。這些輕鬆、幽默的作品甚至有民間文學的味道。進一步跟蹤揚雄以問答文體創作的作品，我們可以看到《法言》的成就。

揚雄對各種文體的高度認識可以從他在作品中使用情况中看出，包括頌、誄、箴。揚雄在許多作品裏采用問對文體。《長楊賦》可以被理解爲揚雄完全采用問對文體的。這事實表示四大賦中《長楊賦》所具有的標志性。

四、揚雄的放棄獻賦和成帝

揚雄在元延二年（前 11）獻上《甘泉賦》《河東賦》和《校獵賦》，元延三年（前 10）獻上《長楊賦》，之後再也没寫獻賦作品。揚雄在《自序》裏如下指出其原因。

> 雄以爲賦者，將以風之。必推類而言，極麗靡之辭，閎侈鉅衍，競於使人不能加也。既乃帰之於正，然覧者已過矣。往時武帝好神仙，相如上《大人賦》，欲以風，帝反縹縹有陵雲之志。繇是言之，賦勸而不止明矣。又頗似俳優淳于髡、優孟之徒，非法度所存，賢人君子詩賦之正也，於是輟不復爲[③]。

這段文章置于《漢書·揚雄傳》裏的《長楊賦》和《解謿》之後，而揚雄解釋《太玄》後又有《解難》。有些學者以《解謿》和《解難》歸爲賦，但由于它們在《文選》中被歸爲“設論”，因此有别于賦，一般認爲揚雄在《長楊賦》之後就不再寫賦了。

在上文中能理解揚雄覺得寫賦已經達到極限，他在想除了寫賦之外賢人君子還應該做什麽事情。然而《揚雄傳》據于《揚雄自序》，衹是他自述，所以他放棄獻賦可能還有其他

---

① 〔漢〕班固：《漢書》卷九十二，商務印書館 1937 年版，第 1117 頁。
② 張震澤：《揚雄集校注》，上海古籍出版社 1993 年版，第 146—152 頁。
③ 〔漢〕班固：《漢書》卷八十七下，商務印書館 1937 年版，第 1069—1070 頁。

原因。

爲了探討其他原因，先確認一下四賦寫作的缘故。《甘泉賦》和《河東賦》是在成帝元延二年甘泉泰畤和汾陰后土郊祀時寫作的。甘泉泰畤是在長安的甘泉宫舉行太一神的郊祀，而汾陰后土是在山西省汾陰（即河東）舉行土地神的郊祀。在《漢書・郊祀志》中都有詳細的説明。這兩種郊祀從漢武帝時期就開始實行，但成帝在位二十六年中舉行甘泉泰畤和汾陰后土郊祀各四次。除了甘泉泰畤和汾陰后土之外，成帝還在四次舉行雍五畤郊祀。另外，成帝即位當初還在長安南郊和北郊舉行郊祀。元延二年（前 11）正月的甘泉泰畤和同年三月的汾陰后土時揚雄獻上《甘泉賦》和《河東賦》。根據《漢書・成帝紀》的記載，將有關郊祀的記録按時間順序如下整理[①]。

建始一年（前 33）12 月，作長安南北郊，罷甘泉、汾陰祠。

建始二年（前 31）春正月，罷雍五畤。

建始二年（前 31）春正月辛巳，上始郊祀長安南郊。3 月辛丑，上始祠后土于北郊。

永始二年（前 15）冬 11 月，行幸雍，祠五畤。

永始三年（前 14）冬 10 月庚辰，皇太后詔有司復甘泉泰畤、汾陰后土、雍五畤、陳倉陳寶祠。

永始四年（前 13）春正月，行幸甘泉，郊泰畤。3 月，行幸河東，祠后土。

元延一年（前 12）3 月，行幸雍，祠五畤。

元延二年（前 11）春正月，行幸甘泉，郊泰畤。3 月，行幸河東，祠后土。

元延三年（前 10）3 月，行幸雍，祠五畤。

元延四年（前 9）春正月，行幸甘泉，郊泰畤。3 月，行幸河東，祠后土。

綏和一年（前 8）行幸雍，祠五畤。

綏和二年（前 7）春正月，行幸甘泉，郊泰畤。3 月，行幸河東，祠后土。

成帝如此喜歡郊外祭祀，在甘泉泰畤、河東后土、雍五畤舉行十二次祭祀活動，還舉行長安的南郊和北郊。于是大司馬車騎將軍王音給多次郊祀的成帝推薦揚雄。揚雄在蜀地已經寫過《反離騷》和《蜀都賦》，所以王音推薦揚雄。揚雄獻上的頌詞和銘文得到成帝的好評[②]，當揚雄獻上《甘泉賦》時，成帝稱贊其“異焉”[③]。經過王音的推薦，獻上《校獵賦》後，成帝除揚雄爲郎，給事黄門（《揚雄傳贊》）[④]。

接下來，看看揚雄的《校獵賦》和《長楊賦》的寫作缘故。《校獵賦序》説：“其十二月

① 〔漢〕班固：《漢書》卷十，商務印書館 1937 年版，第 90 頁、第 94—96 頁。

② 〔漢〕揚雄：《答劉歆書》，《輶軒使者絶代語釋别國方言十三卷》附録，日本静嘉堂文庫藏影宋鈔本，有“而雄始能草文，先作《縣邸銘》《王佴頌》《階闥銘》及《成都城四堣銘》。蜀人有楊莊者，爲郎，誦之於成帝。成帝好之，以爲似相如，雄遂以此得外見”。

③ 〔漢〕班固：《漢書》卷八十七上，商務印書館 1937 年版，第 1059 頁。

④ 〔漢〕班固：《漢書》卷八十七下，商務印書館 1937 年版，第 1072 頁。

羽獵，雄從。……聊因《校獵賦》以風。”[①]《長楊賦序》說：“明年，上將大誇胡人以多禽獸……捕熊羆豪豬虎豹狖玃狐菟麋鹿，載以檻車，輸長楊射熊館。……令胡人手搏之，自取其獲，上親臨觀焉。……雄從至射熊館，還，上《長楊賦》”[②]。由此可見，《漢書·成帝紀》元延二年（前11）的記事（“冬，行幸長楊宫，從胡客大校獵。宿萯陽宫，賜從官”[③]）就指《校獵賦序》說的“其十二月”，成帝讓胡人在長楊宫打獵，觀察此事。

如上所述，成帝是一位喜歡郊外祭祀和校獵的皇帝，同時也喜歡辭賦。他舉行多次郊祀的原因，可能是基于改革宗廟禮制的問題。因爲當時在甘泉、河東、雍，或在長安的南郊和北郊，在哪裏舉行郊祀意義不一樣。也可能是成帝没有繼承人，就要祈禱上天保佑。也可能是爲了陪趙昭儀去甘泉宫游覽，同時也陪着偏愛的班婕妤和男寵張放游覽[④]。揚雄在寫這四篇賦時，意識到這些問題。其中，《甘泉賦》和《河東賦》裝的是成帝改革宗廟禮制的旗幟，而《校獵賦》《長楊賦》則的給成帝的行幸添花的。在《揚雄傳》中，揚雄自己說，他用這四篇賦來諷諫成帝，當他意識到用賦諷諫没有效果時，就斷了賦作的筆，但一個黄門郎所作的委婉諷諫影射有多大可能被成帝接受？揚雄可能認爲皇帝不會接受他的諷諫，衹是在《揚雄自序》裏寫到諷諫意圖罷了。

不過綏和二年（前7）成帝去世，哀帝即位。十八歲的哀帝有慢性疾病，在他七年的統治期間没有一次去郊祀。結果，揚雄失去了像成帝時期那樣陪同皇帝出游的機會，也失去了獻上他作品的機會。又哀帝喜愛“文辭法律”，熟悉《詩經》，不喜歡聲樂，在他登基後不久就廢除樂府[⑤]。哀帝的不出游又不愛賦，肯定導致揚雄决定放棄寫賦獻上。

另外，揚雄在元延二年（前11）成爲黄門郎後，要求朝廷允許他在解除三年的俸禄的情况盡情學習（揚雄《答劉歆書》[⑥]）。他請三年假，閲讀宫廷檔案館的書籍，加深自己的研究。但他衹提到“成爲黄門樓之後”開始研究，所以我們不能瞭解是在他成爲黄門郎之後立即開始研究，或者是當黄門郎過一段時間之後開始研究的。《長楊賦》寫于元延三年，是他成爲黄門郎之後的一年。成帝于元延三年的三年後逝世。如果揚雄在成帝統治的最後三年裏都在自己研究，爲了研究而斷獻賦的筆也是很自然的。

---

① 〔漢〕班固：《漢書》卷八十七上，商務印書館1937年版，第1060—1061頁。
② 〔漢〕班固：《漢書》卷八十七下，商務印書館1937年版，第1065頁。
③ 〔漢〕班固：《漢書》卷十，商務印書館1937年版，第95頁。
④ 關于班婕妤和張放，請參閲《漢書·外戚傳下》《漢書·張湯傳》。
⑤ 〔漢〕班固：《漢書》卷十一，商務印書館1937年版，第97頁。
⑥ 〔漢〕揚雄：《輶軒使者絶代語釋别國方言十三卷》附録，影宋鈔本。

五、哀帝時期的揚雄

成帝在位二十七年去世，十八歲的哀帝即位。哀帝即位後有一些重大變化。在郊祀方面，建平三年（前4），哀帝停止長安南郊和北郊的祭祀活動，恢復甘泉泰畤和汾陰后土。但由于疾病，他在位七年期間從未去過郊祀。另一方面，哀帝召集大量的方術之士，并任命京師諸縣的侍祠使者，恢復前世所有的諸神祠官，凡七百餘所，一年三萬七千祠（《漢書·郊祀志》）[①]。又哀帝隨李尋奏上的夏賀良的讖言改變年號，但没有得到回應。原因是不遵守經文，不符合時宜。因此夏賀良被處死，李尋被流放[②]。

哀帝的登基也對王氏一族産生了深遠的影響。王氏家族憑借元后即成帝的母親王政君的權勢而繁榮起來，而哀帝是元帝和傅氏家族的孫子，也是定陶公和丁氏家族的兒子。换句話説，哀帝的登基導致傅氏和丁氏的崛起，與哀帝没有密切血緣關係的王氏則衰落。綏和二年（前7）四月哀帝即位，到秋天曲陽侯王根和成都侯王況被定罪，被迫離開京城，王況被貶爲庶人（《漢書·哀帝紀》）[③]。接替王根擔任大司馬的王莽于十一月引起了傅太后的憤怒被免職（《漢書·王莽傳》）[④]。

建平二年（前5），揚雄對哀帝的下問回答“鼓妖”（《漢書·五行志》所收《對哀帝問灾異》）[⑤]，建平四年寫《諫勿許匈奴朝》奏上，得到了哀帝的批准，賜帛五十匹和黄金十斤（《漢書·匈奴傳》）[⑥]。我們要注意哀帝下問回答“鼓妖”的這件事是上面提到的李尋也一起回答了的。李尋後來因讖言而被流放。但在過去李尋深受哀帝的信任，哀帝會立即向李尋詢問任何異常事件，而李尋的答案往往是準確的（《漢書·李尋傳》）[⑦]。這意味着，雖然揚雄不再寫獻賦，但他和李尋都在哀帝身邊服務，并向哀帝提出意見。因此要理解雖然揚雄在哀帝時期（前7—1）没晋升，衹寫下《太玄》《解謿》（《揚雄傳》）[⑧]，但他并不一定一直不出去，都在自己家裏“默然獨守吾太玄”[⑨]。

以王莽爲中心的王氏一族從成帝過渡到哀帝之間，正處于動蕩之中。但揚雄在成帝時期成爲王氏一員王音的門下史，受到推薦當待詔，在哀帝時期揚雄跟哀帝親信的李尋回答下

① 〔漢〕班固：《漢書》卷二十五下，商務印書館1937年版，第294頁。
② 〔漢〕班固：《漢書》卷七十五，商務印書館1937年版，第937—938頁。
③ 〔漢〕班固：《漢書》卷十一，商務印書館1937年版，第98頁。
④ 〔漢〕班固：《漢書》卷九十九上，商務印書館1937年版，第1241頁。
⑤ 〔漢〕班固：《漢書》卷二十七中下，商務印書館1937年版，第356頁。
⑥ 〔漢〕班固：《漢書》卷九十四下，商務印書館1937年版，第1155—1157頁。
⑦ 〔漢〕班固：《漢書》卷七十五，商務印書館1937年版，第937頁。
⑧ 〔漢〕班固：《漢書》卷八十七下，商務印書館1937年版，第1067頁。
⑨ 〔漢〕班固：《漢書》卷八十七下，商務印書館1937年版，第1072頁。

問，可以説揚雄在成帝、哀帝朝的宫廷生活確實很踏實。班固説揚雄“三世不徙官”(《揚雄傳贊》)①，不過我們可以理解爲揚雄在成帝到哀帝的時局動蕩之中，一直保持没動黄門郎的地位。揚雄儘管受到王音的親信，但没有被迫離開他的地位。此外，揚雄著作的《太玄》也可以説是符合喜愛方術的哀帝的嗜好。

六、王莽時期的揚雄

哀帝去世後，元壽二年（前 1）平帝即位，這時揚雄五十三歲。到天鳳五年（後 18）揚雄七十一歲逝世時，王莽一直專權跋扈。這十九年間揚雄的主要活動和著作如下。括號内表示繫年根據。

元始年間（1～5）編《訓纂》《蒼頡訓纂》(《漢書・藝文志・小學》)②。

元始四年（4）致力于《法言》的寫作（《法言・孝至》)③。

元始五年（5）～始建國四年（12）撰《州箴》(《漢書・王莽傳上、中》)④

始建國一年（9）之前撰《官箴》(《漢書・王莽傳中》)⑤。

[居攝一年（6）孺子嬰立皇太子]

初始一年（8）、始建國一年（9）[王莽篡漢建立新朝]

揚雄成爲中散大夫（《漢書・揚雄傳贊》《劇秦美新》)⑥。

這年以後撰《劇秦美新》(《劇秦美新》)⑦。

始建國二年（10）于天禄閣投身（《漢書・揚雄傳贊》《漢書・王莽傳中》)⑧。

---

① 〔漢〕班固:《漢書》卷八十七下，商務印書館 1937 年版，第 1072 頁。

② 〔漢〕班固:《漢書》卷三十，商務印書館 1937 年版，第 440—441 頁。

③ 〔漢〕揚雄:《揚子法言》卷十三，《四部叢刊》本，商務印書館 1919 年刊，第 4 葉，有“漢興二百一十載而中天其庶矣乎”。

④ 《州箴》的制作時期是在十三州改爲十二州的元始五年（5）以後，以十二州改爲九州的始建國四年（12）之前。前者《漢書・王莽傳上》有“（元始五年）漢家地廣二帝三王，凡十三州，州名及界多不應經。堯典十有二州，後定爲九州。漢家廓地遼遠，州牧行部，遠者三萬餘里，不可爲九。謹以經義正十二州名分界，以應正始”。(〔漢〕班固:《漢書》卷九十九上，商務印書館 1937 年版，第 1254 頁)。後者《王莽傳中》有“（始建國四年）其以洛陽爲新室東都，常安爲新室西都。邦畿連體，各有采任。州從禹貢爲九，爵從周氏有五”。[〔漢〕班固:《漢書》卷九十九中，商務印書館 1937 年版，第 1272 頁。又請參閲譚其驤:《新莽職方考》,《二十五史補編》本，中華書局 1955 年版，第 1734—1746 頁]

⑤ 《官箴》的制作時期在始建國元年（9）改變官名以前。《漢書・王莽傳中》始建國元年記載《官箴》裏關于大司農、太常、大鴻臚、少府、光禄勳、太僕、衛尉、執金吾稱呼的改變。(〔漢〕班固:《漢書》卷九十九中，商務印書館 1937 年版，第 1263 頁)

⑥ 〔漢〕班固:《漢書》卷八十七下，商務印書館 1937 年版，第 1072 頁。〔梁〕蕭統《宋尤袤刻本文選》卷四十八，《國學基本典籍叢刊》本，國家圖書館出版社 2017 年版，第 144 頁。

⑦ 〔梁〕蕭統:《宋尤袤刻本文選》卷四十八，國家圖書館出版社 2017 年版，第 144 頁。

⑧ 〔漢〕班固:《漢書》卷八十七下，商務印書館 1937 年版，第 1072 頁。〔漢〕班固:《漢書》卷九十九中，商務印書館 1937 年版，第 1270—1271 頁。

始建國五年（13）受王莽之詔，撰《元后誄》（《漢書・元后傳》）①。

這時期的揚雄著作中最重要的是《法言》。其他著述有《訓纂》《蒼頡訓纂》《州箴》《官箴》《劇秦美新》《元后誄》，基本上都是儒學方面的著作。王莽主張"制禮作樂，講合六經之説"的儒家古文學派②。《州箴》《官箴》《劇秦美新》《元后誄》都跟王莽的政策有關，而事王莽的揚雄應該要撰這些文章。在《法言》中揚雄表揚王莽，這時期的著作符合王莽的思想③。這不一定是迎合王莽的，揚雄晚年思想肯定有變化，并愛好儒學的。

小 結

以上綜述，成帝時期揚雄作四大賦和《趙充國頌》［元延二年至綏和二年（前 11～前 7），《漢書・趙充國傳》］④。哀帝時揚雄撰《太玄》《解謿》《對哀帝問灾異》《諫勿許匈奴朝》。就可以説揚雄在成帝朝撰辭賦和頌，是因爲成帝偏愛賦、頌。在哀帝朝主要撰灾異和術數學方面的著述，是因爲哀帝喜愛方術學。而王莽期揚雄作儒學方面的著作，是因爲王莽推進儒家古文學。看來這些揚雄的著作趨勢符合各個時期主君的宗旨。但我們不能判斷是不是偶然符合的，或揚雄適應時代變化的。

揚雄獻上《長楊賦》後放棄獻賦，給哀帝獻上對問、提意見，給王莽獻《州箴》《官箴》《劇秦美新》《元后誄》。揚雄事成帝、哀帝、王莽，一直在朝廷撰文。獻上賦、頌、文奏、美文等，都是宫廷作家要寫的。班固批評揚雄没晋升説："三世不徙官"⑤。不過"三世不徙官"又意味着在成帝、哀帝、王莽各時期的政局動蕩之中，揚雄的宫廷生活很踏實，可以認爲揚雄一直守"玄"安定⑥。

（作者單位：日本小樽商科大學）

① 〔漢〕班固：《漢書》卷九十八，商務印書館 1937 年版，第 1239 頁。

② 〔漢〕班固：《漢書》卷九十九中，商務印書館 1937 年版，第 1277 頁。

③ 〔漢〕揚雄：《揚子法言》卷十三，商務印書館 1919 年刊，第 4 頁，有"周公以來，未有漢公之懿也，勤勞則過於阿衡"。

④ 〔漢〕班固：《漢書》卷六十九，商務印書館 1937 年版，第 866 頁。

⑤ 〔漢〕班固：《漢書》卷八十七下，商務印書館 1937 年版，第 1072 頁。

⑥ 〔漢〕班固：《漢書》卷八十七下，商務印書館 1937 年版，第 1072 頁《解謿》末句有"默然獨守吾太玄"。

巴蜀歷史記憶與《録異記》的歷史叙事

楊　民

内容提要：《録異記》是五代前蜀道門領袖杜光庭撰寫的一部志怪小説集。杜光庭爲化解前蜀朝廷的現實政治困境，在書中着意對巴蜀地區“正統性”文化元素進行挖掘，甚至借鑒蜀地讖緯方術傳統爲前蜀政權造勢。另一方面，《録異記》一書偏好對巴蜀地方“奇人奇事”進行書寫，糅合了大量荒誕不經、怪異神秘的神異故事，在寫法上延續了蜀地史家“好奇、多雜”的書寫風格，這是巴蜀漢晋時期歷史政治、宗教信仰等文化傳統在唐末五代的多維映射，蕴含着巴蜀地區久遠和豐富的歷史記憶。

關鍵字：《録異記》；巴蜀歷史記憶；歷史叙事

唐末喪亂期間，長安道士杜光庭（850—933）入蜀避難，最後出仕前蜀直至去世。在蜀期間，杜光庭勤于編纂道經，其中，他按照仙、異人、忠、孝、感應、異夢、鬼神、龍、異虎、異龜、異黿、異蛇、異魚、洞、異水、異石、墓等十七類“異事”述怪搜奇，編次成一部記載變異事件與異常現象的專門著作《録異記》①。

《録異記》問世之後，對于該書是屬于神仙玄異的志怪文學作品，還是屬于明道宣教的道家文獻，學界争議一直不斷②。我們認爲，如果把文學與宗教的構建理解爲一個民族加工整理并且傳播的歷史記憶，那麽《録異記》則具有相應的史學價值和意義，其成書本身就是歷史的一部分。杜光庭在《録異記》的撰述中，就十分强調該書的史學功能，并賦予其拾遺補缺的使命。他在《録異記·叙》中寫道：“怪力亂神，雖聖人不語，經誥史册，往往有之”，并且提及《録異記》中集録的内容或“徵於聞見”，或“采諸方册”，而他著作該書的

① 〔唐〕杜光庭撰，羅争鳴輯校：《録異記》，《杜光庭記傳十種輯校（上）》，中華書局2013年版，第1—138頁。

② 羅争鳴：《〈録異記〉性質探析》，《宗教學研究》2005年第2期。

目的之一是保存“今古所載”，期許“庶好事者無忘於披繹焉”。我們發現，在文學與宗教色彩的掩映下，《録異記》書中所記異事，相當一部分素材是唐末五代時期蜀地的事例，“然則雖多言唐蜀，實擬古之作”①。在叙奇述怪的書寫叙事背後，是巴蜀漢晋時期歷史政治、宗教信仰等文化傳統在唐末五代的多維映射，藴含着巴蜀地區久遠的歷史記憶與豐富的地域文化内容。

一、《録異記》對巴蜀地區“正統性”文化元素的挖掘

東晋常璩所著的《華陽國志》是我國現存最早的一部地方志專著，被公認爲是最權威記録巴蜀古史的古代文獻。常璩曾擔任成漢政權皇宫主管巴蜀史典的史官，留意方隅掌故，見聞豐富，廣采前人著述。《華陽國志》記載着遠古至東晋巴蜀各州歷史、著名山川，各地風俗、物産、古迹及歷史人物，特别該書在内容編纂上突出歷史、地理、人物的三結合，以地域爲中心承載歷史變遷，這是方志史上的首創。常璩《華陽國志》的創作，體現出蜀地文人深厚的地方意識，包含着對巴蜀地區所謂“正統性”問題的深切思考。

常璩世爲蜀郡江原縣巨族，晋世戰亂之時隨族依附青城天師道教主范長生以自存，後又在成漢朝中爲史官，他在《華陽國志》中對成漢政權的記載最爲詳細。兩晋十六國時期政局紛亂多變，動蕩不安，成漢國的建立及維持，宗教與政治的結合是一個不可忽視的因素。本身信奉天師道的李氏流民集團，通過與青城山天師道領袖范長生結盟，利用范長生的宗教影響力來增强自己的軍事與經濟實力，最終形成對抗中央勢力的政教合一政權②。值得提及的是，成漢政權的這一政治特點，被後來杜光庭所注意。

杜光庭在《録異記》卷二“異人”一類中記載了巴人英雄祖先廪君率領巴人繁衍生息的早期歷史傳説。爲何《録異記》在“異人”類第一條即收録廪君的事迹，似乎説明杜光庭要在廪君與其後人李特建立的成漢政權之間建立某種歷史連接。唐末五代時期，中原長期戰亂，前蜀割據益州，杜光庭作爲前蜀宫中道士，亦在思考如何爲偏處一隅的前蜀政權造勢，使前蜀在政治上擁有獨立的正統地位。在杜光庭看來，在巴蜀這一文化傳統深厚的區域，其豐富的地方歷史資源可以爲己所用。杜光庭通過《録異記》對李特先祖廪君進行記載與追憶，試圖指出前蜀欲在益州取得統治的合法性，有必要仿效李氏集團與天師道形成彼此共生之關係，建立政教合一的政權。而被李雄尊爲“四時八節天地太師”的青城山道士范長生，其在政教之間游刃有餘的風光經歷，則成爲杜光庭本人最佳的仿效對象。

---

① 李劍國：《唐五代志怪傳奇叙録（增訂本）》，中華書局 2017 年版，第 1448 頁。

② 唐長孺：《范長生與巴氏據蜀的關係》，《魏晋南北朝史論叢續編》，生活·讀書·新知三聯書店 1959 年版，第 155—162 頁。

舊題西漢揚雄所著的《蜀王本紀》一書[①]，在撰述蜀地歷史的演進過程中，將蜀人早期的歷史綫索有意與黄帝、大禹攀附連接，認爲蜀人是黄帝和大禹後裔，其目的是要建立蜀地新的歷史記憶，把巴蜀歷史納入中原正統的歷史演進綫條中。比較有意思的是，《録異記》卷一“仙”類的第一則故事是“鬼谷先生”。傳説鬼谷先生姓王名詡，隨“老君西化流沙”，居“漢濱鬼谷山”傳道，“鬼谷山”大概在漢中一帶。杜光庭認爲鬼谷先生王詡是前蜀皇帝王建的祖先，而且還將王詡納入自己編纂的道經《王氏神仙傳》中[②]。杜光庭將鬼谷先生與前蜀“受命”一事相連接，似乎與揚雄《蜀王本紀》的書寫思路頗爲類似，他認爲血緣和地緣關係上的密切聯繫可以成爲論述“正統性”的有利證據之一。

不過，王建前蜀政權未能居于中土，這的確不利于王建稱帝“合法化”的歷史叙事。如何論證前蜀在偏居西南一隅的蜀地具有“受命”的合理性，杜光庭在《録異記》卷二《異人》“黄齊”條中安排了“好道”之人黄齊屢見“異人”這則故事。在故事中，出現在朝天嶺的“異人”老者告訴黄齊曰：“蜀之山川是大福之地，久合爲帝王之都。多是前代聖賢鎮壓崗源，穿絶地脉，致其遲晚。凡此去處，吾皆知之。又蜀字若去蟲著金，正應金德久遠，王於西方，四海可服。”在“好道”之人黄齊與“異人”的對答中，作爲“異人”的朝天嶺老者已經把蜀地定義爲一塊“聖地”，在蜀地建立的政權，自然具有獨立王國的正統地位。在這則故事中，杜光庭通過朝天嶺老者之口，針對王建據蜀統治是否爲天命所歸這一問題，很委婉地代替自己作了答復。

二、《録異記》對巴蜀地區讖緯學術傳統的呼應

常璩精通文史，兼及讖緯、五行、天文、易象之説，在《華陽國志》等史志編纂中，匯録了相當部分巴蜀地區的“陰陽神變之事、吉凶兆朕之符”[③]。這些内容，不僅有助于保存古代巴蜀之歷史記憶，而且也成爲後人“録異”中所徵引和擷取的重要素材。例如常璩在記述巴蜀文化的起源時，非常强調巴蜀是炎黄後裔，與中原關係同源同宗。常璩認爲巴蜀是人皇之後，所居的華陽梁岷屬于九囿即九州之地。而《華陽國志》提及的“人皇九囿”之説，即出于《春秋緯》等緯書中[④]。

杜光庭《録異記》雖不是專門記載蜀中異事的著作，但諸多蜀地歷史上的異聞、聖賢人物掌故以及當地的神仙玄怪故事，成爲杜光庭撰寫宣教作品的絶佳素材。在《録異記》搜列

① 孫遠：《〈蜀王本紀〉著者考》，《瓊州學院學報》2015年第1期。
② 嚴一萍編：《道教研究資料（第一輯）》，臺北藝文印書館1974年版，第2—4頁。
③ 〔唐〕杜光庭撰，羅争鳴輯校：《録異記》，《杜光庭記傳十種輯校（上）》，中華書局2013年版，第13頁。
④ 〔宋〕李昉等：《太平御覽》卷七十八《皇王部》三，中華書局1960年版，第363頁。

的衆多異事中，有部分内容與前蜀政權確立時不斷出現的圖讖瑞應有關。《録異記》卷五《異龜》“龜背金書”條記載前蜀丁卯年（907）也就是前蜀創立那年，在會昌廟城壕邊的土穴中，有一隻龜生了四隻小龜，小龜背上有金書“王”及“大吉”字樣[①]。武成三年（910），廣漢太守孟彦暉上奏説西湖出現金龜，游于荷葉之上[②]。《録異記》卷五《異龜》“羅真人宫白龜”條又記載在前蜀第二位皇帝王衍生日那天，堋口（今都江堰）鎮將王彦徽在羅真人宫得到白龜，并將其進獻給了皇帝[③]。除了靈龜之外，《録異記》書中還記録有游龍出現。靈龜、游龍是傳統的祥瑞之物，它們在前蜀兩位皇帝即位時“恰當”地出現，這對于王建、王衍父子掌控政局起到了輿論上的造勢作用。

《録異記》所列舉的自然以及人世間的變異現象，正如杜光庭所論，多與“六經、圖緯、河洛之書”相關[④]。需要注意的是，杜光庭爲唐末五代蜀地道教界領袖，其渲染神異的言行、著述等活動不僅有助推輿論的政治目的，而且也頗與蜀地漢代以來“外表經學、内裹讖緯”的地方學術風氣相呼應。

至遲從秦代開始，被稱爲“内學”的讖緯之學逐漸發端，讖緯學説在研究灾異變動等現象時，吸收了方士文化中符瑞、預言等内容，從出現以來便與政治密切結合。其學説大講灾異，推演比附，以陰陽數術、符應天命爲解釋手段來演繹經義、論説灾變，進而言及政治問題，已成爲相當普遍的現象。

漢晋時期巴蜀地區儒風彌漫，士人普遍習經，今文經學成爲主流。益州的今文經學者，形成巴西譙氏和廣漢楊氏兩大派别，特别是楊門學派，學術風格具有“外表經學、内裹讖緯”的明顯特徵，其門人長于陰陽灾異消伏之法，知曉天文推步之術，所産術士衆多，一度聞名朝野[⑤]。東漢中期以後，朝廷對星氣讖緯的信仰和興趣已逐漸減弱，不過蜀地修學“内學”的風氣依然濃厚。據《三國志·劉焉傳》記載，廣漢楊門弟子董扶精通圖讖之學。在漢靈帝死前一年，董扶預料到天下將亂，便以“益州分野有天子氣”的讖言勸説太常劉焉入據益州，對漢末巴蜀地方政局造成深刻影響[⑥]。劉備入蜀後，蜀中本地官員劉豹、張裔等人上表勸進劉備稱帝，表中言辭全部采用讖緯與天文望氣之説，竭力爲劉備在蜀中稱帝製造輿論[⑦]。

西晋泰始三年十二月（267），晋武帝下詔“禁星氣讖緯之學”，[⑧] 結束讖緯之學繁榮的歷史。不過《華陽國志》卷八《大同志》記載：“蜀自太康至於太安，頻怪異”[⑨]，蜀中多有

---

① 〔唐〕杜光庭撰，羅争鳴輯校：《録異記》，《杜光庭記傳十種輯校（上）》，中華書局 2013 年版，第 67 頁。
② 〔唐〕杜光庭撰，羅争鳴輯校：《録異記》，《杜光庭記傳十種輯校（上）》，中華書局 2013 年版，第 65 頁。
③ 〔唐〕杜光庭撰，羅争鳴輯校：《録異記》，《杜光庭記傳十種輯校（上）》，中華書局 2013 年版，第 67 頁。
④ 〔唐〕杜光庭撰，羅争鳴輯校：《録異記》，《杜光庭記傳十種輯校（上）》，中華書局 2013 年版，第 13 頁。
⑤ 陳國燦：《略論漢魏時期的巴蜀學派》，《浙江師大學報（社會科學版）》1997 年第 4 期。
⑥ 〔晋〕陳壽：《三國志》卷三十一《劉焉傳》，中華書局 1959 年版，第 865 頁。
⑦ 〔晋〕陳壽：《三國志》卷三十二《先主傳》，中華書局 1959 年版，第 887—888 頁。
⑧ 〔唐〕房玄齡等：《晋書》卷三《武帝紀》，中華書局 1974 年版，第 56 頁。
⑨ 〔晋〕常璩撰，劉琳校注：《〈華陽國志〉校注（修訂版）》，成都時代出版社 2007 年版，第 358 頁。

怪誕異事發生。在西晋末年全國陷于大亂時，讖緯之風在蜀地又起。當時蜀地散布着譙周的一則讖言，稱説譙周言其死後三十年，當有異人入蜀，蜀由之亡[1]。這條讖言在李氏興起據蜀時流傳，與漢末中原亂局下劉焉、劉備等外來勢力入蜀時産生的讖言有較爲類似的時局背景。

杜光庭生逢唐末五代亂世，天下群雄割據自立，政治區域化特徵明顯。杜光庭出仕前蜀，自當爲前蜀政權的正當性尋找合理依據。種種迹象表明，杜光庭很有可能是前蜀系列讖緯事件製造者之一。杜光庭在蜀中生活多年，漢代以來蜀地“外表經學，内裹讖緯”的地方學術風氣，特别是漢晋時期蜀人利用讖緯學説爲地方政權更迭製造輿論的前例，對其應該有一定的影響。杜光庭在《録異記》中收羅了不少蜀地的圖讖瑞應材料，這固然與其致力于編撰道經、宣揚道門靈驗的目的有關，同時也折射出杜光庭借鑒蜀地讖緯方術傳統以諂媚皇權的種種努力。

三、《録異記》對巴蜀地區“好奇、多雜”叙史風格的承繼

《華陽國志》與《蜀王本紀》是記載和研究古代巴蜀歷史的重要史料。顧頡剛先生曾對二書整理史料之方法有過比較。他認爲《蜀王本紀》收羅了蜀地流傳廣泛的神話故事、民間傳説和歷史掌故，其中很多是怪異不經之言，而《華陽國志》則秉持“子不語怪、力、亂、神”之訓，注重歷史叙事的雅馴，將蜀中神話性之故事悉予删改[2]。

顧頡剛先生雖然指出《華陽國志》與《蜀王本紀》二書在歷史叙事上的差異之處，不過我們發現，就如何處理巴蜀古史中怪誕異聞内容，二書的關聯性還是比較明顯的。《蜀王本紀》《華陽國志》二書都夾雜一些軼聞詭談、奇人異事，在書寫中帶有“好奇、多雜”的風格。《蜀王本紀》就像一部史體志怪小説，全文記載了蠶叢、魚鳧、望帝化杜鵑、鱉靈、石牛、五丁力士、武都山精等故事。劉知幾曾經批評揚雄嘲笑司馬遷記史“愛奇、多雜”，但實際上，劉知幾認爲揚雄所著的《蜀王本紀》也很難超脱其外[3]。常璩在《華陽國志》書中記蜀地早期歷史“魚鳧得仙道”“子鵑鳥鳴”“山精化女子”等民間故事，其與更早的《蜀王本紀》所記之故事，有着明顯的相承關係。這些神異色彩濃厚的民間傳説故事，被常璩剪裁取捨之後，成爲填補巴蜀漶漫不清歷史記憶的重要材料。

---

① 〔晋〕常璩撰，劉琳校注：《〈華陽國志〉校注（修訂版）》，成都時代出版社2007年版，第358頁。

② 顧頡剛：《〈蜀王本紀〉和〈華陽國志〉所記蜀國事》，《論巴蜀與中原的關係》，四川人民出版社2019年版，第94—102頁。

③ 〔唐〕劉知幾撰，〔清〕蒲起龍通釋，吕思勉評：《史通》卷十八《雜説下第九》，上海古籍出版社2008年版，第380頁。

巴蜀地區自古巫鬼神仙之風盛行，地域文化中神仙方術内容突出①，特别是漢代以來，漢末道家思想構成巴蜀地區思想文化的基礎，同時也是全國重要的傳播和弘揚地區。《華陽國志》叙史較《蜀王本紀》而言，取材已經較爲嚴謹詳審，不過在巴蜀地區方術神仙文化的影響下，常璩在《華陽國志》中多次記録西南地區的妖巫鬼神文化，例如蜀郡僰道縣民衆“失在征巫，好鬼妖”②，南中地區“俗妖巫，惑禁忌，多神祠”③。《華陽國志》對巴蜀地區怪異事迹以及諸多巫術多加收録，描繪和揭示巴蜀地區有關山神水精、靈龜犀馬，甚至鐵神、銅神等地方原始崇拜現象，向世人呈現出巴蜀地區獨特的鬼神信仰觀念和濃厚的神靈崇拜習俗④。

杜光庭在《録異記》中大量收羅了蜀地蟲魚蛇龜、山石、河流以及古墓等諸多神奇“異物”，其目的固然有製造政治輿論的考量，但另一方面，杜光庭“漂寓”蜀地多年，不能不受到蜀地世代相承神仙方術思想的影響。杜光庭在《録異記》的寫法上取法史書，薈集蜀地山川鬼神、動植異物，特别是出于對巴蜀地方“奇人奇事”的偏好，在文中糅合了大量荒誕不經、怪異神秘的神異故事，在一定程度上與蜀地史家“好奇、多雜”書寫風格是多有内在聯繫的⑤。

比較有趣的是，《蜀王本紀》《華陽國志》等地方性史著作品的撰述，除了要關注風土風貌、民俗物産外，還具有編纂内容平民化的特徵，即在記述内容的選取和語言文字的運用上，不僅讓作品充滿了趣味性與可讀性，更是兼顧廣大民衆的獵奇心理和談鬼説神的愛好。杜光庭在《録異記》的編寫中也儘量迎合平民大衆嗜奇的心態，在書中大量載入光怪陸離的奇幻異事。相比晦澀深奥的道門經典，“好奇多雜”色彩濃郁的神仙道術故事，作爲宣教工具，更能達到明道輔教的功利目的，也進一步擴大道門在民間社會的文化影響力。

法國學者傅飛嵐曾指出，在《録異記》現存162則異事中，大約有70至80則故事内容與蜀有關，因此他認爲杜光庭試圖將蜀地描繪成一塊“聖地”，進而使蜀國能在政治上取得獨立王國的正統地位⑥。的確，在《録異記》看似混亂雜蕪的結構與内容背後，宗教家杜光庭用志怪小説中的“史筆”，希望構建出一個理想的國度。在這一地方，天命歷數决定地方政治的興衰成敗，神仙異人控制地方的治亂安危，忠臣孝子的言行影響地方的風土民情，甚至是這個地方的山水洞穴和動植物的特性，亦能促進對地方政治的“群體認同”。而杜光庭

① 《後漢書·方術傳》中所收録的全國方術士32人，主要分布在五個地域，即黄淮地區、巴蜀地區、三輔地區、吴會地區、燕代地區，其中巴蜀地區（益州）占第一位，有8人之多，占總數的四分之一。在巴蜀地區的而《華陽國志》所載巴蜀地區的方術士比這個數字還多。

② 〔晋〕常璩撰，劉琳校注：《〈華陽國志〉校注（修訂版）》，成都時代出版社2007年版，第146頁。

③ 〔晋〕常璩撰，劉琳校注：《〈華陽國志〉校注（修訂版）》，成都時代出版社2007年版，第220頁。

④ 才穎、羅業愷：《從〈華陽國志〉看西南地區的原始崇拜》，《宗教學研究》2011年第3期。羅業愷：《論〈華陽國志〉中的巫術》，《内江師範學院學報》2012年第9期。

⑤ 房鋭：《〈録異記〉與巴蜀歷史文化》，《中華文化論壇》2014年第11期。

⑥ 傅飛嵐（Franciscus Verellen）：《蜀—杜光庭〈録異記〉裏的“聖地”》，林富士、傅飛嵐主編《遺迹崇拜與聖者崇拜》，臺灣允晨文化實業股份有限公司2000年版，第298—302頁。

在蜀地的政治經歷以及文化浸染，導致其“聖地”想像離不開巴蜀地區的歷史時空記憶。杜光庭爲化解蜀地偏安小朝廷的現實政治困境，在編纂《録異記》時對巴蜀地域文化元素多有汲取與承繼，正是因爲巴蜀地區悠久的地域文化傳統與豐厚的歷史積澱，在相當程度上使得杜光庭能够在“記録異事”的基礎之上，超現實地構建出他心目中的天下“聖地”。

（作者單位：四川大學歷史文化學院）

論楊慎的古文選本

白建忠

内容提要：楊慎的古文選本有四種，主要選録先秦兩漢的文章，如《金石古文》《古文韻語》，與當時文壇盛行的"文必秦漢"的風尚比較一致。楊慎有的古文選本還選録了六朝的文章，如《古雋》《赤牘清裁》等，從中可以看出楊慎古文觀念的通達。楊慎通過編選古文，提倡博學求實的學風，反對空疏不學的風氣，同時也反映出他對古雅奇雋的文辭的偏愛。楊慎的古文選本在文獻輯録、文章理論、文獻考證等方面具有一定的價值。楊慎有的古文選本具有開創性的價值，并對後世同類型的選本産生了很大影響。

關鍵字：楊慎；古文；選本；求實；奇雋

楊慎（1488—1559），字用修，號升庵，四川新都人，明代著名的學者與文學家。楊慎一生著述宏富，其中有一些是文學選本。所謂"文學選本"，是指楊慎按照一定的標準，從前代或前人（包括明代或明人）的著述中選出若干作品，以一定體例編排而成的作品集。據筆者統計，楊慎的文學選本達 46 種，在楊慎的文學選本中，古文選本有四種①，分别是《古雋》《古文韻語》《金石古文》《赤牘清裁》②。楊慎從小便開始學習古文。楊慎四五歲時，學習《尚書》。楊慎十二歲時，擬作《古戰場文》，又擬作《過秦論》。楊慎在《丹鉛總録》卷十二《過秦論》中回憶説："慎弱冠歲，未習舉子業而好古文，每妄擬名賢之作。"③ 楊慎十四歲時入李東陽門下，擬諸葛亮《出師表》及傅奕《請汰僧尼表》，李東陽覽之，"謂不减

① 本文所謂的古文主要是指先秦兩漢以來的散體文。所謂的古文選本是指專門以輯録古文爲主的選本，楊慎還有《汪白泉先生選稿》《執齋先生選集》《張愈光詩文選》等選本，其中選有汪文盛、劉玉、張含的古文，不在本文探討的範圍之内。

② 《經義模範》一卷，前有王廷表序，稱此書得之楊慎，但王廷表在序中未明言是楊慎所選，疑該書并非出自楊慎之手。參見王文才：《楊慎學譜》，上海古籍出版社 1988 年版，第 372 頁。

③ 〔明〕楊慎著，王大淳箋證：《丹鉛總録箋證》，浙江古籍出版社 2013 年版，第 463 頁。

唐宋詞人”[①]。楊慎對古文多所研讀，在《丹鉛》諸録中，有《古文多倒語》《古文之奥》《古文用之字》《古文不厭重復》《古文八字四韻》《古文人名與字并用》等條目。本文主要對楊慎的古文選本作出探討。

一、《古雋》

《古雋》八卷，現存明刻本、《函海》本、《叢書集成初編》本等。何謂“古雋”?《漢書》卷四十五《蒯通傳》曰：“通論戰國時説士權變，亦自序其説，凡八十一首，號曰《雋永》。”顔師古注曰：“雋，肥肉也。永，長也。言其所論甘美，而義深長也。”[②]“雋”，本意是肥美之肉，引申爲優美之意，“古雋”是指古雅且優美的言語。

清代李調元《古雋序》云：“前唐馬總有《意林》五卷，皆摘諸子語，然未有成段篇者。此則一段一篇皆摘之，其體例又在《意林》之上。”[③]楊慎編選《古雋》，受到了馬總《意林》的影響。南朝庾仲容曾抄寫諸子書三十卷，唐代馬總嫌其繁簡失當，遂增損庾書，編成《意林》一書，是書取先秦以來諸家雜記七十餘家，摘其要語，“多者十餘句，少者一二言”[④]，“然未有成段篇者”，而楊慎的《古雋》乃“一段一篇皆摘之”。楊慎對馬總的《意林》頗爲熟悉。在《丹鉛總録》卷八《秦子符子》中，楊慎分别録了《秦子》與《符子》中的一段話，最後指出馬總的《意林》亦不載[⑤]。在《丹鉛總録》卷十一《古書不知名考》中，楊慎指出《意林》所引《相貝經》，未著作者[⑥]。四庫館臣將《意林》歸入子部雜家類，將《古雋》歸入集部總集類，《意林》注重諸子述道言志之意，《古雋》注重文章之鑒賞與作法，這應該是兩部書的主要不同之處。

李調元《古雋序》云：“《古雋》者，升庵讀諸書，摘録古雋之語，以備觀覽者也。”[⑦]清代阮元《文選樓藏書記》卷二曰：“是書采取諸經、史、子、集雋語，以資考證。”[⑧]楊慎編選《古雋》的目的，一是爲觀覽，二是爲考證，以糾正當時束書不觀的風氣。

《四庫全書總目》卷一九二總集類存目著録楊慎《古雋》，評曰：“雜采周秦漢諸子之文，惟末數篇爲孔融、阮瑀、應瑒諸人雜文，每篇各立標目，不甚分類，亦不甚叙時代，蓋隨手

① 參見王文才：《楊慎學譜》，上海古籍出版社 1988 年版，第 24 頁。
② 〔漢〕班固：《漢書》，中華書局 1962 年版，第 2167 頁。
③ 王文才、張錫厚輯：《升庵著述序跋》，雲南人民出版社 1985 年版，第 236 頁。
④ 〔清〕永瑢等：《四庫全書總目》卷一百二十三，中華書局 2003 年版，第 1060 頁。
⑤ 〔明〕楊慎著，王大淳箋證：《丹鉛總録箋證》，浙江古籍出版社 2013 年版，第 288 頁。
⑥ 〔明〕楊慎著，王大淳箋證：《丹鉛總録箋證》，浙江古籍出版社 2013 年版，第 396 頁。
⑦ 王文才、張錫厚輯：《升庵著述序跋》，雲南人民出版社 1985 年版，第 236 頁。
⑧ 〔清〕阮元著，王愛亭、趙嫄點校，杜澤遜審定：《文選樓藏書記》，上海古籍出版社 2009 年版，第 187 頁。

鈔記之本，後人取而刻之耳。”[①]《古雋》主要選録“周秦漢諸子之文”，也有逸出此者，如第八卷選録了魏應瑒的《文質論》、劉宋何承天的《達性論》等。《古雋》所選文章，有的注明出處，有的未注明出處。在體例方面，《古雋》也有一定的分類觀念，祇是每卷的輯録標準不統一，也没有按照時代的先後次序編排，故略顯雜亂。如第一卷的《五帝銘》《衍湯言》與治國有關，《古遺將禮》《求後古禮》《後夫人進禦禮》《魯師春姜説》與禮有關，《虞巡狩傳》《洪範五行傳》出自《尚書》，《孔子讀詩》《荀子論詩》《毛萇説詩》《文中子論豳風》《劉更生論春秋》與《詩經》《春秋》有關，《何邵公乘馬制》《孔子論禦》《列子説禦》《淮南子説禦》與駕車有關，《荀子論聖人》《荀子引古傳》《荀子引孔子遺言》出自《荀子》。第二卷先是選録三則銘文，次録八則解釋類的文章，次録十二則諫詞類、説詞類的文章，最後一則無法歸類。第三卷的輯録標準較統一，凡二十九則，基本上是論説類、問答類的文章。第四卷選録的主要是叙文。第五卷録自《韓非子》《公孫龍》與《管子》。第六卷除了第一則録自隋王通的《中説》、第八則録自漢劉向的《新序》之外，其餘録自《説苑》與《韓詩外傳》。第七卷録自《吕氏春秋》。以上三卷可以按照出處歸類。第八卷選録的文章，内容較雜，且出處不一，不易歸類。

在《古雋》中，楊慎或注解，或注音，或考證，或評論。下面主要探討楊慎關于文章寫作方面的評語。如第三卷《蘇子説齊閔王》，楊慎評曰：“此策凡二千四百六十八字，極其長衍而典折，精神互應，明哲讀之，惟恐其終篇，千載而下，猶若抵掌。蘇秦文筆妙古今，可以泣鬼神矣。”[②] 楊慎論文主張“辭尚簡要”，他説：“《書》曰：辭尚體要。子曰：辭達而已矣。荀子曰：亂世之征，文章匿采。揚子所云説鈴書肆，正謂其無體要也。”[③] 但通過以上的評語，可以看出，楊慎對長篇大論也并非一概否定，他對于寫得精妙曲折、脉絡分明、首尾一貫的長篇文章，也是贊賞的。同卷還有《韓非子論龜筴鬼神》，論證了占卜和星象的荒誕不實，指出明法親民的重要性，楊慎評曰：“孟子天時地利之説，亦是此意。孟子之言簡而明，韓子之言曲而盡，亦同而意也。”[④] 孟子與韓非子闡釋的道理相同，前者簡而明，後者曲而盡。以上兩則評語，涉及了作文如何處理繁與簡的關係這一問題。下面聯繫楊慎的其他論述對此展開更深入的探討。楊慎《論文》説：

> 論文或尚繁，或尚簡，予曰：繁非也，簡非也，不繁不簡亦非也。或尚難，或尚易，予曰：難非也，易非也，不難不易亦非也。繁有美惡，簡有美惡，難有美惡，易有美惡，惟求其美而已。故博者能繁，命之曰該贍，左氏相如是也，而請客者頃刻能千

---

① 〔清〕永瑢等：《四庫全書總目》，中華書局 2003 年版，第 1745 頁。

② 〔明〕楊慎：《古雋》，據南京圖書館藏明刻本影印，《四庫全書存目叢書》集部第 299 册，齊魯書社 1997 年版，第 30 頁。

③ 〔明〕楊慎：《升庵全集》卷五十二《辭尚簡要》，王雲五主編：《萬有文庫》第 2 集，商務印書館 1937 年版，第 604 頁。

④ 〔明〕楊慎：《古雋》，據南京圖書館藏明刻本影印，《四庫全書存目叢書》集部第 299 册，齊魯書社 1997 年版，第 34 頁。

言。精者能簡，命之曰要約，《公羊》《穀梁》是也，而曳白者終日無一字。奇者工於難，命之曰復奥，莊周、禦寇是也，而郇模、劉煇亦詭而晦。辨者工于易，張儀、蘇秦是也，而張打油、胡釘鉸亦淺而露。論文者當辨其美惡，而不當以繁簡難易也[①]。

楊慎認爲評價一篇文章的優劣，“當辨其美惡，而不當以繁簡難易也”，因爲“繁有美惡，簡有美惡，難有美惡，易有美惡”，“惟求其美而已”。楊慎對劉勰的《文心雕龍》情有獨鍾，他曾評點過《文心雕龍》，楊慎的這一看法應該來自《文心雕龍》。《文心雕龍・總術》説：“落落之玉，或亂乎石；碌碌之石，時似乎玉。精者要約，匱者亦鮮；博者該贍，蕪者亦繁；辯者昭晳，淺者亦露；奥者復隱，詭者亦典。”[②] 篇幅短小，或者文辭繁多未必是好文章，同理，辭義顯露，或者辭義含蓄也未必是好文章。劉勰説的是繁約隱顯，楊慎説的是繁簡難易，但道理是相同的。劉勰《文心雕龍・征聖》説：“故知繁略殊形，隱顯異術，抑引隨時，變通適會。”[③] 楊慎《丹鉛總録》卷十二《莊子》曰：“《莊子・内篇》之文，繁而美者《齊物論》，簡而美者《養生主論》。”[④] 從作文的角度來看，運用繁、約、隱、顯或繁、簡、難、易四種方法，都可以寫出好的文章，關鍵要運用的適宜妥當。楊慎在劉勰所論的基礎上，又提出了一個“美”字。楊慎所謂的“美”，其實就是劉勰所説的“變通適會”。其實，以“美”字論文，在楊慎之前，早已有之。如陸機《文賦》説：“夫放言遣辭，良多變矣。妍蚩好惡，可得而言。”[⑤] 妍，美也。劉勰在《文心雕龍》中，也經常用“美”字論文，如《文心雕龍・銘箴》曰：“義典則弘，文約爲美。”[⑥]《文心雕龍・練字》曰：“兩字詭異，大疵美篇。”[⑦]《文心雕龍・附會》曰：“棄偏善之巧，學具美之績。”[⑧] 文章有繁簡、難易、隱顯等特徵，楊慎用一個“美”字作爲評價的標準，這是楊慎在繼承前人的基礎上，聯繫他本人的創作實踐得出的合理看法。

楊慎有的評語從文法角度作出評論。如《古雋》第六卷《李克論吴亡》：“魏文侯問李克曰：‘吴之所以亡者，何也?’李克對曰：‘數戰而數勝。’文侯曰：‘數勝，國之福也，其獨亡，何也?’李克對曰：‘數戰則民疲，數勝則主驕。驕則恣，恣則極物。罷則怨，怨則極慮。上下俱極，吴之亡猶晚矣，此夫差所以自喪於幹遂。《詩》曰：‘天降喪亂，滅我立王。’” 楊慎評曰：“波瀾全在重疊綱目，去數句，便不成文。”[⑨] 上段文字主要圍繞吴國何以亡展開論述，其中“數戰”“數勝”的字樣反複出現，也就是楊慎所謂的“重疊綱目”。楊慎

① 〔明〕楊慎：《升庵全集》卷五十二，王雲云主編：《萬有文庫》第 2 集，商務印書館 1937 年版，第 593 頁。
② 〔南朝梁〕劉勰著，范文瀾注：《文心雕龍注》，人民文學出版社 1998 年版，第 655 頁。
③ 〔南朝梁〕劉勰著，范文瀾注：《文心雕龍注》，人民文學出版社 1998 年版，第 16 頁。
④ 〔明〕楊慎：《丹鉛總録箋證》，王大淳箋證，浙江古籍出版社 2013 年版，第 440 頁。
⑤ 〔晋〕陸機：《文賦集釋》，張少康集釋，人民文學出版社 2002 年版，第 1 頁。
⑥ 〔南朝梁〕劉勰著，范文瀾注：《文心雕龍注》，人民文學出版社 1998 年版，第 195 頁。
⑦ 〔南朝梁〕劉勰著，范文瀾注：《文心雕龍注》，人民文學出版社 1998 年版，第 624 頁。
⑧ 〔南朝梁〕劉勰著，范文瀾注：《文心雕龍注》，人民文學出版社 1998 年版，第 651 頁。
⑨ 〔明〕楊慎：《古雋》，《四庫全書存目叢書》集部 299 册，齊魯書社 1997 年版，第 82 頁。

對古人文法中的重複或重疊頗十分欣賞。《檀弓》中有一節寫石駘仲卒後，其庶子六人中，五人皆“沐浴佩玉”，惟獨石祈子没有“沐浴佩玉”，這一節不足七十字，但“沐浴佩玉”四字出現了四次。楊慎批曰：“‘沐浴佩玉’，凡四用而不厭其複。使人爲之，則曰五人皆從之，石祈子不從。豈不減省？索然無味矣！《史記》多此等文法。”[①]《史記·平原君虞卿列傳》有毛遂自薦一段，其中平原君對毛遂接連稱了四次“先生”，楊慎評曰：“疊用四‘先生’字，與《檀弓》‘沐浴佩玉’句法同。”[②] 楊慎《丹鉛總録》卷二《禹穴》曰：“古人立言説義理性命，恐其不明，則不厭繁複”。[③] 重複或重疊是古人文法中一種重要的方法。

又《古雋》第八卷司馬法《仁本》曰：“仁見親，義見説，智見恃，勇見方，信見信。内得愛焉，所以守也；外得威焉，所以戰也。戰道不違時，不歷民病，所以愛吾民也；不加喪，不因凶，所以愛夫其民也；冬夏不興師，所以兼愛民也。”楊慎評曰：“文法如竿頭進步，吾民其民，已見彼此，又加一夫，尤妙，末云兼愛民，此句尤難下。”[④] 該段主要論述以民爲本的道理，從“愛吾民”到“愛夫其民”，再到“兼愛民”，層層推進，楊慎的評論可謂剖析毫芒，十分精彩。

楊慎有的評語能發前人之所未發。如《古雋》第五卷《放春》：“桓公放春，三月觀於野。桓公曰：‘何物可比于君子之德乎？’隰朋對曰：‘夫粟内甲以處，中有卷城，外有兵刃，未敢自恃，自命曰粟，此其可比于君子之德乎。’管仲曰：‘苗始其少也，眴眴乎其孺子也，至其壯也，莊莊乎何其士也，至其成也，由由乎兹免，何其君子也，天下得之則安，不得則危，故命之曰禾，此其可比于君子之德矣。’桓公曰：‘善。’”楊慎評曰：“此荀卿諸賦之祖。”[⑤] 荀子寫過《賦篇》，運用隱語的方式描寫了五種事物，分别是禮、智、雲、蠶、針。《放春》出自《管子》，隰朋以粟比于君子之德，管仲以禾比于君子之德，有謎面，有謎底，與荀子《賦篇》的寫法相似。楊慎將荀子諸賦的起源追溯至《管子》，爲賦的起源提供了另外一種頗有見地的看法。

二、《金石古文》

《金石古文》十四卷，明代刻本有兩種，一種是嘉靖十八年（1539）張紀刻本，另一種是嘉靖三十三年（1554）孫昭、李懿刻本。除此之外，還有《函海》本、《四庫全書存目叢書》本、《叢書集成初編》本等。《四庫全書總目》卷一九二集部總集類存目著録是書，曰：

---

① 〔明〕楊慎：《檀弓叢訓》，王文才、萬光治主編：《楊升庵叢書》（一），天地出版社 2002 年版，第 499 頁。
② 〔明〕凌稚隆輯校，〔明〕李光縉增補，于亦時整理：《史記評林》第 5 册，天津古籍出版社 1998 年版，第 330 頁。
③ 〔明〕楊慎著，王大淳箋證：《丹鉛總録箋證》，浙江古籍出版社 2013 年版，第 85 頁。
④ 〔明〕楊慎：《古雋》，《四庫全書存目叢書》集部 299 册，齊魯書社 1997 年版，第 94 頁。
⑤ 〔明〕楊慎：《古雋》，《四庫全書存目叢書》集部 299 册，齊魯書社 1997 年版，第 70 頁。

"是編所采，皆金石之文，上起古初，下迄於漢。"[①] 阮元《文選樓藏書記》卷六曰："是書仿歐陽修《集古録》之例，紀載倉頡迄秦漢各碑刻。"[②] 楊慎的《金石古文》仿歐陽修的《集古録》，以收録秦漢的碑刻爲主，其中也有魏晋時期的碑刻，凡百篇。

楊慎爲何編選《金石古文》，其緣由與目的有三。其一，反對繁縟冗長的文風，崇尚三代、漢魏古雅簡樸的文風。《金石古文》卷三《秦蜀守李冰誓江神碑》："竭不至足，盛不没腰。"還有《秦蜀守李冰湔堋堰官碑》："深淘潬，淺包鄢（潬古灘字，鄢即堰也）。"楊慎評曰："其文又簡古如此，真異人哉。"[③] 又《金石古文》卷四《漢魯相置孔子廟卒史碑》，楊慎説："此碑殘闕，據宋洪丞相《隸釋》録其全文。蓋漢文高古難得，將以供學士大夫之嗜好，而不特此碑然也。"[④] 以上三篇秦漢時期的碑文，楊慎分别用"簡古""高古"進行評論。張紀《刻金石古文序》引楊慎語説："余觀三代之文，休哉！渢渢爾，噩噩爾，不可尚矣。嗣是漢魏之文，去古未遠，而渾厚天成，了無斧鑿之痕也。襞積有年，始克成帙，盍梓諸以廣教。"[⑤] 楊慎曾對宋代以前的文章作過一番評論，他指出宋代歐陽修、蘇軾、曾鞏、王安石的文章不及唐代韓愈、柳宗元的文章，韓愈、柳宗元的文章不及漢代班固、司馬遷的文章，班固、司馬遷的文章不及《春秋》三傳，三傳又不及《春秋》。從言約意豐的角度看，《春秋》的確是當之無愧的。楊慎在《檀弓叢訓序》中將文章分爲四個等級：神、聖、工、巧，他説："《易》之文神，《詩》《書》《春秋》聖也，《檀弓》《三傳》《考工記》工矣，莊、列九流而下，其巧有差。"[⑥]《易》是"文之神"，這是楊慎從文法角度做出的評論。五經是三代之文的典範代表，漢魏之文去三代之文未遠，古樸渾厚，此後，一代之文不如一代之文。李懿《跋金石古文後》説："六朝以降，文體變而麗靡，惟西漢以前爲近古。上溯有周，以及商夏，渾醇古雅，則六經之文，邈乎不可尚已。"[⑦] 楊慎對先秦兩漢文章的推崇，與當時盛行的"文必秦漢"的文壇風尚頗爲一致。

第二，反對空疏的學風。有明一代，楊慎以博學著稱于世，于書無所不讀，他素來反對孤陋不學的風氣。楊慎《陸韓論文》批評當時的士人"以道學自詭"，學問寡陋，作文不過抄襲宋人語録[⑧]。《文字之衰》説："今世學者失之陋"，"失之陋者，惟從宋人，不知有漢唐前説也"。[⑨]《舉業之陋》説："本朝以經學取人，士子自一經之外，罕所通貫。"[⑩] 如《金石古文》中有一些碑刻，歷代幾乎無著録，僅見于此書，這反映出楊慎讀書廣博的一面。張紀《刻金

① 〔清〕永瑢等：《四庫全書總目》，中華書局 2003 年版，第 1745 頁。
② 〔清〕阮元著，王愛亭、趙嫄點校，杜澤遜審定：《文選樓藏書記》，上海古籍出版社 2009 年版，第 441 頁。
③ 〔明〕楊慎：《金石古文》，明嘉靖十八年（1539）張紀刻本。
④ 〔明〕楊慎：《金石古文》，明嘉靖十八年（1539）張紀刻本。
⑤ 〔明〕楊慎：《金石古文》，明嘉靖十八年（1539）張紀刻本。
⑥ 〔明〕楊慎：《升庵全集》卷二，王雲五主編：《萬有文庫》第 2 集，商務印書館 1937 年版，第 19 頁。
⑦ 王文才、張錫厚輯：《升庵著述序跋》，雲南人民出版社 1985 年版，第 185 頁。
⑧ 〔明〕楊慎：《升庵全集》卷五十二，王雲五主編：《萬有文庫》第 2 集，商務印書館 1937 年版，第 593 頁。
⑨ 〔明〕楊慎：《升庵全集》卷五十二，王雲五主編：《萬有文庫》第 2 集，商務印書館 1937 年版，第 600 頁。
⑩ 〔明〕楊慎：《升庵全集》卷五十二，王雲五主編：《萬有文庫》第 2 集，商務印書館 1937 年版，第 601 頁。

石古文序》説楊慎“旁搜遠取，極于深山窮谷，古文至此翕然大備，搜獵之功，富且奇矣”[①]。《金石古文》卷十四録《漢析里郙閣頌》一文，其中有“醳散關之嶄漯，徙朝陽之平燠”二句，宋代歐陽修“莫詳其義”[②]，楊慎對這二句作了詳細的解釋，得到了許多人的贊同。

第三，欣賞新奇雋永的文辭。楊慎《水經碑目引》：“陸士衡曰：‘碑披文以相質。’持此言也，以觀於先秦兩漢之石刻，其辭用韻，如《劉熊碑》末之三詩皆四言，《費鳳别碑》石子才所制，終篇皆五言，尤爲奇雋，披文之類也。”[③]《金石古文》卷七、卷八分别選録了《劉熊碑》與《費鳳别碑》，這兩篇碑文的文辭“尤爲奇雋”，得到了楊慎的贊賞。可以説，對工整華美的辭藻的喜愛，是楊慎論文一貫的主張。

《金石古文》具有重要的文獻價值。明代康萬民《石墨鎸華序》説：“自永叔、明誠暨玄敬、用修裒集金石，表章大雅，詎不偉歟。”[④] 清代李遇孫《金石學録·凡例》説：“金石至宋歐陽氏而始集其成，文忠以還，長睿、德甫、景伯、順伯諸公無不專門名家，研精考究。金元寥寥數人，至明之玄敬、升庵、子函、允伯諸公出，又皆博覽旁收，立言有據。”[⑤] 在金石文獻的輯録方面，楊慎上承宋人，下啓清人，功不可没。

三、《赤牘清裁》

《赤牘清裁》，是編卷數、版本記載不一，有二卷本（原本未見）、四卷本（明抄本）、五卷本（明嘉靖十三年抄本）、十卷本（明吴勉學刻本）等[⑥]。“赤”亦作“尺”，赤牘即尺牘，指信札、書信，楊慎所録自先秦迄于六朝。下面從三個方面對《赤牘清裁》作出論析。

首先，關于尺牘的起源。在《赤牘清裁》中，楊慎選録了《左傳》宣公十二年的兩則書信，并且指出“固後世文人竿牘簡尺之濫觴也”[⑦]，楊慎認爲尺牘起源于《左傳》，這一看法繼承了劉勰的觀點。劉勰在《文心雕龍·書記》中，認爲書信真正發展起來是在春秋時代，他説：“三代政暇，文翰頗疏。春秋聘繁，書介彌盛：繞朝贈士會以策，子家與趙宣以書，巫臣之遺子反，子産之諫范宣，詳觀四書，辭若對面。”[⑧] 劉勰所舉的四則書信分别見于《左傳》文公十三年、文公十七年、成公七年、襄公二十四年。不過，楊慎所選録的兩則，并非真正意義上的書簡，王世貞説：“楊於《春秋傳》止載二條，然皆口授之語，以其辭旨

① 〔明〕楊慎：《金石古文》，明嘉靖十八年（1539）張紀刻本。
② 〔明〕楊慎：《金石古文》，明嘉靖十八年（1539）張紀刻本。
③ 王文才、張錫厚輯：《升庵著述序跋》，雲南人民出版社 1985 年版，第 223 頁。
④ 〔明〕趙崡：《石墨鎸華》，知不足齋叢書本。
⑤ 〔清〕李遇孫：《金石學録》，逌盦叢編本。
⑥ 參見王文才：《楊慎學譜》，上海古籍出版社 1988 年版，第 378 頁。
⑦ 〔明〕楊慎：《赤牘清裁》，明刻本。
⑧ 〔南朝梁〕劉勰著，范文瀾注：《文心雕龍注》，人民文學出版社 1998 年版，第 455 頁。

古雅，且或出於簡牘，故略而記之。”[①] 相比而言，劉勰所舉的幾則書信纔是真正意義上的書簡[②]。

其次，楊慎《赤牘清裁》所選信函，大多屬于短札片言。王世貞《重刻尺牘清裁小叙》曰：“隋、唐以還，滔滔信腕，不知所以裁之。”[③] 王世懋《赤牘清裁後叙》説：“六朝以還，談者務以論議爲宗，不復明短長之用，赤牘從此詘焉。西蜀博雅君子楊用修氏，始輯是編，肇自左史，包兩漢，迄六朝而止，專以雅辭叙登答之旨而已。中間繁者，略損而就簡，遂使琳琅錯陳，典刑載見。”[④] 六朝以後的書信議論漸多，故楊慎《赤牘清裁》所選書信“迄六朝而止”。即使是六朝的書信，楊慎有時也對其加以剪裁，删繁就簡。楊慎對作文的議論之風深爲反感，他贊成的是用辭簡古，且含義豐富。《赤牘清裁》卷三王昶《上魏文帝箋》：“昔與南陽宗世林共爲東宫官屬。世林少得好名，州里瞻敬，及其年老，汲汲自厲，恐見廢棄，時人咸共笑之。若天假其壽，不爲此公婆娑之事。”楊慎評曰：“右書辭古而寄況深，所謂退不標迹也。”[⑤]

再次，在《赤牘清裁》中，也體現出了楊慎考證求實的作風。《赤牘清裁》卷四王昶《與東宫官書吊王規》曰：“王威明風韻遒上，神峰標映，千里絶迹，百尺無枝，實俊人也。一爾過隙，永歸長夜，金刀掩芒，長淮絶涸。”楊慎曰：“杜少陵詩‘淮海維揚一俊人’，本此書語。”[⑥]《赤牘清裁》卷五許玄《與王羲之書》曰：“自山陰至臨安，多有金堂玉室，仙人芝草，左元放之徒，漢末諸得道者，皆在焉。”楊慎曰：“東坡詩：‘倘容逸少問金堂，更與嵇康求石髓。’用此事也。”[⑦] 以上兩則相當于詩話，在《赤牘清裁》中，類似的考證還有幾則，可以用來補充楊慎的《升庵詩話》。《赤牘清裁》卷六王羲之《章草帖》曰：“皇象章草，旨信送之，匆匆，當付良信。”楊慎注曰：“旨信送之，答其人來旨，欲信送之也。匆匆，當付良信，言此際匆遽不暇，後當付良使也。信即使也。今法帖作匆三，非。”[⑧] 匆匆，急遽，信，信使，楊慎的注解合理。

① 〔明〕王世貞：《尺牘清裁》卷一，明隆慶五年（1571）刻本。
② “繞朝贈士會以策”，人們一般將“策”解釋爲“馬檛”，如果這種解釋正確的話，那麽這也不能算是書信。
③ 〔明〕王世貞：《尺牘清裁》，明隆慶五年（1571）刻本。
④ 王文才、張錫厚輯：《升庵著述序跋》，雲南人民出版社 1985 年版，第 253 頁。
⑤ 〔明〕楊慎：《赤牘清裁》，明刻本。
⑥ 〔明〕楊慎：《赤牘清裁》，明刻本。
⑦ 〔明〕楊慎：《赤牘清裁》，明刻本。
⑧ 〔明〕楊慎：《赤牘清裁》，明刻本。

四、《古文韻語》

《古文韻語》三卷，現存楊升庵雜著本（明刻本）、《函海》本等。何謂“韻語”？李調元《古文韻語跋》説：“然其間亦有不可强通者，則當略韻而取其文焉。或曰，韻，風度也，韻語與雅言訓同亦通。”① 楊慎雖然名其書曰“韻語”，但正如李氏所言，事實上并非如此，該書所録文章在古韻方面“有不可强通者”，所以，李氏又將韻語解釋爲雅言。

余承業在《鍥古文韻語序》中説：“獨堯以前，下逮秦漢，筮繇盟詛，誄儆箴祝之類，乃雜見於經傳百家。好古者每病其碎裂隱逸，亦未有能萃焉。如女媧雲幕之占，可配羲畫；周武金人之銘，可相《堯典》；孔子龜策之傳，可以并轡《玄鳥》之章。而漢儒射覆，《凡將》諸篇，亦皆語意渾古，音韻雅則，誠千古完璧，六經之羽翼也，百家風斯下矣。”②《古文韻語》輯録的時代範圍從遠古以迄秦漢，其中有的取自僞書，如《女媧筮辭》《羿妻筮辭》《黄帝書》等，所選文體以筮辭、銘、箴、祝居多，凡一百五十餘則。在輯存文獻方面，《古文韻語》有重要的價值，正如余氏所指出的，可謂“六經之羽翼”。除此之外，李調元《古文韻語跋》説：“升庵雜采古占繇銘讖贊祝之詞，爲《古文韻語》一卷，引證博而音釋詳。”③ 楊慎讀書廣博，擅長考證，“引證博而音釋詳”，這也體現了《古文韻語》的價值。

張含《古文韻語後序》説：“近世知崇古文，而忽于古韻，新都太史公嘗謂予曰：爲古文而用今韻，猶清廟之用杯盤，洞庭張樂，舍葦籥塊枹，而用箏笛坎侯也，亦必不稱矣。此其輯《古文韻語》之深意也。”④ 明代中期，以李夢陽、何景明等人爲代表的“前七子”提倡“文必秦漢”，明代袁袠《李空同先生傳》稱李夢陽：“倡古文辭，以變衰陋，斷止秦、漢而止，六代以下弗論也。”⑤ 張含批評他們“知崇古文，而忽于古韻”，楊慎也指出作古文而用今韻，必不相稱，這是楊慎輯録《古文韻語》的深意之所在。

綜上所述，楊慎的古文選本流傳于世的有四種，由以上分析可知，它們之間有着一定的内在聯繫，偏愛古雅奇雋的文辭、提倡博學求實的學風、反對空疏不學的風氣等貫穿其中。楊慎的古文選本具有重要的價值。明代王廷表《刻丹鉛餘録序》曰：“升庵子嗜學不倦，多所著作，若《古文韻語》《赤牘清裁》《古雋》《金石古文》……富藴健筆，繼往覺來，方睢睢乎未艾也。”⑥ 明代胡應麟《少室山房筆叢》卷二十六曰：“楊用修生平嗜古，盤胸糾腹皆

① 〔明〕楊慎：《古文韻語》，據《函海》本排印，王雲五主編：《叢書集成初編》第1822册，中華書局1985年版。
② 王文才、張錫厚輯：《升庵著述序跋》，雲南人民出版社1985年版，第182頁。
③ 〔明〕楊慎：《古文韻語》，中華書局1985年版。
④ 王文才、張錫厚輯：《升庵著述序跋》，雲南人民出版社1985年版，第181頁。
⑤ 〔明〕李夢陽著，郝潤華校箋：《李夢陽集校箋》第5册，中華書局2020年版，第2068頁。
⑥ 王文才、張錫厚輯：《升庵著述序跋》，雲南人民出版社1985年版，第69頁。

秦、漢、六朝，而尤好纂集，若《金石古文》《風雅逸篇》《選詩外編》《古文韻語》等，手到輒拈，指南來學，標識前聞，厥功甚偉。”[①] 楊慎的古文選本對後代産生了重要影響。明代王世貞在楊慎《赤牘清裁》的基礎上，又增至六十卷，斷限至明代，并且將“赤”改爲“尺”，命名曰《尺牘清裁》，明代梅鼎祚《書記洞詮》又擴充至一百十六卷，卷帙幾十倍于楊慎。明代梅鼎祚在編選《西漢文紀》《東漢文紀》《梁文紀》《隋文紀》《皇霸文紀》《釋文紀》時，也參照了楊慎的古文選本。明代董斯張《吹景集》卷十二有《補升庵〈古文韻語〉〈古音略例〉》一文，在楊慎輯録的基礎上，又有所補充。

（作者單位：内蒙古師範大學文學院）

① 〔明〕胡應麟：《少室山房筆叢》，中華書局1958年版，第342頁。

蜀文化研究

灌邑詩文話崇寧

施廷俊

内容提要：崇寧處于都江堰内江精華灌區，與灌邑邊界相連，文化教育相互影響，交流密切。歷史上，崇寧人文底蘊深厚，群才碩彦，其學術文化、教育思想對周邊灌、郫、彭、新繁等邑影響巨大，意義深遠。有清一代至民國三十八年的數百年間，灌、崇、郫、彭、新等縣士人學習、教育、謀生互有交叉，各自以不同的謀生方式、不約而同地共同促進各地社會、文化、經濟的發展。奉讀民國《重修灌縣志》所附《灌志文徵》及紀國泰先生輯校的《林泉餘稿》等詩文集，研究清代至民國以來崇寧先賢們留下的描寫灌邑山水人文以及各自咏嘆生活的詩文，能深切領略崇寧人文薈萃風貌及其學術文化教育的博大精深。

關鍵詞：灌邑；詩文；崇寧；學術；文化

西有離堆東太平，都江天塹少人行。
蒲陽柏河滔滔去，灌邑詩文話崇寧。

奉讀灌邑地方史志，清代、民國時期的崇寧學者、教育家的身影常常閃現在字里行間。崇灌兩縣密邇相連，三百年間，文化交流密切，灌崇兩邑先賢記叙謀生、求學、彼此交游以及描寫灌邑風土人情的詩文，無不鎔經鑄史，摛藻揚芬，使灌崇兩邑人文益彰，令人神往；同時也讓人有穿越時空之感：人文薈萃的崇寧，尤使人不能忘懷。

粤稽崇寧，其位于四川省成都平原西北、地處都江堰精華灌區，蒲陽、柏條兩河横貫，水網密布，阡陌縱横，田疇平整，物阜年豐；其縣西接灌邑，北鄰彭縣，東南連郫縣；境域狹長，自北向南像一條扁擔，横亘在彭、郫、灌三縣之間；千年以來，名在川西自流灌溉中心最富裕的“灌、崇、郫、温、新”五縣之列。歷史上，崇寧人文底蘊深厚，群才碩彥，其學術文化、教育思想對灌、郫、彭周邊三縣影響巨大，意義深遠。

據考，崇寧縣建置始于唐高宗儀鳳二年（677）。那時，吐蕃贊普率兵二十萬直抵川西北山區的松潘，中原震動；朝廷爲防禦吐蕃經茂汶越九頂山南下進攻成都，遂分九隴、導江、郫縣三地設唐昌縣，屏障成都。縣名“唐昌”，乃寓“大唐昌盛”之意。唐昌縣初隸屬益州，後屬彭州，一千三百年來，朝代因革，興廢無常，其建制區劃、隸屬屢有更改，縣名亦經歷唐昌、周昌、唐昌、歸化、唐昌、彭山、唐昌、永昌、崇寧等變化；元代以前，縣治無考，元末，崇寧縣治即在唐昌。

相傳，遠在七百年前的元朝，赤魯不花履任崇寧縣知縣，正式以土方修築縣治唐昌城墻。明代曾屢次增墻浚壕。清乾隆三十年（1765）知縣陳新槐奉命增修城墻，以磚易土。此後直至民國，多任知縣（縣知事、縣長）時有修治，刻意規劃縣治城池、街道：城墻四方四正，加冠戴帽，護城河周整面寬一丈五尺，深一丈餘，活水四面流通，街道筆直對稱，寬敞整潔，氣象恢弘。在20世紀60年代以前，唐昌鎮有完整的古城墻、護城河、整齊寬敞的街道和清代、民國縣衙。1958年崇寧撤縣：大致以唐昌鎮北五里的蒲陽河爲界，將崇寧縣境域南部劃歸郫縣，北部劃歸彭縣。從此，有一千三百年歷史的崇寧縣成爲歷史名詞，淡出了人們的視野。

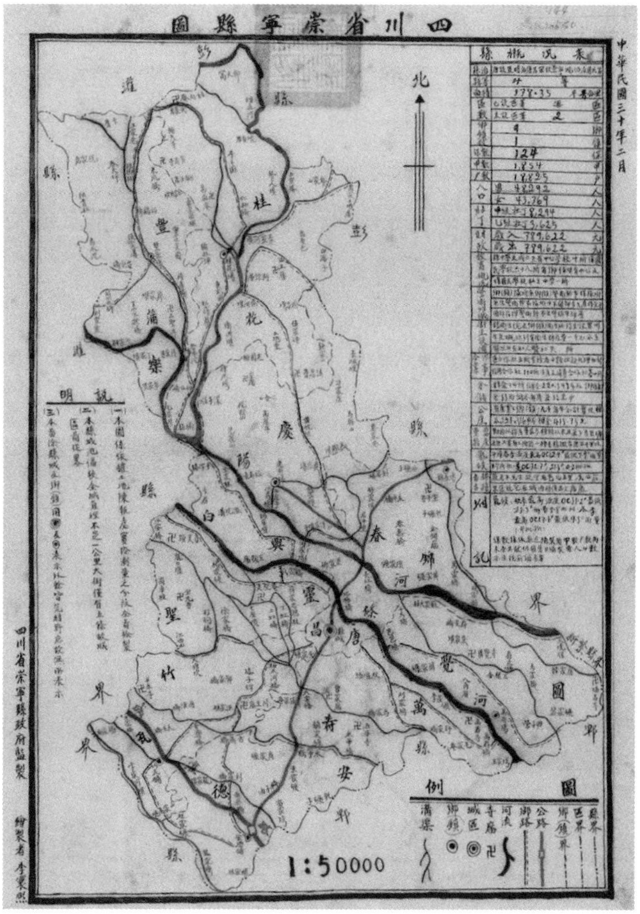

民國時期崇宁縣地圖

如今，唐昌鎮隸屬成都市郫都區，縣域建制雖撤，而市鎮古韻依然，文化猶存。徜徉在唐昌鎮街道上，仍然能從城墻、文廟、大椿巷、文昌宫巷、小南街即君平賣卜巷、羅翰林公館、梁家大院、劉家大院等古街、古民居一系列建築中，體會到崇寧千年古韻和曾經的繁盛輝煌。

在民國《重修灌縣志·灌志文徵》及相關詩文集中，兩百年間在灌邑留下詩文的崇寧學者、名人、教育家依次有蔡時田、徐本衷、山春、郭維藩、景澄清、易象乾、林泉等人。下面，按此順序，著録他們描寫灌邑山水人情的詩文及其生平簡況，以彰顯他們傳播灌邑文化教育、學術的功績，展現崇寧學術文化教育的博大精深。限于篇幅，各録詩一首，窺豹一斑。

一

蔡時田（？—1752），在灌邑留下身影的第一位崇寧學人。

蔡時田，字修萊，號雪南，雍正十三年（1735）乙卯科鄉試舉人，乾隆七年（1742）壬戌科二甲第三十六名進士，選翰林院庶起士。散館，授編修。擢山東道監察御史。乾隆十七年（1752）壬申恩科，因“科場舞弊案”而殞命。

史載，蔡時田天才超拔，博覽强記，詩文俱沉博絶麗，詩歌理論精深，援翰下筆，驚人之句迭出，有《雪南詩鈔》（一作《雪南集》）二卷行世。李調元《蜀雅》、孫桐生《國朝全蜀詩鈔》、民國《重修灌縣志》所附《灌志文徵》皆著録其詩。民國《崇寧縣志》《錦里新編》等皆爲之立傳。

不論“科場案”的是非曲直，蔡時田無疑是崇寧歷史上近三百年來最著名的人物。他僻處中華西南的成都平原，却通過自身的努力，躋身朝廷命官之列，接觸了十分廣闊的社會面。那時，清政府已統治百年，國家天翻地覆，社會變革激烈。今天，通過他的人生經歷、詩文，能具體地、深刻地認識當時社會。

乾隆《灌縣志》、光緒《增修灌縣志》和民國《重修灌縣志》等三部“灌縣志”上都著録蔡時田詩歌六首：《將抵灌口即目》《將赴青城從離堆渡入筏村道中即景》《由真人觀入山口溪行至建福宫》《初入青城寓常道觀》《山中雨後》《青城雜詩》。前五首是五言，最後一首乃七言。由于所據版本不同，乾隆《灌縣志》與光緒《增修灌縣志》和民國《重修灌縣志》兩志所録蔡時田詩歌六首字句都有差異。現録其《山中雨後》詩：

> 古寺高突兀，四山埋重霧。金蛇時一掣，雷聲欲破柱。
> 隆隆在殿角，挾風雨與助。勢方作飄灑，終然成灌注。
> 朝來百道泉，岩頭掛幾處。一夜山中雨，山間斷來去。
> 亭午詫客來，問之已可渡。便擬腋青屐，不襪走石步。
> 雨後山益佳，白雲方在路。

按，這首詩首聯的“埋”字用得巧妙，“埋”，其本意在蓋住、埋藏、隱藏、埋伏等，此用一“埋”字，形象再現青城宫觀周遭四山被雲霧籠罩的情景。又，光緒、民國兩部《灌縣志》著録本詩，第十五句“便擬腋青屐”作“便擬掖青鞋”。

徐本衷（1754—1798），在灌邑留下身影的第二位崇寧學人。

徐本衷，字虚廬，四川崇寧人。乾隆中期，大、小金川土司再次叛亂。其父奉命隨軍赴金川參加平亂。亂平，仍駐扎山中。初，本衷年五歲，家中無人照撫，其父遂托于成都武侯祠主持唐復雄唐收其爲徒。本衷少年老成，聰明好學，悟性極高，潛心研究道家經典，而能融會貫通，二十二歲便成爲武侯祠主持。有著述《香葉亭詩集》傳世。

民國《重修灌縣志》著録他游覽都江堰，拜謁道教祖庭青城山的詩歌三首：《雨後過都江堰》《由都江至上元宫》《寓常道觀》。現録《寓常道觀》詩：

峭壁飛泉落，層層古洞天。松寮披石發，竹榻冒茶烟。
久息塵勞夢，宜詳内外篇。雲中玄鶴主，相與話當年。

按，徐本衷以仙家方外之身觀察都江堰，拜謁祖庭青城山，在其筆下，烟水蒼茫，溟蒙在望；竹橋古岸，松間鶴翔；客隱白雲，仙藏岩阿；茶烟竹榻，危崖松濤，洋溢着置身世外的仙家、隱士情懷；而“雲中玄鶴主，相與話當年”兩句，更突顯與常道觀住持萬本圓玄機相投。

山春，在灌邑留下身影的第三位崇寧學人。

民國《崇寧縣志》卷五《選舉》稱山春爲恩貢生；該志卷七《藝文門上》録有其詩《石龍窩行》《賣卜巷》二首。

嘉慶八年（1803），山春年十五，隻身來灌邑崇義海雲寺，師從塾師宋履坦（1768—1834）。民國《重修灌縣志·灌志文徵》録其詩九首：《楊妃池》（七古一首）、《灌城》（七律二首）、《灌陽竹枝詞》六首。現録《灌陽竹枝詞（其三）》：

都江堰水沃西川，人到開時擁岸邊。
看到碼槎頻撤處，歡聲雷動説耕田。

按，原詩六首從清明灌人在城北“義冢”掃墓寫起，然後是川西北山區藏羌少數民族駐扎城西、都江堰舉行開水儀式，再是游賞城南離堆、伏龍潭，最後以“趙公山”神話傳説作結。該組詩以時空與人物轉换爲邏輯順序，詩句有分有合，由外而内，由景而人，相互關聯，結構謹嚴，情文并茂。而本首描寫舉世聞名的都江堰清明“開水盛典”，其中“看到碼槎頻撤處，歡聲雷動説耕田”一聯，譽滿中外，至今寫到“開水盛典”（今稱“放水節”），無數文章仍引用不疲。

郭維藩，在灌邑留下身影的第四位崇寧學人。

據民國《崇寧縣志》卷五《選舉》：“郭維藩，咸豐辛亥（1851）恩科舉人。”該志卷六《人物》：“郭維藩，邑舉人，植品清高，學問淵雅，孝親友弟，爲鄉人矜式。所著有《僴堂文集》《僴堂詩》及《公車日記》等書行世。”

郭維藩鄉試中舉後，屢赴春闈，惜科場不利，遂應姻親、崇義張氏聘，爲其家族義學塾師，兼訓外姓子弟，時間長達三十年，貫串咸、同、光三朝。崇義張氏是清代灌邑“移民四大姓”——唐、官、張、高之一，三百年間，爲灌邑社會文化發展做出巨大貢獻。郭維藩其人設館張氏，于灌邑文化、教育普及、學術水準提高功在不朽。

民國《重修灌縣志・灌志文徵》共著録郭維藩詩《奎光塔》《鬥雞臺》各一首、文《李冰鑿離堆論》《茶譜跋語》《楊貞孝女事略》《張太孺人墓志銘》《古白廟子記》等五篇。現録《奎光塔》詩：

水走山飛去未休，插天一塔鎖江流。
錦江遠挹回瀾勢，綉野平分灌口秋。
絶頂群峰争拱揖，孤根特立自沉浮。
我來直欲凌空去，袂把飛先作勝游。

按，奎光塔，都江堰城南標志性建築，全國重點文物保護單位，建成于道光十二年(1832)。道光十年，廣西臨桂人、進士周因培由崇寧知縣轉任灌邑知縣，見灌邑科舉不興，以“青烏家”眼光，巡視灌城内外，見城南地勢低陷，岷水衝散文氣，以致灌邑文運不振，科舉不興；遂捐俸倡募創建奎光塔，以積蓄文氣、謀灌邑人文蔚起。塔處岷江之畔，矗膏腴之地，衝天而立，俯瞰人寰；高標入雲，迥出囂塵。當交通之衝要，擅山水之形勝；得人力之相助，侔造化之神功。南對青城，雲浮碧海；北望靈岩，烟凝翠岫。奎塔凌空，雄視川澤；與雲霞親，同日月齊。鐘靈毓秀，鼎立而三。金秋時節，桂蕊飄香，維藩游覽灌邑城南，感嘆奎光塔高標入雲，雄偉壯觀。詩句中以“插天一塔鎖江流”即描摹奎光塔“衝天而立，鎮住江流，不使灌邑文運流逝”的作用，最爲形象傳神，令人印象深刻，至今仍膾炙人口。

在灌邑留下身影的第五個崇寧學人名叫尹謙。

尹謙，字禾尊（一作“和村”）。據《益州書畫録續編》、民國《崇寧縣志》等載，尹謙，歲貢生，曾爲蒼溪教諭。工詩，善書。民國《重修灌縣志》載其《游伏龍觀》七言古詩一首。

巉岩壁立壓西川，四面奇峰莫比肩。
滔滔滾滾來西徼，涌抱青城浪接天。
驅走龍蛇除民害，州縣十餘萬世賴。
奔濤雷吼孤柱撑，劈開二江分内外。
名號離堆水利度，秦蜀郡守李公鑿。
六字昭垂遺法留，灘深淘兮堰低作。
我來灌口眄從頭，偉烈豐功大禹侔。
支分派别恩波遠，長此蒸民慶有秋。

按，本詩歌頌李冰治水功績。先從眼前離堆巉岩壁立、氣壓川西的景色着筆，突出江水洶涌、驚濤駭浪的雄偉壯觀。然後歌頌李冰擒龍治水，造福西川的歷史功績。詩題中的“懷古”二字，説明作者寫作此詩是在伏龍觀上賞心觀景而生懷古之情。詩人“懷古”是爲了“嘆今”。當時，國内連年戰亂，都江堰大修工程被迫停止，眼看洪水就要肆虐，都江堰急需大力整修。本詩懷古寄慨，語言精練，通過神話傳説，表達了對李冰父子的崇仰。

二

景澄清，在灌邑留下身影的第六位崇寧學人。

景澄清，家族派名光碧，榜名海屏，字澄清，一字晴嵐，號時陽，原籍天津。繈褓之時，其父種涪公病逝，由祖母倪氏和母親顧氏撫其成人。束冠，川黔亂，海屏投筆從戎，入幕參贊軍機，歷從曾文誠公璧光、岑襄勤公毓英、沈文肅公葆楨等，轉戰千里，三十年間立功滇、黔、浙、閩、粵、桂、隴諸省。苗酋潘阿哈就擒，授鹽運使銜補用道，代理貴州安順府知府，署理郎岱廳同知。光緒二年（1876）佐沈文肅公軍幕，赴臺辦理海防事務。他清醒地認識到海上威脅的嚴重，潛心海務，躬歷海疆，周諮博訪，建策并嘔心瀝血，數年繪製《海防圖》。該畫圖高約一尺，長約五丈，畫面北起遼東半島，經渤海、黄海、東海、南海，直至越南北部，數十萬餘公里海域及沿岸島嶼、衛所、港口全部收録其中，對臺灣島東西海岸和澎湖列島海域地形予以單獨繪製，列于圖尾，釣魚臺（島）作爲我國的固有領土在圖中也有標注。對于研究我國疆域、地理、政治、海防和海軍史都具有重要文獻參考價值，屬國家二級文物，現爲成都市温江區文物保護管理所館藏珍品。

卸任臺灣知府後，海屏居成都候補，後簽任甘隴。光緒二十七年（1901），在成都候任期間，勸説灌邑離任知縣王瑚（1864—1933）爲灌邑學者游觀（1833—1926）的外祖父、郫縣學者衛道凝（1762—1823）遺著《衛櫆園先生三稿合鈔》作序。

民國《灌縣志》著録景澄清《送邑侯陳山銘》詩二首，現録其二：

灌江城下暫停鞭，劉寵居官選一錢。
位列郡侯方百里，民依慈母未三年。
却憐小草從風偃，此去新鶯出谷遷。
尚待瓜期粗料理，歸裝猶伴鶴琴眠。

按，陳山銘，榜名偉勳，字山銘，河南郾城縣人，光緒十八年進士。光緒二十三年莅任灌邑知縣。據民國《重修灌縣志·政績記》：“陳偉勳，字山銘，河南郾城人。以進士宦蜀，爲灌令。明於聽斷，案無留牘，尤喜獎勵後進。邑中月課，前吏皆循故事，偉勳獨捐廉給獎，嚴定甲乙，勉以上達。（邑之）文風一振焉。”

本詩所用典故不少，玆對尾聯的瓜期、鶴琴兩個典故，略作説明。

瓜期，一作“瓜代”，典出《左傳·莊公八年》：“齊侯使連稱、管至父戍葵丘。瓜時而往，曰：‘及瓜而代。’”後用以指任職期滿换人接替的日期。

鶴琴，一作琴鶴，用宋趙汴（1008—1084）任職四川，行裝簡少，爲官清廉典故。《宋史·趙忭傳》：趙忭陛辭，神宗曰：“聞卿匹馬入蜀，以一琴一鶴自隨，爲政簡易，亦稱是乎？”該典故原見宋沈括《夢溪筆談》。

易象乾，在灌邑留下身影的第七位崇寧學人。

易象乾（1864？—1935），字文初，一字立生，故居在今郫都區唐昌鎮大椿巷。光緒十八年（1882），未束冠即成貢生。二十三年（1897）丁酉科鄉試中舉，進京會試，不中，随入仕途。二十六年（1900），“庚子事變”，慈禧挾持光緒西狩長安。象乾隨營，初任武衛中軍，後任政務處隨員，次年，兩宫回鑾，象乾留陝候補知府。辛亥（1911）鼎革，象乾輾轉回到老家，安居大椿巷“易家大院”。

易象乾故居銘牌

大椿巷“易象乾故居”宅院寬大，仿古建築，裝飾考究，具有清末、民國初年官紳公館建築典型風格：木質大門帶有門環、外墻青瓦黑磚，建築古色古香，被稱爲“易家大院”或“易公館”；目前爲成都市郫都區的歷史建築；入選《成都市第十六批歷史建築保護名録》。

象乾長于翰墨，詩、文尤精，有詩文集行世，其中有關崇寧尤多，《大椿樹歌》《弗水灾放歌》《梅花井》《賣卜巷》等是其代表作。民國十三年（1924），曾受命參與編撰《民國崇寧縣志》。其中卷二《山川疆域門》中，象乾編輯山川、縣境、區鎮表（附古迹寺觀津梁義冢），以及卷六《人物門》中的隱逸、流寓、仙釋和卷八《藝文門》下卷中的祥異、雜志、外紀等内容。

民國《重修灌縣志》上著録易象乾民國四年（1915）游覽青城的近體詩九首：《乙卯六

月既望，登青城第一峰，時同游者友人盧仲常、陳木魚，門人張月樓，外甥張允升》（四首）《將至青城謁天師洞先訪長生宮》《題玉真觀》《游上清宮和胡益生即呈麟全煉師》（二首）《常道觀遇羅璥瑭、林翰卿見示青城詩稿即題以贈》，都爲七絶。現録《常道觀遇羅璥瑭、林翰卿，見示青城詩稿，即題以贈》詩：

派衍公遠常耽道，家世逋仙品最高。
何日向平婚嫁了，與君同住緑雲坳。

按，前兩句以羅、林兩家族的歷史名人唐代道家著名人物羅公遠、宋代著名隱士林逋的隱居不仕的出世情懷恭維羅璥瑭、林翰卿的儒雅、瀟灑風範，後兩句用晋皇甫謐《高士傳》中西漢末、東漢初隱士向長的典故。向長，字子平，河内朝歌人。性尚中和，好通《老》《易》。貧無資食，好事者更饋焉，取足而反其餘。不受征辟，潛隱於家。東漢建武中，兒女嫁娶既畢，遂與同好北海禽慶俱肆意游五岳名山，不知所終。後人遂以向長的典故形容隱士棄家漫游。易象乾此聯表達的意思是：待家中子女婚嫁大事處置完畢，願意與羅、林二君相携隱居青城山中。

林泉，在灌邑留下身影的第八位崇寧學人。

林泉（1898—1984），本名清泉，字兹永，號飛魚子，崇寧（今郫都區唐昌鎮）人，祖籍福建。民國初年，畢業于四川國學院，回家任教，服務桑梓；壯歲，爲國效力，考入四川縣政人員訓練所，結業後歷任華陽縣第四區區長，懋功縣第一、三科科長，代理縣長，抗敵後援會主任委員，保甲人員督導室督察，全川防空司令部第十六監視隊隊長等職，四年後辭歸，執教謀生。己丑鼎革，次年賦閑，直至去世，歷時三十五年。有《古今人事録》（十二卷，六十餘萬字）、詩歌集《飛魚集》，以及詩文楹聯集《林泉餘稿》（紀國泰輯校）等傳世。《林泉餘稿》上有關灌邑詩四首：《戲贈同學歐陽思如結婚後返校》《都江堰贊》《金馬道上》《由灌縣至茂州道上口占》。現録《金馬道上》詩：

一路春風掛耳鳴，花明柳媚伴人行。
碧雞金馬神何在，枉使王褒奉至誠。

按，此詩當寫于赴懋功縣任職途中，陽春三月，草長鶯飛，惠風和暢，柳媚花明。作者躊躇滿志，滿腹才智，終于有得以施展的機會。出家門二十里，過金馬場，跨過“碧雞橋”，想起兩千多年前，王褒奉漢宣帝命來西南尋金馬碧雞的的史事，映襯自己對赴懋功縣履行使命充滿信心。按，漢王褒奉宣帝命來西南祭祀碧雞金馬的典故，據都江堰市地方志及當地世代口口相傳，今天馬鎮即王褒當年欲來祭祀“金馬碧雞”處，因此，在歷史上，天馬鎮即名“金馬鄉”“金馬場”，其場鎮上有碧雞祠、碧雞橋，祠、橋兩者遺址至今仍存。

（作者工作單位：都江堰市教師進修學校）

“灩澦堆”名新釋

王 慶

内容提要：“灩澦堆”是古四川的地理符號，也是文化符號。自古至今對其名字的解釋都欠準確。本文認爲其名最初是“淫鸗”，南北朝演變爲“淫預”“淫豫”，又逐漸與“灩澦”水名混淆，明代被“灩澦”取代，延續至今。其本義是“長江入峡口的石頭”。其名字的變化體現了古代四川方音的變化。

關鍵字：灩澦堆名；新釋

灩澦堆是位于古四川出川水路的門户——瞿塘峡的入口處的一塊巨石，以艱險奇絶聞名。古代的文人騷客留下了許多詩文，或吟咏其險峻，或借其抒發人生感悟[①]。灩澦堆不僅是古代四川的地理符號，也是古代四川的文化符號。雖然，這個符號于 1959 年被炸毁，但由于這些作品的存在，其影響將延續長存。

其名爲何叫“灩澦”？最早對其解釋的是南朝梁蜀人李膺，他在《益州記》中說：“灩澦堆，夏水漲，没數十丈，其狀如馬，舟人不敢進，故曰‘灩澦’。又曰‘淫豫’，言舟子取途不决水脉，故猶預也。”[②] 他將“灩澦”和“淫豫”看成“同物異名”，即兩個詞，分别予以解釋，“灩澦”即“令人恐懼”的意思，“淫豫”即“猶豫，拿捏不定”的意思。這個解釋看到了“灩澦”和“淫豫”是不同來源的詞。但不足之處有二：一是没有看到這兩個詞是同一個詞不同時期的記音；二是他站在時人的角度理解和解釋了“灩澦”，并未對其進行考證溯

① 比如李白《長幹行二首》其一，杜甫《大曆三年春白帝城放船出瞿唐峡久居夔府將適江陵漂泊有詩凡四十韻》《所思》《將赴荆南寄别李劍州》《灩澦》《灩澦堆》，白居易《重寄别微之》，劉禹錫《竹枝詞》其六，蘇軾《灩澦堆賦》，蘇轍《灩澦堆》，黄庭堅《雨中登岳陽樓望君山二首》其一，陸游《作雨不成終夜極凉時去立秋五日也》《三峡歌》其五等等。

② 〔明〕曹學佺《蜀中廣記》卷二十一《名勝記第二十一・下川東道・夔州府一・奉節縣附郭》，《景印文淵閣四庫全書》第 951 册，臺灣商務印書館 1982 年版，第 260—261 頁。

源。此後，其説法多被引用。今人吴沛生進一步論證了“灩澦”就是“猶豫”的音轉[①]。其依據是“灩澦”也作“淫豫”，而“猶豫”也作“冘豫”，“淫豫”與“冘豫”同音，故“灩澦”就是“猶豫”。

但，歷史上已經有人批評了這種説法，指出“猶豫”的異文“冘豫”中的“冘”是“尤”的形近之訛。如：

《洪武正韻·平聲·十九尤·尤小韻》：“冘豫不定。《後漢·馬援傳》：‘計冘豫未决。’字從犬曲其足，古與尤同。與侵韻内冘字不同。《唐史》：‘冘豫音淫，誤。’”[②]

清吴玉搢《别雅》卷四“猶與、冘豫、由與、猶豫也”：“猶又作冘。《後漢書》：《來歙》《伏隆》皆用‘冘豫未决’。注：冘音淫。蓋本《説文》‘冘冘行貌’。孫愐音餘鍼切也。或疑是尤字之譌，因猶聲同尤，尤形似冘。范史用尤與爲猶與。而後人寫作冘，遂以爲史。”[③]

所以，將“灩澦”解釋爲“猶豫”就失去了重要的語音聯繫，即“灩澦”是“猶豫”的意思就失去了推演的基礎。那麽，“灩澦堆”究竟是什麽意思呢？我們需要對其溯源。

一、“灩澦”的異體演變

“灩澦”的寫法有“淫預”“淫豫”“灩澦”。其中“淫預”出現最早，北魏酈道元《水經注》卷三十三“江水”記載：“水門之西，江中有孤石，爲淫預石。”[④] 而“淫豫”最早出現是在南北朝的《樂府詩集》中[⑤]。亦即“淫預”“淫豫”是大體同時期出現的。“預”“豫”在《廣韻》中同屬“豫”小韻，是同音字。“淫”“預”“豫”的意思都與“灩澦堆”無關，是記音字。這説明“灩澦堆”作爲一個方言地名詞，在南北朝時期還衹停留在記音層面上，文字還没有得到規範。

南朝時期，還出現了“灩澦”的寫法。如前文所舉《益州記》例。“灩澦”本義是河流的名稱，如《重修玉篇》[⑥]《類篇》[⑦]《重修廣韻》[⑧]《集韻》[⑨] 統一解釋爲“灩澦，水名”。而“灩澦堆”，《重修玉篇》《重修廣韻》未收。《類篇》《集韻》放在“淫”字條目下，《類篇》

---

① 吴沛生《“瞿塘灩澦堆”釋名》，《山東師大學報（哲學社會科學版）》1984年第3期。

② 〔明〕樂韶鳳等撰：《洪武正韻》明嘉靖四十年劉以節刊本。

③ 《景印文淵閣四庫全書》第222册，臺灣商務印書館1982年版，第716頁。

④ 《景印文淵閣四庫全書》第573册，臺灣商務印書館1982年版，第507頁。

⑤ 唐徐堅《初學記》卷十五《樂部上·歌第四（叙事）》：“又《古今樂》録晋末以後歌曲有《淫豫歌》。”（《景印文淵閣四庫全書》第890册，臺灣商務印書館1982年，第255頁）

⑥ 《景印文淵閣四庫全書》224册，臺灣商務印書館1982年版，163頁。

⑦ 《景印文淵閣四庫全書》225册，臺灣商務印書館1982年版，368頁。

⑧ 《景印文淵閣四庫全書》236册，臺灣商務印書館1982年版，360頁。

⑨ 《景印文淵閣四庫全書》236册，臺灣商務印書館1982年版，650頁。

“以贍切。巴東有淫預石”[①]，《集韻》“巴東有淫預灘，通作灧。以贍切”[②]。可見，原本“灧澦”是河流名稱，指哪裏的河流，上書都未説。宋釋適之所作字書《金壺字考》“淫澦”條指出“淫音灧。亦作灧澦。蜀水”[③]。如此，“灧澦”本是四川的一條河，不是指“灧澦堆”，所以“澦”纔從“氵”。可以看出，隋唐至宋時期，官方韻書、字書都是區分“灧澦”和“淫預”的，而民間則多有混淆。“灧澦”已有開始取代“淫預”之勢。

“灧”的本義是“水波動皃”，即“瀲灧”。“淫”，《廣韻》“餘針切”，屬深攝三等平聲侵韻；“灧”，《廣韻》“以贍切”，屬咸攝三等去聲艷韻，二者并不同音。爲何“灧澦”會取代“淫預”？原因有二：一是因爲四川方音的演變。“灧澦堆”是四川地名，其稱呼來自四川方音，南朝以前的四川方音爲平聲侵韻讀法。南朝以後，音變爲去聲艷韻讀法。

清人吴玉搢説：“《集韻》：‘淫又音以贍切。’巴東有淫預堆。古歌：‘淫預大如馬，瞿塘不敢下。’今作灧澦。古韻侵、覃、鹽、咸相通，淫則平聲侵韻中字，灧則鹽韻去聲艷韻中字，三聲互通，故淫亦可讀如灧，灧亦可讀如淫也。”[④] 先前輩的意思是古音侵與覃、鹽、咸可通轉。這裏不是詩歌押韻的葉韻，音近也可相葉。如果侵與覃、鹽、咸的實際讀音可通轉，那麽勢必造成後來侵與覃、鹽、咸的混并，但四川語音史上并没有發生這樣的變化。因此，“淫”和“灧”不是通轉，而是先後的替代。

“灧”替代“淫”包含了兩個變化：一是讀音由侵韻向艷韻變化，這是個别詞的音變；二是平聲向去聲變化。第二點體現了隋陸法言所言“梁益則平聲似去”的四川方音特點。四川方音“平聲似去”特點到宋代仍在延續。劉曉南通過宋代四川詩人押韻情況的分析，證明直到宋代，四川話仍然是平去音近[⑤]。李文澤[⑥]、鄧强[⑦]指出宋代四川眉縣史炤的《資治通鑒釋文》注音有“平聲作去”的方音現象。

二是因爲“灧澦”和“淫預”都出自四川，外地人不知，故産生混淆。“灧澦”是古四川的一條河，“灧澦堆”是長江中的石頭。

明代官修韻書《洪武正韻》直接將“澦”解釋爲“灧澦堆，在瞿塘峽口”[⑧]，標志着“灧澦”正式取代“淫預”，而成爲灧澦堆的正式書寫形式，一直延續至今。

所以，“淫預”“淫豫”反映的是“灧澦堆”南北朝時期的讀音，“灧澦”反映的是隋唐以來的讀音，而“淫預”“灧澦”是異源詞。

---

① 《景印文淵閣四庫全書》225 册，臺灣商務印書館 1982 年版，371 頁。

② 《景印文淵閣四庫全書》236 册，臺灣商務印書館 1982 年版，708 頁。

③ 〔宋〕釋適之：《金壺字考》，清仁和龔氏鈔本。

④ 〔清〕吴玉搢：《别雅》卷四“淫預，灧澦也”。（《景印文淵閣四庫全書》222 册，臺灣商務印書館 1982 年版，740 頁）

⑤ 劉曉楠：《宋代四川語音研究》，北京大學出版社 2012 年版，第 32－35 頁。

⑥ 李文澤：《史照〈資治通鑑釋文〉與宋代四川方音》，《四川大學學報（哲學社會科學版）》2000 年第 4 期。

⑦ 鄧强《〈資治通鑑釋文〉所見宋代四川方音聲調特點》，《廣西師範大學學報（哲學社會科學版）》2015 年第 4 期。

⑧ 〔明〕樂韶鳳等撰：《洪武正韻》，明嘉靖四十年劉以節刊本。

二、“灩澦堆”的詞源及意義

堆，就是石頭，長江流域常用爲地名。今四川都江堰有離堆、瀘州市有黄龍堆（一名紫金堆）、安徽濉溪縣有雙堆集等。“淫預”可追溯到西漢的四川話“淫鬻”。如：

《史記·司馬相如列傳》引司馬相如《上林賦》：“沇溶淫鬻，散涣夷陸。”索隱：郭璞云“游激淖衍貌”。正義：“溶音容。鬻音育。張云：‘水流溪谷之間。’”[①]

《漢書·司馬相如列傳》引司馬相如《上林賦》：“沇溶淫鬻，散涣夷陸。”注：張揖曰：“水流溪谷之間也。”師古曰：“溶音容，鬻音育。”[②]

“沇溶”，水流激蕩的樣子。“淫鬻”，水在峽谷内流動。“散涣”，四散而流的樣子。“夷陸”，平地。“沇溶”與“散涣”相對，描寫水流的樣子；“淫鬻”與“夷陸”相對，描寫地理條件。其意思是“水流峽谷中則奔涌激蕩，水流平地上則四散而去”。所以，“淫鬻”即“水流峽谷”的意思。

“鬻”，《廣韻》餘六切，屋韻字。西漢屬于沃部[③]。而“預、豫”屬于魚部[④]。沃部是幽部的入聲韻部，則“鬻”讀音距幽部近，而離魚部遠，那麽漢代四川話的“鬻”的讀音是不近“預、豫”的。從三國時代起幽部分解，尤幽與魚部的侯韻字合并[⑤]。則沃部讀音隨之靠近魚部，并出現了魚部與沃部屋韻的通押，比如常璩《華陽國志·序志》覆（沃部）茂秀臭（侯部）裕（魚部）[⑥]。則“鬻”讀音逐漸靠近“預、豫”。而南北朝時期正是漢語長入變爲去聲的時期[⑦]。于是，“淫鬻”的“鬻”舒化，産生了魚韻讀法，借“預、豫”來表示，就出現了“淫預/豫”。清莊履豐、莊鼎鉉所著《古音駢字·古音駢字續編》卷四《仄韻·六禦》指出：“淫豫、淫鬻（《相如賦》）二同”[⑧]，最早指出“淫豫”“淫鬻”爲一個詞。

從語義上講，“淫鬻堆”（“淫預堆”“灩澦堆”）就是長江入峽口的石頭。這非常符合灩澦堆的地理面貌。灩澦堆在出川水路第一峽瞿塘峽的夔門之前的江水中。歷代文獻的描述也是如此，如《水經注》的描述，前文已列，此處從略。

宋祝穆《方輿勝覽》卷五十七《夔州路奉節巫山雲安·夔州·本路安撫轉運置司》“瞿塘峽”：“在州西南二百步瞿唐峽口，蜀江之心，《水經注》：‘白帝城西有孤石，冬出二十餘

① 《景印文淵閣四庫全書》244册，臺灣商務印書館1982年版，第807頁。
② 《景印文淵閣四庫全書》250册，臺灣商務印書館1982年版，第365頁。
③ 汪啓明、趙振鐸、武宗文、趙静：《中上古蜀語考論》，中華書局2018年版，第250頁。
④ 汪啓明、趙振鐸、武宗文、趙静：《中上古蜀語考論》，中華書局2018年版，第265頁。
⑤ 汪啓明、趙振鐸、武宗文、趙静：《中上古蜀語考論》，中華書局2018年版，第319頁。
⑥ 汪啓明、趙振鐸、武宗文、趙静：《中上古蜀語考論》，中華書局2018年版，第319頁。
⑦ 王力：《漢語語音史》（第一版），中國社會科學出版社1985年版，第162頁。
⑧ 《景印文淵閣四庫全書》228册，臺灣商務印書館1982年版，第500頁。

丈，夏即没，名灧澦堆’。”①

元蕭士贇補注李白《長幹行》引《圖經》曰：“瞿塘峽在夔州東一里，舊名西陵峽，瞿塘乃三峽之門，兩崖對峙，中貫一江，望之如門。灧澦堆，在瞿塘峽蜀江之心。”②

明何宇度《益部談資》卷下：“瞿塘即峽内江水深沉處，灧澦乃一石筍，樹兩峽之中，若青螺寶劍插於鏡中波面。”③

所以，“灧澦堆”描述的是其地理面貌，而不是人的心理。實體“灧澦堆”雖已消失，但文學現象的“灧澦堆”却會常存，本文考古論今，揭示其名義，以助今人理解。

（作者單位：西華大學文學與新聞傳播學院）

① 《景印文淵閣四庫全書》471 册，臺灣商務印書館 1982 年版，第 982 頁。
② 《景印文淵閣四庫全書》1066 册，臺灣商務印書館 1982 年版，第 505 頁。
③ 《景印文淵閣四庫全書》592 册，臺灣商務印書館 1982 年版，第 753 頁。

蜀學研究綜述

20 世紀薛濤研究評述

謝元魯

内容提要：從 20 世紀初期開始，對薛濤的研究不斷深入，她的生平事迹，性格感情，社會環境，友朋交往，詩歌解讀，性别意識，域外影響，紀念場地等研究領域不斷涌現，本文從 20 世紀前半期與後半期兩個階段對薛濤研究分類展開評述。

關鍵字：20 世紀；薛濤；研究評述

作爲唐代也是四川歷史上最著名的女詩人，薛濤的研究在歷史上曾經出現過長達千年的沉寂期。從薛濤去世後，儘管歷代關于她的事迹記述不絶如縷，但大多非常簡略。對她詩歌的評價，也僅僅主要是歷代詩話中一些對其文采和風格的評語。真正的具有學術價值的薛濤研究，是從 20 世紀初期開始的。在長達百年的研究之中，對薛濤的研究不斷深入，她的生平事迹，性格感情，社會環境，友朋交往，詩歌解讀，性别意識，域外影響，紀念場地等研究領域不斷涌現，研究隊伍日益增多，形成一波波的高潮。縱觀 20 世紀對薛濤的研究全局，大致可以劃分爲 20 世紀前半期與後半期兩個階段。

20 世紀初，對薛濤的研究開始興起。由于歷代對於薛濤的記載均過于簡略，20 世紀前期對薛濤的研究中，對她生平的探索一直是研究的重點，其次是對薛濤詩歌的介紹與評價，以及對薛濤的紀念地成都望江樓的觀感和游記方面。

其中較早的系統研究，有 1916 年出版的謝無量《中國婦女文學史》①，全書内容起自上古，下至明代，人物搜羅繁富，舉凡宫廷貴婦，豪門名媛，民間閨閣，女冠娼妓，在文學創

① 謝無量：《中國婦女文學史》，中華書局 1916 年版。

作上有價值者均列其中，介紹其作品并予以評論。此書在《中古婦女文學》一編中，專列《薛濤與娼妓文學》一章，介紹了薛濤的生平和詩歌的成就，認爲薛濤“才情軼蕩，而時出閒婉，七絶尤長，然大抵言情之作”，并選取薛濤的《春望詞》《海棠溪》等部分詩歌代表作，但未脱離把薛濤視爲娼妓的傳統觀點。

1929 年，姜華發表《介紹女詩人薛濤》[1] 長文，對薛濤生平及詩歌做了較詳細的介紹。文中對薛濤生平的介紹大多遵循舊説，未有新見。但文中選録了不少薛濤詩歌的代表作，并從文學史角度做了正面的評價，認爲薛濤“蜀中與同時的女子中在詩名者不知有多少，而薛濤獨能艷傳至今，亦有其能够在文學史上占一頁的長處”。稱薛濤爲女中之英，詩中之豪。但姜華此文對薛濤研究的最大貢獻，是首次引用了若干世界知名的文學評論家的文學批評理論，對薛濤的詩歌進行比較文學解讀。如引温徹斯特（Winchester）和加奈爾（Carlyle）解讀《春望詞》，愛摩生（Emerson）解讀《江邊詩》，羅思金（Ruskin）解讀《題竹郎廟》，裴得（Pater）解讀《春郊游寄孫處士》等，均對薛濤詩歌做了正面的肯定。但引用勃吕内甸（Brunetiere）的評論，對《十離詩》的格調做了批評，認爲是白玉之瑕。文中對薛濤入樂籍一事，認爲她以詩名世，與娼優不同，批判唐代視女子爲非人，玩弄女子，實爲民國女權初起時的反映。文中介紹薛濤創製彩色箋紙，認爲“薛濤一詩人亦一大藝術家，惜其名祇洋溢於蜀中”，對薛濤製箋給予高度評價。該文爲民國初年難得的全面介紹和正面評價薛濤的文章。

另一部對薛濤研究有重要推動作用的著作，是譚正璧在 1930 年出版的《中國女性文學史》[2]。譚正璧（1901—1991），爲現代著名文史學家、作家。筆調抒情，書中以女性的身世遭遇和文學創作的叙事爲中心，從漢晋到明清，記叙和評論兩千多年間的女性文學創作。此書在《隋唐五代詩人》一章中，爲薛濤單獨開闢一節，對薛濤的身世，在西川十一鎮節度使幕府中的活動，尤其與元稹的感情交往，有較詳的介紹。文中對薛濤的詩歌創作和情感生活做了分析，對争議頗多的《十離詩》，認爲并非薛濤所作，而是元稹在浙東的幕僚薛書記所作，“薛飲酒醉，因争令以酒器擊傷微之，由此遂去幕。……因同姓的關係，又因元薛有一段因緣”，于是後人把《十離詩》的作者“張冠李戴，使薛濤蒙了千載不白之冤”。但譚正璧對薛濤詩歌的評價，大都沿襲和引用姜華的《介紹女詩人薛濤》一文，較少自己的見解。

傅潤華在 1930 年出版的《薛濤詩 • 薛濤年譜》[3]，對薛濤研究用力甚勤。書中《濯井江涘的女詩人薛濤》一文，以散文詩式感情的語言，介紹了薛濤的生平，尤其着重描寫元薛交往的經過。但文中對薛濤生平事迹與詩歌的考證較爲粗疏，如認爲薛濤被罰赴松州是韋皋去世後的西川節度使劉闢所爲，《罰赴邊有懷上韋令公二首》的詩不是寫給韋皋，而是寫給元稹求援的。并認爲晚唐詩人薛能的《牡丹》“去年零落暮春時，泪濕紅箋怨別離”也是薛濤

① 姜華：《介紹女詩人薛濤》，《真美善》1929 年第 3 期。
② 譚正璧：《中國女性文學史》，光明書局 1930 年版。
③ 傅潤華：《薛濤詩 • 薛濤年譜》，上海光華書局 1930 年版。

寫給元稹的情詩。把白居易《與諸客携酒尋去年梅花有感》一詩認爲是元稹在浙東任觀察使時懷念薛濤所作，詩中“樽前百事皆依舊，點檢惟無薛秀才”的薛秀才是指薛濤。又認爲薛濤晚年居住的碧雞坊即是現在的成都望江樓。書中評價薛濤説，因人生經驗豐富，詩歌有認識深刻、風格大方、抒寫美麗、音律調和四大特點，使她“已足站在任何女詩人之前而無愧恧。”書中的《薛濤年譜》，定薛濤出生于唐代宗大曆三年（768）的長安。亦定薛濤在憲宗元和元年爲西川節度使劉辟罰赴松州，元和二年爲高崇文迎歸成都。均成爲日後薛濤研究中的争議之點。

鄭振鐸的《插圖本中國文學史》[①] 在 1932 年出版，對上啓先秦，下至明代的中國文學發展歷程，做了全景式的記述。其中世文學部分叙述唐代文學時，把薛濤附于中唐諸詩家之後做了簡短的介紹，説她的詩“輕茜而艷麗，時有佳句”，并舉《竹郎廟》一詩爲證，文字雖短，但這是作者在本書中唯一提及的唐代女詩人。

陸晶清 1933 年出版的《唐代的女詩人》[②] 一書，對唐代的女詩人做了專門的研究和綜合的分析評價，其中爲薛濤立有專節，把她作爲“娼妓作家”的代表。在薛濤的生平介紹中，對她的生卒年代有簡要的考證，認爲她的生年應在唐代宗廣德二年（764）之前，而卒年至遲不會在文宗太和九年（835）之後。陸晶清對薛濤詩歌評價很高，認爲薛濤“那樣細膩風光的詩，在當時昌黎粗豪，孟郊窮愁，元白顯直，長卿疏澹，實在很少有這樣的風格”。認爲娼妓的詩“有兩種特色，一是特別深重的感傷，一是忍痛的宛轉的求憐”。并舉出薛濤的《柳絮》和《十離詩》作爲證明。對《十離詩》的評價，認爲雖然“詩格都很卑，同時以自己比犬馬等賤物，珠玉等玩物，這不是用來證明薛濤詩的不高，而是用來證明她的地位的可憐”。陸晶清把對薛濤詩歌的評價與唐代娼妓的社會地位聯繫起來，是當時對薛濤詩歌研究的重要貢獻。

1933 年，陶秋英出版《中國婦女與文學》[③] 一書，在第五章中介紹了歷史上各種文體的代表女作家，在詩詞一節中對薛濤的詩歌做了簡要介紹，説她的詩“已純粹是唐人的氣息，但風格的靈秀飄逸，却另有風味”，對薛濤的詩做了很高的評價。但陶秋英又認爲薛濤“和許多的文人名士往來，她的詩或經過當時文士的修改是很可能的”，不過也説這是自己個人的武斷看法。

趙景深 1936 年發表的《唐代女詩人薛濤》[④] 一文，對薛濤的詩歌做了較多的評價。對于衆説紛紜的《十離詩》有新解，認爲非獻予韋臯或劉闢者，而是“歌以侑酒或是游戲之作”。但趙氏對薛濤詩評價不高，除了《送友人》《鄉思》《秋泉》及《春望詞》等幾首外，認爲薛詩“缺乏渾然的氣勢，早已失去了盛唐的母音，她所有的，衹是險側和怪僻”。

---

① 鄭振鐸：《插圖本中國文學史》，北平朴社 1932 年版。

② 陸晶清：《唐代的女詩人》，神州國光社 1933 年版。

③ 陶秋英：《中國婦女與文學》，北新書局 1933 年版。

④ 趙景深：《唐代女詩人薛濤》，《女子月刊》1936 年第 9 期。

子建 1941 年發表的《唐代青樓詩人薛濤》①，對薛濤的生平作了簡要的介紹，對于她入樂籍一事，認爲是因爲父親死後“家庭陷入經濟窘迫的狀態”，而西川節度使韋臯是薛濤詩歌的愛好者，“看薛濤窮苦萬狀，乃召她侍酒賦詩，遂入樂籍”，而且後來存心提拔她，奏請她爲校書郎。對薛韋關係作了一番新解。對于薛濤和元稹的關係，認爲《十離詩》是薛濤爲消除誤會而寫給元稹的。文中還引用當時研究薛濤的主要人物如譚正璧、董華、梁乙真對薛濤詩歌的評價，實際相當于一篇研究的綜述。

凌也徽 1944 年發表的《西蜀女詩人薛濤》②，除依據傳統史料簡要介紹其生平外，還分五言詩和七言詩，對薛濤的詩歌代表作進行了介紹和評價。認爲她的五言詩歌“全以性靈見長，妙喻天生，口吻畢肖。且擅長小詩，立意高超，深得古詩遺音”；而七言絶句“靈性奕奕，逸響入神”，認爲薛濤的第一流佳作，往往都是七言絶句。對于《十離詩》，凌也徽認爲王定保《唐摭言》中所説爲元稹幕府薛書記所作爲誤，因其詩“通篇作風而論，也屬於薛濤作風；以通篇情調及口吻而論，也屬于女子口吻。所以薛書記即爲薛濤”。同時也對薛濤的身世與遭遇寄與同情：“薛濤以絶代的才華，稀世的容貌，而遭時不遇，竟至坎坷終身，後人對之，每多惋惜。”雖然立論仍較傳統，但與民國時期女權興起的潮流是一脉相承的。

傅增湘和張篷舟則分别對薛濤詩歌的版本和薛濤的墨迹流傳做了介紹。傅增湘 1930 年發表的《明本薛濤詩跋》③，介紹了各家書目均未載入的明萬曆己酉洗墨池刊行的薛濤詩一卷本。并兼記清嘉慶時“雲間古倪園沈氏從吴門士禮居黄氏”借到此本再翻刻的情况，并詳記書中各家藏印及翻刻本所缺失的薛濤與田洙聯句，是 20 世紀 30 年代少有的對薛濤詩歌版本流傳介紹的文章。張篷舟 1949 年發表的《薛濤墨迹在人間》④ 一文，則介紹薛濤手書曹植《美女篇》的書法手卷的尋訪經過，張文并詳細介紹了帖上的三篇跋文，均對薛濤書法造詣有很高的美譽。由于此帖載入中華書局出版《玉臺名翰》習字帖中，張文對原帖的評價是“紙光墨色雖然黯澹，墨迹較之字帖自然纖毫畢露，妙到毫顛”。

除了以上這些對薛濤的介紹和評價文章之外，民國時期的雜志和報紙上對薛濤的其他研究，大體上依據傳統的史料爲主，對薛濤生平進行介紹。如石岩 1933 年發表的《薛濤小傳》⑤，方濤 1936 年發表的《薛濤》⑥，魯原 1937 年發表的《薛濤》⑦，孤鶩 1938 年發表的《浪漫女詩人薛濤》⑧，其均未超越傳統史料對薛濤介紹的範圍，内容泛泛而談，少有新見，也缺乏對薛濤詩歌的介紹與評論。

民國時期的雜志和報紙上對薛濤的其他研究不多，主要集中在對薛濤的紀念地成都望江

① 子建：《唐代青樓詩人薛濤》，《時代婦女》1941 年創刊號。
② 凌也徽：《西蜀女詩人薛濤》，《東方雜志》1944 年第 2 期。
③ 傅增湘：《明本薛濤詩跋》，《清華周刊》1930 年第 6 期。
④ 張篷舟：《薛濤墨迹在人間》，《旅行雜志》1949 年第 6 期。
⑤ 石岩：《薛濤小傳》，《無錫國專季刊》1933 年第 1 期。
⑥ 方濤：《薛濤》，《大公報》1936 年 11 月 20 日。
⑦ 魯原：《薛濤》，《民報》1937 年 2 月 23 日。
⑧ 孤鶩：《浪漫女詩人薛濤》，《力報》1938 年 2 月 26 日。

樓公園的介紹和游記方面。

樂堯 1919 年發表的《薛濤井》[①] 一文，可能是民國時期最早的對薛濤故迹紀念地的記載，但全文過于簡略，僅對薛濤井在清代向官吏送水及望江樓下設酒館爲成都餞行之處，可堪證史。許綺禪 1931 年發表的《記女詩人薛濤遺址》[②]，蘊珠 1937 年發表的《成都的薛濤井》[③]，均是以游記的形式記述望江樓公園中薛濤遺迹的文章，但由于是在當時的報紙上發表，篇幅都很少，記載很簡略，内容過于簡單。明月 1935 年發表的《唐代女校書薛濤故居》[④] 一文，是民國時期較早的望江樓公園游記。文中對望江樓園中的薛濤井、吟詩樓有詳的生動的描寫，使人有身臨現場之感。尤其描寫園中的茂密竹林，應是此後望江樓公園以竹爲植物主題的開端。郭祝崧 1945 年發表的《望江樓與薛濤》[⑤]，細緻地記述了 20 世紀 40 年代的望江樓公園景況，對望江樓當時的建築布局，崇麗閣、吟詩樓等建築的興建經過，游人的類别，園内外的餐飲茶社，均有詳盡生動的記述。文末對薛濤生平也做了介紹，實爲一篇反映當時望江樓狀況和成都市民遨游風俗難得的文章。還有落伍者在 1946 年發表的《成都名勝：薛濤艷迹天下聞》[⑥]，亦是 20 世紀 40 年代的望江樓游記，對園内風物及服務設施有一定記述，但較簡略。

值得一提的是，民國時期的各種刊物上刊登的望江樓公園攝影照片有 22 次之多，從不同的時間段與不同的視角，較真實地反映了 20 世紀上半期望江樓公園作爲薛濤紀念地的面貌。如詹近水 1947 年發表在《寰球》第 17 期上的《芙蓉城畔訪薛濤故居》[⑦] 一文，是他的一篇望江樓的游記，主要是抒發自身情懷，記述游覽經過非常簡略。但附有多幅園内建築的照片，真實地反映出 20 世紀 40 年代望江樓的狀況，是彌足珍貴的影像文化遺産。

民國時期對薛濤研究的另一個方面，是對薛濤箋的介紹與研究。如承明 1938 年發表的《閑話薛濤箋》[⑧]，以及史紀法 1946 年發表的《薛濤箋》[⑨] 兩文，根據史料記載對薛濤箋的製作情況及在明代的傳承做了簡要的介紹。

張篷舟 1949 年出版《薛濤》[⑩] 一書，内容分爲薛濤詩存、唐人與薛濤的唱和詩以及張篷舟對薛濤的研究文章三個部分，是一部對薛濤綜合性介紹與研究的作品。研究部分對薛濤的詩歌、書法做了介紹，也對如生卒時間、元薛因緣、薛濤箋、女校書等問題做了一定的考證。此書由于流傳較稀，影響不大，但爲 20 世紀前期的薛濤研究劃上了一個休止符。

---

① 樂堯：《薛濤井》，《益世報》1919 年 11 月 14 日。
② 許綺禪：《記女詩人薛濤遺址》，《新聞報》1931 年 9 月 22 日。
③ 蘊珠：《成都的薛濤井》，《鐵報》1937 年 1 月 5 日。
④ 明月：《唐代女校書薛濤故居》，《申報》1935 年 6 月 9 日。
⑤ 郭祝崧：《望江樓與薛濤》，《旅行雜志》1945 年第 2 期。
⑥ 落伍者：《成都名勝：薛濤艷迹天下聞》，《寶元通簡訊》，1946 年。
⑦ 詹近水：《芙蓉城畔訪薛濤故居》，《寰球》1947 年第 17 期。
⑧ 承明：《閑話薛濤箋》，《上海報》1938 年 10 月 19 日。
⑨ 史紀法：《薛濤箋》，《和平日報》1946 年 7 月 13 日。
⑩ 張篷舟：《薛濤》，念瑛齋藏版，1949 年。

20世紀前半期，從1912年到1949年間，關于薛濤的介紹和研究，發表在報刊雜志上的文章共有22篇，另有關于薛濤的詩作89篇，形成了推介和研究薛濤的第一個高潮。但由于20世紀前期對薛濤的研究，承接從唐到清一千多年對薛濤的零星史料記載期和片語隻言評價期，相當多的文章僅僅是描述性甚至是觀感性的，缺乏對相關史料的考證與分析，也少有用現代文學史觀進行評述，較系統的研究僅是初步開展。關于薛濤的文章發表刊物分散，間隔時間較長，没有形成學術討論和争鳴的氣氛。但這一時期涉及學術研究的某些話題，如對薛濤詩歌的總體評價，對元稹與薛濤的關係，對薛濤作爲樂妓身份的看法，對《十離詩》的作者與看法，對望江樓公園作爲薛濤紀念地的看法等，均有初步闡述，爲下一個階段的薛濤研究提供了進一步拓展的空間。

進入20世紀後半期，對薛濤的研究，在50年代到70年代期間陷入低谷，這段時間在公開刊物上没有發表過一篇關于薛濤的論文。但對薛濤的研究仍未停止，一些執著于薛濤研究的學者，仍然承襲20世紀前半期的成果與提出的問題，在針對薛濤研究中的若干問題搜集材料，進行思考。如張篷舟、羊村、卞孝萱幾位先生，仍然取得不小的成果。20世紀後半期對薛濤的研究，終在80年代開始呈現。

80年代至90年代的薛濤研究出現了一個久違的高潮，從1980年到2000年間，在各級學術刊物上發表的直接與薛濤研究有關的論文有60餘篇之多，其中1980年至1989年間爲26篇，1990—2000年間有36篇。論述的主題除了綜合性的評論外，主要包括了對薛濤生平、薛濤詩歌、元薛關係、薛濤箋的考釋與評論等方面。現分別叙述如下。

（1）薛濤生平研究。中唐時期著名女詩人薛濤的享年和生卒年份，歷來衆説紛紜，據不完全統計有十二種説法之多。享年歲數最大的説成“至近八十”，最小的則衹有四十七歲。享年和生卒年份也是這一時期薛濤研究的熱點。張篷舟1982年發表在《讀書》雜志上的《薛濤生卒究何年》①，通過考證，認爲薛濤享年六十三歲。生于770年（唐代宗李豫大曆五年），卒于832年夏（唐文宗李昂大和六年）。朱德慈1988年發表的《薛濤生年再考》②，對張篷舟認爲薛濤生于唐代宗大曆五年（770）的論斷提出質疑。認爲薛濤生于代宗大曆十二年（777），卒于文宗大和六年（832），享年約五十六歲。羊村的《女詩人薛濤》一書中認爲薛濤生于肅宗乾元元年（758），如卒于大和六年（832），則享年約七十四歲。

羊村在1989年12月四川人民出版社出版的《女詩人薛濤》一書，可以説是引起薛濤生平研究争議之作。全書對薛濤的生平，薛濤與當時文人和藩鎮的關係，薛濤形象在歷史上的演變，薛濤箋的特點與發展情況等方面，分别做了考證和研究，對薛濤的生平提出了許多新的觀點。如認爲范攄《雲溪友議》不是信史，所載元稹與薛濤關係純屬杜撰；薛濤未入樂籍，入樂籍者爲蜀中另一歌妓薛陶；薛濤曾結過婚，其丈夫爲資州刺史鄭綱。薛濤生于肅宗

① 張篷舟：《薛濤生卒究何年》，《讀書》1982年第6期。
② 朱德慈：《薛濤生年再考》，《成都師專學報》1988年第1期。

乾元元年（758），并非生于長安，而出生于劍南嘉州（四川樂山）等。幾乎完全顛覆了此前學界的主流認知，所提出的一些見解，此後也成爲了學術争議的熱點。

天問（劉天文）1988年和1989年發表的《薛濤簡論》[①]上、下兩篇文章，在上篇中對薛濤的生平和交往做了較詳細的介紹和考證。對其生卒時間的考證，同意諸家之説卒于文宗大和六年，但通過對韋莊《又玄集》中所録薛濤詩，元薛愛情關係，韋令孔雀的年齡等考證，認爲其生年爲德宗建中二年（781），享年五十二歲。在下篇中對與薛濤唱和的詩人、蜀帥的情况做了介紹，對薛濤唱和詩做了分析。

陳毓峰1991年發表的《文采風流，標映千古——中唐女詩人薛濤述評》[②]，就歷代文人學者對薛濤和評價，以及其詩歌版本流傳情况做了歸納，但對薛濤生平的介紹以及對其詩歌的評價大體沿襲舊説，缺乏新見。

朱德慈在1992年發表的《薛濤考異三題》[③]，對關係薛濤生平的"韋令孔雀"，考證南越向韋皋進獻孔雀的時間爲貞元二十年；薛濤《酬杜舍人》詩中的杜舍人爲杜元穎；而張篷舟所輯薛濤佚詩《題叢生假山》并非薛濤所作。他在1997年發表的《薛濤"校書"銜考》[④]一文，對薛濤是否爲校書郎和誰授其爲校書郎做了研究，根據王建贈詩和司空圖的記載，認爲薛濤確曾獲校書郎一銜，而薛濤校書郎一職則爲武元衡所授。

申及甫2000年發表的《憑史實探薛濤身世》[⑤]一文，考證了薛濤的若干史實，提出自已的一些見解。如認爲薛濤出生于峨眉，而長期生活在成都。《送鄭資州》一詩不是唐人所作，所以薛濤爲鄭綱之妻一説不能成立。稱《贈遠》詩的受詩人不是元稹。《試新服裁制初成》詩中的新服并非道服，而是歌舞之服等等。

（2）版本及詩歌的考證。由于薛濤的著作《錦江集》早已散佚，存詩在長達千年的流傳過程中不可避免産生錯訛，因此對薛濤詩歌版本流傳及詩歌本身的考證，承接上一時期的研究基礎，成爲薛濤研究的重要學術支撑。

20世紀80年代出現的薛濤詩歌版本及詩歌本身的考證的代表作，首先是張篷舟1981年出版的《薛濤詩箋》[⑥]。張篷舟（1903—1991），四川成都人。20世紀30至40年代長期擔任《大公報》記者。1925年在成都《曉光日報》副刊《春華》上發表研究薛濤的論文《薛濤的詩》。張篷舟50年代開始主要從事薛濤研究，1990年4月薛濤研究會成立，被推舉爲名譽理事長。書中輯佚整理了薛濤的詩歌91首，是目前薛濤詩作收集最爲完備的版本，并對每一首都做了簡要的校釋與箋注，這是自傅潤華1930年出版《薛濤詩》以來的第二次對薛濤詩歌的彙集出版，是歷代以來對薛濤詩的首次箋注。本書的後記中，對歷代薛濤詩的版

① 天問：《薛濤簡論》上、下篇，《成都大學學報》1988年第12期和1989年第7期。
② 陳毓峰：《文采風流，標映千古——中唐女詩人薛濤述評》，《福建師大福清分校學報》1991年第2期。
③ 朱德慈：《薛濤考異三題》，《唐都學刊》1992年第2期。
④ 朱德慈：《薛濤"校書"銜考》，《運城高專學報》1997年第3期。
⑤ 申及甫：《凭史實探薛濤身世》，《成都大學學報》2000年第1期。
⑥ 張篷舟：《薛濤詩箋》，四川人民出版社1981年版。

本刊行與流傳情況做了綜述，并對一些訛傳是薛濤的詩做了考證并從薛濤詩集中予以删除，包括薛能的《牡丹》《贈楊藴中》，蔣維翰的《梅》，卓英英的《錦城春望》。同時增補了《題叢生假山》一首。文中概述後人對薛濤的評價，以及與薛濤唱和交往文人的情況，同時也對薛濤詩歌研究中的一些争議問題，如《十離詩》是否薛濤所作，以及女校書的真僞做了考證，實際上是一篇全面研究薛濤的論文。

陳文華在1984年出版的《唐女詩人集三種》① 中，對薛濤詩歌89首作了較詳盡的校注，與張篷舟箋注各有千秋。如陳注《元微之贈濤詩因寄舊詩與之》一詩，張篷舟注作《寄舊詩與元微之》；陳注末句爲“與君開似教男兒”，與張注“與君開似好男兒”所引版本不同，亦較張注較詳。本書并集録了歷代關于記載薛濤的詩文資料，足以供讀者參考。

羊村在1989年出版的《女詩人薛濤》一書②，對薛濤的詩歌做了較爲通俗的箋注，認爲《罰赴邊有懷上韋令公》與《十離詩》都不是薛濤的作品，應予删除，因此箋注中收詩數量較張篷舟及陳文華爲少。同時對若干首詩的解讀，如認爲《贈遠》和《送鄭資州》詩是寫給薛濤丈夫鄭綱，《送盧員外》詩是寫給盧綸，《贈段校書》是寫給段文昌等，均與張篷舟不同。

鄧劍銘、胡國强的《薛濤詩箋中幾首詩真僞辨》一文③，認爲薛濤的《罰赴邊上韋相公》兩首詩是宋人陳應行在《吟窗雜録》中仿作的僞詩。

劉天文《薛濤“送鄭眉州”詩題辨正》④ 以及《薛濤史料考辨》⑤ 兩文中，對若干薛濤詩傳世版本的考證，認爲張篷舟《薛濤詩箋》中的《送鄭資州》詩題有誤，應爲《送鄭眉州》。

朱德慈的《薛濤考異三題》⑥，認爲薛濤《酬杜舍人》詩中的杜舍人爲杜元穎；而張篷舟所輯薛濤佚詩《題叢生假山》并非薛濤所作。其《薛濤詩考辨四題》⑦ 一文認爲《謁巫山廟》確爲薛濤作品。《西岩》詩中的西岩是指萬縣治西李白曾讀書的“西岩”。《牡丹》詩非薛能所作，作者應爲薛濤。《送盧員外》詩中的“盧員外”是在武元衡幕府中任職的盧士玫。

李敏星《長教碧玉藏深處，總向紅箋寫自隨——薛濤離詩辨》⑧ 一文，認爲薛濤得罪韋皋後所獻的詩是《五離詩》而非《十離詩》，多出的五首離詩是好事文人的代擬之作。

陳友山《薛濤詩存厥功則偉——從“萬首唐人絶句”到“薛濤詩箋”》⑨ 論述和考證了薛濤詩歌的歷代主要傳承版本，包括洪邁《萬首唐人絶句》、萬曆洗墨池刻本《薛濤詩》、

---

① 陳文華：《唐女詩人集三種》，上海古籍出版社1984年版。
② 羊村：《女詩人薛濤》，四川人民出版社1989年版。
③ 鄧劍銘、胡國强：《薛濤詩箋中幾首詩真僞辨》，《西南師範大學學報》1989年2期。
④ 劉天文：《薛濤“送鄭眉州”詩題辨正》，《成都大學學報》1995年1期。
⑤ 劉天文：《薛濤史料考辨》，《成都大學學報》2004年3期。
⑥ 朱德慈：《薛濤考異三題》，《唐都學刊》1992年2期。
⑦ 朱德慈：《薛濤詩考辨四題》，《成都師專學報》1998年2期。
⑧ 李敏星：《長教碧玉藏深處，總向紅箋寫自隨——薛濤離詩辨》，《懷化學院學報》2006年6期。
⑨ 陳友山：《薛濤詩存厥功則偉——從“萬首唐人絶句”到“薛濤詩箋”》，《文史雜志》2006年5期。

《全唐詩·薛濤集》和張篷舟《薛濤詩箋》的版本價值與收詩情况。

卿彦《舊題薛濤“江月樓”詩作者質疑》[①] 認爲張篷舟《薛濤詩箋》中所録《江月樓》一詩，并非薛濤所作，作者應是南宋的唐文若。

（3）薛濤詩歌研究。對薛濤詩歌的研究，20 世紀 80 年代初期尚未成爲熱點，從 1985 年起開始成爲研究的重點。較多的是對薛濤詩歌的風格及地位的評價。

80 年代出現的薛濤研究重要成果，首先是張篷舟 1981 年出版的《薛濤詩箋》[②]。書中收集了薛濤的詩歌 91 首，對每一首都作了簡要的校釋與箋注，是歷代以來對薛濤詩的首次完整箋注，在 80 年代初期是影響較大的論著。

董淑瑞 1985 年發表的《薛濤及其詩歌創作》[③]，認爲薛濤是中唐時期一位重要女詩人。《全唐詩》有薛濤詩一卷八十九首，她的作品經過一千多年的時間考驗保存至今，實在難得。從宋代到明清，歷代文學界對她都有較高的評價。可惜在中華人民共和國成立後出版的中國文學史，除 1957 年出版的鄭振鐸的《插圖本中國文學史》爲薛濤留得一席位外，其餘書中均付闕如，應讓女詩人得到應有的地位。作者認爲薛濤敢于衝擊社會對她的桎梏，擺脱精神天地受到的限制和壓抑，她和詩人文士詩詞往來，在當時是非常大膽、勇敢的行爲，具有唐代詩人放任不羈的作風。薛濤的詩歌“藝術上獨具特色：情真，灑脱，艷麗”，是她複雜個性的體現。

朱德慈 1985 年發表的《薛濤詩藝術風格摭談》[④]，認爲薛濤的詩，尤其是她的絶句，確有其獨具的特色。在藝術風格上的特色主要表現在以下幾個方面：一曰暢：濤詩平白如話，曉暢和諧。二曰常：濤詩遣詞運語，如話家常。三曰藏：濤詩含蓄蘊藉。四曰長：濤詩善于在平淡中寓深意，而且還善于將主觀情感與客觀對象溶化爲一體。五曰香：讀薛濤詩，如入百花園，芬芳馥鬱，沁人心脾。六曰朗：濤詩有着朗健的骨格。文中認爲薛濤詩之所以呈現出上述六個方面的藝術風格，是因爲她的家庭環境的影響和個人秉賦的超常，自然環境的陶冶和文學環境的獨厚，以及前賢文學遺産的薰陶和時代文學風氣的濡染。

唐淑君 1988 年發表的《薛濤和她的詩歌》[⑤]，對薛濤詩歌做了較高的評價，認爲薛濤的詩歌展示了人格美，表達了熱愛山水的情感，反映了美好願望和相思離愁，實録了坎坷遭遇，抒發了政治懷抱。從藝術上看，在托物寄興、着色抒情、語言表達等方面都表現出獨具的特色。

賀新居 1985 年發表的《薛濤簡議》[⑥]，對薛濤生平及詩歌做了探討。對薛濤詩歌的評價是：語言平易但不淺露，狀物細緻，感情深細，其詩雖未達到獨樹一幟的高度，但詩中的這

① 卿彦：《舊題薛濤“江月樓”詩作者質疑》，《古典文學知識》2015 年 3 期。
② 張篷舟《薛濤詩箋》，四川人民出版社 1981 年版。
③ 董淑瑞《薛濤及其詩歌創作》，《新疆師範大學學報》1985 年第 1 期。
④ 朱德慈：《薛濤詩藝術風格摭談》，《社會科學研究》1985 年第 6 期。
⑤ 唐淑君：《薛濤和她的詩歌》，《康定民族師專學報》1988 年第 1 期。
⑥ 賀新居：《薛濤簡議》，《天津師大學報》1985 年第 5 期。

些特色是值得重視的。她的詩現有“風人之致”的一面，也有“快心露骨”的一面，正表明了她的詩是處在向晚唐過渡的階段。

蘇者聰 1988 年發表的《論薛濤其人其詩》① 一文，對薛濤詩歌有很高的贊譽。對薛濤生平做了較詳細的介紹，結合薛濤的生平與遭遇，分析其詩歌的背景與特色，如認爲《十離詩》是薛濤爲韋皋罰其流松州時乞求寬恕所作，《春望詞》是隱居浣花溪時所作。對薛濤詩歌特色的評價是情化物象，托物寓情，婉曲幽微，體物細膩。其創作的主旋律是悲涼哀怨。

查洪德 1990 年發表的《大雅不群洪度詩》②，討論薛濤詩與唐代妓女詩的區别，認爲“薛濤詩的風格，可以用清秀雅正概括。一個歌妓，寫的詩却没有脂膩粉香，没有打情罵俏，没有淫聲媚態，没有格調低下之作。這不僅與唐妓女詩比較，就是與李冶、魚玄機比較，對比也是鮮明的。薛濤詩的雅，與唐妓女詩的俗，形成了極大的反差。”

張而今 1990 年發表的《情思才調風度談薛濤詩的魅力》③，從情思美、才調美、風度美三方面分析評價了薛濤的詩歌，認爲三者之相交匯、滲透而渾然一體，構成了薛濤詩的審美魅力。

趙松元 1991 年發表的《薛濤詩歌的“丈夫氣”再議》④，認爲薛濤雖非大家，然亦足稱女中詩傑。其藝術風格同樣具有多樣化的特色。既有細膩凄婉者，又有柔美俊爽與雄健深沉者。而後者體現着具有剛柔相濟之美的丈夫氣，這纔是薛濤詩的主導風格，是薛濤區别并超越唐代其他女性詩人的重要特質。

張潔雲 1995 年發表的《略論薛濤咏物詩的托物伸意》⑤，對薛濤的咏物詩進行了分析和評論，認爲做到了物象與情志、托物和伸意的完美結合，表達了熱愛自然、品格高潔、向往愛情的襟懷與才情。

夏春豪 1996 年發表的《論薛濤詩》⑥，論述了薛濤贈人酬唱詩作中的人生哀感和抗逆自持情懷，以及她在人際遭逢中爭取知音、關切人生國事的意念。

除了對薛濤詩歌作總體評價外，還有一批研究論文對薛濤的具體詩篇做了更爲詳盡深入的分析。

劉長耿和孫順霖 1985 年發表的《論薛濤和她的十離詩》⑦，以及季智慧 1986 年發表的《薛濤詩中的竹郎廟》⑧ 兩文，分别對《十離詩》和《竹郎廟》的寫作特點及詩中的背景做了論述。劉、孫文認爲《十離詩》運用民歌化的語言，詩中憤懣多于乞求，追求多于期待，鞭笞多于屈服和妥協。就其思想藝術而論不失爲一位好詩。季文認爲薛濤詩中的竹郎廟并非

① 蘇者聰：《論薛濤其人其詩》，《唐都學刊》1988 年第 4 期。
② 查洪德：《大雅不群洪度詩》，《殷都學刊》1990 年第 4 期。
③ 張而今：《情思才調風度談薛濤詩的魅力》，《貴州大學學報》1990 年第 7 期。
④ 趙松元：《薛濤詩歌的“丈夫氣”再議》，《中國文學研究》1991 年第 2 期。
⑤ 張潔云：《略論薛濤咏物詩的托物伸意》，《四川師大學報》1995 年第 4 期。
⑥ 夏春豪：《論薛濤詩》，《河南大學學報》1996 年第 6 期。
⑦ 劉長耿、孫順霖：《論薛濤和她的十離詩》，《殷都學刊》1985 年第 1 期。
⑧ 季智慧：《薛濤詩中的竹郎廟》，《成都師專學報》1986 年第 1 期。

在滎縣，而是在樂山。

鄧劍銘、胡國强 1989 年發表的《薛濤詩箋中幾首詩真僞辨》①，認爲薛濤的《罰赴邊上韋相公》兩首詩是宋人陳應行在《吟窗雜録》中仿作的僞詩。

周容良 1995 年發表的《感於哀樂緣事而發——讀薛濤上蜀帥詩》② 一文，對薛濤寫給歷任劍南西川節度使的韋皋、高崇文、王播、李德裕四人的詩歌做了細緻的分析，認爲“薛濤此類上蜀帥詩，大多藴藉着知人論世的真知灼見，下筆有據，持論允當”。

張潔雲 1994 年發表的《薛濤詩意考辨》③，考證分析了薛濤四首詩的寫作主旨，認爲《籌邊樓》詩是歌頌李德裕的治邊政策。《題竹郎廟》詩并非頌神，詩中的竹郎不是夜郎王，而是薛濤思念的對象。《罰赴邊有懷上韋相公》詩表達的是薛濤理解韋皋罰她去松州之意而獻詩以求寬恕。《罰赴邊上武相公》詩是薛濤自責驕侈而發。《贈遠》詩是薛濤寄給在隴西前綫之夫，但夫究竟爲誰尚未確指。

張正則、季國平 1998 年發表的《薛濤“别李郎中”詩新析》④，認爲薛濤《别李郎中》詩的背景是當時任成都少尹的李程調職入京任兵部郎中時，喪妻未娶，且其妻葬于蜀中。所以此詩爲薛濤贊美李程對亡妻深情的送别詩。但這一觀點作者也認爲并無史料證實，僅是推測。

劉天文 1995 年發表的《薛濤“送鄭眉州”詩題辨正》⑤，引用若干薛濤詩傳世版本，認爲張篷舟《薛濤詩箋》中把此詩題中的“鄭眉州”改爲“鄭資州”是錯誤的。

郭祝崧 1996 年發表的《薛濤小詩係史實》⑥，對薛濤的幾首詩歌，結合唐代史實做了一些考證，其中較有獨到見解的如認爲《試新服裁制初成》詩中的“新服”并非道服，而是時世裝。《送鄭眉州》詩是寫“秋胡變文”中的羅敷故事，《贈段校書》中的段校書指段成式。

朱德慈 1998 年發表的《薛濤詩考辨四題》⑦ 一文，認爲薛濤的《謁巫山廟》一詩經考證，確爲薛濤作品。《西岩》詩中的西岩是指萬縣治西李白曾讀書的“西岩”。《牡丹》詩非薛能所作，作者應爲薛濤。《送盧員外》詩中的“盧員外”非羊村認爲的盧綸，而是在武元衡幕府中任職的盧士玫。

（4）元薛關係研究。薛濤與元稹的關係，也是這一時期的研究熱點之一。這方面存在兩個迥然不同的觀點。一方認爲元薛關係爲虚構，另一方則肯定元薛有密切的關係。

元薛關係虚構派方面，主要有卞孝萱 1980 年發表的《元稹薛濤裴淑》⑧，是 20 世紀 80 年代論及薛濤與元稹關係的第一篇論文。文中主要對范攄《雲溪友議》中記載的元稹與薛濤

---

① 胡國强：《薛濤詩箋中幾首詩真僞辨》，《西南師大學報》1989 年第 2 期。
② 周容良：《感于哀樂緣事而發——讀薛濤上蜀帥詩》，《成都大學學報》1995 年第 3 期。
③ 張潔云：《薛濤詩意考辨》，《四川師範大學學報》1994 年第 3 期。
④ 張正則、季國平：《薛濤“别李郎中”詩新析》，《成都大學學報》1998 第 1 期。
⑤ 劉天文：《薛濤“送鄭眉州”詩題辨正》，《成都大學學報》1995 年第 1 期。
⑥ 郭祝崧：《薛濤小詩係史實》，《成都大學學報》1996 年第 3 期。
⑦ 朱德慈：《薛濤詩考辨四題》，《成都師專學報》1998 年第 2 期。
⑧ 卞孝萱：《元稹薛濤裴淑》，《四川師院學報》1980 年第 3 期。

的關係進行了考證，認爲由于范氏記載中對元薛兩人的地點、年齡、官職、人物均有差誤，因此元稹與薛濤有戀人關係的説法是不真實或虚構的。

在元薛關係密切派方面，鄧劍銘和李華飛 1984 年發表的《薛濤與元稹的關係及其他》[①]一文，批駁了卞孝萱和羊村認爲元稹與薛濤從没有見過面，其愛情關係純屬虚構的觀點。認爲元稹不僅到過西川與薛濤相遇，而且確有愛情關係，并引用其他學者研究，認爲元稹和薛濤年齡相差并不大，還不到十歲。

吴偉斌 1988 年發表的《也談元稹與薛濤的風流韻事》[②] 一文，認爲范攄《雲溪友議》所載元稹與薛濤的情事爲小説家言，元稹出使劍南東川没有可能與薛濤相見。薛濤生于上元元年（760），元稹出使東川時薛濤已五十歲，元稹三十一歲，年齡相差太大，不可能發生男女之情。流傳的元稹與薛濤唱和詩實爲他人僞作。羊村 1989 年出版的《女詩人薛濤》一書中，也認爲范攄《雲溪友議》不是信史，所載元稹與薛濤關係純屬杜撰。

陳坦 1986 年發表的《薛濤與元稹的關係問題及其他——與鄧劍鳴、李華飛同志商榷》[③]一文，認爲元薛即使見過面，也未必存在愛情關係。

天問（劉天文）1988 年發表的《薛濤簡論》[④] 上篇中，對薛濤的生平和交往做了較詳細的介紹和考證。通過元薛唱和詩的分析，認爲二人確有愛情因緣關係。

蘇者聰 1988 年發表的《論元稹與薛濤》，認爲元稹與薛濤的情愛關係，在元薛時代就已流傳開來，元稹的好友白居易，以及李德裕、劉禹錫等人的詩歌中都涉及到這一點，認爲元薛的愛情關係是無可否定的事實。并對卞孝萱對元薛二人相會的時間、年齡差異，從而不可能相會的論斷，引用文獻和元、薛自己的相關詩歌提出了否定的意見。

朱德慈 1989 年發表的《元薛姻緣脞證》[⑤] 一文，再次肯定了元稹與薛濤的交往。認爲薛濤出生于大曆十二年（777）至建中元年（780）之間，與元稹生年（779）非常接近，所以元薛之間發生姻緣關係是合情合理的。嚴綬早就知曉元稹的詩名文名，所以在風聞元稹要出使東川時就即刻遣薛濤前往迎候，因此元薛兩人應有充分的相會時間。

（5）薛濤箋研究。陳振濂 1989 年發表的《薛濤箋及其他》[⑥]，對薛濤箋做了簡要的介紹，特别强調其對日本色紙藝術的可能影響作用。

天問（劉天文）1989 年發表的《薛濤簡論》[⑦] 下篇中，對薛濤所製彩箋紙的流行與傳承情況，及其在成都的遺迹和紀念地如薛濤墓、望江樓的歷代記載及演變情況做了介紹。

鄧劍鳴 1993 年發表的《薛濤箋在中唐時期對四川造紙業的影響與貢獻》[⑧]，歸納了歷代

① 鄧劍銘、李華飛：《薛濤與元稹的關係及其他》，《社會科學研究》1984 年第 8 期。
② 吴偉斌：《也談元稹與薛濤的風流韻事》，《揚州師院學報》1988 年第 9 期。
③ 陳坦：《薛濤與元稹的關係問題及其他——與鄧劍鳴、李華飛同志商榷》，《社會科學研究》1986 年第 5 期。
④ 天問：《薛濤簡論》上篇，《成都大學學報》1988 年第 12 期。
⑤ 朱德慈：《元薛姻緣脞證》，《成都大學學報》1989 年第 7 期。
⑥ 陳振濂：《薛濤箋及其他》，《四川文物》1989 年第 3 期。
⑦ 天問：《薛濤簡論》下篇，《成都大學學報》1989 年第 7 期。
⑧ 鄧劍鳴：《薛濤箋在中唐時期對四川造紙業的影響與貢獻》，《中國造紙》1993 年第 6 期。

對薛濤箋的記述和評價，論述了薛濤箋産生的背景和條件，對薛濤創製彩色箋紙的貢獻予以肯定，認爲薛濤對箋紙的改進是規範形制，别模新樣，創設圖案，設色加工，使其成爲久負盛譽的名紙，對當時四川加工紙的發展和品質提高有很大促進。

（6）薛濤詩歌風物與比較研究。龐莊甫 1993 年發表的《琶琶花裏和枇杷門巷》[①] 一文，對王建的《寄蜀中薛濤校書》一詩中的“枇杷花裏閉門居”中的“枇杷花”還是“琵琶花”作了考證，認爲原詩應是琵琶花，爲羊角杜鵑。爲後人改爲枇杷花，并引伸出“枇杷門巷”作爲妓女居處的專用名詞。

鄧劍鳴 1998 年發表的《薛濤在文學藝術領域中的形象》[②]，對薛濤在文學藝術領域中的形象，分小説、戲劇、電視劇、曲藝、繪畫、雕塑、石刻、剪紙、音樂、詩詞十個方面，收集資料，進行歸納，尤其對明清及民國時期的記載頗詳。如戲劇一門中載從明代陳興郊《鸚鵡洲》一劇到成都群生川劇團收藏的薛濤劇本七則，見作者收采資料之勤，但惜未注出處。

王定璋 1999 年發表的《松花箋寫洪度詩——論唐代娼妓的詩歌》[③]，對唐代婦女中的特殊群體妓女情況做了簡要的介紹和分析，并着重以李冶、薛濤、魚玄機的詩歌，論述她們的遭遇情感和人生感受，認爲可以深化對唐代社會的認知。

20 世紀後半期的薛濤研究，在承接 1912—1949 年間研究成果和研究熱點的基礎上，表現出新的特點。首先，由于從 50 年代到 70 年代薛濤介紹和研究的長期斷層，80 年代的研究中出現了一些以介紹薛濤生平和其詩歌爲主要内容的文章，主要以普及性爲主，缺乏對問題的深入探討。其次，這一時期對薛濤的研究領域有所擴大，研究内容不斷深入。如對薛濤著作版本的考證，一些傳世詩歌的真僞，詩歌藝術風格，表達主題，寫作的背景，以及薛濤是否婚配，薛濤的出生地在何處，薛濤是否曾授校書郎一職，薛濤是否與元稹相會過，相會時的年齡，“韋令孔雀”與薛濤年齡的關係等的專題研究。1990 年成都薛濤研究會在成都望江樓公園薛濤的紀念地成立，標志着薛濤研究由分散走向群體，對薛濤研究起了重要的推動作用。其主編的《薛濤研究論文集》，由四川人民出版社在 2000 年出版，彙集了此前二十年間的主要研究論文，成爲薛濤研究的重要里程碑。但這一時期也出現了一些多依前人舊説，未能有自己的獨特見解的文章。

總覽 20 世紀對薛濤的研究，開闢了自薛濤逝世近千年來新的研究領域，不再局限于隻言片語的意緒評語，而是從文獻的梳理挖掘中，對薛濤的生平，薛濤的情感，薛濤的詩歌，薛濤的製箋等方面進行分析、探討和定位，并在若干問題上形成了學術争論，使薛濤的研究逐步走向深入。但 20 世紀對薛濤的研究仍然處于起步期。一些現代文學批評理論，例如性别意識對薛濤詩歌的影響，還未能形成新的分析框架；對薛濤詩歌中所描述的花卉植物等具體意象的生態分類與文化分析還未展開；薛濤與同時代女詩人和域外女詩人的比較文學研

---

① 龐莊甫：《琶琶花里和枇杷門巷》《文史雜志》1993 年第 3 期。
② 鄧劍鳴：《薛濤在文學藝術領域中的形象》，《成都大學學報》1998 年第 3 期。
③ 王定璋：《松花箋寫洪度詩——論唐代娼妓的詩歌》，《西南民院學報》1999 年第 5 期。

究，也剛剛開篇；此外，成都在唐代的繁榮城市經濟和獨特地域文化，對薛濤的生活狀況與性格形成，詩歌内容、詩歌風格、文學傳承等有何影響，也較少涉及。新的研究領域的擴展與傳統研究領域的深入，都有待于在 21 世紀的薛濤研究中取得突破。

（作者單位：四川師範大學歷史文化與旅游學院）

胡昭曦先生對巴蜀歷史文化研究的貢獻

粟品孝

内容提要：胡昭曦先生是公認的巴蜀歷史文化專家。在長達 60 多年的研究生涯中，先生對巴蜀地區的農民起義、宋蒙（元）雙方在巴蜀地區的爭戰、蜀學尤其是宋代蜀學、巴蜀地區書院史、大足石刻等都有專門精深的研究，對四川省省名的由來和“巴蜀文化”命題的最初含義也有獨到見解，還在巴蜀地方史志的書稿審讀和隊伍建設方面貢獻很大。先生的巴蜀歷史文化研究，在時段上以宋代爲主，在風格上重視原始資料，重視實地考察，尤以後者爲其治學的最大特色。

關鍵詞：胡昭曦；巴蜀歷史文化；蜀學；實地考察

一、前　言

胡昭曦先生（1933—2019）是當代著名的歷史學家，一生主要致力于宋史和巴蜀歷史文化研究，是學界公認的宋史專家和巴蜀歷史文化專家。本文主要談談他在巴蜀歷史文化研究方面的貢獻。

現代意義上的巴蜀歷史文化研究，已有一百多年的歷史。回顧這一百多年的巴蜀歷史文化研究，有兩套叢書具有標志性意義。

一是 20 世紀的 80 年代初，四川人民出版社出版了一套由四川省巴蜀史研究會（1979 年 2 月于四川省社會科學院成立）選編的《巴蜀史研究叢書》，包括徐中舒《論巴蜀文化》、蒙文通《巴蜀古史論述》、顧頡剛《論巴蜀與中原的關係》、任乃强《四川上古史新探》、鄧少琴《巴蜀史迹探索》等五部，全是民國時期即已成名的老一輩學者研究巴蜀歷史文化的力作。這些著作的出版，是對早期巴蜀歷史文化研究所作的一個總結，在推動當時方興未艾的巴蜀歷史文化研究方面發揮了重要作用。

二是21世紀之初（2004年），四川人民出版社又出版了一套由四川省巴蜀文化研究中心選編的《巴蜀文化研究叢書》，包括隗瀛濤《巴蜀近代史論集》、林向《巴蜀考古論集》、李紹明《巴蜀民族史論集》、胡昭曦《宋代蜀學論集》、譚繼和《巴蜀文化辨思集》、徐南洲《古巴蜀與〈山海經〉》等六部。著者全是中華人民共和國成立後大學教育體制培養起來的，并都經過了“文化大革命”十年的學術荒廢期後，乘改革開放和文化重建的東風，在20世紀80年代以後崛起的新一代學術名家。這些著作是對20世紀80年代以來巴蜀歷史文化研究的一次集中總結和展示，對近二十年的巴蜀歷史文化研究也發揮了很好的推進作用。

既然是選編，當然存在選擇的主觀性問題，存在見仁見智的問題，像老一輩學者中至少還有馮漢驥、繆鉞等先生，新一代學者中還有王文才、童恩正、劉琳、曾棗莊、陳世松等等先生，他們因各種原因未能入列。但由這兩套叢書的選編出版情況，我們可以肯定地說，在巴蜀歷史文化研究史上，胡先生是繼徐中舒等老一輩學者之後涌現的新一代學者的傑出代表之一。1993年，胡先生與隗瀛濤先生一起，經國務院學位委員會批准，被增列爲博士生導師，成爲四川大學（實際也是整個四川省高教系統）歷史學科繼徐中舒、繆鉞兩位老一輩之後，新的國批博導。這也是很能説明胡先生在巴蜀史學界的崇高地位的。

二、胡先生對巴蜀歷史文化研究的主要貢獻

胡先生的巴蜀歷史文化研究始于大學時期（1956—1961），他晚年曾在《我的科研工作回顧》中寫道：“我的科研工作是從1958年大搞科研開始的，當時還在讀書，主要參加《四川近代史》的編寫。1960年，我選讀‘中國近代史專門化’，繼續前段研究，寫出并正式發表了《從甲午戰争到辛亥革命時期帝國主義對四川的經濟侵略》（《歷史教學》1961年第11、12期合刊）。”① 可見先生在科研起步階段，首先關注和用力的就是巴蜀歷史文化。當時給予指導較多的是1957年留系任教的青年教師隗瀛濤先生，他輔導“中國近代史專門化”的學生進行《四川近代史》的科研項目和教材編纂②，胡先生就是這批學生之一。但胡先生留校任教後，即被分配給著名歷史學家蒙文通先生作助手，教學和研究重點遂轉向古代史。在蒙先生的具體指導下，胡先生一方面研習宋史，一方面則探究長期在祖國西部特别是四川西北地區生活的羌族，并寫成《論漢晋的氐羌和隋唐以後的羌族》一文，發表在《歷史研究》

① 胡昭曦：《我的科研工作回顧》，附載其《巴蜀歷史考察研究》，巴蜀書社2007年版，第437頁。

② 參見胡昭曦《創新奮進，鞠躬盡瘁——隗瀛濤先生的學術貢獻》，原載《紅岩春秋》2011年第1期，後收載其《旭水齋存稿》，四川大學出版社2012年版。此據後者，第369頁。

1963 年第 2 期上。文中有多處“文通按”的批語，十分珍貴。胡先生在文末附記道：“這篇論文是在蒙文通老師的懇切指導下完成的，定稿之後又承老師批加案示，作者在這個過程中受到很多教益，并此向蒙老師致謝。”

胡先生在科研的起步階段，雖然仍有一些下鄉支農以及參加“四清”等運動，但大體上還能保證在學校的正常學習和研究工作，加之得到名師指點，所以他也很快做出了成績。但好景不長，史無前例的“文化大革命”很快就爆發了，先生剛剛起步的巴蜀歷史文化研究也不得不停下來。先生後來無比沉痛地回憶這“被荒廢的十年”：“1966 年 6 月至 1976 年秋（34 歲至 43 歲）的十年，都在‘文化大革命’之中。或參加會議‘接受教育’，或被下放到農場‘進行改造’，或避開人群做蟄居狀，或自稱逍遥作隔岸觀。當權者衹講革命，不搞業務。風華正茂之大好光陰被長時間荒廢！”① 而且，引導他走上學術研究大道的蒙先生，也在此期間含恨離世（1968 年 8 月 1 日）。

“文革”後期雖然學校已開始恢復招生，一些科研活動也有所開展，但真正正常的教學和科研活動還是在“文革”結束之後，特别是 1978 年實行改革開放之後。當時全國撥亂反正，百廢待興，被嚴重破壞的文化教育亟需恢復和重建。和當時所有被長期耽擱的老師一樣，胡先生立志“把因‘文革’失去的時間搶回來，把荒廢的專業補起來”②，發奮圖强，鋭意進取，在教學和科研方面取得了優異的成績，爲傳承徐中舒、蒙文通、繆鉞等老一輩的學問，爲推進巴蜀地區乃至全國歷史學科的向前發展，做出了重要貢獻！具體説來，先生在巴蜀歷史文化研究方面的貢獻主要表現在以下方面。

（一）對巴蜀地區農民起義的研究

這主要集中在 20 世紀的 70 年代中後期到 80 年代初期，是當時整個史學界重視階級鬥争史研究的反映。先生對四川地區農民起義的研究，貫穿了唐代到清代的一千多年時間，而用力最多、成就最大的是關于宋代王小波李順起義和明末清初以張獻忠爲代表的農民戰争。從“文革”後期開始，四川大學歷史系就成立了“王小波李順起義”調查組，胡先生帶領學生通過查找文獻資料和實地考察兩種方式，連續多年搜集整理王小波李順起義的有關資料，先後編寫出版《王小波李順起義資料彙編》（通纂，集體署名。四川人民出版社 1978 年版）、《王小波李順起義考述》（通纂，集體署名。四川人民出版社 1978 年版）、《王小波李順起義》（四川人民出版社 1985 年版）三部專書，并連續發表多篇論文，基本弄清了這次起義的發生、發展和影響情况，其中對起義背景、導因、領袖籍貫、起義發祥地、進軍路綫、鬥争範圍等均提出了新見，是當時學界推進王小波李順起義研究最大的貢獻者。先生對歷史上所謂的“張獻忠屠蜀”問題以及相關的“湖廣填四川”問題，也有深入的研究，結合文獻研讀和實地考察，著有《張獻忠屠蜀考辨——兼析“湖廣填四川”》（四川人民出版社 1978 年版），

① 胡昭曦：《自編習學跬行紀年略》，附載其《旭水齋存稿》，四川大學出版社 2012 年版，第 391 頁。
② 胡昭曦：《自編習學跬行紀年略》，附載其《旭水齋存稿》，四川大學出版社 2012 年版，第 392 頁。

并點校了記述明末清初四川歷史的兩部珍貴文獻《聖教入川記》和《五馬先生紀年》（抄本），題爲《聖教入川記（附〈五馬先生紀年〉）》出版（四川人民出版社 1981 年版），改變了人們對張獻忠歷史形象及其“屠蜀”問題的偏頗認識。

先生從事的農民起義研究，不可避免地受到當時所謂“階級鬥争纔是歷史發展的真正動力”這一主流意識形態的影響，但從先生注重文獻文物資料的廣泛搜集，并注重與實地考察情况相結合的研究路徑來看，先生表現的無疑是一種嚴謹篤實的優良學風。也正因爲如此，先生的這些研究成果，從主要内容和主要觀點來看，還是經得起歷史檢驗，具有長久生命力的。如 1978 年出版的《張獻忠屠蜀考辨——兼析“湖廣填四川”》一書，先生後來還收入其 2002 年出版的《巴蜀歷史文化論集》中，僅在“個别地方有改動”①。近一二十年來，人們在糾正過去“左傾”認識的同時，出現了一股誇大張獻忠“屠蜀”的傾向，出版的資料彙編《張獻忠剿四川實録》（巴蜀書社 2002 年版）和研究著作《張獻忠剿四川真相》（四川民族出版社 2010 年版），就是明證。有學者甚至抽離時代，對胡先生及其論著提出十分尖鋭的批評。近年四川彭山區江口沉銀遺址的水下考古出土了大量文物，又有人將其作爲張獻忠“屠蜀”的新證據。針對這些傾向，一些學者已撰文駁斥，先生也密切關注，并在去世的兩年前，奮力一搏，專門就《張獻忠剿四川實録》中的一些史籍進行辨析，寫成專題論文《“張獻忠與四川”史籍鑒析》，再次以嚴謹求實的科學態度，對這些所謂的“實録”進行了深入細緻的考辨，明確指出：“雖然要重視這些歷史文獻，但不可籠統地稱爲‘實録’，必須對其寫作意圖、資料來源和著述内容進行仔細考訂、辨析鑒别，并且盡力擴增第一手資料，同時與其他相關學科相結合，進行綜合分析，以求歷史真實。”② 這無疑是平實穩健的態度。

（二）對宋蒙（元）雙方在巴蜀地區争戰的研究

衆所周知，在蒙古（元朝）攻滅南宋的半個世紀裏，巴蜀地區是主戰場之一。宋蒙（元）雙方在巴蜀地區的長期争戰，影響深遠，是巴蜀歷史上的重大事件，也是宋史、元史乃至世界中世紀史研究的重要内容。胡先生既以宋史爲斷代史研究的主攻方向，又主要在四川地區生活和工作，因此在 20 世紀 70 年代開始的對巴蜀古史的實地考察中，很自然地對此加以重視和研究。其在 80 年代初發表的《反映南宋末年四川軍民抗元鬥争的幾件歷史文物》（《四川大學學報》1981 年第 4 期）、《略論南宋末年四川軍民抗擊蒙古貴族的鬥争》（《宋史研究論文集》，上海古籍出版社 1982 年版）等論文，以及與唐唯目先生合作出版的資料集《宋末四川戰争史料選編》（四川人民出版社 1984 年版），就是集中的反映。先生在 1986 年 9 月出版的《四川古史考察札記》，也有數十條目屬于這方面的内容。

《宋末四川戰争史料選編》把豐富而分散的有關資料辛勤彙集，得到宋史研究名家鄧廣銘先生的積極肯定，他專門賜序指出：“這部《選編》所收資料範圍比較廣泛：有歷史文獻，

---

① 胡昭曦：《巴蜀歷史文化論集》，巴蜀書社 2002 年版，第 189 頁。

② 胡昭曦：《“張獻忠與四川”史籍鑒析》，《地域文化研究》2018 年第 1 期。

也有歷史文物和實地考察材料。它以南宋末年四川戰場爲中心，力求反映這場戰爭的全部過程，兼及南宋和蒙古（元）雙方的重要活動；選録史籍近二百種，皆擇較好版本，原文摘抄，并按史籍體裁分類編排。選編在資料選取上是慎重的、客觀的，也是比較全面的。”肯定其“爲研究我國宋、元之際的歷史，特别是當時四川地區的國内民族關係、戰争情況和社會狀況，提供了豐富的有參考價值的資料”，并認爲從中“可以看到他們刻苦勤學的精神和脚踏實地的態度”①。

在《宋末四川戰争史料選編》的史料中，有不少屬于宋末四川軍民抗擊蒙古（元）而修築的山城寨堡方面的内容，其中歷史文物和調查材料兩類中很多屬于先生實地考察所得。後出的《四川古史考察札記》，又擴大文獻搜集和實地考察，涉及廣安大良城，萬縣天生城，合川釣魚城，重慶江北多功城，瀘州神臂城、榕山城、安樂城，金堂雲頂山城，宜賓登高山城，犍爲紫雲城，渠縣禮義山城，富順虎頭城等十多座山城。這些考察研究不僅凝聚了先生很多心血，也爲後學者更深入、更廣泛的研究奠定了基礎，指引了方向。今天他的弟子、西華師範大學蔡東洲教授領銜的巴蜀古城堡考察研究中心，正是接續了這一工作，取得了令人矚目的成就②。

至可寶貴的是，先生在研究宋蒙（元）雙方在巴蜀地區争戰的同時，還將觸角進一步擴展至宋蒙（元）雙方争戰的其他地區，甚至宋蒙（元）雙方的其他領域（如經濟往來和文化交流等），結合研究生的培養，對宋蒙（元）關係進行了全面、系統和深入的研究，先後主編有論文集《宋蒙（元）關係研究》（四川大學出版社 1989 年 8 月）和專著《宋蒙（元）關係史》（四川大學出版社 1992 年 8 月）。兩書對巴蜀地區這一宋蒙（元）戰争的主戰場，自然都加以重點論述，從中可見先生對宋蒙（元）雙方在巴蜀地區的争戰已有更加精進的認識。這是我們今天在總結先生的巴蜀歷史文化研究貢獻時不可忽視的。

不可忽視的還有 1989 年 10 月在重慶舉辦的“中國釣魚城暨南宋後期歷史國際學術討論會”。這次會議雲集了新加坡、聯邦德國、美國、法國、澳大利亞等國家和中國大陸、臺灣地區 80 多位學者，對宋蒙（元）雙方曾經激烈争鬥的釣魚城和南宋後期歷史進行了專門深入的研討。而作爲這次會議的組織委員會主任委員的胡先生，在會議籌畫和聯絡海内外專家方面，做了大量工作，對這次會議的成功舉辦做出了突出貢獻。會後及時出版的《釣魚城和南宋後期歷史——中國釣魚城暨南宋後期歷史國際學術討論會文集》（重慶出版社 1991 年），也凝聚了先生的心血，是巴蜀歷史文化和宋蒙（元）關係史研究方面的重要文集。先生 2015 年 5 月提交給瀘州“宋元四川戰争中的神臂城高峰學術交流會”的《宋元之際瀘州遷治問題再議》，是先生數十年研究宋蒙（元）雙方在巴蜀地區争戰的最後力作。

（三）對蜀學尤其是宋代蜀學的研究

從尊經書院光緒十四年（1888）刊印首次系統梳理和初步研究巴蜀儒學名人的《蜀學

---

① 鄧廣銘：《序言》，見胡昭曦、唐唯目編：《宋末四川戰争史料選編》，四川人民出版社 1984 年版，第 2—4 頁。
② 參見蔡東洲：《胡昭曦先生與巴蜀宋末城堡考察研究》，《蜀學》第 19 輯，巴蜀書社 2021 年版。

編》開始，近現代意義上的蜀學研究已逾百年。在這一百多年裏，蜀學研究大體經過了初步發展（19 世紀 80 年代至 20 世紀 30 年代）、緩慢發展（20 世紀 40 年代至 80 年代）和明顯發展（20 世紀 90 年代至今）三個歷史階段。胡先生是蜀學研究明顯發展階段的熱心倡導者和積極踐行者。據先生自述，“宋蒙（元）關係史的研究課題基本結束時，我就在思考下一步的選題。我當時管理任務很重（按，先生時任研究生部主任），難以開展全國規模的大課題，就打算找一個相對小的課題。以前我接觸過四川歷史，還參與過四川地方史的修撰，感覺蜀學是一個四川史也是宋史上重要但還研究不足的問題，於是從 20 世紀 80 年代後期開始，我就選擇較系統地進行蜀學研究了。”① 可見先生的蜀學研究是繼其宋蒙（元）關係史研究之後的又一主攻方向。關於先生這方面的貢獻，筆者已有專文論述，主要從以下三個方面來概括的。

一是對蜀學概念及其研究範圍做了較爲妥善的界定。代表成果是《蜀學與蜀學研究榷議》一文，發表在《天府新論》2004 年第 3 期。

二是對宋代蜀學做了較爲全面和系統的研究。代表成果是《宋代蜀學研究》（合著，巴蜀書社 1997 年版）和《宋代蜀學論集》兩部專著。其中《宋代蜀學研究》是學界第一部以“蜀學”爲名的專著，不論在蜀學研究史還是整個中國學術研究史上都具有開創性，因而得到了學界的充分肯定，或認爲“首次全面、深入地論述了宋代四川地區的經學和科技成就”，“填補了以往研究的空白，有不少新見”②；或譽爲“提綱挈領，鈎沉索隱”③，并在 1999 年榮獲四川省人民政府頒發的哲學社會科學優秀成果二等獎，産生了良好的學術影響和社會效果。

三是對近現代蜀學也有多方面的深入研究。包括對近代教育機構尊經書院、華西協和大學與蜀學的關係做了論析；對一些蜀學人物和蜀學資料做了開拓性研究，如對曾經擔任自貢旭川書院山長的榮縣人黄英及其講求變法圖强的《籌蜀篇》、長期在臺灣居住并擔任臺灣地區立法機構大事記總編的新津人文守仁及其内容豐富的《蜀風集》這些爲學界知之不多的人物和著作的發掘性研究，也包括對蒙文通、蕭萐父、徐中舒等蜀學大師、學界名流的著作及學術成就的精到評價④。

這裏再對先生宋代蜀學方面的研究貢獻略作補充。一是先生曾與四川省社科院哲學研究所蔡方鹿先生一道，共同籌畫組織了“首届張栻學術討論會”，于 1991 年 11 月在宋代理學名家、蜀學大師張栻故里綿竹縣召開，來自全國各地及日本的專家學者 70 多人出席了會議，就張栻的生平、學術思想及其對蜀學、湖湘學、閩學的影響等問題展開了熱烈討論，把張栻

---

① 胡昭曦、粟品孝：《教書育人重能力，科學研究尚創新——著名宋史專家胡昭曦教授訪談録》，《歷史教學問題》2014 年第 3 期。

② 王曾瑜：《宋史研究的回顧與展望》，《歷史研究》1997 年第 4 期。

③ 蔡方鹿：《提綱挈領，鈎沉索隱——評〈宋代蜀學研究〉》，《天府新論》1998 年第 4 期。

④ 參見粟品孝《胡昭曦先生對蜀學研究的倡導與踐行》，《蜀學》第 19 輯，巴蜀書社 2021 年版。

研究推向了一個新的階段[①]。胡先生不僅是主要的組織者之一，還提交了《論張栻的學術源流》和《譙定張栻與朱熹的學術聯繫》兩篇重要論文，後者登載《中國哲學》第十六輯（岳麓書社 1993 年版）。二是先生借參加臺北"中研院"歷史語言研究所黃寬重、柳立言二先生 1993 年發起的"宋代家族與社會"研究計畫的機會，對宋代四川成都以范鎮、范祖禹爲代表的范氏家族和蒲江以魏了翁爲代表的魏氏家族，進行了系統梳理和深入研究，撰寫了《宋代"世顯以儒"的成都范氏家族》和《詩書持家，理學名門——宋代蒲江魏氏家族研究》兩篇論文，并携文參加了 1996 年 6 月在臺北舉行的"中國近世家族與社會學術研討會"。後先生以此爲基礎，申報獲准了國家教委（後改名教育部）課題《宋代家族與學術》，後來鄒重華先生與筆者合作主編的《宋代四川家族與學術論集》（四川大學出版社 2005 年 9 月），就是這一課題的産物。

在以胡先生爲代表的一批學者的帶動和努力下，經過三十多年的發展，蜀學研究已經取得了巨大進步，不但成爲巴蜀歷史文化研究的一大熱點，也與徽學、湖湘學、關學等一起成爲中國地域學術研究的重頭戲。當然，與蜀學内容的廣大深厚相比，目前的研究還遠遠不够。在 2011 年 4 月的"蕭萐父先生與蜀學研究學術研討會"上，胡先生曾提出推進蜀學研究的四點設想和建議，一是"廣搜深掘，擴充資料"；二是"抉原甄微，集成創新"；三是"交流切磋，合力推進"；四是"培養人才，持續研究"[②]。這些意見至今仍值得我們重視。

（四）對巴蜀地區書院史的研究

書院是我國教育的重要方面軍，是在原來官學和私學的基礎上，在唐代出現并在宋代大力發展起來的教育組織，在我國乃至世界教育史上都占有重要地位。胡先生早在 20 世紀 80 年代中期就萌發了研究巴蜀地區書院的想法，但真正集中的研究是在《宋代蜀學研究》一書完成以後，代表成果就是專著《四川書院史》（巴蜀書社 2000 年版）。這是學術界第一次從整體上較爲全面和系統地論述四川書院的專著。

過去一些研究者雖然對四川書院做過一定的清理和探討，但是很不全面，很不系統，而且還存在不少疏誤。有鑒于此，先生翻閱了大量史料，并作了仔細考訂，對興起于唐代并在清末從制度上廢止的四川地區（含 1997 年 3 月直轄前的今重慶市）歷代書院進行了一次較爲全面的普查。在此基礎上，先生勾勒了四川書院的發展軌迹，開創性地劃分出四大階段，即：興起與形成制度（唐至宋代）、衰落與緩慢發展（元代）、發展（明代）、普遍發展與改制（清代）。全書用了相當大的篇幅，列舉每所書院的簡况，并對宋、元、明時期各書院的名稱、地址（含今址）、設置時間、設置人、官辦或民辦等情况進行表列，對清代各書院則分道表列其建立時間。在經過如此一番細緻的梳理後，先生對各時代書院發展的特點、書院的管理、書院的活動（主要是三大事業即教學、藏書和供祀）以及書院的地位與作用，清代

---

① 參見蔡方鹿《首届張栻學術討論會綜述》，《哲學研究》1991 年第 12 期。

② 胡昭曦：《蕭萐父先生與蜀學研究——兼談蜀學研究之我見》，收載其《旭水齋存稿》，四川大學出版社 2012 年版，第 264—267 頁。

書院的改制等，做了詳實叙述和分析，并在結語中提出了書院教育值得現代借鑒的一些寶貴的歷史經驗。

《四川書院史》出版後，得到了學界的好評。如著名歷史學家、浙江大學教授徐規先生在 2000 年 8 月 17 日與先生的信中寫道："該書取材廣博，論斷精審，補正前賢和近人的不少疏誤，是兄台對四川古代地方史研究又一重大的貢獻。"山東大學教授、中國宋史研究會副會長喬幼梅先生在 2000 年 7 月 27 日寫信給先生說："地區性書院史除岳麓書院、白鹿洞書院有些著述外，其他則鮮有研究。四川地區的書院在中國書院發展史上具有重要地位，惜乎尚無認真的研究，而先生此書則全面、系統、深入地研究了四川地區書院史，填補了我國書院史研究的空闕。"四川省蒲江縣文物管理所龍騰先生素來對宋代蒲江籍大理學家魏了翁及其創辦的鶴山書院有不少研究，他在 2000 年 9 月 1 日寫信給先生說："四川書院史這個專題，還没有專家、學者作過這方面的努力。胡先生開創之功，永垂青史。"① 筆者在仔細拜讀全書後，也深感其開拓創新的重要性："該書選取了一個前人研究甚少的課題，無論是在資料的搜集整理，還是對歷代衆多書院情况的介紹及相關問題的叙述分析上，都做了前所未有的開拓。全書資料扎實，内容豐富，學風嚴謹，創新顯著，是第一部較爲全面系統地論述四川書院的力作，也是全國少見的省區書院史專著；對我們今天正確借鑒傳統教育經驗，更好地推進教育改革，也有多方面的啓發。"② 最近舒大剛教授也撰文指出："該書首次對四川（今四川、重慶）書院史進行了系統的研究，完整系統地呈現了巴蜀地區書院教育的歷史面貌；加之其書概念明確、範圍清楚、資料豐富、編撰規範，是一部不可多得的地區書院史專著，對我們瞭解四川官學體系以外的書院辦學模式及其經驗，具有非常重要的參考價值。""胡先生《書院史》的考訂，呈現了目前最爲完整的四川書院教育歷史面貌，這是目前學界有關四川書院史最前沿、最集中的研究成果。"③

十分難得的是，先生在《四川書院史》首次出版後，并没有停下脚步，一是繼續翻查資料，推進相關問題的深入研究；二是吸取學界的有關意見，修正、補充之前的論述。這方面比較集中地反映在 2006 年四川大學出版社所出的修訂版中。先生在該版《後記》中有清楚説明：

> 本著力求本書内容更加完善的要求，這次修訂，對原書作了仔細審讀，訂正了個别漏失、刊誤和記述不規範不相統一之處。重點放在補充資料，如：原書所據四川境内地方志 149 部，絶大多數是舊志，修訂時所據資料增加新修地方志 65 部；四川書院數，宋代增加 2 所（原 27 所）、明代增加 5 所（原 90 所）、清代增加 48 所（原 504 所），總

---

① 以上三封書信，筆者未能親見，這裏依據的是胡先生整理并交筆者保存的《有關〈四川書院史〉的反映》的複印件。

② 粟品孝：《〈四川書院史〉讀後》，《中國史研究動態》2001 年第 3 期。

③ 舒大剛：《巴蜀書院文化的回顧與前瞻芻議——讀胡昭曦先生〈四川書院史〉的體會》，《蜀學》第 19 輯，巴蜀書社 2021 年版。

數由632所增到687所。補充了近代四川書院培養人才的概況、宋代鶴山書院今址的考訂以及四川境内幾所省級、道級、府級、縣級書院的例舉，等等。在結構上，增加了第六部分①。

從中我們不難看出先生精益求精的學術品格。正因爲本書的開拓創新之功突出，學術品質很高，所以後來有幸入載舒大剛教授主編的《儒藏》"學校史志"第66、67册（史部總第246、247册，四川大學出版社2010年版），澤被廣遠。

（五）對大足石刻的研究。

衆所周知，重慶大足石刻在中國石窟文化史上具有特殊而重要的地位。中國的石窟興起于南北朝，歷經北魏、隋、唐的輝煌發展，北方地區至唐朝中葉走向衰落。晚唐時期，大足石刻異軍突起，歷經五代至兩宋達到鼎盛。南宋之後，中國的石窟建造一蹶不振，大足石刻堪稱中國石窟史上的最後碩果。正因爲如此，大足石刻在中國石窟文化史、宋史和巴蜀古代歷史文化研究中，始終是一個重要方面。主攻宋史和巴蜀歷史文化研究的胡先生，對此十分重視。在早期的實地考察中，先生就多次前往，并結合文獻文物資料的發掘，做了長期深入的研究，取得了一系列重要突破。先生雖未寫出專著，但直接的論文有十多篇，似可單獨結集出版。這些論文是：

《大足寶頂山石刻淺論》，載《大足石刻研究》，四川省社會科學院出版社1985年版；

《大足石刻與宋史研究》，載《四川文物·石刻研究專輯》，1986年；

《大足寶頂石刻與"孝"的教化》，載《中華文化論壇》1995年第3期；

《大足多寶塔石刻與宋人馮楫》，載《中國歷史文物》2002年第1期；

《大足石刻銘文與宋史研究》，載《漆俠先生紀念文集》，河北大學出版社2002年版；

《馮楫的著述及其史料價值》，載《李埏教授九十華誕紀念文集》，雲南大學出版社2003年版；

《馮楫的仕宦生涯和崇佛活動》，載《中華文化論壇》2004年第1期；

《馮楫與瀘州報恩塔》，載《四川文物》2004年第2期；

《大足石刻宋碑〈三聖禦制佛牙贊〉考析》，載《宋史研究論叢》，河北大學出版社2006年版；

《遂州希晝與"宋初九僧"希晝——大足石刻宋碑《書嚴遜記》辨析，載《2005年重慶大足石刻國際研討會論文集》，文物出版社2007年版；

《大足寶頂石窟的鑿建與宋蒙（元）戰爭》，載《2014大足學國際學術研討會論文集》，重慶出版社2016年版。

這裏要特别指出的是，2013年初，重慶大足石刻藝術博物館館長、政協委員黎方銀曾建議創建"大足學"，希冀在中國形成北有"敦煌學"、南有"大足學"這一石窟文化的學術

① 胡昭曦：《四川書院史·後記》，四川大學出版社2006年版，第390—391頁。

雙星。對此，先生是極力支持的，他在 2014 年 3 月 15 日的大足石刻研究院組織的座談會上談了三方面的意見，一是大足學是“學”，而且早已是一門學問、學科；二是重慶應該而且有條件牽頭構建大足學；三是提出了七點具體建議，包括認爲“北有敦煌學、南有大足學的交相輝映”的提法更爲妥帖①。儘管此事後來不了了之，但從中可見先生的眼光、見識和良苦用心。

（六）對四川省名的由來和“巴蜀文化”命題的初義的研究

四川省究竟如何得名？學界習稱的“巴蜀文化”最初的含義究竟是什麽？這是巴蜀歷史文化研究中存在較大争議的兩大問題。胡先生晚年對此進行了深入思考和細緻探究。

關于四川省名的由來，先生先後發表《四川成省名，確稱始於元》（《四川日報》2012 年 7 月 20 日）、《四川省省名考析》（《蜀學》第七輯，巴蜀書社 2012 年 12 月）和《巴蜀盆地、川峽四路與四川省省名》（《吴天墀教授百年誕辰紀念文集》，四川人民出版社 2013 年 11 月）三篇論文。歸納先生的意見，其主要創獲有二：一是辨明了四川之“川”的含義，它不是指“江河大川”，而是指“原野平川”，這是源于盆地平川地形而來的。即先生所指出的：“巴蜀地區四周皆大山，中爲巴蜀盆地（四川盆地）。有廣袤的盆西平原即成都平原（在古代還曾包括漢中平原）和盆中丘陵、盆東平行嶺谷，以及許多河谷平原和丘陵間的平壩，即宋人所謂‘岷爲蜀山之傑，俯瞰井絡於天西維者，皆平川也’。”② 二是“四川”之名確立于宋代，是沿唐代“兩川”“三川”這些概稱而來，是宋真宗設立的川峽四路（益州路即成都府路、梓州路即潼川府路、利州路、夔州路）的省稱。其中北宋雖以“四川”省稱川峽四路，但川峽四路本身不是一個統一的行政建置實體；至南宋在川峽四路地區設立高于路級的實體行政機構即四川制置使司後，“四川”纔成爲四川制置使司及其統轄的川峽四路的統稱；至元代在巴蜀地區建立“四川等處行中書省”，遂有後世的“四川省”省名。

關于“巴蜀文化”命題的初義，先生主要是在深入解讀《説文月刊》“巴蜀文化”專號的基礎上展開研究的。先生首先注意到《説文月刊》曾有兩期“巴蜀文化”專號，分别是 1941 年 10 月 15 日在上海出版的第 3 卷第 4 期和 1942 年 8 月 15 日在重慶出版的第 3 卷第 7 期，兩期皆有衛聚賢所寫《巴蜀文化》一文，後者是前者的補充和擴大。因此“巴蜀文化”命題最早出現的地方和時間應該是前者。再從内容上看，衛聚賢所寫《巴蜀文化》，固然是從考古學意義上談的先秦時期一種有别于中原的蜀國、巴國文化，但細察兩期《説文月刊》“巴蜀文化”專號的目録和全部内容，編者所謂的“巴蜀文化”，其時限不衹指先秦時期，而是自古至 20 世紀，其範圍也包含全巴蜀地區的各種文化。可見在當時即已存在廣義和狹義兩種不同的“巴蜀文化”，狹義就是衛聚賢《巴蜀文化》的内容，而廣義的則是《説文月刊》兩期“巴蜀文化”專號所涵蓋的内容。這兩方面并合在一起，纔是“巴蜀文化”最初的完整

① 胡昭曦：《“大足學”研討》，收載其《旭水齋存稿續集》，四川大學出版社 2017 年版，第 300—302 頁。

② 胡昭曦：《四川省省名考析》，原載《蜀學》第七輯（巴蜀書社 2012 年 12 月版），後收載其《旭水齋存稿續集》（四川大學出版社 2017 年版），此據後者，第 32 頁。

原意。那種認爲廣義的“巴蜀文化”是一個新概念，是學者在 20 世紀七八十年代纔提出來的説法，是不確切的。先生還對與“巴蜀文化”密切相關的所謂“西蜀”“西蜀文化”“蜀文化”等概念進行了辨析，認爲“西蜀文化”不能等同于“蜀文化”，不宜把“西蜀文化”和“巴文化”并稱爲“巴蜀雙子星”文化①。

（七）對巴蜀地方史志的書稿審讀和隊伍建設方面的貢獻

除了親自撰寫論著外，胡先生還審讀了大量有關巴蜀歷史文化和地方史志方面的書稿，提出了許多具體深入的意見。比如審讀過諸如《四川大學史稿》《四川通史》《重慶通史》《成都通史》《巴蜀文化通史》《巴蜀全書》《成都精覽》及多種地方志等（包括提綱），還參加了很多具體的討論會。雖然工作量特别大，但先生一向認真嚴肅，從不馬虎，經常查找各種資料，而且都要形諸文字，提出的意見具體中肯，很多作者都倍感受益。可以説，胡先生雖然没有親自撰寫這些成果，也没有在出版時署名，但這些成果無疑凝聚了先生很多心血，有些甚至就是他的思想。

20 世紀 80 年代，四川省地方志編委會委托四川大學歷史系舉辦了好幾届全省地方志幹部培訓班，胡先生是其中的培訓老師之一，認真負責，傾囊相授。這方面，一些師友有些回憶，如先生早期的研究生鄒重華（先後在四川大學和香港京港學術交流中心工作）就説：“因方志培訓班緣故，許多四川各地的方志辦負責人成爲胡師的學生，有問題常向胡師請教。我們隨胡師到各地考察，都受到當地方志辦負責人的熱情接待。”段玉明（先後在雲南省社會科學院和四川大學工作）也説：“胡老師對巴蜀地方史志隊伍建設也很有貢獻，不止一次地聽地方史志辦的人説過。”先生的研究生、長期在四川省地方志辦工作的張兆法又説：“第一輪志書工作啓動時，全省地方志系統在四川大學歷史系辦培訓班，胡先生是主講老師之一。包括渠縣、平昌縣地方志辦的主任、主筆，都聆聽胡先生的教誨。渠縣的主任還是歷史系的畢業生，本科時，常得胡先生的教誨。98 年去渠縣出差，老主任告訴我的。”②

這些審讀地方史志書稿和促進地方史志隊伍建設的活動，是胡先生對巴蜀歷史文化研究的另類貢獻。

三、胡先生巴蜀歷史文化研究的特色

通觀胡先生的巴蜀歷史文化研究，在時段上以宋代爲主，這與先生以宋史爲斷代史的主研方向密切相關；在風格上重視掌握原始資料、重視實地考察，這大約是先生巴蜀歷史文化

① 參見胡昭曦《從〈説文月刊〉辨析“巴蜀文化”命題的初義》《“巴蜀文化”學術命題的地理含義》，均收載其《旭水齋存稿續集》，四川大學出版社 2017 年版。

② 此據 2022 年 11 月 3 日“胡門弟子”微信聊天群。

研究的兩大特色。前者不必贅述，這裹着重談談後者。

先生在晚年的一次訪談中曾談到對老先生的傳承和自己的創新“比較重要”的幾點，第一點就是“必須接觸和掌握原始資料”，他説：

> 幾位先生都是科班出身，徐先生（即徐中舒）原本就是王國維先生的弟子、老史語所的研究員。蒙文通先生則非常重視史底，史底就是原始史料，人們認爲他是中國古代史史籍的活字典，因爲他對於史籍非常熟悉。繆鉞先生在歷史、詩詞兩方面都很强。繆先生後來得了白内障，我在給77、78、79級的本科生上課的時候，請繆先生來給他們講唐詩宋詞，那個時候繆先生的眼睛視力已經基本消失，他講時大量引用的詩詞原文完全是背誦，由我給他寫黑板。這幾位先生在這方面都非常的突出，所以我就非常注重原始資料。從我受教育讀書的時候，到我工作的時候，始終貫穿的很重要的一點，就是一定要掌握原始資料。這也是我們傳承裹邊比較重要的一點。所以後來，不管是我自己寫東西，還是教學生，都要特別重視這一點。這就是要求自己和學生都要有嚴謹的學風[①]。

這種强調掌握原始資料的情况，確實是川大史學特别是古代史研究一以貫之的傳統[②]，胡先生濡染其中，繼承弘揚，并“始終貫穿”其全部著作。我們研讀先生著述時，一個很深的感觸，就是先生掌握了大量的原始資料，其立論都是建立在原始資料解析的基礎之上的。前面已經談到，先生研究王小波李順起義和宋蒙（元）雙方在巴蜀地區的争戰，首先做的就是資料彙編，相當一部分就是原始資料。他對張獻忠起義的研究，發掘的《聖教入川記》和《五馬先生紀年》，更是彌足珍貴的原始資料。他對蜀學、巴蜀地區書院和大足石刻的研究，儘管没有出版有資料彙編和點校古籍，但實際上也是在發掘和細讀大量原始資料的基礎上進行的。他對“巴蜀文化”命題最初含義的考究，也是直接研讀《説文月刊》的“巴蜀文化專號”而得出的，避免了人云亦云的情况。

在原始資料中，除了傳世的文獻資料外，先生很注意搜集和利用考古文物資料，這不但反映在他對歷次巴蜀地區農民起義、宋蒙（元）之間在巴蜀地區的争戰和大足石刻的研究方面，還反映在他對蜀學的研究上。他曾經專門撰寫《蜀學研究與文物資料——宋代成都范氏墓志新見》一文，是一篇利用考古文物資料推進學術史研究的範例。他在最後總結説：“歷史研究要以文獻資料爲基礎，同時要充分重視文物考古資料”，“在宋史研究中，像重視宋代文獻一樣重視宋代文物，特别是磚、石銘文，并將二者結合起來，科學地加以清理、辨析、

---

① 胡昭曦（口述）、幸韻（記録）：《傳承創新是我們的歷史擔當——胡昭曦先生訪談録》（采訪人：幸韻，采訪時間：2017年12月24日），載《巴蜀文獻》第六輯，四川大學出版社2021年版，第356—357頁。

② 參見劉復生主編、粟品孝副主編《川大史學·中國古代史卷》的總序和前言，四川大學出版社2006年版。

利用，將會取得更多更深入的新進展、新成果。”① 先生在書院史研究方面也是如此。2013年4月，在四川大學望江校區東門附近（校外）出土了一通《四川尊經書院舉貢題名碑》，這是一件罕見的關乎近代著名書院地位和作用的歷史文物，爲晚清書院史、教育史和蜀學等研究提供了新的原始資料。胡先生得悉後，即着手加以研究，對碑文的内容、撰著時間、書寫和歷史價值進行了探索，認爲這通石碑載有兩篇有關書院的文字，且爲著名學術大家、書院教育名人、晚清蜀學賢哲分别完成，因而具有重要的歷史價值②。

先生不僅重視原始資料的掌握，還特别注意加以辨析，以求盡可能得出合乎歷史事實的結論，這方面在先生大量的論著中比比皆是。我們前面曾述及先生對《張獻忠剿四川實録》一書中的一些所謂“實録”的細緻辨析，兹再舉先生書院史研究的一個例子。關於唐代遂寧張九宗書院的建立時間，有關史料記載分歧很大，先生在《四川書院史》中，對過去流傳較廣的唐太宗“貞觀九年（635）”説進行了否定，認爲應當是在唐德宗“貞元九年（793）”。但包括遂寧市在内，還是有不少論著和媒體堅持“貞觀九年（635）”説，譽之爲“我國民間最早的書院”，另外文獻中“建於貞元”説也有貞元元年、貞元初、貞元九年、貞元初等多種記載。究竟何説爲是呢？胡先生針對這一細節，專門撰文研究，對各種記載做了仔細辨析，最後得出結論：“張九宗書院非始建於唐太宗貞觀九年，至遲始建於唐德宗貞元年間（785—805年），也可能是在貞元之前，至於具體是哪一年，還待新的資料佐證。”③ 再比如關于世界最早出現的紙幣即宋代成都的交子，其最早的誕生地有椒子街、抄紙場和净衆寺等三種不同説法，先生結合有關史料一一辨析，認爲“三種看法都缺乏確鑿的史料依據，還不能成爲科學結論”，并指出：“由於現存有關歷史資料（包括文獻和文物）甚爲缺少，要提供出其具體誕生地的確切資料，是非常困難的，需要細緻搜集、深入發掘和認真辨析。”④ 態度極爲嚴謹！

當然，在重視原始資料的獲得方面，先生特别注意實地考察，實地考察是先生研究巴蜀歷史文化在方法論上的最大特色。

根據先生回憶，其注重實地考察的學風源于1973年的上半年（1972年春學校已招生復課）的一件事情。當時省裏要求川大爲復旦大學編繪的《中國歷史地圖》（四川部分）樣張提意見，學校在歷史系組織了一個班子，先生是負責人之一，在圖書館一間房裏工作了一個月左右，翻查了許多地理書和地方志，對該圖一些地方的方位和里程提出了意見或疑問，但都是據文獻而論，且往往存在數説，先生乃萌發實地考察之意。他覺得，作爲在四川的歷史

① 胡昭曦：《蜀學研究與文物資料——宋代成都范氏墓志新見》，收載其《旭水齋存稿》，四川大學出版社2012年版，第204頁。

② 參見胡昭曦《一通罕見的晚清書院碑石——新出土〈四川尊經書院舉貢題名碑〉初探》，載黨躍武主編《四川尊經書院舉貢題名碑》，四川大學出版社2013年版。

③ 胡昭曦：《唐代張九宗書院建立時間探究》，《西華大學學報》2012年第8期，又收載《中國書院》第八輯，湖南大學出版社2013年版。

④ 胡昭曦：《宋代交子具體誕生地探考雜識》，《四川大學學報》2006年第4期。

工作者，有責任也有條件盡可能弄清這些説法紛紜的問題，而且這些問題還關乎全國通史的準確性。于是，從 1974 年開始，先生或與系上師生一起，或自己單獨進行，并會同地方有關單位和同志，在四川省内 50 多個縣（市）進行了大量的實地考察活動，至 1984 年初被調校研究生處工作纔停止（没有時間再去考察）①。先生晚年回憶道："十多年間，在各地有關部門和人士的幫助下，我和團隊圍繞晚宋歷史、宋蒙（元）四川之争、宋代四川地方史、重要農民起義、巴蜀歷史地理和古代學術文化等，先後到省内 50 個縣市進行實地考察。有的地方還多次前往，如 10 餘次去灌縣、6 次登上合川釣魚城、5 次去大足石刻、4 次去金堂雲頂山城等。1986 年，我將考察所得結集出版了《四川古史考察劄記》，選載了經過整理的包括 27（30）個縣市共 135 條考察札記。"②

《四川古史考察札記》一書（重慶出版社 1986 年版）是先生結合文獻資料進行實地考察最集中最重要的成果。此書出版後，得到學界前輩徐中舒等先生的稱贊。有學者評價道："《札記》是一本别開生面、與衆不同研究四川古代歷史的新成果。一般的四川古代史的論著，大都取材于文獻資料（包括考古資料），《札記》則獨闢蹊徑，不但取材于文獻資料，而且取材于實地考察資料。它是作者從 1977 年以來對四川部分縣市，135 個四川古代遺迹、歷史事件和新搜集的碑刻、族譜、傳説進行實地考察，再次翻查文獻資料，然後整理而成的研究成果，範圍廣泛，内容豐富。"③

先生不僅結合文獻文物資料和實地考察所得撰寫了《四川古史考察札記》一書，還對其實地考察加以理論總結和方法提煉，形成《研究地方史要重視必要的實地考察》的重要論文（《中國地方史志通訊》1981 年第 3 期），并在後來總結自己的科研工作時指出："事實證明，雖然古代距今已遠，極少可能獲得可靠口碑資料，但山川形勢變化不大，一些遺址尚存，當時碑碣散見，如能在掌握大量文獻資料的基礎上，有目的地、實事求是地進行必要的實地考察，加以核校辨析，對中國古代歷史尤其是地方史的研究是有很重要幫助的，甚至在一些問題的研究中是不可或缺的。"④ 有學者針對《札記》的書評也肯定了這一方法："由于古代文獻撰寫者的局限和對材料的取捨角度不同等原因，單憑文獻資料研究，往往會出現一些問題，或記載闕如，或語焉不詳，或相互抵牾，或錯訛雜見等問題。《札記》作者深入實地，考察遺址、遺迹，搜集尚存的散見碑碣和口傳資料，發掘新的材料，補充更訂史籍。這種研究方法無疑是正確的、重要的，其深入細微、吃苦耐勞的嚴肅的科學作風更是值得學習的。"⑤

---

① 胡先生晚年對此多次談及，參見其《我的科研工作回顧》，附載其《巴蜀歷史考察研究》，巴蜀書社 2007 年版，第 443—444 頁；《薪火傳承，奮力創進——六十二年治學述略》，《國學》第七集，巴蜀書社 2019 年版，第 526—527 頁；《傳承創新是我們的歷史擔當——胡昭曦先生訪談録》，《巴蜀文獻》第六輯，四川大學出版社 2021 年版，第 365—366 頁。

② 胡昭曦：《古史多重證據法與綜合研究法——紀念徐中舒先生誕辰 120 周年》，《中華文化論壇》2018 年第 6 期。

③ 張華、賈大泉：《〈四川古史考察札記〉評介》，《四川文物》1987 年第 4 期。

④ 胡昭曦：《我的科研工作回顧》，附載其《巴蜀歷史考察研究》，巴蜀書社，2007 年 6 月版，第 445 頁。

⑤ 張華、賈大泉：《〈四川古史考察札記〉評介》，《四川文物》1987 年第 4 期。

四、結束語

胡先生的巴蜀歷史文化研究歷時六十餘年，成果豐碩，博大精深，本文衹是就其主要貢獻和特色稍加評述，掛一漏萬，在所不免，祈望得到方家達識的指正。

最後我們再引述先生在 2017 年 12 月 17 日接受訪談時的一段談話，他説：

> 希望重視并加强四川書院史研究，在四川大學重現錦江和尊經書院紀念性形象展列。一些老師做過很多努力，但是没能够使錦江書院和尊經書院在川大得到應有重視。尊經書院和錦江書院是四川大學的源頭之一，我們要建立一流學科，要占領制高點，要擁有優勢，那麽蜀學和四川書院都應該被考慮[①]。

這段話不長，但要在研究上"佔領制高點"的提法，分量很重。雖然這裏衹是針對蜀學和巴蜀書院來説的，但實際上也適用于整個巴蜀歷史文化研究。這不僅是胡先生自己的宏大學術氣魄，也是對我們後學者的高標準、嚴要求。今天我們總結先生的巴蜀歷史文化研究成果，無疑是要傳承先生的治學精髓，鞏固先生開創的這一學術"制高點"，把巴蜀歷史文化研究推向深入。

（作者單位：四川大學歷史文化學院）

① 胡昭曦（口述）、幸韻（記録）：《傳承創新是我們的歷史擔當——胡昭曦先生訪談録》，《巴蜀文獻》第六輯，四川大學出版社 2021 年版，第 371 頁。

稿　約

《蜀學》是西華大學、四川省人民政府文史研究館蜀學研究中心創辦的學術輯刊，由巴蜀書社出版，誠邀海内外學者賜稿。

一、徵稿選題

關於蜀學理論、蜀學思想、蜀學史、蜀中學者以及蜀學文獻等方面的研究。

二、文稿要求

1. 遵守學術道德，文責自負。

2. 未曾公開發表，具有一定的學術原創性。

3. 本刊統一使用規範的繁體漢字。

4. 來稿需提供内容提要和關鍵詞（不需英文翻譯），可加課題項目名稱，注釋一律采用當頁脚注，每頁單獨編號。脚注用小五號宋體，包括文獻作者、文獻題名、卷數或期刊名、出版單位及出版年或期刊的年（卷、期）、起止頁碼，用帶圓圈的阿拉伯數字序號標注。例：

①孫硯方：《都江堰水利詞典》，科學出版社，2004 年版，第 54—55 頁。

③馮廣宏：《創立一門新蜀學——都江堰學》，《西華大學學報（哲學社會科學版）》2005 年第 4 期。

5. 來稿字數以 8000～30000 字爲宜，學術價值高者不受篇幅限制。

6. 來稿請務必詳細注明作者的姓名、單位、職稱、學歷和聯繫方式（電話、電子信箱、通訊地址等）。大作一經刊出，即酌付稿酬，并寄樣刊兩本。

三、本刊對來稿有删改權，若不同意删改者請於來稿上注明。

四、投稿方式

紙質稿件郵寄地址：四川省成都市郫都區紅光大道 9999 號西華大學四川省人民政府文史研究館蜀學研究中心李文嫺（收）。郵編：610039。

電子郵件：xhdxshuxue@126. com；1214745829@qq. com；191615760@qq. com。

聯繫電話：（028）87723062（上午 8:30—12:00，下午 14:30—17:30）

西華大學四川省人民政府文史研究館蜀學研究中心
《蜀學》編輯部

著作權使用聲明

圖書在版編目（CIP）數據

蜀學. 第二十三輯 / 西華大學，四川省人民政府文史研究館蜀學研究中心編. — 成都 ：巴蜀書社，2024.4

ISBN 978-7-5531-2212-0

Ⅰ. ①蜀… Ⅱ. ①西… ②四… Ⅲ. ①文化史一四川一文集②巴蜀文化一文集 Ⅳ. ①K297.1-53 ②K872.71-53

中國國家版本館 CIP 數據核字（2024）第 077448 號

SHU XUE
蜀　學（第二十三輯）

西華大學
四川省人民政府文史研究館　蜀學研究中心　編

責任編輯	陳　禮
責任印製	田東洋　谷雨婷
封面設計	張　科
出　　版	巴蜀書社 成都市錦江區三色路 238 號新華之星 A 座 36 層 邮編：610023 總編室電話：(028)86361843
網　　址	www.bsbook.com
發　　行	巴蜀書社 發行科電話：(028)86361852
經　　銷	新華書店
照　　排	四川勝翔數碼印務設計有限公司
印　　刷	成都東江印務有限公司　（028）82601551
版　　次	2024 年 11 月第 1 版
印　　次	2024 年 11 月第 1 次印刷
成品尺寸	185mm×260mm
印　　張	20.50
字　　數	480 千
書　　號	ISBN 978-7-5531-2212-0
定　　價	90.00 圓